Series of Ideas of History

编辑委员会

主　编

耶尔恩·吕森 (Jörn Rüsen，德国埃森文化科学研究所)
张文杰 (中国社会科学院哲学研究所)

副主编

陈　新 (浙江大学历史系)
斯特凡·约尔丹 (Stefan Jordan，德国巴伐利亚科学协会历史委员会)
彭　刚 (清华大学历史系)

编　委

何兆武 (清华大学历史系)
刘家和 (北京师范大学历史系)
涂纪亮 (中国社会科学院哲学研究所)
张广智 (复旦大学历史系)
于　沛 (中国社会科学院世界历史研究所)
海登·怀特 (Hayden White，美国斯坦福大学)
娜塔莉·戴维斯 (Natalie Z. Davis，美国普林斯顿大学)
索林·安托希 (Sorin Antohi，匈牙利中欧大学)
克里斯·洛伦茨 (Chris Lorenz，荷兰阿姆斯特丹自由大学)
于尔根·施特劳布 (Jürgen Staub，德国开姆尼斯技术大学)
卢萨·帕塞里尼 (Luisa Passerini，意大利都灵大学)
埃斯特范欧·R. 马丁斯 (Estevao de Rezende Martins，巴西巴西利亚大学)
于尔根·奥斯特哈默尔 (Jürgen Osterhammel，德国康斯坦茨大学)

历 史 的 观 念 译 丛

历史知识与历史谬误

当代史学实践导论

〔美〕阿兰·梅吉尔 著
〔美〕史蒂文·谢泼德 〔美〕菲利普·霍恩伯格 参著
黄红霞 赵晗 译 赖国栋 黄红霞 校

Historical Knowledge, Historical Error
A Contemporary Guide to Practice

Allan Megill
with contributions by Steven Shepard and Phillip Honenberger

北京大学出版社
PEKING UNIVERSITY PRESS

图书在版编目(CIP)数据

历史知识与历史谬误：当代史学实践导论/（美）阿兰·梅吉尔（Allan Megill）著；黄红霞，赵晗译. —北京：北京大学出版社，2019.4
（历史的观念译丛）
ISBN 978-7-301-30330-6

Ⅰ.①历… Ⅱ.①阿…②黄…③赵… Ⅲ.①史学—研究 Ⅳ.①K0

中国版本图书馆 CIP 数据核字（2019）第 034293 号

Historical Knowledge, Historical Error: A Contemporary Guide to Practice
Copyright © by The University of Chicago Press
Simplified Chinese edition copyright © 2019 by Peking University Press. No part of the publication may be reproduced or distributed by any means, or stored in a database or retrieval system.
The English edition is published by The University of Chicago Press. The Russian edition is published by the Moscow publisher Kanon +.

本书中文简体字翻译版授权由北京大学出版社独家出版。未经出版者许可，不得以任何方式复制或发行本书的任何部分。

书　　名	历史知识与历史谬误：当代史学实践导论 LISHI ZHISHI YU LISHI MIUWU: DANGDAI SHIXUE SHIJIAN DAOLUN
著作责任者	〔美〕阿兰·梅吉尔（Allan Megill）著　黄红霞　赵晗译
责任编辑	李学宜　陈甜
标准书号	ISBN 978-7-301-30330-6
出版发行	北京大学出版社
地　　址	北京市海淀区成府路205号　100871
网　　址	http://www.pup.cn　新浪微博:@北京大学出版社
电子信箱	pkuwsz@126.com
电　　话	邮购部 010-62752015　发行部 010-62750672　编辑部 010-62752025
印　刷　者	大厂回族自治县彩虹印刷有限公司
经　销　者	新华书店
	965毫米×1300毫米　16开本　23.5印张　284千字 2019年4月第1版　2023年3月第3次印刷
定　　价	62.00元

未经许可，不得以任何方式复制或抄袭本书之部分或全部内容。
版权所有，侵权必究
举报电话：010-62752024　电子信箱：fd@pup.pku.edu.cn
图书如有印装质量问题，请与出版部联系，电话：010-62756370

再次献给芮塔和玛利亚

我会弄清楚马丁·盖尔为何离开他的村子、他又去了哪里,阿诺·迪蒂尔是如何而且为何成为了冒名顶替者,他是否骗过了贝特朗·德罗尔斯,以及他为何未能继续骗下去。这些都会让我们对 16 世纪的农村社会有新的了解。……但最后,这任务却比我当初想象的要难得多。

——娜塔莉·泽蒙·戴维斯,《马丁·盖尔归来》

简单的真理在于真理通常难以得到,甫一发现,真理又很容易就消失了。

——卡尔·R. 波普尔,《猜想与反驳:科学知识的增长》

"历史的观念译丛"总序

序 一

在跨文化交流不断加强的当下,如影相随的是,我们面对着全球化时代的一种紧迫要求,即必须更好地理解文化差异及特殊性。由中外学者携手组织的这套丛书,将致力于把西方有关历史、历史编纂、元史学和历史哲学的话语带入中国历史文化的园地。

历史论题是人类生活中极其重要的元素。在历史中,人们形成并且反映了他们与其他人的认同感、归属感,以及与他者的差异。在归属感和差异的宽泛视界中来看待"世界诸文明",人们才能够谈及"文化认同"。历史学家们的专业学术工作往往涉及并依赖于认同形成的文化过程。由于这种牵涉,无论历史学家是否意识到,政治都在他们的工作中起着重要作用。不管学术性的历史研究仅仅是作为资政的工具,还是因其方法的合理性而有着特别功能,这都已经是公开的问题。

关于历史思维的学术地位的许多讨论,还有它对"客观性"或普遍有效性的执着,都与世界范围内现代化过程中的历史思维之发展联系在一起。在这一过程中,历史思维获得了学术学科或者说"科学"(Wissenschaft,采该词更宽泛的意义)的形式。历史学研究的传统,其自尊就在于,它声称与非专业历史学相比有着更高层次的有效性。一般用的词就是"客观性"。与这种对客观性的执着相反,许多重要论述进入了历史学家的自我意识,这牵涉到他们与各自国家历史文化的相互关系。例如,后现代主义极力否认客观性这种主张,并且指出,尽管历史研究有其方法的合理性,而在历史研究之外的政治利益、语言假定和文化意义标准等等,历史的解释却对它们有一种根本的依赖。

在意识到了记忆的作用,并且意识到了非专业性因素在异彩纷呈的人类生活领域中表现过去的作用之后,发生在历史学内外的、有关历史思想以及它作为学术学科的形式的讨论,就因这种新的意识而被扩大了。在人类生活的文化定向中,记忆是一种巨大的力量,它似乎要取代历史在那些决定历史认同的行为中所处的核心位置。这样一种更迭是否会造成足够重要的后果,影响到历史在民族文化生活中的角色,这一点还悬而未决。只要记忆与"实际发生的"经验相关,历史就仍然是对集体记忆中这种经验因素的一种言说。

在反思历史思想与职业历史学家的工作时,这种视界的扩展因为如下事实而获得了额外的扩大和深化,即:人们为了理解现在、期盼未来而研究过去的方式存在着根本的文化差异;没有这样的洞见,就不可能正确地理解历史。既然认同关系到与他者的差异,而历史是呈现、反思和交流这种差异的领域,历史学家的工作就必然一直处在对付这种差异的张力之中。"文明的冲突"便是一个口号,它表明,通过回忆和历史形成的认同中存在着紧张因素。

既然认同不只是界定和奋争的事情,它同时还是理解和认知,为此,这双重因素在历史话语中都必须主题化。每一种认同都因识别出他者而存在,而各种认同或认同的文化概念之间的张力以至于斗争或冲突,都不得不被理解为一种认知的要求。是什么使得他者出现差异呢?对此不理解,认知就不可能实现。这样,就必须了解他者的差异中那些强有力的文化要素和过程。

进而,若缺少贯穿这种差异的可理解性原则,认知也不可能。就学术性话语的层面而言,在将历史认同主题化,使之成为差异的一个事例时,这些普遍的要素和维度与专业性历史思维的话语特征有着本质上的关联。

这就是本丛书的出发点,它想把西方世界人们理解、讨论、扩展、批判和利用历史的途径告诉汉语世界。

这套丛书可谓雄心勃勃,它试图展现西方历史话语的整个领域。在思考历史的西方人眼中,西方历史思想是什么?谁的观点成了有影响的观点?想象一种单一的西方历史思想类型,并以之与非西方的中国人或印度人的历史思想相比对,这相当容易。但更进一步,人们就会发现,西方并没有这样一种类型,即单一的"观念""概念"或者"根本"。相反,我们找到了一种话语,它呈现出各种不同概念、观点和实际作用之间错综分合的交流。这套丛书便展现了这种多样性和话语特征,当然,非西方世界也会有类似情形。

本丛书分为作者论著和主题文集两类出版。第一类选取该作者对历史话语而言有着重要地位的作品,第二类则选取历史话语中的一些中心主题。每一卷都有介绍该作者或主题的导论、文本注释和文献目录。

本丛书期待对历史学领域中在新的层次上并且是高质量的跨文化交流有所贡献。抱着这种呈现更广泛的意见、立场、论证、争执的雄心壮志,它希望成为跨文化交流中类似研究的范例,使不同文化彼此得到更好的理解。在跨文化交流与对话的领域内，就一种对文化差异彼此了解的新文化来说，这种理解是必要的。

耶尔恩·吕森

2006年5月于德国埃森

序 二

近代以来,西方历史思想家为人类提供了丰富的历史思想资源。历史的观念经过一代代思想家的演绎,构成了多元的话语系统,而且,这个系统还随着思想家们不断的思考、表现而获得扩充。

我们往往通过书本了解思想家们对历史的看法,但对于读者自身而言,我们却不能只是从书本中去理解历史。事实上,我们就生活在历史中,这并不是说我们现在的经历将成为历史,而是指我们身边的每一处能够被言说、被体悟的事情,如果不能够获得历史解释,它都无法进入理性的思索之中。从历史中获取意义,获取人生在某个时刻具有的确定性和行动的立足点,这是试图了解历史的人所追求的。但这样一种能力对于个人而言并不是可遗传的或可积累的,每个人都不得不在自己的生活中重新发展它。思想家们对过去的理解与认识、对历史这个观念的思考,以及对与历史相关的一些问题的探询,这些都只为我们耕耘未来生活这块荒原提供各式各样的工具,却不提供秋收的果实。

系统地译介西方史学理论或历史哲学作品,一直是20世纪以来几代中国学者的梦想。这个梦想曾经深藏在何兆武先生年轻的头脑中,此后,他身体力行,译著丰卓,为拓展国人的历史思维付出了不懈的努力。如今,跨文化交流的加强,以及国内学术事业的繁荣,使得这一梦想更有可能变为现实。

本丛书有幸得到了德国学者耶尔恩·吕森教授的大力支持。吕森教授认为,加强跨文化交流有利于创造一种新的世界文化,现存诸种文化可以包含在其中,但它们了解彼此的差异,尊重彼此的习惯;平等交流使得我们可以跨越文化鸿沟,同时拓宽我们理解历史的文化限度。这也是中方编辑者的初衷之一。这样,中德双方组织者表现出极大的热忱。从丛书框架、选题的设计，到约请编译者，乃至沟通版权，一项项艰巨的任务在数年来持续不断的交流与努力中逐渐得到落实。

丛书编者有着极大的雄心，希望以数十年的努力，将西方18世纪以来关于历史、历史编撰、元史学和历史哲学的重要文献渐次翻译，奉献给汉语世界。如果可能，这套丛书还将涉及非西方世界史学思想的文献。

显然，这套丛书的出版是一项跨文化交流的成果，同时也是一项民间的学术事业，在此，我们要对所有帮助这套丛书出版的编者、译者、出版者表示感谢。愿这样的努力，也能够得到读者的关注、批评与认可。

张文杰　陈新
2006年5月

目 录

中文版前言 　　　　　　　　　　　　　　　　　　　　　*1*
英文版前言 　　　　　　　　　　　　　　　　　　　　　*5*
致谢 　　　　　　　　　　　　　　　　　　　　　　　　*13*

导论　历史认识论的必要性　　　　　　　　　　　　　　1

第一部分　记　忆

第一章　有记忆的历史、无记忆的历史　　　　　　　　　23
　　记忆对历史　　　　　　　　　　　　　　　　　　　25
　　历史和现在　　　　　　　　　　　　　　　　　　　37
　　对过去的种种相互冲突的态度　　　　　　　　　　　43
　　历史的合法角色　　　　　　　　　　　　　　　　　50
第二章　历史、记忆、认同　　　　　　　　　　　　　　56
　　认同和记忆浪潮　　　　　　　　　　　　　　　　　58
　　认同、记忆和历史理解　　　　　　　　　　　　　　65
　　历史、记忆和未知的一切　　　　　　　　　　　　　76

第二部分　叙事与知识

第三章　叙事本身有认知价值吗？　　87
　　叙事的"危机"　　91
　　叙事的认识论局限　　99
第四章　叙事与历史写作的四项任务　　109
　　说明和描述　　111
　　叙事与布罗代尔的《地中海》　　133
　　历史写作的四个任务　　140

第三部分　客观性与猜测

第五章　针对历史学家的客观性　　155
　　客观性和信念　　156
　　定义客观性　　162
　　绝对意义上的客观性　　166
　　学科意义的客观性　　171
　　辩证意义上的客观性　　175
　　程序意义上的客观性　　179
第六章　一个有关历史认识论的案例分析
　　——关于托马斯·杰斐逊和莎丽·海明斯
　　　　邻居们究竟知道些什么？　　183
　　一个有争议的案例　　184
　　最佳解释推论　　188
　　萨加德的三个标准　　194
　　第四种标准　　198

    推断关系   202
    主张另一种讲述的理由   217
第七章   反事实历史:尼尔·弗格森的《未曾发生的历史》及类似著作   221

第四部分　碎片化

第八章　碎片化与史学编撰的未来
    ——论彼得·诺维克的《那高尚的梦想》   231
第九章　"宏大叙事"与历史学科   240
    通往历史整体一致性的四种理想类型态度   244
    上文的叙述所暗示的四种假定   270
第十章　历史研究中的一致性与非一致性
    ——从年鉴学派到新文化史   279
    年鉴学派和一致性的问题   282
    年鉴学派:从融合到多学科   295
    作为一种主动信念的一致性   301

结论:反对时下的流行做法   312
索　引   323
译后记   343

中文版前言

我非常高兴地迎接——确切地说是庆祝——这本书的中文版出版。该书最初的英文版 *Historical Knowledge, Historical Error: A Contemporary Guide to Practice* 是 2007 年 2 月出版的,俄文版 Историческая Эпистемология（Istoricheskaya epistemologia）出版于 6 个月后,中文版的问世比我原来希望的要晚了很久。①

正如这本书的标题显示的那样,本书关注的是我们对于过去知道什么以及知道多少的问题。它通过一系列更为具体的问题来探讨这个一般性问题。历史与记忆之间,历史、记忆与传统之间,是什么关系？我们从过去能够获得什么,以及反过来说,什么是我们依然无法获得的？叙事在历史中扮演什么角色？历史的叙事性、写实性层面如何与它的认知层面——也就是说,与历史所宣称的它作为有关过去的知识的身份——联系起来？

进一步说,历史学家们对于过去做了哪些特定类型的宣称,这些宣称(以及它们的合理解释)彼此之间如何不同？如果说历史

---

① Allan Megill, *Historical Knowledge, Historical Error: A Contemporary Guide to Practice* (Chicago: University of Chicago Press, 2007); and Историческая Эпистемология, trans. Marina Kukartseva, V. S. Timonin, and V. E. Kashaev (Moscow: Kanon, 2007). 俄文翻译在芝加哥大学出版社最终敲定文本购买之前就已经开始了,因此俄文版在某些地方与"芝加哥"原版有不同之处。

关心的是实现"客观性",那这一说法是否说得通?如果说得通,这种"客观性"是什么?历史学家们有理由宣称的应该是什么类型的客观性?政治承诺(political commitment,以及其他种类的承诺)在历史研究和写作中扮演什么角色?

再进一步说,推测——我们可能更应该称之为"溯因推论"(abductive inference)——在历史研究和写作中扮演什么角色?为什么这种推测不可避免?此外,如何能够在认知基础上检验这种推测?是否有可能提出一种单一的"宏大叙事",一种单一的长期(长时段)历史,它能够貌似合理地宣称自己是人类唯一的历史或者至少是那一历史的某个部分?最后,历史如何与宣称不同?

在 2007 年,这些是重要问题,它们今天依然是重要问题。本书的"底线"——它的中心主张——是清楚的。以恰当方式进行的历史研究和写作,并不是一种宣传模式和啦啦队模式。它不是——更确切地说,它不应该是——"胜利者讲述的故事"(让我们记住,胜利者总是暂时的)。相反,历史研究是一种科学调查,它有自己的经过长期检验的途径和方法。真正的历史学家应该用他所能获得的最好工具来认真仔细地调查过去。那么,到头来,他或者她有义务"不去计较后果"。

我在原来的前言中曾提到,这本书的有些章节读起来有挑战性,而另一些章节容易一些(通常短一点的章节更容易读)。读者们可以按他们选择的任何顺序随意阅读本书的不同部分,从任何吸引他们的内容入手。

* * *

我要感谢赵晗几年前翻译了本书的第一稿,当时他还是弗吉尼亚大学的一名年轻研究生。感谢复旦大学外文学院的讲师黄红霞，她完成了本书的翻译。感谢德国维藤/黑尔德克大学荣誉退休的通史和历史文化教授耶尔恩·吕森，和曾任教于复旦大学、如今在浙江大学历史系任教的陈新教授，他们把本书纳入了北京大学出版社"历史的观念"译丛。

  如果还要再说的话，我需要感谢其他许多人——那些在弗吉尼亚大学待过的中国学生和学者们，经常，虽然不是总是——以这样或者那样的方式让我了解中国，尤其但不仅仅是在我数次访问中国期间。但是，这个名单太长，因此我只提上述四位和本书关系密切的人。

阿兰·梅吉尔

2018 年 6 月 24 日

于美国弗吉尼亚州夏洛茨维尔

英文版前言

多年前,美国历史学家大卫·哈克特·费希尔(David Hackett Fischer)出版过一部有趣但却令人不安的著作:《历史学家的推理谬误:寻找史学思维的逻辑》。这本书虽然初版于1970年,但至今依然在印行,也算是一部小小的经典。其读者包括对历史学家研究历史的方式感兴趣的业外人士,教授史学方法的教师也一直将它列为历史专业学生以及刚入学的研究生的必读书目,作为对本学科中各种陷阱的警示。费希尔列出了112种不同的"推理谬误",并将它们归为12个类别。他发现20世纪20年代到60年代间的很多历史学家都犯了这些推理谬误——事实上,几乎所有这个时期的知名史学家都未能幸免。

我没有费希尔那种令人耳目一新的才智,但的确从他的著作中得到了灵感。我关注的话题也是费希尔关注的,虽然它如今已经很不合时宜;同时,我提出的问题也是费希尔提出的。简而言之,在本书中,我的主要兴趣是使如下问题得以回答的论证和依据所具有的基础,这个问题就是:我们有什么依据接受历史学家和其他人提供给我们的关于过去的叙述?或者我们可以用另一种方式来提这个问题:我们如何能最有效地避免史学谬误?历史认识论——或者如果人们愿意的话,可以称之为历史学家的认识论——关注的就是发现并避免这样的谬误。但是,如果我们想要理解历史研究和历史写作的论述和依据,就必须同时理解一些其他的相关问题。因此,本书也探讨了记忆在历史中——以及在历史背景下——的作用;历史中的描述、说明和阐释;历史研究中的客观性以及猜测(或"溯因推理")的地位;以及"范式"和"宏大叙事"这些概念(经常隐秘地)提供给历史研究和写作的那些框架假设。本书还抨击了一些明显的谬误,尤其是广为流传的一种观念,即认为历史学家应当努力给我们提供一种对过去的"直接"体验。

在这里我应当做些说明。首先我要指出的是,本书中各章并非环环相扣。各章之间互有关联,但通常我不会在一章中提出一个问题而在下一章中解答。本书不是这种类型,我们的主题也无法用这种方式来处理。我并不打算提出一种关于历史写作的理论,因为我认为无论是关于普遍意义上的历史写作或是具体层面的历史认识论,都不可能有任何单一的理论。无论如何,我们无法提出任何**可接受**的理论。恰恰相反,本书提供的是一组针对历史认识论的理论思考——也就是说,关于历史知识的局限及条件的理论思考。这些思考通过考察具体例子而表述出来。本书的益处将会体现在书中提出的——而且我希望是本书引发的——普遍意义上的思考,而不仅仅在于对具体例子的讨论。我的目的与其说是在于对认识论问题有一种哲学考察,不如说是要提醒(或者再次提醒)从业的历史学家——特别是刚入门的人——注意他们职业中的认识论方面。我经常从不同的角度讨论这个问题。我希望通过这种方法来激发读者自己的思考。最为重要的是,我希望读者会接受本书给出的思考并在自己阅读或写作历史的过程中应用它。

在导论"历史认识论的必要性"中,我从最近在美国职业历史写作中扮演主导角色的所谓新文化史中选取了例子,反思了历史学中认识论实践的好例子和坏例子。我尤其对比了娜塔莉·戴维斯的《马丁·盖尔归来》(它对16世纪法国的一起"身份盗窃"事件做了引人入胜的叙述)所表现出的认识论上的责任感,和最近一个有关奴隶制和美国内战的、以网络为基础的历史或者"数字"历史的"试验"所表现出来的我所认为的认识论上的不负责任——在我看来,这场试验带来了负面的结果。这也是对历史知识的贡献,至少它让我们认识到我们现在应该朝不同的方向发展。

本书的第一部分"记忆"继续探讨了导论中提出的问题。这部分由两章组成,主要是对认为历史不过是一种记忆的形式这种观点提出质疑。第一章"有记忆的历史、无记忆的历史"直接抨击了这种假设,但同时又论述了为何我们不能简单地抛弃"记忆"。可以用两种完全对立的方法来看待历史:一种是把它看作具有肯定的功用(肯定某个特定的人类共同体),一种是把它看作具有否定的功用(批判这个共同体为自己制造的神话)。对这两种对立的观点我们都无法有理有据地驳斥。然而,这章结尾处肯定了历史批判的一面,并指出这种态度是时下我们更为需要的,因为对处于统治地位的群体进行肯定的表述比比皆是,而且多种形式的记忆对历史也提出了挑战,认为历史不过是另一种以自我为中心并服务于自己的思想"话语"的形式。

第二章"历史、记忆、认同"将"认同"加入这个混合体之中。"认同"在上一代人中就已经成为一个在美国文化和其他领域既问题重重而又颇有价值的范畴。"认同"与"记忆"联系紧密,二者又都与历史有着复杂关系。在很多方面,"历史"与"记忆"之间的关系是**负面**关系这个事实很不幸地从我们的视野中消失了。另外一些重要的区别也被遗忘,其中就有"记忆"与"传统"的区别:"记忆"深深植根于当今的那些主体性之中,而"传统"是与客观存在的一套文化物品和表达相关联的。另外一个区别是"记忆"和"怀旧"之间的区别。在经验的实体中,这些范畴经常重叠。然而,如果我们想要清楚思考这些范畴,就必须在概念层次上将它们区分开来。而且,历史学家和其他人如果将"历史"与"记忆""传统"或"怀旧"混为一谈的话,那必然会犯错误。他们会一直想要以某某关于过去的观点具有真实性、有用性或诱惑力为理由,来坚称这种观点是真实的。

第二部分"叙事与知识"讨论的是历史叙事的认知维度。第三章"叙事本身有认知价值吗?"的出发点是路易斯·明克(Louis O. Mink)提出的一个观点,他认为我们可以发现嵌于叙事之中的"概念上的假设"。根据明克的观点,叙事因此具有认知价值。第三章既肯定又否定了明克的论点。这一章注意到叙事无处不在——叙事如何在即使被认为处于一种危机当中的时候,仍然反复出现。这说明叙事对人类有价值,这种价值部分上肯定是在于叙事能够帮助人们认识世界。同时,不同的人、不同的群体又忠于彼此互不相容的叙事。这一章的结论是,如果我们要决定对于具体的叙事应当接受什么、拒斥什么的话,就必须运用认识论的标准。

第四章"叙事与历史写作的四项任务"详细阐述史学写作的四项任务,以说明历史学家事业的认知方面。本章也给出了一种对叙事的新定义,这个定义与其说是要**取代**通常的定义(即一个按时间顺序组织的叙述),不如说是要通过将重点放在叙事传递的内容(人物、环境、行为、发生的事)之上而非放在叙事方法之上,来将这个定义**明晰化**。本章提出历史有四项任务:描述、说明、论述或证实、阐释。从历史认识论的角度来说,最为重要的一点在于:历史学家不能简单地断言某个关于过去的观点是真实的。相反,他们必须提出论述以及证据,以使我们同意他们的观点是真实的。"仅仅讲个故事"还不够:如果我们要把一个历史叙述看作从认识论上来讲是负责任的,我们需要的就不仅仅"只是一个故事"。

第三部分转向历史中的客观性与猜测这两个互相关联的主题。第五章"针对历史学家的客观性",论证了客观性是一个具有内在复杂性的概念,因为这个概念的核心不是一种**单一的**意义,而是四种不同但又相关的意义。客观性的这四种意义对研究历史来说都是不可或缺的:它们构成了一种"X 因素",使史学家的著作是历史而不是宣传资料。诚然,史学家是受种种信念驱动的,为了语言上的简便,我们可以把这些信念称为"政治"信念("政治"在这里是广义的,可以包括宗教、哲学、美学、文化以及其他类似的信念,同时也可以是严格意义上的政治信念)。没有这些信念,史学家就没有动力书写历史,也没有书写历史的视角了。然而,如果不坚守客观性的原则,政治信念将会是危险的毒药。

第六章"一个有关历史认识论的案例分析——关于托马斯·杰斐逊和莎丽·海明斯邻居们究竟知道些什么?"(本章为史蒂文·谢泼德、菲利普·霍恩博格与我合写),探讨的是历史学家在其工作中一直都要面对的一个问题——一个社会科学家饶有兴味地称为"不良数据"的问题。处理不良数据的一种方法是采取不可知的立场,不提出任何有关过去的观点,除非能够非常确定它们是正确的。但遵循这个方法的历史学家能够提供给读者的只不过是 19 世纪历史学家和理论家德罗伊森(J. G. Droysen)所说的"分散的实证碎片"。为了写出有价值的历史,史学家需要猜测。

我们在第六章中的论点是,历史学家应当以一种有自我意识的方式进行猜测,而且要向读者表明他们正在超越证据的范围。在这章中,我们审视了一位历史学家对于据称在 1790—1802 年间流传于弗吉尼亚州阿尔博马尔县的种种绯闻所做的断言,这些绯闻讲的是美国开国元老托马斯·杰斐逊和他的一位女奴莎丽·海明斯有染。我们在仔细考察那些支持和反对该历史学家断言的证据的过程中,指出了"最佳解释推论"——也称作**溯因**或**溯因推**

理——在历史研究与书写中的作用。实际上,即使是一些表面上显而易见的历史论断,比如"有过拿破仑这个人"或"第一次世界大战于 1914 年爆发",也不是以经验的方式为我们所知的,当然也不是以归纳的形式,而是通过溯因推理为我们所知的。我们在本章中还指出,一种认识论上负责任的历史是要求史学家进行比较判断的,要求史学家详细讨论能想得到的一切支持或反对他们的假设的论述。

第七章"反事实历史:尼尔·弗格森的《未曾发生的历史》及类似著作",反思了历史研究和撰写中的一种特殊种类的猜测——反事实推理。本章讨论了"虚拟"或"想象"的历史这种明显反事实的文体;还区分了反事实推理在历史学家试图提出因果关系主张的过程中所扮演的合理而且确实必要的角色,与另一种对反事实的应用,后者更像是想象文学,而不是历史。

第四部分"碎片化"转向讨论在学术历史写作中出现的历史领域的分裂。这种碎片化随着不同的阐释视角的兴起并相互产生冲突而出现。实际上,碎片化似乎是第四章提到的历史研究和书写的阐释性本质所带来的必然后果。我的论点是,在认识论上负责任的史学需要在很大程度上附和这种碎片化趋势。

第八章"碎片化与史学编纂的未来——论彼得·诺维克的《那高尚的梦想》",将史学碎片化与诺维克 1988 年这本名著的最后一部分联系起来。在该书这一部分中,诺维克描述了一个在其写作该书之时"不存在任何国王"的美国史学职业——也就是说没有处于支配地位的一致意见。诺维克这本著作的一些读者认为他是对这个事实表示哀叹。但我的论点正相反,我认为过去和现在都没有任何哀叹的理由。

第九章"'宏大叙事'与历史学科"篇幅较长,内容也比较复杂,但我希望读者在读过这一章后能有更丰厚的收获。本章给出了一些区分和视角,它们对于理解史学一致性的特征来说不可或缺。我们可以将历史叙述的一致性看作存在于四个层面之上:叙事本身的一致性,主叙事的一致性,宏大叙事的一致性,以及元叙事的一致性。另外,我们还需要认识到历史世界中各种一致性的概念植根于四种对历史不同的态度——这四种态度可以共存,但又展示了一种历史演进。我们可以认为有一个单一的、统一的历史,而且我们现在就知道它是什么;或者认为这个单一历史只有在我们做了"进一步的研究"之后,才能知道它是什么;或者认为单一历史只是一种纯粹的规范性观念,它永远不可能为我们所知。本章也探讨了统一的历史这种观念被摒弃之后,史学还会有何种选择。

尽管时下对历史过去的阐释视角显然数不胜数,但仍然存在着一种使历史"重新一致化"的强大动力。第十章"历史研究中的一致性与非一致性——从年鉴学派到新文化史",考察了这种趋势,并重点讨论了对一种衰落的观念的回应,这种观点就是:历史学将最终支撑起历史世界的一种统一的叙述、一种"普遍史"。20世纪下半叶影响最为广泛的历史研究与书写的学派是法国所谓的"年鉴学派"。这个学派的杰出人物,诸如吕西安·费弗尔(Lucien Febvre)和费尔南·布罗代尔(Fernand Braudel),想要书写一种"总体史"(或如费弗尔所说的一种"总体化的历史"[totalitarian history])。他们的努力都失败了。后来,与年鉴学派紧密相关的新一代历史学家创立了"新文化史"。这些历史学家不再渴望书写总体历史,因为他们清楚意识到关于过去可写的内容多种多样,无法纳入一个单一的、"总体的"观点之中。但他们仍然寻求一致性——一种**强加**的一致性,他们在托马斯·库恩(Thomas S. Kuhn)的观念中为这种一致性找到了理由,后者认为科学学科的统一通常是通过让所有有能力的研究者都遵循一种科学研究的统一

"范式"或者模式而实现。第十章指出,范式这个概念本身就是没有依据的——一些具有敏锐洞察力的新文化史的支持者也承认这一点。

在结论"反对时下的流行做法"一章中,我简要反思了历史对现在如何有价值以及如何无价值。结论特别提醒读者注意一种广为流行却没有依据、毫无自知,甚至很自大的假设,即历史学家能够而且应当追求将过去人们的经历原原本本地直接提供给我们。

本书中有些章节对读者来说可能颇为艰深,而其他章节就相对浅显一些。如果读者不甚熟悉历史理论的话,或许应该先读导论、第三章、第五章、第七章、第八章以及结论,然后回头再读第四章、第六章、第九章、第十章这些较难的章节。

致 谢

在思考历史以及应当如何撰写历史的过程中,我受到了很多人的影响。在之前发表的著作中,我已经感谢过其中很多人的帮助。在此,我想秉承简约主义的精神,不再罗列他们的名字。但我还是要提一下以下这些同仁,以感谢他们审读了我的书稿:巴巴克·阿什拉菲(Babak Ashrafi)、玛拉基·哈库恩(Malachi Hacohen)、约翰·哈洛伦(John Holloran)、迈克尔·霍尔特(Michael Holt)、艾瑞克·密德福特(Erik Midelfort)、彼得·奥努夫(Peter Onuf)、大卫·皮克斯(David Pickus)、布拉德·怀特纳(Brad Whitener)以及芝加哥大学出版社的两位匿名审阅者。我还要感谢我在爱荷华大学任教的15年间遇到的四位同事:已谢世的威廉·O.艾德洛特(William O. Aydelotte)、迪尔德丽·N.麦克洛斯基(Deirdre N. McCloskey)、约翰·S.纳尔逊(John S. Nelson)以及艾伦·B.斯皮策(Alan B. Spitzer)。他们都曾对本书探讨的问题发表过著述。我现在所教的两门历史理论课程都是从比尔·艾德洛特(Bill Aydelotte)曾教过多年的一门为研究生开设的历史哲学课程演变而来的;我有幸旁听过艾德洛特最后一次讲授这门课,并在此之后将它继续了下来。

菲利普·霍恩伯格(Phillip Honenberger)在本书的撰写和修改过程中一直是一位非常得力的助手。除了帮我开展工作以外,他还参与了史蒂文·谢泼德(Steven Shepard)一篇论文的写作,提出了他自己的重要见解。这篇论文后来被我用作第六章的基础。他也因而被列作这一章的第二作者。

我还要感谢在爱荷华大学和弗吉尼亚大学选修过我的历史哲学、史学史和其他相关课程的许多学生,他们极大地促进了我的那些想法的形成。

弗吉尼亚大学在1994年、2000年和2005年春季学期给我提供了学术假期,而且还给了我一些夏季研究经费。如果没有这些不用授课的假期,我不会这么快就写完本书(但是授课工作通常帮助而不是阻碍了我的研究)。弗吉尼亚大学奥尔德曼图书馆的藏书以及出色的服务也促进了本书的写作。本书撰写计划得到的第一笔经费是爱荷华大学的大学研究中心(现在的奥博曼高级研究中心)在1986年给我的夏季研究资助。

我最要感谢的是芮塔·菲尔斯基(Rita Felski)和玛利亚·菲尔斯基(Maria Felski),同时我也很高兴杰伊森·梅吉尔(Jason Megill)、杰西卡·梅吉尔(Jessica Megill)和乔纳森·梅吉尔(Jonathan Megill)不断提供支持帮助。

本书中的部分内容曾以不同形式在一些期刊上发表过,但是所有之前发表过的文章都经过了修改,其中有些还是大规模的修改。感谢之前的编辑和出版人对我的著作的信任,感谢他们同意我将这些文章重新出版。发表过的文章的原标题和出版处如下:

[第二章]"历史、记忆、认同"("History, Memory, Identity"),原载于《人文科学历史》(*History of the Human Sciences*),1998年第11卷第3期,第7—62页;

[第三章]"叙事本身有认知价值吗?"("Does Narrative Have a Cognitive Value of Its Own?"),原载于豪斯特·沃尔特·布兰克(Horst Walter Blanke)、弗里德里希·耶格(Friedrich Jaeger)与托

马斯·萨吕勒(Thomas Sanühler)合编的《历史的维度》(Dimensionen der Historik: Geschichtstheorie, Wissenschaftsgeschichte und Geschichtekultur heute: Jörn Rüsen zum 60. Geburtstag, Köln: Böhlau, 1998),第41—52页;

[第四章]"讲述过去:史学编纂中的'描述'、解释和叙事"("Recounting the Past: 'Description,' Explanation, and Narrative in Historiography"),原载于《美国历史评论》(American Historical Review),1989年第94期,第627—653页;

[第五章]"四种意义的客观性"("Four Senses of Objectivity"),原载于《学术年鉴》(Annals of Scholarship),1991年第8期,第301—320页,并重印于阿兰·梅吉尔编辑的《对客观性的再思考》(Rethinking Objectivity, Durham, N. C.: Duke University Press, 1994);

[第七章]"新的反事实历史主义者们"("The New Counterfactualists"),原载于《从历史上来说》(Historically Speaking),第5卷,第4期,2004年3月,第17—18页;

[第八章]"碎片化与史学编撰的未来"("Fragmentation and the Future of Historiography"),原载于《美国历史评论》,1991年第96期,第693—698页;

[第九章]"'宏大叙事'与历史学科"("'Grand Narrative' and the Discipline of History"),见弗兰克·安克斯密特(Frank Ankersmit)与汉斯·凯尔纳(Hans Kellner)合编的《一种新的历史哲学》(A New Philosophy of History, London: Reaktion Books, 1995),第151—173、263—271页;

[第十章]"历史研究中的一致性与非一致性——从年鉴学派到新文化史"("Coherence and Incoherence in Historical Studies: From the Annales School to the New Cultural History"),原载于《新文

学史》(*New Literary History*),2004 年第 35 期,第 207—231 页;

[结论]"我们是不是对历史要求得太多?"("Are We Asking Too Much of History?"),载于《从历史上来说》,第 3 卷,第 4 期,2002 年 4 月,第 9—11 页。

除此之外,我在本书中还重新使用了我的文章《现代史学编撰的独特之处是什么?》的一部分,该文原载于《重新思考史学编撰史:伊格尔斯纪念文集》(*History of Historiography Reconsidered: Essays in Honor of Georg G. Iggers*, ed. Q. Edward Wang and Franz L. Fillafer, New York: Berghahn Books, 2007)。

本书第一章"有记忆的历史、无记忆的历史",其初稿我曾用于 2000 年春维也纳人文科学研究院的"星期二讲座"。

导论　历史认识论的必要性

在过去的 25 年里,历史学家研究过去的方法已经发生了很大变化。也许最重要的变化莫过于向文化史的转向了。新文化史的兴起开拓了史学家的视野,并把那些一度被忽视或低估的人类过去的某些侧面纳入了研究范围。例如,一部受到普遍关注的著作是娜塔莉·戴维斯(Natalie Davis)的《马丁·盖尔归来》,它讲述了一位生活在 16 世纪的法国农妇贝特朗·德罗尔斯的故事。她的丈夫马丁·盖尔从他们生活的村子中失踪,八年后以洗心革面的新形象回乡——但后来人们却发现他是一个冒名顶替者,因为**真正的**马丁·盖尔最终回来了(他在西班牙作战时失去了一条腿)。① 戴维斯给我们详细讲述了贝特朗的处境,并对贝特朗当时做选择时可能做过的思考进行了猜测。但戴维斯始终清楚地把她的猜测仅仅看作是猜测而已:"也许"这件事发生了;在这种情况下人们"肯定已经"或者"也许已经"或者"大概已经"这样做了;贝特朗"可能已经"接受了某某人的帮助;"也许"她是这么想的;"或许"她因为这样或那样的原因接受了那个冒充马丁·盖尔的人;"作为一种'思考试验',让我们试想一下可能发生过什么";这对夫妻"很可能想出了某种策略";类似说法不一而足。在所有这

---

① Natalie Z. Davis, *The Return of Martin Guerre* (Cambridge, MA, 1983).

些猜测当中,戴维斯谨慎地告诉了我们她所做的判断以及提出的可能性的依据是什么。她从来不把这一证据甩给我们。她告诉我们为什么她认为她正在讨论的那个证据能够引导她得出现在的结论。她是在**辩论**。

但是,近来一些历史学家却渐趋忽视戴维斯所代表的那种对证据和论述过程的重视。毫无疑问,戴维斯写这部著作是出于她对20世纪后半期美国女权主义的关心。因此,她提出了一些关于16世纪法国农妇的意识的问题,这都是其他史学家从未问过的问题。我们从《马丁·盖尔归来》中可以推测出戴维斯的女权主义立场。但她对证据一丝不苟,其论断也毫不模糊。读者也不会觉得她的观点有失偏颇。的确,《马丁·盖尔归来》这部著作展示了杰出的叙事才能。我们必须承认:这是一个引人入胜的故事,一个被一遍又一遍地讲述过多次的故事,其中最有名的一次是在1982年被搬上银幕,由当时红极一时的法国影星杰拉尔·德帕迪约(Gérard Depardieu)主演。尽管戴维斯真心喜欢这个故事,她却始终清晰地展示了这个故事与证据之间的关系。简而言之,她所表现的是一种认识论上的谨慎,这种谨慎堪比西方史学的另一位创立者修昔底德在《伯罗奔尼撒战争史》的开篇提议中所表现出的谨慎。戴维斯当然有自己的意图,但她的故事却并没有受这种意图的支配。该书在当前有教育意义,但这些意义又无法以一种专门的形式总结出来:我们无法准确地**说出**这些意义都是什么。总之,《马丁·盖尔归来》是一部史书,而非其他方面的书。这部著作是找寻历史真实的一个尝试。它是戴维斯所做的一次富有想象力的建构或重建,她希望能够通过它让我们接触到一种与我们所处的真实不尽相同的真实(尽管二者之间也有相似之处)。她在这部著作中充分展示了对我所谓的历史认识论的规则——它们有时隐晦,有时明确——的关注。②

要想明确思考历史认识论,我们就需要了解历史学家研究过去的方式有什么特点。这里,始自修昔底德和公元前5世纪的希腊人希罗多德的历史编撰传统能给予我们一些帮助。在《伯罗奔尼撒战争史》以及希罗多德的《历史》中,我们能够发现某种东西宛如一条红线贯穿其中,它也贯穿了其后的历史传统,并将历史与哲学和科学的传统区分开来。我们可以给这条红线冠以很多名称。我比较喜欢称之为一种**悬而未决的辩证**或**悬而未决的张力**(an unresolving dialectic or unresolving tension)。我想通过这些术语指出的是,一位真正的历史学家——一位忠于史学传统的学者——乐于将其思维置于相互冲突的态度或论点之间。历史学家的任务并不是提出一种关于世界本身的单一、毫无歧义的立场,更不要说什么单一、一贯的理论了。我们可以将这个任务留给那些愿意担当起这个重任的哲学家、自然科学家和社会科学家以及其他的理论家们。

这里不是罗列"悬而未决的辩证"这个概念的各种变体的地方。但我还是应该举几个例子,并说明这个概念如何与历史认识论相关。最好的办法是从头讲起:从第一位"历史之父"希罗多德讲起。③ 据说希罗多德游历了地中海东部各地,搜集了各种资料来撰写他那部关于波斯帝国与希腊人战争的巨著——这些战争以

---

② 戴维斯对认识论的关注充分表现在其文章《论瘸子》(见"On the Lame," *American Historical Review* 93[1988]:572—603)之中。在该文中,戴维斯回应了一位蹩脚的批评者。有关真实、证据和怀疑的问题是《马丁·盖尔归来》一书的中心问题,见第102、106—108、119—122、125页。

③ 参见 Arnaldo Momigliano, "The Place of Herodotus in the History of Historiography", in *Studies in Historiography*(London, 1969), 127-142。另见弗朗索瓦·哈托格(François Hartog)的出色著作《希罗多德之镜:历史撰写中对他者的表述》(*The Mirror of Herodotus: The Representation of the Other in the Writing of History*, trans. Janet Lloyd, Berkeley, 1988)。

波斯的失败而告终,它们也使得那些我们乐于视作"西方文化"的东西得以保存下来。希罗多德访问的人给他讲了很多故事。有些故事的真实性他能够检验,而另一些不能。对于那些他无法确定真实性的故事,希罗多德也会以很长的篇幅讲述。在这样的例子中,他的做法很可能看起来是在认识论上不负责任的。但实际上并非如此,因为他在讲述那些他不太确定的故事时,也同时说出他自己的怀疑:"我必须讲述人们所说的,但我却并不一定相信这些事。我的这个评论是针对我的整部《历史》而言的。"④他的兴趣在于这些故事本身,而不论事实真相如何,并且他希望我们也如此。但他同样对真正发生过的事感兴趣,而且当他认为某个故事不真实的时候他也会进行否认:"但是他们说了谎……在上面刻字的是一位特尔斐人……我知道他的名字,但我不会说出来。"(1.51)用现在的话来说,希罗多德拒斥了那种认为历史应当与人们现在所谓的"记忆"等同的观念。但他同时也拒斥了认为历史应当把"**记忆**"**排除在外**的那种观念。相反——这也看似有些矛盾——历史应当既是历史,又是记忆。

在希罗多德的继任者和竞争者修昔底德那里,我们可以发现另一种不同的张力。诚然,修昔底德拒斥了希罗多德那种对故事的偏爱:在《伯罗奔尼撒战争史》的开篇,他就说到自己要避免**不真实之事**(muthodes)——这是一个与**神话**(Myth)有关的词。⑤ 相反,修昔底德想要自己发现究竟发生了什么,而且他只想在著作中记录那些他能够确认的事情。(他之所以能够想到这样去撰写历史,也是因为伯罗奔尼撒战争爆发在他成年以后,而且在其写作的时候仍在继续。另外,他本人曾在战争中担任过将军,后因被雅典

---

④ Herodotus, *The History*, trans. David Grene(Chicago, 1987),7. 152,see also 2. 123.
⑤ Thucydides, *History of the Peloponnesian War*, trans. Rex Warner(Harmondsworth, HK, 1954),1. 21.

人认为应对一次攻打斯巴达的失败负责,而遭到流放。)修昔底德对其叙述的事实真相并未抱有不确定的态度,相反,他坚信自己的故事是真实的。修昔底德著作中的张力在于,他十分愿意——甚至渴望——详细叙述战争中各方相互对立的观点和政策。另一方面,修昔底德**自己的**观点被他谦恭地或者巧妙地置于背景之中。他不是一位宣传家,尽管他显然也有自己的信念。他也不是一位试图要给我们提供一种战争或国际关系理论的政治学家。他是一个历史学家,试图讲述一个真实的因而也十分复杂的故事。正如古典学者丹尼尔·门德尔松指出的那样,有些人想要把修昔底德变成一位为现在提供直接的经验教训的人,但这完全是错误的。例如,门德尔松提到,耶鲁大学的古典学者唐纳德·卡根(Donald Kagan)对修昔底德做出了一种解读,认为它可以用来支持"一项非常21世纪的计划……先发制人的战争这种单边政策"。门德尔松指出,卡根做出的这种解读,是把修昔底德对战争的叙述完全看成平铺直叙——"全然不顾修昔底德在著作中努力包含的多种意见和观点"。修昔底德并没有给我们描述政策;但卡根却这样做了。⑥

  历史思维所特有的这种悬而未决的辩证与历史认识论有紧密关系;历史学家态度的一个方面——它与理论家和科学家的态度大不相同——就是,它在历史学家所描述的过去的真实与现在的世界之间保持一种断裂(这并不意味着过去与现在**完全**没有任何联系——它们仅仅是不同而已)。真正的历史学家并不是宣传员或者啦啦队长,也不是想让自己撰写的历史"有用"的人。相反,真正的历史学家最大的爱好就是探索一个无法造访的异国,也就

---

⑥ Daniel Mendelsohn, "Theatres of War", *New Yorker*, 12 Jan 2004, 82. 请注意希罗多德与修昔底德二人(而并不只是希罗多德)都给我们提供了"多种意见"——但他们的方式是不同的。

是过去。这种爱好与历史认识论相关,因为只有当历史学家严肃对待历史证据和他/她撰写的文字之间的关系的时候,我们才能说他/她真正具有这种热情。对历史证据的认真态度能够让历史学家一直诚实,这样他/她也不大会将自己的偏见和美好愿望强加于过去之上。反过来说,如果太关注历史之于现在的用处,那就会降低历史学家对历史证据的重视程度。在《马丁·盖尔归来》一书中,戴维斯敏锐地意识到她需要写的是与现有证据相联系的叙述。这并不意味着这部作品无可挑剔,也不意味着她的故事是有关16世纪农民或是有关马丁·盖尔和贝特朗·德罗尔斯这一奇怪事件的唯一可能的历史故事。实际上,真正的历史学家**无法**宣称自己的叙述是绝无仅有的:这是希罗多德的真知灼见(那些宣称"怎么说都可以"、宣称过去**真正**发生了什么并不重要的观点也一样是错误的:这也是修昔底德的真知灼见)。如果我们号称能够确定地了解过去,那我们就违反了历史无定论的原则。它会把历史学家变成一种置身于历史撰写传统之外的认知者。或者,更糟的情况是,它可能会将历史学家变成谬误和不道德行为的制造者(比如说,让历史学家对过去、现在,以及二者之间关系的态度变得自满、自大或骄傲)。倘若号称自己的叙述是绝无仅有的,那也是违背了历史认识论,因为历史学家虽然能号称自己的叙述是真实的而所有其他的叙述都是错误的,但过去的单个事件或者"存在物"并不受支持他/她的说法的那种证据影响。

我这里的论点在真正的历史学家之中已经广为人知,尽管其形式可能有所不同。我写这本书是要反驳另一种观点,一种近年来十分流行的观点:这种观点认为历史的真正功用在于**支持现在的伟大事业**。按照这种观点,历史就是政治——甚至是战争——只不过是通过其他途径来实现的。当然,并不令人奇怪的是,那些磨刀霍霍并且有能力将自己的意志和偏好强加于别人身上的人都会持有这种观点。那些掌握着金钱、可以为科研提供资助的人自然也希望历史学家们有雇佣价值。让人不安的是,这些观点最近在职业历史学家当中有不少追随者,而历史学家本应该更明智一些的。对证据问题的明显漫不经心还经常伴随着这样一种观点,即历史应该服务于伟大事业。

想一下威廉·托马斯三世和爱德华·艾尔斯2003年12月发表在《美国历史评论》和一个相关网站上的文章《奴隶制带来的不同:对两种美国社会的仔细分析》。该文声称要为读者提供有关奴隶制和美国内战之间关系的"全方位的学术论证"。⑦ 简而言之,两位作者断言,奴隶制"对美国内战的重要性比我们之前认为的更大",因为即使在南方很多没有棉花种植业或者众多非裔美国人的地方,奴隶制也发挥着一种"决定性影响"。⑧

为了证明这一观点,他们找到并收集了一份"电子档案":《阴影的山谷:美国内战中的两个社会》("The Valley of the Shadow:

---

⑦ William G. Thomas III, Edward L. Ayers, "An Overview: The Differences Slavery Made: A Close Analysis of Two American Communities," *American Historical Review* 108, no. 5 (December 2003): 1299-1307;电子版全文见 http://historycooperative.org/ahr/;与之关联的"电子档案"见 http://valley.vcdh.virginia.edu(请注意 historycooperative.org 通常需要通过订阅它的图书馆才能访问)。

⑧ Thomas and Ayers, "An Overview," 1301,这里引用的是《美国历史评论》上的文本。从这里开始,我在本章中同时引用了期刊版和网络版,用 *AHR* 来指《美国历史评论》;在引用网络版时,我用"引文关键点"(TAS1,E180等等)。因为两位作者提出,这些"关键点"会把读者带到该文中一个特定部分,无须用键盘输入复杂的网址。如果要使用这一功能,点击 http://www.vcdh.virginai.edu/AHR 网页上方"工具"按钮,然后点击"引文定位"。你还要知道的是,点击"工具"按钮之后,你会看到一个"阅读记录"选项。它显示为一排排的点,代表"构成这篇文章的单个'原子'"。如果你"访问"过某个原子,那么那个点就会是红色的;没有"访问"过的点是黑色的。你可以点击黑色的点来"访问"其他的证据。(很奇怪的是,两位作者这里提到"单个的证据'原子'",因为大多数的点都链接到相对大量的信息那里。但是,或许对于习惯性回避分析的人来说,复杂的地形图——比如说——确实是"单个'原子'",他们能很快看到,而且当他们继续观光之旅的时候,又能将之抛诸脑后。)

Two Communities in the American Civil War"），这份档案包含大量关于处在大致可比较的地理环境中的两个县的信息，其中一个县在梅森—狄克逊线以北（宾夕法尼亚州的弗兰克县），另一个在梅森—狄克逊线以南（弗吉尼亚州的奥古斯塔县）。托马斯和艾尔斯以这两个县的数据为基础，以各种其他的"历史观点和证据"为补充，进而提出另一个比前面提到的"重要性"和"决定性影响"的观点更坚决、更具体的观点，那就是："**这两个县的经历表明，奴隶制引发了所有矛盾，导致了内战**，但其方式并不是一种基于现代性的简单方式，也不是很多人谈到'经济状况'导致了战争或者'工业的'北方对抗'农业的'南方时所暗指的那种方式"（**黑体**系笔者所加，*AHR*，第 1302 页）。这里我们需要问的问题是：这种观点的证据基础是什么？

我们应该注意到，托马斯和艾尔斯的很大一部分资料，是在他们写那篇文章之前许多年就开始收集并数字化的。最初，艾尔斯和他的助手仅仅收集了有关弗吉尼亚州的奥古斯塔县的资料，把它们放在"阴影的山谷"网站上。⑨ 然后，托马斯和艾尔斯物色了一个北方的县来和奥古斯塔县比较。选定了弗兰克县之后，他们把与之相关的资料输进去。之后，他们意识到任何人都无法直接从资料开始——无论这一资料的组织方式是多么吸引人——向更普遍的历史观点推进，于是，他们起草了那篇网络文章——我们推断——作为从资料中获取普遍历史观点的一个方式。这篇网络文章试图在"档案"和观点之间进行调解，它声称要提供"学术论证"

---

⑨ 这里，**资料收集**这个术语似乎比作者们喜欢用的**档案**一词更准确。在展示方面和明显的组织原则方面，"山谷"网与专业档案整理者们所建立和管理的那种档案几乎没有什么相似之处。那些使用专业组织过的档案的学者们登录这个网站的时候，期望档案整理者将其资料以一种公正、非直接的方式放在那里。这个网站却没有这样：它在不做注释而是用证据解释的层面上，类似于一系列资料丰富的博物馆展品或者某个现代"重建"起来的古镇。

(*AHR*,第 1299 页)来证明上述有关奴隶制在内战形成中扮演核心角色的观点(更确切地说,网站提供了一份"论证概要")。对于任何对梅森—狄克逊线南北两侧两个相似社会在内战前、内战中和内战刚刚结束时的财富、经济活动、人口、宗教机构、政治和社会观点等怀有一种漫不经心的好奇的人来说,"阴影的山谷"网站上的材料和那篇网络文章里的材料(在题为"证据"的小节中[索引关键词以 E 开头])都是很有趣的。简而言之,看起来很明显的一点是,"阴影的山谷"网站上的材料和那篇网络文章里的材料对描述感兴趣,这一点不同于任何试图从这些材料中推导出更具概括性的结论的尝试。

但是,两位作者从未真正为他们声称要提供"全方法"论证的那个观点**做出**论证。实际上,他们根本就没有论证什么观点:我们只有他们的"观点综述"。虽然**论证**这个词经常在他们的文中出现,但他们习惯把它当成**主张**或者**断言**的同义词使用。然而,如果**论证**意味着**主张**,那就没有任何**主张**需要去**论证**了。这是一种奇怪的投影缩减,它导致学者们把情侣们所谓的特许等同于永远无须说对不起。当然,在那篇网络文章和"阴影的山谷"网站上收集的材料中,有大量作者们**所谓**的证据。两位作者说他们为自己的"学术论证"提供了"证据"——实际上指的是他们有关奴隶制和内战的主张的证据(*AHR*,第 1299 页),但是他们没能明白到底需要什么才能把一件事物变成另一事物的"证据"。想象人们呈现"**支持**"某种"学术论证"的"证据",这很奇怪而且令人难以忍受。但是事实并非如此:当我们做出论证的时候,无论是在历史、法律、物理还是在任何其他领域,支持性证据都是作为"论证"的一个浑然天成的部分出现的。换句话说,不存在未经修饰的证据这回事:证据始终是支持或者反对某一特定主张的证据,而且它是凭借历史学家、律师或者物理学家构建的论证才得以成为支持或反对某一特定主张的证据。

两位作者也没弄明白做论证的要求，它不仅仅是描述一个过去的历史真实（见第四章和第七章）。他们写了奴隶制的"决定性影响"和"奴隶制带来的不同"，也说了奴隶制"引发了所有矛盾，导致了内战"。这些是解释而不仅仅是描述性的主张：两位作者在说的是，奴隶制当时在美国社会和政治中发挥了一种重要的因果作用。奴隶制看起来很可能确实在许多重要方面影响了美国社会。但是，若要超越这个现在看来已经不言自明的观点并且做出"学术论证"，作者们就必须提出证据和论证来证明其主张。至关重要的一点是，学者有责任不仅仅呈现"支持"某一特定因果主张的证据，而且还要呈现反对它的证据。比如，为了评定 X 是否对 Y 有"决定性影响"以及那是一种什么样的影响，必须还要考虑 W、V、U、T 等对 Y 的可能影响。因果关系不是在真空里出现的，因此，它始终关系到评定各种不同的**可能**原因的相对影响力（这样做经常需要进行反事实推理，就像我在第四章中指出的那样）。学者们还必须对术语一丝不苟，但是，托马斯和艾尔斯却明显不够严谨。比如，他们本来可以把那篇网络文章命名为《内战时期美国两个县的特征比较，附相关支持资料》。这本来会是一项合情合理的史学课题。相反，他们宣称要论述"奴隶制**带来**的种种不同"，同时却根本不理解实际上应该如何对奴隶制的差异化影响进行历史研究。他们选择把当时复杂现实中的一个要素看作是"决定性的"，然后（含糊地）声称要列出它带来的"种种不同"。其结果就是混乱。两位作者还没有明白他们所提的主张需要什么形式的推理。

这里所说的推理形式只可能是分析性的。托马斯和艾尔斯确实看起来在口头上理解了这一点，因为在那篇文章的"电子版全文"中，他们列出了据称与其论证相关的、他们所谓的"分析要点"

（TAFI-47）。但事实证明，他们的"分析要点"根本就不是"分析要点"。相反，这些"要点"是各种各样的主张。这里所说的主张始终与19世纪奥古斯塔县或者弗兰克县的历史真实有关，说明的是有关这两个县或者其中一个县的某个事实或者某组事实。比如，其中一个"分析要点"在网络文章中用黑体标出，它提出："在奥古斯塔县，几乎每一组白人拥有的财产和房屋价值都比弗兰克县的白人要高，而且其中大部分都无可避免地与奴隶制有关。"（TAF05）原则上讲，这一主张应该很容易证实：毕竟，它看起来是一个简单的描述性主张，而不是有关因果关系的主张。⑩ 但是，紧跟在这句话后面的那个段落让我们不再这样想了："差异的讨论主要集中在个人财产上。因为奴隶构成了整整一类北方所禁止的财富，奥古斯塔县的一般农场主拥有的个人财产比弗兰克县的一般农场主多三倍。至少在白人看来，奴隶制似乎造成了让所有白人受益的生活水平。"（TAF05）

这段话有什么问题？首先，思考一下这句断言："奥古斯塔县的一般农场主拥有的个人财产比弗兰克县的一般农场主多三倍。"托马斯和艾尔斯进一步将这个观点扩展如下："在弗兰克县，个人财产总计不到不动产价值的三分之一。相反，在奥古斯塔县，个人财产主要是奴隶，加起来达到1010万美元，几乎是这个繁荣的县的农场、酒馆和旅店的总价值1380万美元的四分之三"（FAF05）。托马斯和艾尔斯在比较弗兰克县和奥古斯塔县的个人财产以及两县各自的个人财产和不动产时，忽视了隐藏其后的一个重要的概念问题。这个问题对任何聪明、积极的读者来说都是很明显的，我们很奇怪他们为什么没能考虑到。聪明读者们脑海

---

⑩ 但是请注意，粗心的读者很可能从这个句子中推断出一个表示因果关系的观点，即**因为**奴隶制的原因，奥古斯塔县的白人比弗兰克县的白人要富有。诚然，两位作者并没有这样说，但是，人们想知道他们是否在某种程度上希望暗示这一点。

中出现的问题就是：鉴于北方和南方处在两种不同的财产机制下——一种机制允许某些人成为另一些人的个人财产，另一种机制不允许——我们如何能不考虑机制差异的情况而对在两种机制下的个人财产价值进行比较呢？

他们所做的直接比较很容易误导读者，因为奥古斯塔县一些人拥有的个人财产中的奴隶部分，在弗兰克县并没有直接与之对应的**财产**。奥古斯塔县奴隶主拥有以那些受奴役的劳力为代表的劳动者，而弗兰克县的雇主只能通过支付薪水给不受奴役的劳力雇佣劳动者。托马斯和艾尔斯称，如果把奴隶价值包括在奥古斯塔县个人财产价值中，那么得出的该县个人财产的平均数额就高于弗兰克县。但是，这两个数额之间的差异并不表明奥古斯塔县的"一般农场主"在个人财产方面比弗兰克县的"一般农场主"更富有。相反，奥古斯塔县奴隶的价值（很可观）和弗兰克县奴隶的价值（零）之间的差异，标志着两种财产机制的差异。

为了确立两个县"一般农场主"拥有的不同个人财产价值，托马斯和艾尔斯原本必须要进行**真正的**分析工作。但与之相反，他们仅仅给我们提供了各种数据，描述两个县的各种经济特征。如果要用一种有意义的方式比较两个县"一般农场主"的财富，他们就需要从资料中提取可比较的数据，而这些资料在原始形式下是不可比较的。总而言之，作者们本来必须要计算受奴役和不受奴役的劳力提供的劳动价值——因为据推测奴隶和雇佣工人之所以被购买或者雇佣，是因为他们所提供的劳动价值。这种对比必然要涉及许多分析和可推论的推理。但是，这是能让原始状态下不可比较、但托马斯和艾尔斯仍然想要比较的事物变得可比较的唯

导论　历史认识论的必要性

一方式。⑪

　　我最终在"阴影的山谷"的数据库中找到了"钱伯斯堡(Chambersburg)和斯汤顿(Staunton)的市税收记录(Tax Records)"。征

---

⑪　这里并不适合详细分析托马斯和艾尔斯的主张与他们提供的支持这些主张的证据之间的关系。这样的任务最好留给专攻19世纪美国史的专家们去考虑。我只能说,有时候很难跟上他们对数据的利用方法。比如,在 http://vcdh.virginia.edu/tablesandstats/comparison/estatevalues1860.html 这个网页上,他们断言:"奥古斯塔县的巨大的个人不动产估值,代表着它拥有人类财产——奴隶",但是,我自己和一位助手菲利普·霍恩伯格却没有查找到"所拥有的奴隶的价值"。这查找起来并不容易,因为那篇网络文章和数据库看起来并不是在全球都可以检索,而且似乎也无法肯定在我们访问数据库的时候所有的检索结果都确实显示出来了。因此,我们可能错过了实际上"在那儿"——在某个地方——的资料。我们还要注意的是,我们是在2004年2月对这个"数字档案"进行仔细研究的,也不能保证我们跟踪的这个链接将来依然有效。后来的研究者可能必须要从其他途径进入该档案。

　　托马斯和艾尔斯确实告诉过我们,弗兰克县人均拥有的财产(个人财产和不动产)价值633美元,而奥古斯塔县达到863美元(如果只算白人的话,是1112美元[E117])。我们不得不四处查找他们所提供的"一般农场主"的平均财产;这些数据在E152处,从TAF05处可以链接过去,在TAF05处他们提供了"农场主和种植园主"的"平均个人财产"。如果我们只考虑个人财产,两位作者给出的数据分别是弗兰克县人均156美元,奥古斯塔县人均(包括所有居民)364美元(E117)。

　　乍看起来,两位作者的观点——奴隶制给了奥古斯塔县相比于弗兰克县来说"巨大的个人不动产估值"——是误导性的,不仅仅因为他们比较的是不可比较的事物,而且因为他们在提出这个观点的时候漏掉了真正的财产(他们报告说,弗兰克县的人均不动产价值476美元,奥古斯塔县499美元——这两个数字非常接近[E117])。

　　两位作者没有讨论在1860年的普查统计中什么算是个人财产,也没有讨论所收集的数据有多么可靠或者它把什么排除在外了。(后来,我在普查统计局的网站上发现了《第八次普查,美国指南》[华盛顿特区,1860],这份档案显然直到20世纪90年代才被找到,它为我前面提出的一些问题提供了答案[http://www2.cencus.gov/prod2/decennial/documents;见1860年的信息,2004年12月访问]。)同样明显缺失的还有有关债务和存款的讨论。如果两个县都只有很少债务或者根本没有,那么,两位作者应该明确指出来并提供支持性证据。另一方面,要是其中一个县或者这两个县的经济都足够"现代"以至于已经有了可观的抵押借款和其他债务的话,那么,只有把债务考虑在内,才可能提出有关两个县财富的任何合理观点。想一想住在距离奥古斯塔县不远的弗吉尼亚州阿尔博马尔县的托马斯·杰斐逊,他1826年去世的时候,债务接近于他实际不动产的估定价值(Dumas Malone, *Jefferson and His Time*, vol. 6, *The Sage of Monticello*, Boston, MA, 1981, 511-512)。

税评估记录(Tax-Assessment record)提供了大量户口普查资料中找不到的信息。但是,和在别的地方一样,托马斯和艾尔斯这里依然似乎把资料当作装饰而不是作为证据使用。因此,他们断定,"虽然征税官拜访了县里的每一户人家,**我们选择只收入两个县城的记录**(黑体系笔者所加)"(http://valley.vcdh.virginia.edu/Reference/citytax/citytax.intro.html)。但是为什么?随意的选择使得资料无法支持托马斯和艾尔斯有关这两个县的总体主张。因此,我推断,那些资料之所以被收入是因为它们提供了有趣的装饰,而不是因为它们能证明有关这两个县的概论。

人们很久以来就理解社会学方法的一个基本点,即如果要做比较的话,我们比较的必须是那些可比较的事物。为什么托马斯和艾尔斯没有进行必要的分析工作以便从原始状态下不可比较的数据中获得可比较之处?一个可能的解释出现在他们的这句话中:"**至少在白人看来**(黑体系笔者所加),奴隶制似乎造成了让所有白人受益的生活水平。"我用黑体强调的那几个字令人费解,因为托马斯和艾尔斯从这个"分析要点"(TAF01)出发,提出了一个有关内战期间奥古斯塔县的客观情况的观点。换句话说,他们一开始听起来像修昔底德,后者想要如实书写伯罗奔尼撒战争。但是,在我刚才引用的那句话中,他们改变了方法,提到当时的人们所**认为**的事实——这就像希罗多德在讲述波斯人、希腊人和其他人的故事时所做的那样,不管他们所讲的是否正确。值得赞扬的是,这两位创建了历史学的希腊人都很清楚过去的情况与过去的人们所认为的情况之间的差异。他们要么致力于前者,要么致力于后者,而且,当他们在两者之间转换的时候,会给出信号告知这种转换。而托马斯和艾尔斯似乎一心想模糊这种有益且重要的区分。很不幸这种事情会发生在职业史学的框架下;这肯定是一个倒退。

当然，正如我们指出的那样，两位作者提供了大量的"证据"（那篇网络文章［E01—E156］的"证据"部分，如果用 PDF 格式打印出来的话有 386 页——这还不算该部分与"阴影的山谷"数据库的链接）。但是，这篇文章所谓的证据经常看起来更像是装饰或者（或许更恰当地说）笨重的家具，设计它们的目的是要凭它们的尺寸和重量给人留下印象。托马斯和艾尔斯告诉我们说，他们想要"把电子文章的形式与其论证融合起来，尽可能有效地运用这种媒介，以便使我们展示的研究及其导航能够表达并完成我们的论证"（*AHR*，第 1299 页）。或许，这两位作者正在做的工作，对于想要找点乐子和一定程度的启迪的读者来说将会是"有效的"。毕竟，他们的研究让我们有机会再一次哀悼奴隶制在美国历史中扮演的角色。但是，在有效地展示其研究中基本的必需之物的过程中——似乎很明显这也确实是他们正在做的——两位作者给我们提供的是作为宣传的历史，而他们却没有坦诚相告。

然而他们也几乎是对我们坦诚相告了。想一想下面这句话，它出现在那篇网络文章的前言中，在 TI3 那里，TI4 前面一点的地方。在这里，托马斯和艾尔斯以他们自己的开拓性研究为基础，针对未来的"历史学的数码学术""可能会重点关注"什么提出了一些建议：

- 如何更有效地呈现叙事
- 如何表现时间和变化
- 如何更准确地分析语言
- 如何创造与叙事一样有吸引力、一样完整的想象（visualization）

在第一、二、四条建议中，托马斯和艾尔斯实际上是在谈论如何制造最为有效的宣传。至于第三条建议，他们的文章本身也不是简洁分析的好榜样。他们确实坚称其文章"利用了（数字）媒介的简洁的种种可能"（*AHR*，第1302页）。如果这是简洁的话，那我们就不知道什么是不简洁了。

因为，正如任何历史认识论者所知道的那样，"证据"并不是独立存在的，我们必须避免犯那种把**信息**等同于**证据**的错误。只有当信息被用于服务某种论证——这个论证试图表明正在讨论的信息支持或者破坏某个观点——的时候，它才变成证据。关注意识形态的历史学家避免问这个问题："如何支持或者破坏我正在提出的主张呢？"相反，他**假定**他的主张是正确的，或者至少在社会上是有用的，然后他试图尽可能"有效地"、以一种尽可能"有吸引力的"方式呈现它们。而关注史学知识、关注如何减少错误的历史学家采取不同的做法。这位历史学家会假定他的主张按常理说是有问题的。他知道他需要提供论证（不仅仅是论证综述）来证明其主张正确。他始终在询问是什么证据支持了他提出的每一个主张。这种探究要求履行一种鼓励精确的知识原则。但是，托马斯和艾尔斯故意把他们提出的主张与需要用来支持其主张的那些历史资料、之前的史学编撰和分析分开。⑫ 毫不意外，当他们摆脱了要与真实存在的或者想象中的批评家们论战的原则后，他们就会陷入不精确之中。

最近几年，认为**历史就是叙事**的观点——也就是说，历史不过就是讲故事——变得很时髦。当然，大部分的历史编撰基本上是采用叙事的手段。事实上，广义上说（我在第四章会详细说明），几乎所有的历史——并不仅仅是大部分历史——都是叙事。但是，历史又不**单单**是叙事。法国的古典史学家和史学理论家保

---

⑫ "史学编撰和证据占据着不同的空间位置。它们处在分析边上，独立于分析。"（TI3）为什么？

罗·韦纳(Paul Veyne)曾指出,历史是"一种诚实的叙事"。⑬ 这里我们要沿用**诚实的**这个词。其意思不是任何绝对意义上的真实,而是指"有依据的",其论述的模式也要适合于史学。与此相反的观点就是把历史等同于这样或那样的宣传了。

  我并不是在断言托马斯和艾尔斯发表在《美国历史评论》上的那篇文章是错误的。相反,我的断言是,两位作者没能证明他们的主张。恰恰相反,在通往"阴影的山谷"的旅途中,他们要求我们接受其有关信仰的宽泛主张。(我说的"宽泛主张"指的是这样的主张,比如,"奴隶制比我们过去认为的更重要",它对整个南方有一种"决定性影响"。至于他们组织和复制的那些特定的事实信息,我没有理由怀疑1860年的普查统计确实汇报了托马斯和艾尔斯所称它们汇报的一切。)批判性的历史学家因为这些宽泛主张的不精确而处在较不利的地位:当托马斯和艾尔斯说奴隶制"比我们过去认为的更重要",说它具有一种"决定性影响"的时候,他们的**意思**到底是什么?同样不清楚的是,他们为现有的关于19世纪美国史的历史文献增添了些什么?(专家们可能回应说,除了对奥古斯塔县和弗兰克县的描述之外,两位作者并没有为历史文献增添任何东西——他们的宽泛主张早就被相关领域的大多数历史学家接受了。)托马斯和艾尔斯用一种虚弱无力的方式断言,他们有关内战的爆发原因的研究是原创性的:据他们自己的说法,他们要说的仅仅是如下内容:奴隶制对于内战来说,比之前历史学家们所认为的"更重要"(因此,那些历史学家肯定是把奴隶制看得**有点**重要)。很明显,托马斯和艾尔斯并不认为他们的研究在实质层面上做出了贡献。相反,而且很明显的是,他们宣称他

---

⑬ Paul Veyne, *Writing History: Essay on Epistemology*, trans. M. Moore-Rinvolucri (Midletown, CT, 1984), 3. 译者把法语原文中的 *un récit véridique* 错误地译成了"一种真实的叙述"。

们首创了一种极好的、研究历史学的新方式。

这一宣称站得住脚吗？如果历史学家有责任提供论证和理由来证明他想要提出的主张，那么这一宣称就站不住脚。另一方面，如果历史学家的责任仅仅是写出有趣的、对社会有用的叙事，那么上述问题的结论就不同了。但是，这样做好吗？让我们效仿娜塔莉·戴维斯，也来一次思考试验。托马斯和艾尔斯的最重要的实质性主张就是，关于美国内战，奴隶制——借用他们研究的标题来说——就是"带来了种种不同"。现在，想象一下1935年的纳粹德国，想象它拥有我们这样的计算机技术。纳粹制度的宣传家们会接到任务，展示"犹太人是我们不幸的源泉"（die Juden sind unser Unglück）。大量资料会显示犹太人如何占据了很大一部分的经济和文化，这与他们的人数占比极不相称。这种主张会被令人信服地提出，同时庞大的数字档案会展示德国犹太人的所有财富。这样，事实就被"证明了"。这种数字式历史中的假设练习如何在认识论层面上不同于《美国历史评论》如今正在提倡的学术模式呢？我认为，本质上它们并没有区别。当然，我们可以反驳说，这些第三帝国的宣传是不道德的、自欺欺人的。但是，我们想要而且需要的是一种独立于历史学家和学者的道德、美好心愿、政治责任感等的史学编撰。只有当我们严肃对待历史认识论问题的时候，我们才可能拥有这样的历史。另一个选择就是，引入针对历史学家或未来的历史学家在道德、仁慈、正确历史取向等方面的检测。如果这样的检测变得普遍的话，那么历史学就会寿终正寝了。

我在本书中的主张是，历史学家有义务以清楚的方式论述自己的观点。清楚论证包括将证据置于恰当之处、在需要的地方进行概念化以及反事实论证、始终将论点的有力之处建立在支持自己论点的证据的基础之上。史学著作中的假设和猜测是可以接受的——实际上,这种假设与猜测是无法避免的(本书相关章节会提到这点)。但是,假设和猜测是必须指明的,作者也要有充分的理由做出假设和猜测。其他的都是矫饰。

真正的历史学家很久以来一直遵循我的这种观点:在这点上我没有原创性。希罗多德即持此观点,他讲述了一些相互矛盾的故事,一些他无法确定真实性的故事。修昔底德亦持此观点,他是事实研究的典范(学界传统上认为,他在公元前424年被雅典人流放之后,用了很多时间周游各地,以查询文献并访问参过战的老兵)。19世纪早期开始的历史写作职业化强调历史方法的规则——包括形式化的和经验上的规则。在这份职业的很多方面,这些规则仍旧占主导地位。诚然,历史学家可以说是理论化最弱的一些学者,因此这些规则通常并未明确表述。但是,只要任何一个或一群历史学家把他们的手稿交给同事传阅,以期得到他们在方法论上所能提出的批评,那这些规则就被他们**留存下来**了。

所有这些都是众所周知的——至少很多人都知道。老一代的历史学家熟知这些,他们从传统的历史研讨会上了解了历史方法,抑或从社会科学中学到了方法规则(社会科学的方法与历史方法不尽相同,但却可以给历史学家很多启发)。本书不是写给这些恐龙级学者读的,而是写给新一代的历史学家,这一代人如果说得到了任何认识论方面的指导的话,那么基本上都是从米歇尔·福柯(Michel Foucault)那里得来的。福柯作为历史-哲学家,其出色的成就和开创性是无可否认的,但他坚持认为知识只不过是权力的一种表现,这个论点将知识简单化了,而且最终是十分危险的。对于那些深信福柯的反认识论观点的人,或是那些虽未受福柯影响,但仍认为历史就是或者应当是一种宣传和啦啦队模式的人,我几乎无话可说。总之,我在本书中的论点并非针对那些已经知道真正历史学家应致力于发现历史真实而不在乎其后果如何的人,也不是针对那些将自己看作啦啦队员的人。相反,本书的读者对象是那些还未入门的历史学者,向他们介绍一些至关重要的问题。

第一部分 记 忆

第一章 有记忆的历史、无记忆的历史

很多人只是不假思索地认为,历史应该是记忆的一种形式。他们认定,历史写作的一项中心任务——也许甚至是**唯一**的任务——就是保存和传承记忆。这个假定在古代就有先例。在《历史》的开篇第一句话,希罗多德就告诉我们:他写这部作品的目的就是为了"保存人类的功业,使之不至于由于年深日久而被人们遗忘,为了使希腊人和异邦人的那些值得赞叹的丰功伟绩不致失去它们的光彩"。[①]

把历史等同于记忆的那种假定到今天仍然以各种各样、相互矛盾的方式存在着。试举两个与希罗多德相似的例子,它们都与对战争的记忆有关。1994—1995 年,围绕史密森研究所(Smithsonian Institution)提议的纪念 50 年前在日本投下原子弹的展览,人们爆发了一场争论。展览原计划于 1995 年 5 月开幕,但是后来被取消,因为许多退伍军人团体、政论家与文化评论家及政客不能接受展览对二战以及二战结束的解释。公众辩论的问题是:杜鲁门是否有正当理由对日本使用原子弹?批评这一展览计划的人指责说,展览没有强调日本是战争中的侵略一方,没有解释使用原子弹的原因,而且它更多强调的是日本人遭受的苦难而不是受日本侵略的人们所遭受

---

① Herodotus, *The History*, trans. David Grene (Chicago, 1987),1.1, p.33.

的苦难。在另一个层面上,这场退伍军人团体及其拥护者们与史密森研究所之间的争论,与记忆问题有关。该展览珍视的是谁的记忆——是美国退伍军人的记忆还是日本原子弹受害者的记忆? 与此相关的是,记忆是否应该让步于历史学家和博物馆专业人员后来的建构?② 文化中有种种强大力量认为记忆不应让步。另一相似的对正确记忆的要求缘于越南战争,它在 80 年代初期引发了基于国家越战纪念碑(National Vietnam Veterans Memorial)的冲突。当时,林璎(Maya Lin)提出的设计方案没能满足许多退伍军人和退伍军人组织的情感,一些人谴责该设计为"耻辱的黑色伤口"。③ 因世贸大厦遭到袭击及随之而来的"反恐战争",诸多类似的抱怨和诉求已经出现,而且无疑还将持续下去。

　　人们今天经常问的一个问题是,谁拥有历史?④ 这是一个非

---

② 许多学者在《美国历史杂志》中回顾了这一争论,见该刊 1995 年第 82 期,第 1029—1144 页;尤其参见 Richard H. Kohn, "History and the Culture Wars: the Case of the Smithsonian Institution's Enola Gray Exhibition", 1026-1063。如果我们在互联网上搜索关键词"Smithsonian""Enola Gay"和"exhibit",即可管窥该争论的激烈程度。特别参见空军协会的网站 www.afa.org/meida/enolagay。然而,该争论似乎并非只是开明的专业人士与"公众"中一部分自私自利的团体之间的争论。一些有关该事例的讨论指出,策划该展览的国家航空航天博物馆的专业人士,特别是其主任马丁·哈维特(Martin Harwit)和他的馆员们,对历史记录的阅读是选择性的,有高度的偏见。参见 Robert P. Newman, *Enola Gray and the Court of History* (New York, 2004),以及他发表于 2004 年 8 月 2 日的一篇概括其研究成果的文章《记得史密森机构的原子弹展览吗? 你只是认为自己知道真相》("Remember the Smithsona's Atomic Bomb Exhibit? You Only Think you Know the Truth")。纽曼是匹兹堡大学政治传播专业的一位荣誉教授。乔治梅森大学的历史新闻网上可以看到他的这篇文章,网址 http://hnn.us。(这篇文章如今位置已改变;在 HNN 的搜索窗口输入检索词"remember the Smithsonian"可以找到它。)若纽曼所称为事实,这就表明展览的策划者们之能力匮乏和不负责任令人震惊。

③ Jan C. Scruggs and Joel L. Swerdlow *To Heal a Nation: The Vietnam Veterans Memorial* (New York, 1985),80-84.

④ 例如 Eric Foner, *Who Owns History? Rethinking the Past in a Changing World* (New York, 2002)。另见 Otis Graham, "Editor's Corner: Who Owns American History?" *Public Historian* 17 (1995), 8-11;还有 Karen J. Winkler "Who Owns History?" *Chronicle of Higher Education*, 20 January 1995, A10-11。相关著作还有很多。

第一章　有记忆的历史、无记忆的历史

常不恰当的问题。在许多情况下,人们真正在问的是,谁有权控制"我们"所记住的有关过去的一切？或者,换句话说,在对过去的表达中,谁的"政治、社会、文化规则"会在任何时刻都占据优势？⑤ 过去应该被以正确的方式记住,这样的要求久闻于耳,而且那些给史学家资助的人以及那些认为自己的政治、社会和文化"规则"应得到特殊照顾的人也期望史学家尽到责任。让我们把焦点从一个据称被记忆歪曲的过去转移至一个所谓被遗忘的过去,有些人说,第二次世界大战后德国的一两代人,甚至还有今天的日本人,压制并继续压制着有关他们国家在二战中所犯暴行的记忆。⑥ 他们还说,德国人那时需要的和日本人如今仍需要的,始终是记忆——越多越好。一些人进一步提出,史学家应致力于填补在这些情况下存在的"记忆缺乏"。如果这样认为的话,那么历史首先会是对记忆的延续——在这个例子中,它是对因为这样或那样的原因而被抛弃的记忆的延续。

记忆对历史

这些主张的对立面则更接近于真实:真正的历史远不是对记忆的延续,相反,它几乎处在记忆的对立面。换言之,如果像现今许多人那样认为历史的主要功能是保存和传承记忆,那就大错特错了。诚然,正如我们从希罗多德那儿看到的那样,历史和记忆很久以来一直被联系在一起。但希罗多德所指的记忆与现代语义中的记忆并不相同。在希罗多德以及后来与他有类似理解的史学家那里,他们著作中所写的"记忆"是指后来人们对过去事情的"记

---

⑤ Foner, *Who Owns History?*, xvii.
⑥ 这是厄纳·帕里斯(Erna Paris)《长长的阴影:真相、谎言和历史》(*Long Shadows: Truth, Lies and History*, New York, 2001)一书的论点。

忆"。这些"记忆"是我们通过阅读史学家描述过去事物的著作来获得的。但是,在现代语义中,一种新的"记忆"戏剧化地发挥了作用(一些人称之为"后现代"式记忆,尽管**后现代**一词因其模糊、变化不定且易陷于争论而须慎用)。在这种新观点中,记忆被视为一种本身有价值的对象,而不仅仅是一种获得或保持与没有记忆时相比更多的有关过去知识的方式。

这种新的、重视记忆的做法与我们在希罗多德著作中所见的某些事物有点相似,那就是,希罗多德倾向于被那些在不同文化背景中的受访者们所讲述的、讲得通的故事所吸引。他喜欢重复这些故事,因为他认为这些故事本身有趣,同时也因为这些故事揭示了讲述故事的那些人是如何看世界、如何在其中行事的。但他并非对记忆本身感兴趣。他感兴趣的是理解他人如何看世界,以及世界本来是怎样的。他试图找出并告诉我们希腊人和波斯人在希波战争中的种种"非凡事迹"。他感兴趣的是这些事迹本身——而不是这些事被记住的方式。其次,正如他在《历史》的开篇说到的那样,他试图展示"他们交战的原因"。简言之,他关注的焦点是事件的真实性以及带来了这些事件的那场战争的真正背景。

许多人视记忆为一种有价值的对象——实际上,是一种值得尊敬的对象——这很大程度上是最近出现的对我们称之为大屠杀或者犹太人大屠杀的事件的回应。随着人们在20世纪70年代越来越强烈地意识到大屠杀的幸存者将不久于人世,对记忆的关注就产生了。因此,如果我们要保存受害者们对自己成为大屠杀机器的牺牲品的亲身经历所做的回忆,那就必须立刻着手。以色列的亚德瓦谢姆大屠杀纪念馆(Yad Vashem)、耶鲁大学以及(最为著名的,如果说有点姗姗来迟的话)电影制片人史蒂芬·斯皮尔

第一章　有记忆的历史、无记忆的历史

伯格均为这一目的建立了录音带（及此后的录像带）档案馆。[7] 人们收集的"目击证人"和"幸存者"的证词远远超出了历史学家重建过去事件所需要的。这并不是说证词太多（仅斯皮尔伯格的档案馆就有5万多份），以至于再多一份对增进历史理解也没有多大贡献。毕竟，下一份证据总会有可能出乎所有人的意料，为发生过的事情提供惊人的洞见。相反，问题在于证词对所发生的事情的叙述远不够充分。上述事件给受害者带来极深的创伤，而且它们通常是在无法仔细观察的环境下被留意到的。而且，许多证词是在事情过去了几十年后才搜集的，所以，在这样长的时间内，记忆有可能衰退，也有可能由于重新思考和重新叙述而被改动。众所周知，即使是事后马上收集的证词，我们也要极为谨慎地对待。[8] 如果再加上时间因素，情况通常会变得更糟。人们逐渐分不清哪些是他们确实看见的，哪些只是他们道听途说的。此外，人们也会把后来才获得的信息加入他们自认为是自己的记忆当中。这里仅举一例：1986年以色列审判前纳粹集中营守卫约翰·德姆扬尤克（John Demjanjuk）时，幸存者提供的证词在许多问题上就是错误的。几乎可以肯定的是，德姆扬尤克并非控方所指的特雷布林卡集中营（Treblinka Camp）里那个凶残如恶魔的"恐怖的伊凡"。那些一口咬

---

[7] 亚德瓦谢姆大屠杀殉难者和英雄纪念馆建于1953年，有关它的信息参见 www.yadvashem.org.il/about yad/index about_yad.html。耶鲁大学福图诺夫大屠杀证词视频档案建立于1982年，目的是推进大屠杀幸存者电影项目在1979年开始的一个计划，相关信息见 www.library.yale.edu/testimonies。斯皮尔伯格的大屠杀幸存者视觉历史基金会设立于1994年，2005年下半年成为南加州大学幸存者的大屠杀视觉历史和教育研究所，参见 www.usc.edu/schools/college/vhi。

[8] 艾伦·约翰逊（Allen Johnson）在其著作《历史学家和历史证据》（*The Historian and Historical Evidence*，New York，1926）中概括了关于目击证人证词的不可靠性的经典案例。见该书第26—49页。

定德姆扬尤克就是伊凡的证人都错了。⑨

　　事实上,搜集大量大屠杀证词与建立更准确的大屠杀记录之间即便真有关联,也是微乎其微的。相反,这些证词之所以被搜集是因为它们已被视为神圣文物。在《美国生活中的大屠杀》一书中,历史学家彼得·诺维克(Peter Novick)生动地描述了20世纪60年代中期以后出现的对大屠杀的"神圣化"。⑩ 因为正在被讲述的事件是神圣的,所以收集那么多的证据也是合理的。证词的神圣性使得它们作为证据的不可靠性变得无关紧要。从这个角度看,即使在二战结束半个世纪后才拍录的证词——它回应的是采访者提出的问题,而这位采访者很可能对于亲历者谈到的地点和时间所知甚少(可能甚至都不懂亲历者讲述事件时所用的那一种或者几种语言)——几乎不会对历史知识有任何贡献,那也根本不重要。重要的是收集、保存和接受证词的仪式,而非证词作为证据所具有的内容。

　　这种证词搜集与西方(抑或任何)历史写作的传统相去甚远。它与希罗多德的方法大相径庭,后者无疑对一些文化上迥异于希腊的民族如何理解世界感兴趣。它与希罗多德的继承者、对立者和竞争者修昔底德的方法相比,更是有天壤之别。修昔底德坚称,他关心的是叙述过去**确实**发生过的事,而且他尤其强调他希望规避"不可靠的神话潮流"。(修昔底德用的是 muthodes 这个词,其意思是"传奇的"或"传说的";该词来自 muthos 一词,表示"演讲"

---

⑨ Lawrence P. Douglas, *The Memory of Judgment: Making Law and History in the Trials of the Holocaust* (New Haven, CT, 2001),196-207. 德姆扬尤克的罪名和死刑于1993年被以色列最高法院推翻。然而应该注意到,克里斯托弗·布朗宁(Christopher R. Browning)在其非常严谨、缜密的研究中指出,在能够进行批判性比较的地方,证人的证词的确可以帮助历史学家填补我们历史知识的空白;参见布朗宁的 *Collected Memories: Holocaust History and Postwar Testimony* (Madison, WI, 2003)。

⑩ Peter Novick, *The Holocaust in American Life* (Boston, 1999), 199-201 and passim.

第一章　有记忆的历史、无记忆的历史

"报告""情节"和"故事",而且上文也说过,muthos 与英语中"神话"[myth]一词有关。⑪)修昔底德在其著作前面部分就抱怨说,人们倾向于接受他们听到的第一个故事。修昔底德决心发现真正的事实,因此他"订立了一个原则:不记述我听到的第一个故事,甚至不受我自己的总体印象的引导"。相反,他决定只写他亲身经历过的事件,或者"从目击者们那里获知的材料,这些材料的确凿性我已经尽可能用最严格仔细的方法检验过了"——因为他深深知道,"不同的目击者对于同一个事件也会有不同的叙述,因为他们或者偏袒这一边,或者偏袒那一边,或者记忆不完全可靠"。⑫

换句话说,修昔底德并非对"记忆"本身感兴趣。相反,记忆的作用只是充当他最重要的证据来源。他采访了目击证人,收集他们对战争中事件的回忆,然后(如果我们可以相信他的话)他试着将这些记忆相互进行对比,与他自己所见进行对比,而且大概也与他能通过其他渠道获得的信息进行对比。简而言之,在修昔底德眼中,这根本不是一个保留记忆的问题。相反,这是一个通过使用所有人有瑕疵的记忆,制衡各种有瑕疵的记忆,从而**纠正**记忆的问题,包括他自己的记忆。因此,历史学家使用记忆是为了超越记忆。这不单单是修昔底德的观点——直到最近,在主流的专业历史研究中,这个观点从未被质疑过。⑬

相比之下,新的、以记忆为取向的语义促进了我所称的对记忆的"双重积极"关注。我称它"双重积极",是因为它以两种方式来珍视"记忆"。第一,它"为了过去历史人物和受难者的记忆本身"

---

⑪ Liddel and Scott, *A Greek-English Lexicon*, new edition, s. v. μῦθος, Μυθ-ύδριον.

⑫ Thucydides, *History of the Peloponnesian War*, trans. Rex Warner (Harmondsorth, UK, 1956), 1.21-22.

⑬ 这是柯林武德在《历史的观念》中简要陈述的一个观点, *The Idea of History*, rev. edition, with *Lectures 1926-1928*, ed. Jan Van der Dussen (Oxford., 1993), 234-235、253、366-367。

而珍视这些记忆——也就是说,不管这些记忆准确与否。第二,它珍视我们对这些记忆的认知,并不把这种认知看作是冰冷遥远的知识,而是将它本身也看成一种记忆,一种把过去、现在、将来联系在一个共同的回忆框架下的记忆。以记忆为取向的史学是我们可以称为**肯定性**史学这个更大范畴里的一个特例——之所以称它是肯定性的,是因为它的根本目的是颂扬那个历史和经验正在被它所讲述着的特定的传统或群体。似乎很清楚的是,我们必须与特定传统保持一种肯定的关系——希望支持那个传统,希望做它的朋友和推进者——以便觉得有足够的理由、仅仅是为了给现在和未来保存记忆而去不遗余力地搜集过去事件中参与者的记忆。请注意,我并没有说这种活动不合理。我只是说,如果不按其本来面目描述它,而把它描述成锻炼虔诚的行为,那就是欺骗,甚至是不诚实。历史的作者和读者都应清楚的是,此种回忆的认知价值(或认知价值的缺乏)是一个与它可能带给我们的情感上或存在上的影响截然两分的问题。

  以记忆为导向的肯定性史学,是用"普通"或"庸俗"的方式理解历史的方法之一。海德格尔在《存在与时间》的后半部分提出并讨论了这种理解。⑭ 这里我们没有必要担心海德格尔历史观的术语,因为我的基本观点很简单。肯定性史学让过去服从于人类现在所从事的事业。它对搜集到的记忆以及对其支持的传统缺乏一种批判立场。甚至可以说,它不单单对其喜好的记忆和传统缺乏一种批判立场,而且实际上倾向于将这些记忆和传统神话化。(这里,海德格尔对国家社会主义的"钟情"可作为一个相当重要的反面例子。)如果我们"因为过去历史人物的记忆本身"而关注这些记忆

---

⑭ Martin Heidegger, *Being and Time*, trans. Joan Stambaugh (Albany, NY, 1996), §73, 378ff. (German pagination).

（也就是说，认为记忆本身就有价值的话），如果我们把历史研究和写作看作这些记忆的延续，那就会终止那种或许是由修昔底德开创的批判程序。

历史写作的中心任务之一是否应当是保存和传承记忆呢？从政客、学校、大众传媒和某些史学家对历史任务的说法来看，似乎我们可以这样认为。但我这里的论点是：历史更应当对过度痴迷于记忆带来的不良后果予以反击。一些国家的一些人无法正视自己过去的某些方面，我们不应认为这是需要添加更多记忆来修正的"记忆缺乏"。这个观点的首要问题是认识论问题。无论我们如何定义**记忆**——这个词有范围相当宽泛的广为接受的含义——它似乎的确如柯林武德(R. G. Collingwood)指出过的那样，有"直接性"(immediate)的特征。换句话说，如果某人诚挚地断言"我记得那个P"，我们没有足够的理由怀疑这个断言：我们基本上只能接受这就是此人所记得的了。历史则不同，因为我们必须让证据发挥作用。如柯林武德明确指出的那样，如果说记得给某人写过一封信，那这就是"记忆陈述"而非"历史陈述"；而如果可以加上一句"我是对的，因为这里有他的回信"，那么这就是历史了。[15] 诚然，我们也许要或多或少地淡化柯林武德对历史和记忆的精确区分，因为他过于忽视记忆在人类生活中的情感力量。但是，尽管记忆对于我们真实生活过的个体或集体生活有不可否认的重要性，这也并不能充分证明我们有理由将历史等同于记忆。

这就进入我们讨论的第二个问题，它既与存在有关又与实践有关。这个问题同时也是历史和记忆之间认识论上的区别在真实生活中的体现。很明显，在许多情况下，人们苦恼的不是所谓的记忆缺乏，而是记忆太多。最明显的情形就是，对古老冲突的"记忆"时

---

[15] Collingwood, *Idea of History*, 366, 252-254.

常推动并加剧现今的暴力冲突。我们可以想一想以色列和巴勒斯坦的冲突、巴尔干半岛冲突以及北爱尔兰冲突这三个例子中"记忆"的角色。在这些情形中，当一些"记忆"与另一些"记忆"发生碰撞时，人们通常陷于无休止的、无法以任何清晰的方式来裁决的记忆纷争之中。对历史学家来说，很重要的就是不加入这样的"记忆"纷争。在大多数情况下，这样的纷争是无法解决的：一个群体"记得"是这样，另一个群体"记得"是那样。但更重要的是，这些纷争是或者说应该是与任何手边的**真正**的议题不相关的。真正的议题几乎总是与真实的或想象的祖先冲突无关，而与现在的或是最近的分歧有关。这些冲突领域中对记忆的强调是历史学家应该注意到的，但却不应去模仿。因为"记忆"不仅煽动这些冲突，而且预示了卷入这些冲突的人没有能力在其生活的实际情形下应对冲突的起源。

我们当然也会发现，在某些情况下，历史**知识**的不足占了上风，并妨碍人们面对现在的真正问题。其中一个问题就是如何应对过去罪行的残余。2000年，我在奥地利住了六个月。我无法不注意到海因里希·格罗斯（Heinrich Gross）医生的案件。这位维也纳的内科医生在二战期间对很大一批残疾儿童实施了安乐死。战后，他长期在维也纳大学担任教授并在维也纳法院系统担任精神学专家证人，收入丰厚。⑯ 尽管相关职位上的主管人员知道他的背景，但这并没影响到他的工作。直到20世纪90年代晚期，才有人真正试

---

⑯ John Silverman, "Gruesome Legacy of Dr. Gross," BBC New Online, 6 May 1999, www.news.bbc.co.uk/l/hi/world/europe/336189.stm. 有关第三帝国时期维也纳安乐死方面的叙述，参见 Herwig Czech, "Forschen ohne Skrupel: Die wissenschaftliche Verwertung von Opfern der NS-Psychiatriemorde in Wien," in *Von der Zwangssterilisierung zur Ermordung. Zur Geschichte der NS-Euthanasie in Wien*, Teil II, ed. Eberhard Gabriel and Wolfgang Newgebauer, Vienna, 2002), 143-164。海因里希·格罗斯博士2005年12月15日去世，终年90岁，当时这本书正准备付样，截至那时还没有任何对他不利的法律程序上的裁决，之前的法律程序于2000年被暂停，因为所谓的晚期痴呆使他不宜接受审判。

第一章　有记忆的历史、无记忆的历史

图把他送交法庭审判。法庭没有及时、有效地处理格罗斯的案件，奥地利的历史学家没有注意到这件事或者其他奥地利人参与纳粹罪行的例子，这是不是"记忆缺乏"的结果呢？不是。这些互相关联的不作为在任何意义上都不是记忆缺乏造成的结果。在格罗斯一案中，无论是保护格罗斯的一方还是被害儿童的幸存亲属一方，都有很多记忆。确切地说，根本问题是**严重的**不作为——主要是奥地利史学界严重的不作为。

毫无疑问，这种不作为部分缘于在史学界以外所做的有关资助和委派教授职位的决定（历史研究要想顺利进行甚或得以进行，必须要有财政支持）。但是这些决定显然也不是完全在史学界以外做出的。如同在其他国家一样，史学研究在奥地利也倾向于跟日常政治紧密——有时候过度紧密——联系在一起。史学职业的功能之一在于抵制时下政治上司空见惯的事情，无论它们来自何处，并且严格谨慎地、准确地调查研究过去，无论其后果如何。很明显，这一点并不是总能实现。无论如何，奥地利的法律界和史学界之所以都未能恰当地应对格罗斯医生一案并不是因为记忆匮乏。维也纳的大人物们对过去发生的事情的大致情况（尽管也许不是细节）有着太多的记忆。在奥地利，许多人热衷于保持奥地利并没参与第三帝国犯下的罪行这个神话。[17] 人们极不情愿去深入探究——或者根本不想探究——二战期间在奥地利究竟发生了什么，奥地利人到底做了什么。如果当时人们能够弄清楚并直面真实的过去，那他们可能早就知道需要采用何种司法和政治行动

---

[17] "清白无辜的奥地利"这个神话在罗德格斯（Rodgers）和汉姆斯坦（Hammerstein）的歌舞剧《音乐之声》中最为明显。该剧于1965年被改编成电影，大受欢迎。电影中的冯·特拉普一家（以一个真实的奥地利家庭为原型）付出了很大代价离开奥地利，以此表明他们无法接受第三帝国。不加思考的观众很可能认为冯·特拉普一家代表了大多数奥地利人。但历史学家则必须要问一个认识论上的问题——有何证据证明其他的奥地利人也采取了像冯·特拉普一家那样的行动，哪怕只是**想过**像他们一样？

来让奥地利的纳粹罪行最终成为过去。

诚然,没有记忆的能力也就不会有历史,这一点至少表现在两个方面。第一,历史的研究和写作与对时间的体验休戚相关,这也是保罗·利科(Paul Ricoeur)着重强调过的一点。如果没有人类对时间的体验——没有在最基础的层面上对过去发生过什么、现在正在发生什么和将来会发生什么的区分——那就不会有历史书写。而且同样明显的是,如果没有记忆,人类对时间的体验就无法存在。的确,我们可以说记忆就是我们体验时间的一种模式——一种聚焦在过去之上的时间体验模式。这样,记忆使得历史写作的一个基本概念前提成为可能,因为没有记忆,时间体验就无从谈起,没有时间体验,我们就无法置事件(events)和"存在物"(existents)于过去之中,而是会视其为在实际或永恒的现在之中。⑱ 第二,历史和记忆在内容上有关联。除了其他使命之外,历史还讨论历史事实(历史也涉及视角或阐释,但这里我们暂且不谈这个问题,后面的章节会深入讨论)。如果没有记忆,在历史档案中对史实的记录和在史学家看来档案所传达的对史实的记录就不可能存在了。

然而,我们说记忆是历史的**必不可缺的条件**(conditio sine qua non)并不意味着记忆是历史的一个基础,更谈不上是历史**唯一**的基础。从前一种说法跳到后一种说法并不像看上去那么简单。因此,人们普遍认为记忆是历史的根源,认为历史从记忆出

---

⑱ Paul Ricoeur, *Time and Narrative*, I: 91-230, 3 vols. (Chicago, 1984-1988). vol. 1 and 2 trans. Kathleen McLaughlin and David Pellauer); vol. 3 trans. Kathleen Blamery and David Pellauer. 一些人会认为,利科对时间体验的强调有些夸张。比如说,为了解释残存的各个堆积层的考古学证据,考古学家提出事物必然以某种形式发生了改变,他们是否需要为此考虑时间体验呢?我不这样认为;依靠现存的、不完整的数据即可以做出这样的推断。但利科的论点似乎比这更宽泛:它是说过去这个概念本身就有赖于记忆和时间体验。这也是历史不同于古生物学或者非历史的政治科学的原因之一。

第一章　有记忆的历史、无记忆的历史

发而且在某种意义上从未离开记忆为它提供的领域。雅克·勒高夫(Jacques Le Goff)在《历史与记忆》一书中似乎就持这种立场。他把记忆描述成历史的"原材料",并且提出"无论是思维中的、口头的还是书面的,它都是历史学家汲取的活素材"。⑲ 对这点,我们不得不说"是的,但是",因为把记忆作为史实的唯一来源是有很大潜在危险的。试想下面的例子:我们都知道大屠杀幸存者的"记忆"(即证词)中不准确之处比比皆是,有的微不足道,有的却很关键。如前所述,研究证据的人一直清楚,即使是最为直接的目击证人对事件的描述也是不可靠的。同样众所周知的是,随着时间的流逝,随着记忆者离所叙述的事件越来越远并且也越来越受他们后来听说或阅读到的东西的影响,记忆就会发生变化。记忆者很容易在细节上出错,比如毒气室或火葬炉的精确数目或地点。记忆者也倾向于将事件本身发生之后才有的事实或阐释加入自己的记忆当中。如果我们过度重视记忆,我们就为一些居心不良的人利用记忆中不可避免的误差来**彻底**怀疑记忆者所说的一切开启了大门。这一直是大屠杀否认者惯用的伎俩。因此,我们有诸多实际理由要避免过分重视记忆。

　　同样,我们也有充分的理论证据来反对过分依赖记忆——或者更准确地说,过分依赖那些清楚地表达了记忆并把记忆公之于世的证词。现代历史传统区分了两种历史证据。尽管这两种历史证据处于一个连续体上,它们在概念层次上却很容易区分。这种概念区分是任何称职的历史学家都必须做的一种区分:也就是历史**痕迹**(historical traces)和历史**材料**(historical sources)。痕迹是

---

⑲ Jacques Le Goff, *History and Memory*, trans. Steven Rendell and Elizabeth Claman (New York, 1992), xi.

过去留下的任何事物,但它们并不是为了向我们揭示过去而存在,而仅仅是作为正常生活的一部分出现。材料则相反,它是创造者想要作为事件记录留下的任何事物。这第二类证据我们也可称为"证词",很明显,它比痕迹更依托于记忆。[20]

不习惯明晰地思考理论和方法的人很容易低估无意留下的证据在史学研究和写作中发挥的作用。一个有关纯粹状态下痕迹的例子是通往不同门口的两组楼梯的磨损程度,通过它们,我们可以推断进出这些门的相对人数(在一本福尔摩斯探案的小说中,这样的推断就起过作用)。[21] 再举一个并不是如此明显的、有关无意留下的证据的例子,即铁路系统的管理部门编制的列车时刻表。与中世纪的年代记作者不同,编制这些时刻表的人在编制它们的时候并不是想要留下历史记录。相反,他们这样做只是因为火车若要高效率运行而且不致相撞,就必须要有时刻表。尽管这些记录并不是为了让以后的历史学家重构当时铁路的运行状况而创建,历史学家实际上却能够做到这一点。这样,二战期间中欧的列车时刻表就可以作为大屠杀的证据,尽管编制这些时刻表的人当然不会希望它们有这种作用。后来的历史学家读到1942年9月的列车时刻表时,会发现有一列火车满载乘客发往波兰的一个无名小站,而离开此站时却是空的。历史学家因此就能从这些事实

---

[20] 痕迹(überreste,也可译为"遗迹")与材料(quellen)的区分,在历史学家和史学理论家德罗伊森所著的《历史知识理论》(*Outline of the Principles of History*, trans. E. Benjamin Andrews, Boston, 1893; translation of Droysen's *Grundriβ der Historik*, 3rd ed. 1882)第21—26章有详细讨论。更早的讨论可以追溯到克拉顿尼乌斯(J. M. Chladenius)在《历史学的一般问题》(*Allgemeine Geschichtswissenschaft*)一书中对历史方法的思考,该书初版于1752年。

[21] 尤金·韦布(Eugene T. Webb)等人在对无意证据进行的标准社会科学式研究中提到过。见 *Nonreactive Measures in the Social Sciences*, 2d ed. (Boston, 1981), 4。

第一章　有记忆的历史、无记忆的历史

出发做出推断。㉒ 这些推断与任何人的证词都无关。在这里，成为历史"原材料"的不是记忆，而是过去的人们无意之间留下的残迹。

通常情况下，这两种证据——无意留下的证据和有意留下的证据——都会对历史叙述产生影响。尽管可能看似不合常理，但在某种意义上，比起那些过去的人打算用作证据的证据来说，无意留下的证据为历史知识提供了可靠得多的基础。这是因为"材料"不可避免地会与过去的人对于正在发生的事情的看法和错误概念发生混淆，而"痕迹"，至少是纯粹形式的痕迹，则不会有这样的混淆。"材料"永远已经是对事件的阐释，而痕迹并非如此。诚然，"痕迹"不会给我们提供纯粹的事实——没有什么能做到这一点。但正因为它只是不经意间成了证据，它才不会受人们有意识或无意识的愿望的影响，以一种特定的方式记住事件并为事件作证。记忆缺乏这种客观性。

历史和现在

但是，如果就此打住我们的思考，那就过于简单了，因为历史不仅仅是准确地确认史实，它还包含着更广泛的内容。史实很重要，但它只是优秀历史叙述的一个方面。任何名副其实的历史叙述的一个首要特点都是，它试图把史实置于更大的框架之中。换句话说，历史叙述探讨的是**部分—整体关系**。一个史实可以被看作一个"部分"，而且除非我们把这个部分置于能赋予它意义的种

㉒　此处我在概括克洛德·兰兹曼（Claude Lanzmann）1985 年拍摄的电影《浩劫》（*Shoah*）中的一幕。在影片中，历史学家劳尔·希尔伯格（Raul Hilberg）坐在他那位于佛蒙特州伯灵顿的书房中，展示了我们能从这样一个列车时刻表（Fahrplananordnung 587）做出什么样的推断：该时刻表详细记录了一辆有 50 节车厢的满载列车发往特雷布林卡以及它从特雷布林卡空车返回的情况。见 Claude Lanzmann, *Shoah*: *The Complete Text of the Film*（New York，1985），138-142。

种更大的框架当中,否则它将毫无意义。这些框架部分上植根于历史学家所生活的现实世界之中。当我们试图表述一种历史思考的看法时,我们需要问的一个问题是:历史记述能够以什么特定的方式与当前世界联系起来?我这里想要表明的是,我们最好把历史著作看作能够以三种可能的方式适应现实世界;其中的两种方式几乎是完全对立的;第三种方式差不多是前两种的综合。

一种观点认为,历史写作的功能就是凝聚和肯定产生了这种历史的某个共同体、群体、**民族**、国家、宗教、政治承诺,等等。与其相反的另一种观点则认为:历史的功用首先是批判和否定产生了它的那个共同体和历史研究的过去。在肯定史学和批判史学之间,还有第三种说教式的立场,它试图引导**民族**或者群众走向更美好的未来。或许有人期待我会选择中间的、说教的立场,因为它力图调解另外两种肯定的和批判的立场。但考虑到现在的重要性(以及依附于现在的过去的重要性),历史实际上应当为自己走出一条批判的道路。说教史学的尝试虽值得颂扬,但却并不正当,因为它试图让历史去做历史根本没有权力去做的事情,即让历史既做说教者,又做批评者。

我选择批判性史学而非肯定性或说教性史学,这部分说明了我对各种区别的重视,而正是这些区别让我们对过去的理解变得清晰、直接(相反,肯定的和说教的方法倾向于把假设框架和其存在的依据秘而不宣,甚至刻意隐藏)。最重要的是,如果我们选择了批判的史学,就**必须**把历史和记忆区分开来。很明显,记忆并不只是对过去的复制——实际情况也远非如此。因此,我们不能说记忆是被动的——相反,它是一种主动的能力,我们从它调整自己以适应过去已知事实的那种强烈的创造性方式上已经看到了这一点。但它却不是一种批判的、反思性的能力,这再明显不过地表现在不同记忆相互冲突之时(例如,无论何时,不同的民族团体——

第一章　有记忆的历史、无记忆的历史

以色列人和巴勒斯坦人，塞尔维亚族人和克罗地亚族人，波斯尼亚的塞尔维亚族人和波斯尼亚的穆斯林等等——制造出不同的"历史"缘由，以证明自己的统治合法）。在"记忆"本身的层面上，**不同的记忆之间的冲突无法调和**。㉓ 记忆冲突的关键性调解方法只存在于能够应用非记忆标准的另一层次上。换句话说，记忆无法作为自身的批判性检验。批评必须源自记忆之外。对"记忆"的批判，只要它谈及历史以及这种所谓历史与现在的关系，那它就只能源自有扎实方法论基础的历史研究，源自一种对历史研究与现实问题之间相关性——**和无关性**——的敏锐思考。

但我们绝不能仅仅对历史和记忆加以区分。我们还必须区分近期讨论中混杂在"记忆"这个题目之下的不同概念（这也是我反复给**记忆**一词加引号的原因）。记忆的基本意义是我们称之为"体验性"的意义。在体验性的意义中，"历史记忆"指的是亲历过正在讨论的历史事件的那些人的经历。更精确地说，历史记忆指的是将该经历**复原并转换为叙事**的过程（因此，只有在 1933—1945 年间被大屠杀机器确实影响到的人，才能说在**记忆**一词的体验性意义上有大屠杀的记忆）。很明显，过去 25 年间出现的对历史记忆的兴趣有些是以这种意义上的记忆为核心的。拍录大屠杀幸存者的访谈很大程度上等同于对被卷入大屠杀的经历的记忆的保存。如前所述，这种大量的拍录几乎与搜集更多大屠杀过程证

㉓ 想想 Wolfgang Höpken, "Kriegserinnerung und Nationale Identitäten: Vergangenheitspolitik in Jugoslawien und in den Nachfolgestaaten," *Transit: Europäische Revue*, 15（Fall 1998）: 83-99。霍普肯在描写希腊和南斯拉夫关于第二次世界大战的相互冲突的"记忆"时，发现："有分歧的记忆不仅相伴产生，而且直接对峙，这种记忆冲突即便是能在话语中调和，也是难上加难的。"（第 85 页）这样的例子不胜枚举。

据的工程毫无关系。人们关注的是体验**本身**。㉔ 为了避免把大屠杀看成一个完全特殊的例子,我们也应注意到对记忆和对作为记忆最终目标的体验的关注也是时下历史流派的重要组成部分,包括"自下而上的历史"、日常生活史、主流文化史,它们对文化过程的关注程度也远远多于对文化内涵的关注。

使用**记忆**一词来指亲历者对过去经历的叙述是完全合乎情理的。同样,另一个在当前历史讨论中被广泛使用的术语——**集体记忆**,在恰当的语境中也是合乎情理的。确切地讲,集体记忆是多人经历相同的一组事件时产生的记忆。我们可以说这些人对这些事件有"集体"记忆,这并非是说它是超乎个体之外而存在的记忆——因为根本不存在什么脱离了个体的记忆——而是说在每个人的脑海里,在每个人的报告里,都有一个其他所有人都经历过的意象或格式塔(gestalt)。而且,这些意象或格式塔很大程度上是重叠的——否则,该记忆就不会是"集体"的了。因此我们可以说,大屠杀幸存者对他们在后来——60年代——才开始称之为大屠杀的事件中所经历的一切拥有集体记忆。每个人的描述都有不

㉔ 我在修改本章的时候,收到了弗吉尼亚大学奥德曼图书馆采购部的专家乔治·科拉夫茨(George T. Crafts)发来的一封电子邮件(电子邮件,主题:"大屠杀证词索引",发件人:乔治·科拉夫茨,收件人:弗吉尼亚大学历史系及宗教研究系教员和研究生,时间:2003年6月3日)。科拉夫茨先生提到,"大屠杀幸存者视觉历史基金会"免费提供给奥德曼图书馆一份保存在斯皮尔伯格档案馆中的51000份大屠杀幸存者的录像访谈的数字索引。科拉夫茨先生还提到,这些录像访谈"只售不借",每份证词售价为92美元。依此价钱,整个证词档案馆的资料价值4692000美元,这个价格几乎没有学术图书馆负担得起。但可以想见,会有很多人愿意支付92美元来观看祖父母大屠杀经历的访谈。这也说明了我这里的论点。

后来在2005年10月,人们宣布"大屠杀幸存者视觉历史基金会"将成为南加州大学学术环境的一部分,其全名为"南加州大学大屠杀视觉历史和教育研究所"(见www.usc.edu/schools/college/vhi)。这一新安排将会使研究者和其他人轻而易举地获得目前的52000份证词,这一举措似乎代表了历史的纪念,也代表了同样多的记忆的纪念。欢迎读者们访问这个网站并做出自己的判断。

第一章　有记忆的历史、无记忆的历史

同,但多数人都以非常相似的方式叙述了同样一组事件。毫无疑问,同样的情况也适用于那些以种种方式经历了2001年9月11日发生之事的人。㉕

我们在这里需要关心的,并不是人们是否有充足的理由对他们如何体验了历史或者如何在记忆和证词中保存他们的经历感兴趣。这些问题的答案是显而易见的。我们应当关心的是历史学家应对这些历史"记忆"持什么样的态度。这里我们发现,在对待历史记忆的四种态度或者说——也许是更精确地说——**利用**历史记忆的四种不同方式中,有一个很有趣的区别。其中三种适用于历史研究和历史写作;第四种超出了历史研究和历史写作,属于不同的领域。

第一,历史记忆——或者,更精确地说,记忆者做出的对过去的叙事——可以作为历史学家的证据,证明过去客观发生的事情;也就是说,证明有什么以外部可观察到的形式发生过的事情。毕竟,历史学家在对过去的建构或重建中要利用"痕迹"和"材料"。记忆以参与者回忆为其形式,它是历史学家构建有关过去的叙述时的一种资料来源。有时,记忆很重要,因为它可以提供无法以其他方式获得的历史证据。因此,目击证人的叙述可能是我们拥有的唯一能证明某次灭绝营(Vernichtungslager)中的起义的证据。但是,如果能对照无心的证据来核对这种证据,那就更好了。

第二,历史记忆可以作为历史学家的证据,来证明后来保存了记忆的人是如何经历过去的。换言之,历史学家会把注意力从过去发生了什么以外部可见之事件形式存在的事情,转向亲历者的精神世界和感受。简而言之,历史学家要力图建构或重建(在某

㉕ 有关集体记忆的最好论著仍是 Maurice Halbwachs, *On Collective Memory*, ed. and trans. Lewis A. Coser (Chicago, 1992);尤其参见 Coser 的导论,第1—34页。

一组事件中)**历史参与者的经历**。在理想条件下,这种针对参与者经历的历史研究需要与某些其他形式的历史研究有对话,后者注重的是诸如结构性和材料性条件及决定因素、哲学和宗教上的假设和承诺、科学理论、技术实践、对于政治和社会生活的最佳组织方式的看法,等等。

第三,历史记忆可以作为史学中应注意到的一个对象本身而对历史学家有价值。也就是说,历史学家可以不专注于外部可见的过去事件,也不专注于参与者的经历,而是专注于参与者后来记住经历的方式——当然,被记录的记忆**本身**就可为此提供证据。很显然,人们是如何记住过去的也是历史研究的一个合理对象,而且不管人们的记忆是否如他们所称的那样是对过去的准确叙述,这一点都是如此。

第四,有一种研究记录下来的记忆的方法超出了历史学家研究的界限。这里,记录下来的对过去事件的记忆——或者更准确地说,以这些记忆为基础的叙事——变成了类似宗教崇拜对象的事物。它们变成了本身就有价值的对象。我们在有关大屠杀的记忆中尤其能够看到这种变化,但是,类似的情况在其他语境中肯定也发生过。

有了崇拜的因素,基本的、体验性意义上的记忆就向其他方向倾斜,变成了不同的事物:**记忆**变成了**纪念**。我通常认为,记忆是将个体的个人经历或是一群有共同经历的个体的个人经历传承到将来的一件事。记忆或多或少是以自发地记住生活经历为开端。记忆和纪念十分接近,但同时又大不相同。记忆是过去经历的副产品,而纪念是**当下意愿**的产物。纪念产生于一个共同体现存的意愿,要肯定其集体性和共同性,并通过一种共享的对过去事件的定位,或者更准确地说,通过一种共享的对过去事件的**表现**(representation)来加强其凝聚力。

第一章　有记忆的历史、无记忆的历史

我们讨论的这些事件可能确实发生过,也可能根本没有发生过。纪念是一些宗教里的重要元素,这绝非偶然:例如犹太教传统里的逾越节(Passover)和基督教传统里的圣诞节和复活节。纪念是为了把一个共同体,也就是纪念者们所在的共同体,凝聚起来。一些评论家十分重视 *religio*(宗教)和 *religare*(绑定)之间的词源关联,他们认为宗教的功能就是保存共同体。在这种观点看来,纪念和宗教紧密相连。

对过去的种种相互冲突的态度

那么历史研究和历史写作是否应有这种凝聚的功用呢? 也就是说,历史研究和历史写作的重要功能是否应该是通过加强一个人类共同体的(或许是神话般的)共同经历而凝聚它呢? 换言之,历史是否应该对产生了它的那个共同体从根本上加以肯定呢? 这是一个重要的问题,一个在不同时期、不同地点有着不同意义的问题。有一种回答很有诱惑力:对的,历史当然有肯定的功用。这样的回答之所以很有诱惑力是因为,**事实上**,历史学科对给予它支持的政治秩序一般是肯定的。似乎肯定它产生于其中的共同体是有组织的历史书写的一项永恒的承诺。唯一看起来有变化的就是这种肯定的重点和方向。

19 世纪的历史学科与欧洲民族国家的权力扩张紧密相连。在德国、法国、英国以及美国,刚刚职业化的历史学科倾向于充当国家意识形态的支柱:在德语地区,它为普鲁士国家及其扩张服务(或是为其竞争对手服务);在法国 1871 年战败于普鲁士后,它肩负着文明的使命(mission civilisatrice)为世俗化的法兰西共和国服务;在同一时期为英国及其帝国服务;在美国,为国家以及后来的帝国权利要求服务。在每个事例中,都有一个"主叙事"(master

narrative)被视为贯穿整个国家的历史——一个有关该国变迁的主叙事,从最开始到民族自我意识的兴起,再到它现在为了获得承认和成功而进行的斗争。在这些主叙事背后,有一个更大的"宏大叙事",也就是从开端到斗争再到最终的救赎的基督教叙事的世俗版本。㉖

这些主叙事和宏大叙事的相对坚固性使历史写作有了一个特定的轮廓和共鸣。除了那些置身于学科框架之外的历史学家(我们尤其会想到瑞士文化史家、艺术鉴赏家雅各布·布克哈特),绝大多数的历史学家都把注意力集中到某些特定的政治史上面。占支配地位的故事是有关自由越来越多地被实现的故事。有时,故事是以自由主义者的口吻叙述的,聚焦在个体追求个人利益的自由和参与国家事务的自由;有时,故事则是以保守或专制的口吻叙述的,重点放在文化修养(Bildung)和国家本身的自由和权力上。如今看来很明显的是,诸种主叙事以及支撑着它们的宏大叙事都缺乏必要的权威。大概从人们意识到 1914 年的战争正在变成一个屠宰场的时候开始,它就一直缺少必要的权威。诚然,我们不能言之凿凿地说现在**没有什么人**还依然相信过去的宏大叙事和主叙事。比如,我时常惊讶地发现,美国许多本科生仍然在很大程度上相信那个伟大的美国叙事,也就是有关那个代表着"人类最后最美好的希望"的"山巅之城"——或者如尼克松总统所说的"世界唯一的希望"㉗——的叙事。但对于思考这些问题的大多数人来说——甚至对于不思考这些问题的许多人来说——无论是过去的

㉖ 此类主叙事的德国版,参见 Georg G. Iggers, *The German Conception of History: The National Tradition of a Historical Thought from Herder to the Present*, 2nd ed. (Middletown, CT., 1983)。有关 19 世纪历史职业的基础是一种从根本上来说基督教式的宏大叙事,见此书第六章。

㉗ "Address to the Nation about the Watergate Investigations," www.watergate.info/nixon/73-04-30watergate-speech.shtml。

国家主叙事还是有关自由和**文化修养**的宏大叙事,都不再有说服力了。取而代之的是让-弗朗索瓦·利奥塔所称的一种对此类无所不包的叙事的"不信任"。㉘

没有了对一种有关人类进步的权威叙事的信仰,人们发现有多种对待历史的观点在当代的文化尤其是当代美国文化中四处传播(见表1.1)。很突出的是一种历史无意识或者不可知的态度,我们可以把历史无意识定义为没有任何明显的甚至隐含的针对历史的定位。我们可以从时间的角度考虑历史无意识态度,认为它就相当于将历史视野折叠起来放入现在这一刻。或者,从认知的角度来看,我们可以认为它是一种对宏大的抛弃,各种**关于**过去的知识或是被忽视,或是被故意作为无关紧要的知识弃置一边。诚然,我们需要区分**关于**(of)过去的知识和**来自**(from)过去的知识,因为来自过去的知识只要被视为对现在的行为有用,人们就根本不会丢弃它。但**来自过去的**知识可以轻易地与一种对该知识先前所处之语境的一无所知共存。

表1.1 逃避历史的四种方式

历史无意识:对历史一无所知或者抵制历史。如果历史还被想到的话,也是被看作对"已逝"事物的无用研究。	历史的知觉经验:历史被等同于美好的(或者令人崇敬的)审美客体。语境最多被当成一种事后思考。
作为传统的历史:历史的功能是传承特定群体的传统,尤其是我们自己的传统。	历史:(A)作为(一种)记忆。历史的功能是促进特定团体的"记忆",尤其是我们自己的团体。(B)作为纪念:历史的功能是帮助我们向逝者致敬("最伟大的一代"等)。

㉘ Jean-François Lyotard, *The Post Modern Condition*:*A Report on Knowledge*,1979,trans. Geoff Bennington and Brian Massumi (Minneapolis, 1984),xxiii.

尽管对历史无意识的思考可能听起来有高人一等的优越感,但我并无此意图,我只想就事论事,对其进行描述。大众英语中**历史**这个词意指"湮没无闻的(dead and gone)、无关紧要的(irrelevant)、过气的(passé)"——正如在 20 世纪 80 年代一部很"酷"的电视剧《迈阿密风暴》中的一句经典台词所说的那样:"放下枪,否则你将成为历史"——这表明了一种更为宽泛的思维方式。它更流行于美国而不是欧洲,而且或许在一部分美国人中比在另一些美国人那里更为明显。这种思维方式让人联想到美国的郊区和房地产的发展;让人想到沉迷于电视的美国;让人想到"现在就开始愉快的一天吧"这样坚决乐观的美国以及企业家般的进取向上精神。这是个古老的故事,是关于美国的真实神话之一,是关于赌上一切、挺进西部、征服蛮荒、把过去留在身后的神话。而且一而再再而三地把过去留在身后。这里所说的脱离并不一定是地理意义上的或是具体的出发,它们也可以是概念上的、技术上的、经济上的、政治上的、科学上的。它们的共同点是根本没能思考历史经验,或者说如果**有**对历史经验的思考的话,也未能注意到语境差异,而正是这些语境差异将过去和现在区分开来,并从根本上改变那些作为过去的最直接可见方面的历史细节的意义。

历史无意识并非美国特有,也不是新现象。历史知识大体上一直是下述二者之一:它要么是文化奢侈品,其地位类似于后天习得的品位(虽有些过度简化,但试想一下希罗多德);要么是一种用来促进现在或将来的统治者的利益并为他们的工作提供帮助的可能工具(试想一下修昔底德和那些继承了他的思想的人)。无力购买这项奢侈品的人或没有参与权力运作的人,会对历史持不可知或漠不关心的立场,至少在缺乏一种有关进步的宏大叙事或是在功能上有相等效应的宏大叙事的时候会这样做。宏大叙事让一些看似无关的历史细节在更大的故事中找到一席之地,因而得

第一章　有记忆的历史、无记忆的历史

以给关于过去的知识提供正当理由,而且它也可以支持依附于特定的民族、国家、宗教和其他群体的主叙事。如果没有一种能够为历史细节提供空间和意义的宏大叙事,历史无意识就变成类似人们平常立场的一种立场。㉙

　　另一种在当代文化中存在的(并在近期跟破坏主叙事和宏大叙事有关系的)对待历史的态度,我们可以称之为**历史审美**的态度。在现实世界中,历史审美往往和其他相关的对历史的态度纠缠在一起;但在理论层次上,我们可以非常精确地定义历史审美。它意味着对过去留下来的物体或是对看上去**好像**是从过去留下来的物体的一种审美取向。这些物体被视为在某种意义上**替代了**过去。对这些物体的根本取向是喜爱或钦佩。在历史审美中,关注的焦点是被审视的物体的感觉方面。历史审美并非主要是知识或伦理判断的运作。它不鼓励人们对物体所处的更广阔背景产生兴趣——除非这些背景也可以从审美的角度审视。

　　这里可以举几个例子。我最熟悉的例子在我居住的弗吉尼亚州艾维县附近。我想到弗吉尼亚大学的核心建筑群——"学术村落"(the Academical Village),它包括圆顶建筑(Rotunda)、阁楼式建筑(Pavilions)、学生宿舍,它们被杰斐逊设计成一个整体。我还想到杰斐逊的家,蒙蒂塞洛(Monticello)庄园。这些纪念建筑——特别是蒙蒂塞洛——尤为突出,因为它们当初建于一个大部分都是自然的环境当中,而且至今仍带有那个环境的特点。这些建筑激发了一种感官上的欣赏,但这种感官欣赏与康德式的纯粹欣赏不同,因为它与这些建筑所具有而自然环境却显然不具有的历史

㉙ 的确,如果宏大叙事让历史细节完全服从于它要讲述的那个进步或救赎的故事,那么它会摧毁历史和历史思维。正是这个原因导致马克思主义很容易从历史演变成不合理的**历史科学**或**理论**。这也是为什么基督教的救赎故事需要先经历世俗化之后,才能在 18 世纪晚期及 19 世纪初期为历史学科的出现提供一个基础。

性（historicity）息息相关。

总之，历史审美表现在对历史纪念建筑肯定的、欣赏的取向中。这种审美在"保存拯救运动"中可以看到，这项运动旨在保存古老建筑，并保护它们免受与其最早的用途相悖的改变。这种审美也存在于美国各处标定诸如过去的战场、印第安人遗址等遗迹的做法中。也许看似矛盾的是，这种审美的最纯粹形式却是出现在审美——历史的思考对象完全是一种**虚构**之物的时候。一个典型的例子是"泰坦尼克号"的重建，它是广受欢迎的电影《泰坦尼克号》（1997）的中心。据说，人们花费了巨大的精力确保电影场景中的盘子和餐具与原来的泰坦尼克号上的完全相同。另一个有关历史审美的例子是"迪士尼式美国"，这是迪士尼公司1994年曾提议筹建的位于华盛顿特区附近、距离弗吉尼亚州北部的马纳萨斯国家战场公园4英里处的一个主题公园。如果当时兴建起来，公园里人工建构的过去无疑会比原本的过去更加漂亮和欢快，但是人们认为它会与附近发生过的真实历史事件明显冲突——所以，这个项目也就从未启动。㉚

第三种对历史的态度产生于宏大叙事的权威崩溃后不久，它涉及把历史看成记忆和纪念。历史无意识宣称历史知识与现在和将来的生活无关，从而否定历史。历史的知觉经验则将过去的具体物件变成存在于一个跟历史毫无关联的"场景"中的美丽物体，从而否定历史。这两种态度都试图将我们的意识简化到现在的视野中：第一种态度，是通过宣称任何不是**关于**现在的东西都无关紧要；第二种态度，是通过宣称任何无法**在**现在优美地呈现出来的事物都无关紧要。同样的过程也会发生在人们把历史与记忆和纪念

㉚ 迪士尼的计划1994年在舆论界有广泛讨论。可参见众多讨论文章中的一篇社论：David Hackett, "Disney, Leave Virginia Alone; Give Us No Imitation History," *St. Petersburg Times*, 1 June 1994。

第一章　有记忆的历史、无记忆的历史

等同起来的时候。当历史成为仅仅是人们所记得和纪念的东西时,也就相当于把历史降低到现在的想法和行动的框架之中。记忆告诉我们许多有关过去的信息,也告诉我们同样多的有关记忆者现在意识的信息。记忆是一个现在的主体意识所建构的有关过去的意象。因而,记忆本身也是主观的;它也可能是非理性的、前后矛盾的、迷惑的、利己的。一直以来都很清楚的是,记忆如果没有独立的确证,就不能作为历史过去的一种可靠标记。

第四种对过去的态度同样意味着逃避过去,我们也应当加以考虑:这就是传统。在相当大程度上,时下关于"记忆"——尤其是"文化记忆"——的讨论很大程度上是关于传统的讨论。将记忆和传统混为一谈是错误的:这样做会导致缺乏一种最基本的明晰度。记忆是主观的、个人的;它深深植根于体验。当然,想拥有传统的话,也必须体验传统,但传统不仅仅是主观和个人的。它超越主体,超越个人。传统并不意味着以所谓的独特性和主体性传递个人经历,而是意味着某种与个体颇有距离的事物、某种有着集体影响并在个体**之上**存在的事物。我们必须受过教育才能**进入**传统。每个人、每代人都必须积极占有传统。因此,传统就有了一种距离,而且与学习过程有了关联,而这是记忆的概念中没有的。

历史更接近于传统,而不是记忆和纪念。在历史知识中,事情发生的方式类似于它们在传统中发生的方式。历史写作在某一方面就像是一艘船,航行于时间和遗忘的黑暗海面上。它部分上是一种抵抗时间和遗忘的积极努力。在这方面,历史很像一些宗教学院,在这里学生先学习某个宗教传统的经书,继而逐渐开始自己书写宗教传统。但在现代理解中,历史又**不是**传统。相反,现代欧洲历史写作传统在 18 世纪末、19 世纪初产生就是因为传统的崩溃。当宗教传统提供的宏大叙事失去了其权威性的一大要素时,就为历史**学科**的出现打开了一个空间。新兴的历史学科与宗教传统有连续性,但还是与之分离开来,并且通常也与传统分离开来。很明显,19世纪末、20世纪初历史学科宣称的绝对客观性现在已经无法继续了。为什么历史与记忆和纪念之间的界线变得模糊,甚至在某些情况下后二者几乎替代了历史,这就是原因之一。

历史的合法角色

如果历史主要听从的要么是保存个人记忆的观点,要么是作为一种纪念模式发挥作用的观点,那就很危险了。而且我们不应该把历史看成传统的一种形式,尽管历史与传统有很多相似之处。如果把历史淹没于记忆、纪念和传统之中,则会抹杀历史的批判功能。比如,有几个理智敏感的人会在阵亡将士纪念日(Memorial Day)这天,站在华盛顿的越战纪念碑前发表演说,持续批评美国参加了这场注定失败的战争呢? 在这种场合这样做是不合适的。记忆和纪念有它们的位置,但把历史与记忆和纪念混为一谈就会强迫历史服从于记忆和纪念的功用。历史写作更应该对现在的秩序持批判态度而不是肯定态度,原因很简单:大多数出现在当下文化中的事物都已经肯定了这个文化。我们需要这样一种对过去的取向,它要同现在保持距离,因为我们对过去的取向大多数做不到这点。我们说史学应当对资助了它的那种秩序持批判态度,这在更大范畴内并不意味着要优先考虑批判而不是肯定;它仅仅意味着我们要认识到,在事物的正常进程中,肯定的做法盛行,而批判的做法却很少。批判也要对时下被普遍接受的批判(或所谓的批判)观点持批判态度,这就使得这个问题难上加难了。

简言之,如果将历史和记忆混为一谈,那问题就会很大。如果历史学家开始为记忆服务,那么个人和群体的有意识或无意识的利己的记忆将会成为历史真理的最终裁判。这是很危险的。历史

第一章　有记忆的历史、无记忆的历史

学家的任务与其说是保存记忆,不如说是克服记忆,或者至少是限制记忆。我们当然可以想象历史学家在其著作中加入历史参与者对过去的证词性叙述——如参加过二战或越战的美国士兵提供的叙述,有关这两场战争美国已经出版了许多整本都是这类证词的著作。[31] 但是很显然,历史学家需要超越这种文体类型。

　　史学应该是说教的吗？也就是说,历史写作是否应力图以过去的经验教训启发现在？一些历史哲学家确实赞同历史的说教功用。特别是在德国——因为许多与令人痛苦的第三帝国的事实有关的原因——出现了很多属于"历史说教"这个大题目之列的著作。[32] 历史的说教功能这个概念的问题是,**身为**历史学家,他们似乎并没有权力为现在和将来开处方。他们的专长与建构或重建过去有关。他们只要把这项工作做好,就有足够的资格批评试图通过曲解过去来支持立法或政策的某某方针的政客或一般公民。比如,一个写过有关二战期间收容日裔美国人的专著的历史学家,大有资格反对政客们为了支持如今的一种同样随便地处理公民自由的方法而歪曲这项令人悲哀的政策。[33] 但是,如果历史学家表现得好像他自己标准的政治偏好是基于历史记录的话,那就不明智了。历史可以提供警示性的故事,以防止当前政治上的自高自大。但它却不能支持某某政策建议,而只能展现形形色色的历史人物

---

[31] 或许此类作品中最广为人知的是 Studs Terkel,"The Good War": *An Oral History of World War Two* (New York,1984)。

[32] 特别是将近 800 页的《历史说教手册》,见 *Handbuch der Geschichtsdidaktik*, 5th ed., ed. Klaus Bergmann et al. (Seelze-Velber, Germany, 1997)。

[33] 参见"A Blog Takes Off",*Chronicle of Higher Education*,6 June 2003,A15。据这篇文章报道,埃里克·穆勒(Eric L. Muller)——《为国牺牲的自由:二战期间日裔美国人抵抗兵役的故事》(*Free to Die for Their Country*: *The Story of the Japanese American Draft Resisters in World War II*,Chicago, 2001)一书的作者——在其博客上批评了美国参议员、北卡罗来纳州共和党及议院犯罪、恐怖主义和国土安全小组委员会主席霍华德·科贝尔(Howard Coble)有关二战期间安置日裔人士的错误言论。

所推行的某某过去的政策是如何在历史时间的进程中展开的。

这里有必要提及康德的《学科之争》(1798)。㉞ 在这部著作中，康德区分了"低级的"哲学学科（据康德讲这个学科应致力于纯粹的真理探询）和法律、医学、神学这些高级学科，后者要为国家和共同体的利益服务。相应地，高级学科不像哲学学科那样有研究和教学的纯粹自由。但哲学学科也绝不是占尽了所有优势。神学教授要受限于已确立的国家教会的教条：在这点上，他的自由是受限制的，而哲学教授的自由却不受限制。但是，神学教授背后有已确立的教条赋予他的权力和权威。这样，一方面神学教授能说什么是受限制的；另一方面他的规定性言论又有哲学教授的言论所不具有的一种权威。

历史学家更应该属于康德所说的哲学学科而不是神学学科。诚然，我不会说从事说教事业或启迪事业完全超出历史学家的职责范围之外。但是，这样的事业是以教条式的承诺为前提的，这种教条承诺必须明确地牢记于心，清清楚楚地预先说明，而且不可与历史真理的探询混为一谈。此外，在德国，历史说教已经成为根除国家社会主义的努力的一部分。它对德国过去的取向是批判的。在美国，说教性的历史很可能在说教的过程中成了肯定性的历史。

所以——我主张——历史学家应当普遍采取批判的取向。在这一点上，法国的历史学家、历史哲学家米歇尔·德·塞尔托(Michel de Certeau)是一个出色的楷模。德·塞尔托认为，现代西方史学建立在现在与过去的断裂或者破裂的观念之上。历史学家无法直接进入过去的体验（或记忆）当中；有一种历史的"他者"(other)始终是我们无法理解的。德·塞尔托也坚持认为历史学家与他/她的现在之间必须有断裂。他在一篇精彩的论文中探讨

㉞ Immanuel Kant, *The Conflict of the Faculties*, trans. Mary J. Gregor (New York, 1979).

了"历史写作程序"的复杂性,执行这项程序的人知道他们的工作中要应对的边缘问题、间断性问题和差异性问题,远远多于连续性问题和相似性问题。㉟ 在这个意义上,历史不同于"记忆",后者在其体验性和纪念性的意义上均助长了一种令人欣慰的幻觉,让人以为在过去和现在之间有共同性和连续性。

诚然,有些人会对我这里提出的历史观提出反对。当我以本章的第一稿为蓝本做讲座的时候,一位捷克哲学家反对说,在有些情况下——例如当人们需要建立一个新的或新近民主的国家的时候——肯定性的历史写作不仅是允许的,而且是必要的。但是,我依然不认为从长远的观点看,肯定性的角色是历史应扮演的一个好角色。首先,这样的历史篡夺并混淆了传统的角色(而且可能还篡夺并混淆了宗教的角色)。其次,传统中的基本要素仅仅是与历史有些松散的关联,而且历史过去根本不会证明这些要素是正当的(这也适用于宗教)。我的少年时代在加拿大度过(须强调是加拿大讲英语的地区,而非遥远的法语区)。当时我的家乡部分是通过与英国王室和英国政治体制的传统联系来证明其存在的合法性。现在回顾起来,我觉得当时这个传统有价值的地方,是一些本来可以而且经常也是以特别的原则或主张为形式表达的东西(通常是通过与美国的对比来定义的)。一项主张说议会政体优于总统政体;另一项说个人利益须经集体利益的检验,"和平、秩序和有效的政体"这个指导原则比"生命、自由和对幸福的追求"这个原则更好。

如果我们把我提到的传统看作是等同于一组隐性的和显性的主张,那它外表看起来就像一种表达含混的政治理论。这是一种

㉟ Michel de Certeau, "The Historiographical Operation", in *The Writing of History*, trans. Tom Conley (New York, 1988), 56-113.

隐藏在**显然为**历史性叙事的外衣之下的政治理论。这种英国中心式的叙事经不起仔细推敲，考虑到当时加拿大的民族构成状况更是如此，它最终也激发了一种强烈反应，导致了魁北克的分裂主义运动。但这个叙事根本上是可有可无的。真正重要而且实际上也可以被合理巧妙地加以讨论的，是这些主张和原则的正确性（或者不正确性）。这些主张和原则不是关于过去的叙事；相反，它们是组织现在和将来的指导方针或框架。

当然，我们不应该在历史叙事中寻找国家的基础。问题并不只是这样的叙事违反了"分离"原则，也就是说，违背了名副其实的历史应当仔细区分现在和过去的原则。更引人注意的是，这样的叙事作为政治制度的基础极有可能是有缺陷的。比如，如果法国政体的真正基础是法国历史——**我们的祖先是高卢人**（nos ancêtres les gaulois）——这就很可能最终把现在和将来看起来不像是古时候高卢居民的人排除在外。从广义上说，这样的传统可以被认为是"文化记忆"。但即使它是真正的记忆——即使法国真的可以不间断地一直追溯至高卢人，这也许会是一个有趣又令人吃惊的事实——我们现在无论如何都不能合法地把它当作法国国家的基础了。同样的情况当然也适用于所有为现有秩序提供"历史性"依据的努力。要么叙事作为现在和将来秩序的基础有缺陷，**要么**叙事过于缺乏合理的历史内容，根本不再是合理的历史叙事了。

批判性的史学必须在其所有意义上与记忆保持距离，同样，它也必须既与现在有关联，又疏远现在。批判性史学不是为现在开处方。它只是展示过去那些不同的、令人惊奇的，甚至是骇人的事物。如果历史写作缺乏这种奇异性，那么它也缺少学术的、科学的依据。这样的历史可以将自己改造为记忆，或者纪念，或者传统，这些事物本身都不是坏事,但它们都不是史学事业的特有之处。另一个选择是,这样的历史写作可以变成一种屈从于典范的、趋炎附势的、没有创见的、毫无刺激性的职业历史写作形式——这是我们应当像躲避瘟疫一样躲避的。相反,当历史带来一个迄今为止未曾为人所知的过去,它就会使人们明白现在的视域因何不是所有的视域。简言之,历史既需要记忆,又需要超越记忆。如果我们希望着手撰写历史,那我们就必须希望发现种种在一般的理解中被视为令人惊奇的事物。历史学家如果停留在记忆的框架内,那么结果很可能就是确定,而不是惊奇了。

第二章 历史、记忆、认同

现如今,**认同**和**记忆**这两个术语广泛流传,争议不断。认同已经被转变为一种托付,同时也充满争议和不确定性。与此不无联系的是,记忆已经被认为是一种特权话语,可以声称有特别的真实性和事实。这些围绕记忆和认同的不确定性能够教给我们什么有关历史理解课题的知识呢?反之,历史能教给我们什么有关记忆和认同的知识呢?

历史研究和历史写作一方面要追寻普遍性,另一方面又要注意到特定认同所提出的要求。这似乎是所有真实历史都具有的那种尚待解决的张力或逻辑矛盾的一种表现。① 历史研究和历史写作中的共性维度植根于历史学家对一套程序的遵循,设计这套程序的目的,是为了最大程度增加做出有理可循的历史论证的可能性,并将出错的可能性最小化。受米歇尔·福柯和其他将知识等同于文化权力的理论家的影响,特殊性的维度也迅速得到许多公开支持,并依附于现今的伟大事业(我们理应知道在每个时刻那

---

① 对历史在方法论层面上的统一及历史普遍性的经典论证,见柯林武德《历史的观念》增补版:R. G. Collingwood, *The Idea of History*, 1946, rev. edition, with *Lectures 1926-1928*, ed. Jan Van der Dussen, 1946;repr., Oxford, 1993, "Epilegomena," 231-315。有关普遍性/特殊性的对立,可参见 Eric W. Hobsbawm, "The Historian between the Quest for the Universal and the Quest for Identity," *Diogenes* 168 (1994):51-64。

是何种事业)。由于历史的特殊性经常以记忆的语言表述,历史和记忆之间就形成了某种张力。一方面,"历史"作为一种凌驾于特定记忆和认同之上的伪客观(pseudo-objective)的话语出现,它声称具有历史所缺乏的体验性现实和真实性。另一方面,记忆又作为一种无节制的话语出现,这种话语为欲望服务,并为本身的合理性做出一些无法证实的主张。

我们如何解决这个难题呢?我们无法解决:这种逻辑矛盾是不能消除的。但我们可以将历史—记忆之间的张力以及二者与认同之间的关系在一定程度上明晰化。本章将分析历史—记忆—认同之间关系的某些突出特点。我的意图并非要对这个问题给出权威的表述——因为没有哪一个理论可以令人满意地涵盖此间的所有冲突——而是要说明这个关系中的横切面所在。这不是一个简单对立的问题:历史对记忆。这也不是另一种简单对立的问题:克制对欲望。相反,这是一个在有一些确定性的情形下写作和生活的问题,但在这个情形下,最终不确定性的背景贯穿始终。下面让我们以更具体更详细的方式探讨这些问题,以使读者更好地理解和记忆。②

---

② Ian Hacking, *Rewriting the Soul*: *Multiple Personality Disorder and the Sciences of Memory* (Princeton, NJ, 1995), 213. 有两部走"记忆作为激励"路线的专著影响极大,分别是Ellen Bass and Laura Davis, *The Courage to Heal*: *A Guide for Women Survivors of Child Sexual Abuse* (New York, 1988), 以及 Judith Lewis Hermann, *Trauma and Recovery* (New York, 1992)。有关"恢复的记忆"的现象,参见 Hacking, *Rewriting the Soul*, chap. 15, "Memoro-Politics," 210-220;以及 Elaine Showalter, *Hystories*: *Hysterical Epidemics and Modern Culture* (New York, 1997), Chap. 10, "Recovered memory," 145-158。Nicholas P. Spanos, *Multiple Identities and False Memories*: *A Sociocognitive Perspective* (Washington, D. C., 1996)简要介绍了关于这个问题的诸多著述。

认同和记忆浪潮

一股记忆的浪潮已席卷了大部分当代文化。它最为重要的场所在美国,尽管这里远远不是它唯一的场所。记忆出现于20世纪80年代,在90年代中期达到巅峰。它充斥于各种各样的领域,通常伴其左右的是它那邪恶的孪生兄弟——遗忘症。到90年代末,一些对记忆痴迷的极端形式有所收敛,但在许多方面,记忆依然是当代文化中人们关注的一个主要对象。对记忆的关注十分普遍,不胜枚举。但是若想有概念上的进步,我们就必须做出限制。在众多可能的例子之中,下面这些可以让我们对记忆所包含的东西有一些具体的了解:

1. 在美国许多医疗圈中,治疗师一直非常强调有心理疾病的患者需要恢复有关他们儿时所受虐待的"被压抑的记忆",这些记忆据称导致了他们的疾病:几个团体都坚信,通过记忆回忆过去的不幸是(如伊恩·哈金所言)"支配权力的一个关键来源"。

2. 记忆疗法也已进入美国的司法体系,成为离婚程序、其他种类的民事诉讼以及对虐待儿童罪的刑事诉讼(在一起广为人知的案件中是杀人指控)的一个组成部分,这有时是因为没有与所起诉的罪行同时期存在的实物或其他证据。③

---

③ 在《撒旦的沉默:仪式虐待和现代美国政治迫害的形成》(*Satan's Silence: Ritual Abuse and the Making of a Modern American Witch Hunt*, New York, 1995)一书中,黛比·内森(Debbie Nathan)和迈克尔·斯内德科(Michael Snedeker)回顾了20世纪80年代和90年代初美国司法体系审理过的众多"仪式虐待"案件:这些案件通常都涉及某些记忆"恢复"的形式。

伊丽莎白·罗弗杜斯(Elizabeth Loftus)和凯瑟琳·柯茜(Katherine Ketcham)合著的《被压抑记忆的神话:错误记忆和性虐指控》(*The Myth of Repressed Memory*:(转下页)

第二章　历史、记忆、认同

到20世纪90年代中后期，人们对于此类案例的日益怀疑的态度已经变得很明显了。尽管如此，歇斯底里、一种对认识论标准的无知或者故意忽视，而且尤其是真正骇人听闻的罗马天主教会未能勇敢面对真实的虐待儿童的事件，在很大程度上意味着依然有人愿意相信每一个指控，其中甚至包括那些从压抑中"恢复"过来的人们，他们这种压抑如此之深，以至于所谓的记忆一直被彻底抹去。

3. 在美国以外，我们注意到1991年苏联解体后随之出现的民族冲突。与我们的讨论相关的案例是这样的一些案例：案例中的冲突与种族之间外部可见的差异几乎没有或者根本没有关系，而与所谓的"集体记忆"有很大关系。前南斯拉夫就是个很好的例子。④

4. 我们注意到，美国和其他地方都对大屠杀记忆非常关注。几乎所有与大屠杀有关的人——无论是受害者、迫害者、旁观者或仅仅是同时代的人——现在都已去世；不久将没有任何人在世。因为大屠杀对犹太人认同十分重要，所以大屠杀的"记忆"将会发生什么情况——这些"记忆"将如何被保

（接上页）*False Memories and Allegations of Sexual Abuse*, New York, 1994）讨论了一些具体案例，其中之一是加利福尼亚的乔治·富兰克林的案例。以所谓的"恢复记忆"为基础，富兰克林被裁定谋杀罪成立，但后来这个判决被推翻。另外一个案例是华盛顿州奥林匹亚的副警长保罗·因格拉姆（Paul Ingram），在1989年他同样以这样的"恢复记忆"为依据被裁定犯有六项三级强奸罪。这个判决直到2004年初还在生效（因格拉姆最终于2003年获假释，他已服了20年刑期中的14年）。劳伦斯·赖特（Lawrence Wright）所著《记住撒旦》（*Remembering Satan*, New York, 1994）令人震惊地详述了因格拉姆的案件是如何审理的。因格拉姆很可能并没有犯下被指控的那些罪行，但是在华盛顿州，隐瞒这个事实似乎满足了更大的社会功能。

④ Tim Judah, *The Serbs: History, Myth, and the Destruction of Yugoslavia* (New Haven, CT, 1997), xi-xii and passim.

存——将成为很多人关注的热点。⑤ 大屠杀也是重写德国史的一个要素,尽管德国现在所争论的与其说是大屠杀记忆的保存,不如说是对大屠杀的发生感到的困窘。⑥

很明显,这些例子每一个都处于具体的物质、制度和文化语境之中,并且有着它们特殊的成因。但它们似乎都有一些相似之处。为什么"记忆"和其对立面会在这些大不相同的语境中出现呢?为什么阿兹海默症可能是我们的健康方面最令人恐惧的事呢?为什么法律程序会被重塑为记忆方面的练习呢?为什么流行电影如此多地涉及记忆和遗忘的事情——这里仅举几部电影为例:《刀锋战士》(*Blade Runner*, 1982)、《全面回忆》(*Total Recall*, 1990)、《一级恐惧》(*Primal Fear*, 1996)、《黑超特警组》(*Men in Black*, 1997) 和《记忆碎片》(*Memento*, 2001)。为什么我们要重拾儿时的创伤?为什么我们必须如此迫切和如此刻意地记住大屠杀呢?在大多数当代的记忆狂热的表现之下,一种共有的特性似乎是对认同的不安全感。在当今世界,种种相互对立的确定事物经常彼此冲突,而且大量可能的认同展现出来,因此,认同上的不安全感可能是不可避免的副产品。在这种情况下,记忆就有足够的理由得到人们的注意。我们可以假定一项规则:当认同变得不确定时,记忆的价值就会上升。

---

⑤ 一部重要的介绍性著作是 Saul Friedlander, ed., *Probing the Limits of Representation*: *Nazism and the "Final Solution"* (Cambridge, MA, 1992),特别是克里斯托弗·布朗宁、多米尼克·拉卡普拉(Dominick LaCapra)和埃里克·桑特内(Eric L. Santner)的文章。安德里斯·胡森(Andreas Huyssen)在其文章《媒体时代的纪念碑和大屠杀记忆》("Monuments and Holocaust Memory in a Media Age")中讨论了大屠杀记忆的悖论,见 Andreas Huyssen, *Twilight Memories*: *Marking Time in a Culture of Amnesia* (New York, 1995), 249-260。

⑥ Charles S. Maier, *The Unmasterable Past*: *History, Holocaust, and German National Identity* (Cambridge, MA, 1988), esp. chap. 3, "A Holocaust Like the Others? Problems of Comparative History", 66-99。

第二章 历史、记忆、认同

我们可以在哲学和日常这两个层面上探讨认同问题。这两个层次似乎有些相似之处:也许它们之间甚至还有种因果关系。在《人类理解论》一书中,洛克提出了那个有关认同的经典哲学问题。在洛克眼中,这个问题就是要弄清楚,任何我们可以称之为个人认同的事物是如何持续下去的;众所周知,洛克的结论是,个人认同由一种持续的意识维持。值得我们注意的是,洛克的论述毫无疑问很薄弱。引人注目的是,当大卫·休谟(David Hume)在《人性论》中得出结论,人们无法找到洛克认为是个人认同的唯一成分的那种自我意识,而且个人认同是一种虚构;休谟并不认为这个结论会令人不安。⑦ 一般来讲,直到 20 世纪,认同本身一直未被视为是有问题的。只是随着一种存在主义传统在哲学中出现,自我的深度构成才开始成为中心问题。

查尔斯·泰勒(Charles Taylor)已详细论述过,在现代性中,人们普遍接受的神学和宗教假设的退却已经影响到了"现代认同":他认为,这种退却使得认同失去了赖以自我界定的更大框架。⑧ 当然,在存在主义传统和其他领域中,对自我的反思显然与人是按上帝的形象(imago dei)被创造的这一观念的衰落紧密相连。它也与之后和这一观念相当的诸种观念的衰落有关,其中最为重要的是定义个体的那种人性观念。我们可以假定,在没有这样的外

---

⑦ 哈罗德·诺南(Harold Noonan)在其《个人认同》(*Personal Identity*,London,1989)一书中对休谟的观点提供了可靠的描述,见第 77—103 页。

⑧ Charles Taylor, *Sources of the Self: The Making of the Modern Identity* (Cambridge, MA, 1989), 25-32 and passim. 19 世纪德国的史学家德罗伊森在其《历史知识理论》(*Outline of the Principles of History*, trans. E. Benjamin Andrews, translation of *Grundriβ der Historik*, 3rd. ed., 1882, Boston, 1893)一书中,详细描述了早期的、退却前的语义:"人类本身在本性上是个整体,但他只能从理解别人和被别人理解的过程中意识到这点……个体只是一个相对而言的整体。他只能作为他所身处的伙伴关系的一个样本和表现去理解和被理解,他参与了这种伙伴关系的本质和发展,而他自己只是这种本质和发展的一种表现。"(见第 12 节,第 14 页)

部支持的情况下，个体和群体就有机会塑造自己的认同。在高度现代性的意识形态中，此种"自我塑造"是要以富有创造性的自信精神来实施的。⑨ 尼采也许是最著名的现代性理论家，他唤起了歌德的自信，歌德"自律于整体之中……**创造了他自己**……这样一个**已经自由**的精神带着愉悦和信任的宿命态度矗立于宇宙间"。⑩ 再接着揣测的话，我们可以假定这种自我塑造更典型地会被焦虑包围，因而它会要求有某种形式的证明。在没有歌德式或尼采式自信的时候，就会有求助于过去的动机——或者更准确地说，是求助于过去的某个意象，后者我们可以称之为记忆。

这个思路不仅仅是抽象的推测。恰好相反，我们可以在现实生活中找到类似情况。在当今世界的很多地方（那些相对富足、媒体无处不在并有重大影响的地方），认同**事实**上已成了问题。也就是说，认同已被描绘成可变的，而且在这个层次上也是不确定的了：它已经成为人们可以选择的各种各样的有时相互冲突的角色。在这样的情况下，认同就不一定是能被经验证实的、毫无争议的、要么真要么假的陈述了。诚然，有些与认同相关的陈述**是**非真即假的——比如说我身高175厘米或者我有4个孩子，这种陈述要么是真的，要么是假的。但是，人们做出的很多与认同相关的陈述并非或者说至少不是毫无歧异地属于这种类型。我们可以把那些并不明确属于非真即假的认同陈述称为"自我指定"（self-designation）。自我指定不是有形的或统计学上的事实。自我指定是"我们"选择如何命名我们自己，"我们"如何用语言来指称自己。

---

⑨ 参见 Stephen Greenblatt, *Renaissance Self-Fashioning: From More to Shakespeare* (Chicago, 1980)。自我塑造是高级现代性的重要理念之一；拥有了自我塑造我们就能发现早期的类似情况。

⑩ Friedrich Nietzsche, "Skirmishes of an Untimely Man", sec. 49, from *Twilight of the Idols* in *The Portable Nietzsche*, ed. and trans. Walter Kaufmann (New York, 1954), 554.

第二章 历史、记忆、认同

　　因此,美国是一个3亿人口的国家,"美国人"(正如这个词通常所指的那样)是该国家的公民。但美国也是"自由的土地,勇者的家园""山巅之城""世界的希望",等等。同样,作为个体,我们通过自我指定来定义我们自己。对这种自我指定的接受是有局限的——物质和制度上的局限。至少在那些喜欢要证据的人当中,我们无法长期声称我们有事实上并不具备的身体特征、机构从属关系抑或个人成就。但另外一点也很清楚,即在当代社会的许多环境下,人们有很大自由度宣称自己是什么人。很难知道我们如何能够可靠地判断像"我是个探寻真理和正义的人""我是个基督徒"一类的陈述是否能被经验明确地证实。结果是,我们经常发现自己不加质疑地接受这些认同陈述。

　　认同虽然在一些方面受约束,但在另一些方面并非如此。它有任意性或偶然性,有某种自由或至少是一种"自由效果"。"披上"和"脱掉"认同是当代世界中的普通经历——资本主义经济的流动性和媒体中表现出的种种可能的认同的例子为此提供了基础(很显然,这并不是**普遍**经历:其先决条件是一定程度上摆脱最难以抵抗的物质需求)。但在一个相对繁荣、媒体饱和的社会语境中,人们有着过多的自我指定的模式,他们可以去甚至是被恳请去将这些模式作为可能的自我指定来加以考虑。⑪

　　在自我指定的过程和过去的意象之间有一种重要的关系。当人们进行自我指定的时候,"记忆"就会作为一个特别的关注点出

---

⑪ 我们可以将这点与约翰·博格(John Borger)描述的农民文化相比较:"农民不像城市人那样**扮演各种角色**⋯⋯因为在一个人不为人知的一面和人们普遍知道的一面之间的空间太小。"(*Pig Earth*, New York, 1979,10)诚然,博格描述的情况可能更像**西方世界**受某种权威一神教控制的"前现代性"的一个特点,而不是一种普遍特点;我不知道博格的描述有多大的普遍性。

现,这是因为它可以使人们宣称的自我指定稳定,并为之提供依据。⑫ 自我指定的典型做法是这样一种陈述,即"我是 X",其中"X"可以是任何一种认同指定。尽管当一个人的身高远远不到 180 厘米的时候,他很难毫不夸张地说"我有一米八",但其他类型的自我指定的确可以"披上"。也就是说,一个人可以选择一种与迄今为止他自己或别人认为他是什么人有很大不同的自我指定。当然,自我指定可以被概念化为对早前的指定的一种彻底决裂:保罗在去大马士革的路上皈依基督教是一个范例。当他相信新的认同是上帝许可的时候,也就没必要为支持这个认同而宣称它在皈依之前就暗中存在了:无论怎样,旧的认同被视为未得救的,它与一个由罪孽支配的世界紧密相连。然而,在当代文化中,一个不同的语言学和概念上的行为更为普遍。"我是 X"这个陈述时常被补充而扩展成"我是 X,**而且我一直都是 X**"。例如,变性人就经常这样宣称。在这里,"一直是 X"的这种记忆就能支持以其他方式不能充分辩护的认同。当人们采取这种行为的时候,"记忆"和"历史"的问题就直接开始出现了。

　　认同的无力感或受威胁感似乎是一些记忆唤起过程共有的特点:在唤起民族冲突的记忆时,在回忆让人深感不安的公共事件中,以及在恢复个人生活中创伤性或所谓创伤性事件的记忆的过程中。简言之,这里似乎有一个事实,也似乎有**表面**(*prima facie*)理由认为这个事实很重要。自我指定的现象绝非不能与认同的无力感或认同的受威胁感共存:相反,一种已经通过自我指定而变得明显的认同可能更需要"记忆"所能提供的辩护。记忆浪潮和关于认同的不确定性相伴而生。

---

⑫ 正如一位文学家所说:"记忆使主体稳定,并构成了现在。我们用它命名一种能维持集体和个体体验的连续性的能力。"Richard Terdiman, *Present Past: Modernity and the Memory Crisis* (Ithaca, NY, 1993),8.

认同、记忆和历史理解

至此,时下对认同和记忆的关注与历史理解课题之间的关系问题就出现了。有关历史和记忆的著作颇多,它们自20世纪70年代后期以来增长迅速。[13] 尽管这些著作使历史—认同—记忆之间的关系清楚了许多,但它们却没有探讨历史理解和认同问题化之间的关系。这些著作更多关注的是历史和记忆如何发挥作用巩固并传承已经假定存在的认同。它们没怎么考虑过这些认同的不稳定性。

我们必须从法国社会学家莫里斯·哈布瓦赫(Maurice Halbwachs,1877—1945)开始我们的讨论。他是第一位系统讨论历史和记忆之间关系的学者,著有好几部这方面的著作:《记忆的社会框架》(*The Social Framework of Memory*, 1925),《福音书中圣地的传奇地形学》(*The Legendary Topography of the Gospels in the Holy Land*, 1941),和他去世后出版的综合著作《集体记忆》(*Collective*

---

[13] 早期的两篇论文标志着人们开始对历史—记忆关系表现出巨大兴趣,它们是 Pierre Nora, "Mémoire de l'historien, mémoire de l'histoire: Entretien avec J.-B Pontalis", *Nouvelle Revue de psychanalyse* 15 (1977): 221-234;以及 "La Mémoire collective", *La nouvelle Histoire*, ed. Jacques Le Goff (Paris, 1978), 398-401。这股如细流一般对记忆的兴趣于20世纪80年代发展成了洪流,特别参见 Jacques Le Goff, *History and Memory*, trans. Steven Rendall and Elizabeth Claman (New York, 1992),该书1986年于意大利出版,1988年于法国出版;另参见皮埃尔·诺拉编辑的意义非同寻常的《记忆的场所》(*Les Lieux de Mémoire*, 7 vols.; Paris, 1984-1992)。这部书中的许多文章都已译成英文,见 *Realms of Memory*, ed. Pierre Nora, English language edition ed. Lawrence D. Kritzman, trans. Arthur Goldhammer, 3 vols. (New York, 1996)。诺拉在为英文版写的序中明确了"记忆的领域"和(法国)认同问题之间的密切关联。另可参见 Amos Funkenstein, "Collective Memory and Historical Consciousness," *History and Memory: Studies in Representation of the Past*, 1 (1989): 5-27; Wulf Kansteiner, "Finding Meaning in Memory: A Methodological Critique of Collective Memory Studies", *History and Theory* 41 (2002): 179-97.

Memory，1950）。⑭ 在很长一段时期内，哈布瓦赫对记忆的研究几乎在更大的知识界内无人知晓；直到70年代末才开始有名气。这其实是一系列观点在一种语境中被清晰阐释但却在另一个完全不同的语境中被接受的问题。

哈布瓦赫是法国新兴社会学的主要代表。他希望表明记忆不只是一种个体现象，也是一种社会现象，因而它也就理所当然应该是社会学调查的对象。他的中心论点是：个体记忆很大程度上由来自于社会的理解范畴决定。在《福音书中圣地的传奇地形学》一书中，他将记忆的社会学定义应用于一个具体案例，即自早期基督教时代以来人们提供的对圣地自然地理和人文地理与《新约》中描述的事件之间的关系的阐释。因此，他也间接表明了历史阐释尤其服从那些作出阐释的群体的观念。

最关键的是，哈布瓦赫的模式认为，记忆由一个**早已得到确认**的认同（集体的或个体的）决定。哈布瓦赫关于记忆的著作——包括他对一般记忆的论述和对历史记忆的论述——主要是关于这些认同对记忆的建构。他对历史记忆的论述讨论的是一种在特定时间点上可以假定其完整性的认同如何能够构建出一个与其一致的过去。哈布瓦赫反复强调这个假定：例如，"在每个时代"，记忆都"重建过去的一个意象，这一意象……与社会上占主导地位的思想一致"，而且"组成社会的各个群体随时都能够重建它们的过

---

⑭ Maurice Halbwachs, *Les Cadres sociaux de la mémoire*, postface by Gérard Namer (Paris, 1994); *La Topographie légendaire des évangiles en terre sainte*, 2nd ed., preface by Fernand Dumont (Paris, 1971); *The Collective Memory*, trans. Francis J. Ditter, Jr. and Vida Yazdi Ditter, with an introduction by Mary Douglas (New York, 1980).《记忆的社会框架》的摘译和《福音书中圣地的传奇地形学》结论篇的翻译，见 Halbwachs, *On Collective Memory*, ed. and trans. Lewis A. Coser (Chicago, 1992)。

第二章　历史、记忆、认同

去"。⑮ 他还坚持认为,讨论中的这些群体被"限定在空间和时间之中"。⑯ 这里最根本的一点是,对哈布瓦赫来说,讨论中的社会认同在其建构的集体记忆之前就有了确定的存在。诚然,随着时间的流逝,认同无疑会被其建构的集体记忆所重塑,但从根本上讲,认同**先于**记忆而存在。

相比之下,当代图景的最大特点就是在认同的层面上缺乏固定性,这导致人们为了建构认同本身而建构记忆。与哈布瓦赫的模式相比,本尼迪克特·安德森(Benedict Anderson)的模式更适用于对这个语境的理解。用安德森那具有感召力的话来说,这是个"想象的共同体"(imagined communities)的问题;我们可以认为想象的共同体就是想象的认同。⑰ 当然,每个大于非常小的群体的共同体在某种显著意义上都是"想象"的。一个共同体越是被想象出来的,就越会觉得"记忆"对它很必要——"遗忘"亦然。⑱ 反过来,一个共同体越是在现存的、运作良好的做法中没有根基——也就是说,它的认同越有问题——它那"被记得的"过去对它就越是具有重要构成作用。

我们也要注意到讨论中的记忆不是什么,这一点很重要。首先,它不是怀旧。考虑到这里分析的目的,我们可以将**怀旧**定义为受一个真实或想象的过去吸引——怀念那个过去。但是我们发现,当代文化中许多对记忆的诉求没有这种受过去所吸引的因素。

---

⑮ Maurice Halbwachs, "Preface" and "Conclusion" to *The Social Frameworks of Memory*, in Halbwachs, *On Collective Memory*, 40, 182.

⑯ Halbwachs, *The Collective Memory*, 84.

⑰ Benedict Anderson, *Imagined Communities: Reflections on the Origin and Spread of Nationalism*, revised ed. (London, 1991; orig. ed. 1983).

⑱ "遗忘"的重要性也许是欧内斯特·勒南(Ernest Renan)在其讲座《民族是什么?》(1882)中最先注意到的。他指出,法国民族的出现需要圣巴托罗缪惨案(天主教徒谋杀新教徒)从人们视野里消失。见 Renan, "What is a Nation?," trans. Martin Thom, in *Nation and Narration*, ed. Homi K. Bhabha (London, 1990), 8-22.

例如,我们可以想一想大屠杀记忆和儿时的受虐记忆。在我们的定义中,怀旧和记忆的区别在于:怀旧是**从**主体(个人、群体)出发朝向外部的,它把注意力集中在一个真实或想象的过去之上;记忆则是朝向主体的,它之所以关注一个真实或想象的过去仅仅因为这个过去被视为对主体至关重要,甚至有本质意义。我们这里所理解的记忆,与对建构了这些记忆的当今认同所感到的不安全感相关联,而怀旧却与对带有怀旧的当今认同的一种自得之情有关。在美国,很多历史怀旧(怀念旧战场、前总统的住宅,甚至任何其他历史遗迹)都与任何对认同的深层不安全感没有关系。至于皮埃尔·诺拉和他的同事们在20世纪80年代探讨过的法国"记忆的场所"(Lieux de mémoire),其中有许多其实都是怀旧的场所。如果历史学家对这些"记忆的场所"的处理强调了它们所透露的记忆和怀旧之间复杂的辩证关系,那这种处理经常是最有意思的。⑲

第二,我们这里所理解的记忆也并不全是传统。让我们把这里的**传统**定义为客观存在的一组文化物品或表述。如果一种传统对它自身的正当性很有信心,其拥护者就不大可能会去求助于记忆;相反,当需要为传统辩护的时候,他们通常求助于非主观的因素——求助于经典著作,求助于一套哲学或宗教真理,求助于所谓的历史事件,求助于现存的制度结构。一种稳固存在的认同几乎不需要对记忆做出明确的、主题化的诉求。当记忆近似于传统时,它近似于**脆弱的**传统。换言之,求助于记忆——即求助于主观和

---

⑲ 在《记忆的场所》第一卷《总绪论:在记忆和历史之间》一文中,诺拉巧妙地提到了怀旧和记忆之间的辩证——或者说是自得的认同和受威胁的认同之间的辩证。见 *Realms of Memory*, 1: 5-6。的确,这一辩证比起"记忆和历史"之间的关系,更应被视为此部影响深远的著作的真正轴心。毫无疑问,**记忆的场所**这个计划背后的一个主要动力是这样一种感觉,即法国认同需要得到审视,就是因为到70年代末80年代初,这个认同的意义不再像从前一样清晰明了了。

个人的东西——这种情况只有在人们感觉客观存在的支持不充分的时候才可能发生。比如说，很难想象一位始终坚信罗马天主教会的制度和传统非常稳固的教皇在捍卫并促进教会的时候会求助于"记忆"。

诚然，在经验的层面上，记忆经常与怀旧和传统重叠。但记忆与怀旧或传统依然是非常不同的现象。因此，在概念的层面上，我们必须记住它们之间的区别。如果不对它们加以区分，那就有使记忆和认同之间的重要关系以及记忆与历史之间的重要张力变得模糊的危险。

历史学家和历史哲学家们要面对的问题与以记忆之名提出的那些主张的特征有关。这些通常与对当前认同的坚定信仰紧密相关。这里举两个例子来说明这一抽象的观点。

第一个例子：1995年5月，我作为弗吉尼亚州"全国历史日"竞赛的评委，评审了参加决赛的高年级小学生和初中生写的历史论文。因此，我必须阅读"全国历史日"竞赛的规则手册。我认为这个手册足以例证人们在历史认识方面公认的一些观点。规则要求学生在其论文的参考书目中区分一手材料(primary sources)和二手材料(secondary sources)。规则将**一手材料**定义为"在时间或参与上直接与题目相关的材料。这些材料包括信件、演讲稿、日记、当时报纸的文章、口述历史采访、文件、照片、物品，或其他任何提供了有关某人或某事的第一手叙述的事物"。[20]

任何思考过证据问题的历史学家都会意识到，这里对一手材料的定义是差强人意的。尽管历史学家考虑这些问题时并不总是很清晰明确，但是有一种传统的共识使得他们能够区分具体案例

---

[20] National History Day, Inc., *National History Day Student Contest Guide* (College Park, MD, 1993), 2.

中的这两种类型的材料。最基本的一点是,一手材料应该与它所描述的事件处于同一时期。㉑ 但"全国历史日"的竞赛规则允许一项材料因在时间"或"参与上"直接与题目相关"而被视为一手材料,而且,竞赛规则还未加限制地将"口述历史采访"包括在一手材料的范畴之内。结果,这些规则将一手材料的范围扩大到受过正规训练的历史学家远远不能接受的程度。例如,这些规则允许人们把大屠杀幸存者在事后很多年进行的"口述历史采访"作为一手材料。我并不是要绝对化或过度弘扬一手材料的概念,但我们所知的记忆有选择性和偏见的特点也足以证明历史学家长期的共识是正确的,即事件发生五六十年后的证词是不能被视为一手材料的。㉒ 有关一手材料和二手材料的区别,有两点很重要:(1)这种区别是相对而不是绝对的。比如,一份 1994 年所做的有关 1944 年所发生事件的证词不是"一手的",但是,如果研究对象不是 1944 年的事件,而是 1994 年的观念意识,那么,这份证词就可以被当作一手材料。(2)在**理论**层面上很难证明这种区分都是正当的,因为**所有的**证词在某种程度上都是发生在它们所讲述的历史现实之后,因而无法在完全意义上是"一手的"。但是,无论有什么理论上的困难,按照**方法论上的经验法则**,这种区分都是必不

㉑ "严格地说,一手材料应该包含目击证人对事件的直接证词。所有从此衍生出来的其他叙述都是二手材料。然而,同时期的人从目击证人那里得到的叙述也通常被视为一手材料。共时性就成了衡量标准。"见 Allen Johnson, *The Historian and Historical Evidence* (New York, 1926), 61。

㉒ 有关大多数情况下证词的缺点(即使是紧随事件发生而做出的证词),约翰逊的《历史学家和历史证据》中《历史怀疑的基础》("The Basis of Historical Doubt")一章是迄今为止最为出色的论述,见该书第 24—29 页;另见《历史证据的本质》("The Nature of Historical Proof")一章,见该书第 141—156 页。然而,正如克里斯托弗·布朗宁在使用波兰的斯塔拉雀维采奴隶劳工营的 173 位幸存者所作的证词时所表明的那样,如果有足够稠密的证词样本,历史学家可能就能通过批判性地研究它们了解到非常多的信息。参见 Christopher R. Browning, *Collected Memories: Holocaust History and Postwar Testimony* (Madison, WI, 2003), 59, 60-85。

第二章 历史、记忆、认同

可少的。

那么有什么根据可以把一手材料的概念延伸到这样的程度，以至于一位大屠杀幸存者在 1994 年给孙子讲述的记忆也可以被视为一手材料呢？两个相关的假设可以为这点提供依据。一个假设是，个人在历史事件中的经历本身就有合理性，它与任何外部标准无关，因为它是"真实的"。㉓ 与此假设相关的另一个假设是，记忆也有"真实性"，因此也有合理性，这就解决了因当初误解或者因时间间隔而产生的曲解所带来的精确性问题。但是，这里讨论的"真实性"明显不是我们能够确认出处的一份过去的文件所具有的那种真实性。相反，它是存在意义上的真实性，其说服力来自这个所谓的事实，即它直接、立即地从主体与世界的遭遇中产生。

第二个例子：不同于第一个例子，这个例子不具典型性，但也是有启发性的。它昭示了一种思维，尽管通常表述得不是很极端，但也在美国医疗界影响深远，对美国文化也有一定冲击。这个例子就是《仪式虐待：它是什么？为何发生？如何帮助？》(*Ritual Abuse: What It Is, Why It Happens, and How to Help*)这本书，作者的笔名是"玛格丽特·史密斯"(Margaret Smith)。㉔ 史密斯认为，仪式化的虐童——包括黑色弥撒、谋杀儿童、吃儿童、儿童性骚扰、强迫儿童吃排泄物、损毁尸体、强迫儿童与尸体发生性行为，以及其他类似的活动——在美国很普遍。史密斯说，她本人就是这种虐待的幸存者。

史密斯报告说："儿童对这种虐待的第一反应是否认正在发

㉓ 这个观点近似于莫里斯·曼德尔鲍姆(Maurice Mandelbaum)所指的"紧接性原则"。曼德尔鲍姆认为这个原则"在 20 世纪思想中占据了支配地位"。参见 Maurice Mandelbaum, *History, Man, and Reason: A Study in Nineteenth-Century Thought* (Baltimore, 1971), 350-364, at 358。

㉔ Margaret Smith (pseud), *Ritual Abuse: What It Is, Why It Happens, and How to Help* (New York, 1993). 下文引用该书的地方将在括号中给出页码。

生的事。"(第 34 页)这种虐待的创伤十分深重,心灵无法记忆。但身体是记得的,真相以"身体记忆"的形式保留下来:"当创伤过去之后,身体上的感觉作为身体记忆重现……身体准确地记得发生的一切。"(第 35 页)史密斯认为严重的虐待会导致多重人格障碍。"在经受身体创伤的过程中,意识与身体会在某个点上分裂。"(第 34 页)"替代人格"会出现,以减轻仪式虐待的幸存者所经历的矛盾情感。史密斯罗列了一些替代人格的种类:内在化的罪犯/迫害者、保护者、杀人犯/虐待者、骚扰儿童者/强奸犯、知识分子(他通过语言来阻止痛苦),以及保护神、援助者、安慰者、养育者(第 36—42 页)。很明显,史密斯在这里描述的是人格的严重分裂。

史密斯对多重人格障碍(Multiple Personality Disorder, 简称 MPD)的论述极为重要,与我们的讨论有很大关系,因为它给我的论点——记忆与认同关联紧密,记忆在认同受威胁或不确定的情况下尤为重要——提供了具体内容。有什么例子能比病人坚称自己有的不是一种人格而是许多人格(自我的、部分的、他者的)更鲜明地昭示认同的无力?人们经常说,患有多重人格障碍的人并非有不止一种人格,而是有不到一个人格。㉕ 当我观看一位为法庭做医学鉴定的临床心理学家对一位多重人格患者的访谈录像时,我逐渐开始认为那位患者的确是这样的。㉖ 被访谈对象拥有的所谓多重人格似乎只是这个人躲避其行为责任的一种手段。如

㉕ Hacking, *Rewriting the Soul*, 18. 1994 年,美国精神病协会将多重人格障碍(MPD)重新命名为"分离性身份识别障碍"(dissociative identity disorder),但在这之后,这组现象仍旧以原来的名字或其变体广为人知。对这种病症的描述,包括诊断标准,见 *Diagnostic and Statistical Manual of Mental Disorders*, 4th. Ed. [DSM-IV](Washington, D. C., 1994), 484-487. 从"多重人格障碍"到"分离性身份识别障碍"的名称转变承认了患者并没有多重认同,而是仅有一个(被破坏的)认同。

㉖ 这些录像是弗吉尼亚大学法学、精神病学和公共政策研究所于 20 世纪 90 年代早期录制的,获得当事人同意后用于教学研究。

第二章　历史、记忆、认同

果他拥有一种牢靠的人格的话,那么多重人格也就没必要了。这个案例给我留下的清晰印象是:多重人格就像是一个人可以藏身于其中的纸壳箱。当一个藏身之处受到威胁的时候,这个人就会跳到另外一处藏身之地。

正是因为拥有不稳固的自我,主体才会坚称他所说的一切并非事后的(ex post facto)阐释——这一阐释给那些人们知之甚少的恐惧以象征性并可理解的外观,从而使一种难以承受的个人历史而是确实发生过的事实——得到理解。这是个自我确认的问题:为了在现在的自我表现中确认自我,主体坚持一个特定的有关自我是如何变成这样的故事。史密斯悲叹"很多人不相信仪式虐待的幸存者。人们更关注的是虐待的证据或者证明,而不是受害者的感情。很多人都认为幸存者疯了,其他人把幸存者们遭受的痛苦怪在幸存者自己身上"(第33页),她说的没错。史密斯拒绝接受这些反应;她认为"幸存者需要在他们的生活中支持他们的人,需要相信他们而不是把虐待的责任怪在他们身上的人"(第179页)。

让我们回到现代性理论的范围中:这种对记忆的真实性和合理性的坚持远不同于一位典型的现代主义者——尼采——所设想的认同和记忆之间关系的模式。尼采在《论道德的谱系》(On the Genealogy of Morality)一书第二篇文章的开头对这种关系作了最重要的论述。这篇文章的题目是《"负罪""良心谴责"及其他》。在文章的前两段,尼采讨论了一种特别主体即一个能够信守诺言的主体的创造。[27] 尼采之所以讨论记忆,并不像我们想象的那样

---

[27] Friedrich Nietzsche, *On the Genealogy of Morality*: *A Polemic*, trans. Maudemarie Clark and Alan J. Swensen (Indianapolis, 1998), "Second Treatise," Sec. 1-2, 35-36. 下文引用该书的地方将在括号中给出页码。此处译文参考了周红译《论道德的谱系》,三联书店,1992年,第38—39页。——译者

是因为诺言必须要记住去信守,而是因为记忆参与了主体的创造。在这两段中,尼采不仅写到了记忆,而且以同样的热情阐述了遗忘。显然,遗忘与守诺之间没有正面的关系;相反,在明显的层面上,它与守诺的关系是负面的——遗忘的诺言是无法信守的。尼采之所以讨论遗忘是因为遗忘和记忆均是主体创造的根本因素(尼采尤其对某**种**主体——也就是那种把信守诺言作为自己的责任的主体——的创造感兴趣)。正是健忘使得一种主观性能够在印象不停地流入灵魂的过程中出现。

正如尼采所说:"健忘……是一种活跃的、从最严格意义上讲积极主动的障碍力(*Hemmungsvermögen*)",它使我们的意识尽可能少地在我们承受经历的过程中被我们的经历打扰。其结果是"有片刻的宁静,些许的意识上的**空白**,以便再有空间留给新事物,特别是留给更为高尚的工作和工作人员,留给支配、预测和规划"。这种"积极的健忘"像是"一个门卫,一个精神秩序、安宁和规矩的支持者"。借助于记忆,"健忘在特定的情况下——即在那些有承诺被做出的情况下——被分离开来"。另外,尼采还认为,记忆像健忘一样,都是"积极的"。记忆一旦被铭刻下来,就"绝不仅仅只是被动的、无法摆脱的、已建立的印象",而是"积极主动地不愿摆脱已建立的印象,是持续不断地渴求一度渴求的东西,是名副其实的**意志的记忆**:所以在最初的'我要''我将要做'和意志的真实发泄、意志的**行为**之间无疑可以放进一个充满新鲜事物、陌生环境,甚至意志行为的世界,而无须扯断意志的长链"(第35—36页)。

在尼采的论述中,我们不难看出他并没有给记忆本身很高价值。相反,他的思考展示的是记忆和主体之间近乎对立的关系。尼采远不是对主体性做出这样结论的唯一思想家;我们马上可以想到弗洛伊德那句听起来刺耳的格言:"癔病患者主要是受过去

经历的记忆所害。"㉘

但现今的许多临床医学家和其他一些受心理分析影响的人却持不同的观点:在承认记忆可能是创伤性的同时,他们也将记忆视为自我认同得以形成于其间的个人经历的一个标记,因此他们认为记忆本身有真实性,无论其内容如何使人痛苦。伊恩·哈金甚至说,记忆已经成为"灵魂的替身"。㉙ 为什么会是这样呢?在早期的制度中,人们普遍坚信一种有权威基础的目的论或信仰结构,正如德罗伊森所认为的那样,个体的认同被视为从更大的关系框架中获得一致性和意义(见上文注8)。但在一个祛除了巫魅的世界中,"灵魂"却没有这样的定义或支持。它被简化为世俗经历,而且这个经历的连贯性由记忆来定义,同时也依附于记忆。这是向洛克的回归,但其基调却不一样,更为急切。

因此,在深层的体验层次上,记忆对我们至关紧要。如上所述,我们恐惧阿兹海默症。我们病态般地沉迷于精神科医生奥利弗·萨克斯(Oliver Sacks)所描述的那些记忆障碍。㉚ 我们珍视家庭相片。这些都与"科学"没什么关系,但却与我们自己的感知关联密切。当历史事件和环境与个人和家庭经历相交时,对记忆的高度评价倾向于成为史学编撰(和大众对历史的兴趣)的一部分。我们个人对历史的体验是个"记忆"问题。家庭对历史的体验——比如说,祖父经历了大屠杀,幸存下来,后来将这

㉘ Sigmund Freud,"On the Psychical Mechanism of Hysterical Phenomena: A Lecture" (1893), in Freud, *The Standard Edition of the Complete Psychological Works*, trans. Under the general editorship of James Strachey, 24 vols. (London, 1953-1974),3:25-39. 其他20世纪早期与弗洛伊德一样希望帮助患者克服记忆的临床医学家包括皮埃尔·加内特(Pierre Janet)和H.H.戈达德(H. H. Goddand)(哈金的《重写灵魂》一书提及了此人,见 Hacking, *Rewriting the Soul*,86,252,260-261)。
㉙ Hacking, *Rewriting the Soul*,260.
㉚ Oliver Sacks,*The Man Who Mistook His Wife for a Hat and Other Clinical Tales* (New York,1985).

段经历叙述给后代并传承下去——通常被称为"记忆",尽管在严格意义上它并不是记忆。文学批评家杰弗里·哈特曼(Geoffrey Hartman)甚至建议把历史变成记忆。这里的问题不是我们要不要同意哈特曼的观点,而是在做出这项建议的同时,他承认并加入了当代文化中高度评价记忆(还有对认同的重视)的潮流。[31]

历史、记忆和未知的一切

在记忆获得高度评价的情况下,历史学家应持什么态度呢? 更为重要的是,任何一个聪明人的态度应当是怎样的呢? 当前,在记忆所表达的东西和记忆所确认的东西之间,也就是主体提出的需求和科学学科对证据的根本需求之间,有一种可悲的、有时是悲剧性的冲突。在当今更大的文化中,甚至是在学术圈中,有一种——用另一位文学批评家塞吉维克的话说——"不再强调证据的认识论却强调其情感(erotics)"的冲动。[32] 很明显,证据从不会客观地为自己辩护:它总是从一个主体的位置出发,在诸多主体建

---

[31] Geoffrey H. Hartman, "Judging Paul de Man", in *Prophecies*: *The Literary Essay in the Culture Wars* (Cambridge, MA, 1991),123-148。在第148页,哈特曼写道:"在历史和文学批评话语中,评判的目标……是将历史变成记忆:为应被记住的事物声辩,为如何记住它们声辩。这项责任将所有的评判转变为对评判人的评判。"最后这点极为正确:从"历史"到"记忆"的转变需要从对过去的事情是怎样、不是怎样的思考,转变到对那些宣称谈论过去的人的主体性格、政治信仰等方面给出评判。我们可以想见这样的转变会导致学术讨论的质量有何变化。首先我们需要可靠的性格、政治信仰等等的测试,我们评判的人的著作质量如何倒在其次了。参见该书的导论。

[32] Eve Kosofsky Sedgwick, "Against Epistemology", in *Questions of Evidence*: *Proof, Practice, and Persuasion across the Disciplines*, ed. James Chandler, Arnold I. Davidson, and Harry Harootunian (Chicago, 1994),136。塞吉维克所指证据的"情感"究竟为何物,这一点并不完全清楚。我的理解是,它指的是在媒体或其他表演性语境中将时下的关注点戏剧化,而对这种戏剧化的确切事实是如何建立的不给予太多(或任何)注意。

第二章 历史、记忆、认同

立起来的争论性语境中向不同主体发表意见。简而言之,根本不存在什么"纯粹的"证据。此外,在更大的结构中,证据的情感性当然也是一个必要的时刻,这是因为没有欲望(我认为这是"情感性"的核心),就不会有建构(或重建)过去的冲动——利奥波德·兰克、米什莱(Michelet)、布克哈特和许多其他史学家都是这样理解的。但如果欲望不加限制,那么所构想出来的过去就不过是构想该过去的那个主体的一个投影了。从根本上讲,从这种做法中,我们学不到任何东西:只有当主体受到限制的时候,它才能学会与对立的诸多主体以及这些主体实践于其中的社会的、物质的世界打交道。

换言之,很容易想象我们应该**记得**过去。但我们并不记得过去。我们记得的是现在;也就是说,我们"记得"的是**现在**在我们的情境中依然存在的事物。[33] 我们**思索**过去;也就是说,我们在特定的批判程序的基础上建构或重建过去。与此相关的一句格言是:"记住现在,思考过去"。"我牢记在心"(*Je me souviens*,魁北克省的口号)指的是现在的一种主体性,而不是被思考的过去。几乎毫无例外的是,当历史理解被描述为"记住"的时候,我们就可以推断出有人现在在试图推进某种被认为是可取的集体认同。[34]

摒弃这种辩证法的主观的、记住的一面是很容易的——但也是完全错误的。宣称拥有绝对客观性的观点——号称提供"神的视角"——的做法也是站不住脚的(见第五章)。但是,把历史转变为仅仅是时下认同斗争的衍生物也是错误的。近来历史哲学领域的研究对历史理解的问题做了严肃思考。这些研究并未解决与

---

[33] 参见 Johannes Fabian, *Remembering the Present: Painting and Popular History in Zaire*, with narrative and paintings by Tshibumba Kanda Matulu (Berkeley, 1996)。
[34] 对这种倾向以及相反的"批判性"或"修正性"的倾向的分析,参见 Steven Knapp, "Collective Memory and the Actual Past", *Representations* no. 26 (Spring 1989): 123-149。

特定的(种族、阶级、性别、民族)认同关联的主体诉求和对证据的诉求之间的冲突,但它们确实描述了这一冲突的状况。关于这里提到的评价和知识的问题,文献著作中有两种相互冲突的倾向。一种倾向的代表人物是柯林武德和保罗·利科;另一种倾向的代表人物是海登·怀特(Hayden White)和德·塞尔托。

第一种倾向认为过去从根本上来讲是可知的。利科对历史叙事的看法就体现了这种倾向,他认为历史叙事是把各种现象包含在一个综合体中——用他的话说,是一个"异类的综合体"。㉟ 这种倾向在柯林武德的《历史的观念》一书中表现得更为明显,尤其是在《历史的证据》这一章。这一章几乎有一半的笔墨在审视"谁杀死了约翰·道埃?"这个问题。㊱ 这里,柯林武德以侦探小说的方式讲述了詹金斯探长调查这桩谋杀案的过程。约翰·道埃是一位英国国教神职人员的邻居(这个故事完全是虚构的,但我在此冒昧地把它当成真实谋杀案来描述)。调查最终发现:谋杀犯就是那位神职人员。约翰·道埃多年以来一直暗中勒索这位教区长,威胁要把教区长已过世的妻子在多年前(他们结婚前不久)的一段风流韵事公之于众。约翰·道埃通过勒索榨干了教区长全部的个人财产,而后又要勒索他已故妻子的财产,而这部分财产是由教区长保管、为他们女儿日后的婚事准备的。当教区长发现探长正逼近他的时候,他服用了氰化物,因此骗过了行刑人。

柯林武德对约翰·道埃被杀一案破获过程(他把此案描述成一般性历史调查的典型例子)的叙述却有着明显的缺失。他完全

㉟ Paul Ricoeur, *Time and Narrative*, 3 vols. vols. 1 and 2, trans. Kathleen McLaughlin and David Pellauer; vol. 3 trans. Kathleen Blamey and David Pellauer (Chicago, 1984-1988), 1:ix.

㊱ Collingwood, *Idea of History*, pt. 5, "Epilegomena," and chap. 3, "Historical Evidence," 249-282. 书中对这桩谋杀案的讨论从第266页开始,题目是"谁杀死了约翰·道埃?"下文引用该书的地方将在括号中给出页码。

第二章　历史、记忆、认同

没有提到肯定已经毁掉了教区长及其家庭的那个创伤。很明显，痛苦和隐瞒在这个例子中无处不在。教区长在被勒索的整个过程中都不知道引诱他妻子的人正是勒索者本人。教区长的妻子可能不知道她丈夫正在为了保护她的名声而被迫支付勒索金。同样，教区长那位女儿在父母结婚六个月后诞生，她也不知道她的父亲不是教区长，而是约翰·道埃。柯林武德对教区长和他已故妻子、教区长和女儿、已故妻子和邻居之间等危机重重的关系根本不感兴趣。简而言之，他略去了这个家庭的整个**文化**史。这就好像笼罩在这些人身上的创伤和压抑的阴影毫不存在。实际上，柯林武德未将创伤界定为历史的一部分：他将其完全排除在历史领域之外。

柯林武德把历史过去看作历史学家按照历史调查的规则建构起来的事物。在柯林武德看来，历史调查只会得出**一个**真实、客观的结论。确实，柯林武德甚至非常错误地宣称，历史论证应该"必然是根据证据得出的"，而且它"像数学证明一样无可置疑地"证明自己的论点（第262、268页）。㊲ 同样，对于探长来说，只有一个故事能令人满意地解释这起谋杀，而一旦他发现了这个故事，就完全有信心保持其真实性。但是历史学家式的侦探只有通过排除所有与创伤的瓜葛，才能达到如此确信的程度。

历史哲学的第二种倾向认为过去是不可知的。在《历史书写》一书中，德·塞尔托坚持认为，与死亡和他者的对抗对西方现代史学的诞生至关重要；历史要想被书写，过去和现在之间就必须要有一种断裂；历史作为一门学科有义务认识到，有一些事情是它无法领会的——种种无法弥合的分歧和缺陷，一个历史仍然力图

㊲ 本书第九章重点指出这一主张是错误的。

表现的"他性"(otherness)。㊳ 而在海登·怀特看来,真实的历史都义无反顾地以崇高为标志——也就是以那些过于恐怖而无法为人所知的事物为标志。柯林武德坚持认为,历史学家在自己头脑中重演过去;怀特则持截然不同的观点,他给过去中的那些太骇人听闻以至于无法被重建的事物留有空间。正如怀特所说,那些"美化"过去的不明智的尝试剥夺了历史的那层无意义,而单凭那层无意义就能促使人类改变自己和后代的生活,也就是说赋予生活某种只有他们自己才可以负有完全责任的意义。㊴ 在怀特的理解中,"历史性本身既是现实,也是谜团"——而且这个谜团无法避开。㊵ 换言之,他为我们提供了一个历史本体(noumenon)——也就是说,一个关于历史知识限度的概念。

我们可以用一些互相关联却又彼此不同的方法来思考历史本体。在最宽泛的意义上,它可以被看成一个不能被理解的地带,处在我们现在能够知道的事物背后。在这个意义上,历史本体等同于历史写作中的谦卑原则。它与希罗多德的谦卑相似,希氏经常重复别人讲给他的故事,同时从未声称这些故事是真实的。㊶ 但是,怀特的观点只是与希氏相似,而不是完全相同:因为历史本体这个观念本身就暗示着这些故事、证词、记忆等后面的确存在一个真相,尽管我们可能因受到阻碍而无法获知这个真相。更确切地

㊳ Michel de Certeau, *The Writing of History*, trans. Tom Conley (New York, 1988), xxv-xxvi, 5, 39, 46-47, 85, 91, 99-102, 218-226, 246-248 and passim.

㊴ Hayden White, "The Politics of Historical Interpretation: Discipline and DeSublimation," in *The Content of the Form: Narrative Discourse and Historical Representation* (Baltimore, 1987), 72.

㊵ Hayden White, "The Question of Narrative in Contemporary Historical Theory," in *The Content of the Form*, 53.

㊶ Herodotus, *The History*, trans. David Grene (Chicago, 1987), 7.152, 521. 希罗多德说:"我的职责是把我所听到的一切记录下来,虽然我并没有任何义务来相信每一件事;对于我的全部历史来说,这个说法我以为都是适用的。"

第二章　历史、记忆、认同

说,历史本体可以被视为一个充满了如下事物的领域:(1)造成太大心理创伤以至于无法用语言表述的事物;(2)看起来过于异类以至于人们现在无法理解的事物;(3)因缺乏足够证据而无法建构或重建的事物。

　　这个有关不可知领域的观念提出了存在于记忆和历史**两者**之后的另一领域,从而帮助我们弄清楚了记忆和历史之间的复杂关系。将记忆和历史视为相互连贯是错误的:例如,如果将记忆视为历史的原材料,那就是错误的;同样,如果将历史视为所有可能记忆的总和,那也是错误的:恕我对托尔斯泰不敬,但滑铁卢战役不能像他所做的那样用所有有关的记忆来重建。但是,将历史和记忆仅仅视为相互对立也是错误的。一方面,记忆远不是历史的原材料,而是一个不断困扰着历史的他者。记忆是过去的一个意象,它由现在的一个主体所建构。这样,从定义上说,记忆就是主观的;它可能也是非理性的、自相矛盾的。另一方面,作为一门学科,历史必须是客观、统一、有序,并有理可依的。但它又无法完全做到这些,因为在我们所知的事物背后,总有残留下来的不可知的事物,而且历史总是无可避免地要与主观性打交道。㊷

　　当尼采宣称"上帝已死"的时候,这位现代主义者力图描绘现代性的一个重要方面。尼采的意思似乎是,现代性将自身与"他者"分离的努力已经成功,或即将成功:这个他者可以是信仰、启示、形而上学、超验,或是与理性对立的任何事物。但尼采也承认——这一点经常被忽视——如果排除他者,就会引发焦虑:"我们怎么才能安慰自己,这凶手中的凶手?"㊸记忆的出现也许部分

㊷　我在本段以及下面两段中的一些观点得益于米歇尔·贡泽(Michael B. Guenther)的启发。

㊸　Friedrich Nietzsche, *The Gay Science*, sec. 125, in *The Gay Science, with a Prelude in Rhymes and an Appendix of Songs*, trans. Walter Kaufmann (New York, 1974).

上正是对现代性的失败所导致的这种焦虑做出的回应,它专注于追寻新的事物,以便为那些已经过去但仍困扰着现在的事物提供一种合理的解释。

比如,我们可以考虑一下有着西方、基督教、一神论根基的历史学科(见第九章)与它的一个他者之间的关系,这个他者就是地球上非"西方"的部分。阿希斯·南迪(Ashis Nandy)曾论述,历史学家书写的非西方历史"通常是一部史前的、原始的、前科学的历史",这种历史的功用"只有一种,即把非历史的因素包含在历史之中"。南迪宣称,这些历史著作的目的"完全是在一种清晰表述出的参考框架的基础上,把过去彻底暴露出来"。当然,这全然是柯林武德式的过去。正如南迪接着所说的那样,"启蒙时期的敏感……在历史和建构的过去之间假定了一种完美的等同关系;它们假定不存在完全脱离历史的过去"。㊹ 在这个意义上,非西方人的集体记忆就成为了历史的他者,被排除在历史领域之外。

但实际上,这个他者与历史或至少是历史学家的距离是很近的。一位南亚"庶民学派"(subaltern school)的历史学家迪佩什·查卡拉巴蒂(Dipesh Chakrabarty)曾论及庶民如何参与了正在西化的中产阶级本身的形成。"庶民"阶级作为仆人存在于中产阶级的家庭和形成空间之中,因此他们的文化的各方面也体现在那里。这些文化体验已经或至少**能够**成为史学编撰的一部分。印度中产阶级的许多人在孩童时代都听过庶民讲的奇闻逸事,这些故事解释世界并为其提供了一种全面的理解。南亚庶民阶级的集体记忆就是一个与历史对立的"他者"。这是作为成年人的南亚历史学家们试图去理解的一个他者——一些历史学家已经做了这方面的

㊹ Ashis Nandy, "History's Forgotten Doubles," *History and Theory*, Theme Issue 34 (1995): 44-66, at 44, 47-48, 53.

尝试。㊺

然而，如果说记忆是历史的他者，那么我们也必须说历史是记忆的他者。记忆所做的宣称仅仅可能是真实的。在对证据的要求上，历史与记忆形成鲜明对立。历史提醒记忆要有目击证人(autopsy)和原始材料两个来源的证据。㊻ 记忆是一个模糊的领域：它不可信任。但我们不能因此就认为历史是一个光明的领域，因为在认识到历史相对光明、记忆相对昏暗的同时，我们还必须承认历史不可知性这个巨大领域的存在。这是我们生活的时代中认同的不确定性教给我们的一课，因为当认同的不确定性破坏了我们可以拥有单一、权威的视角这个观念时，它也就削弱了历史和记忆**两者**的傲慢自大：一个是因为有权威性而傲慢自大，另一个是因为有真实性而傲慢自大。

历史和记忆的局限也许在一个 20 世纪的重要现象中表现得最为明显，这个现象就是对国家组织的暴行中的嫌疑犯的审判。这些审判的目的是寻求真相/正义以及通过形成集体记忆塑造一个新的集体认同。㊼ 引人关注的是所设想的这一双重计划的必要性和不可能性：如何能够做到这一点？如何**不**能够做到这一点？这些既想发现历史真相又想重建集体认同的法庭和委员会与我们

㊺ Dipesh Chakrabarty, "The Rational and the Magical in Subaltern Studies"，1997 年 2 月 28 日在 University of Virginia Theory Seminar 所做的演讲。

㊻ 有关**事后分析**或者亲眼所见对希罗多德的重要性，参见 François Hartog, *The Mirror of Herodotus: The Representation of the Other in the Writing of History*, trans. Janet Lloyd (Berkeley, 1988),260-73。德罗伊森最为著名地论述了在目击证人和他们的证词(Quellen)之外我们必须还有物质遗留的证据(Überreste)。

㊼ 参见 Mark J. Osiel, *Mass Atrocity, Collective Memory, and the Law* (New Brunswick, NJ: Transactions Publishers, 1997)。真相/正义与和解这些组合起来的目的(也必然是有冲突的目的)明显是南非真相与和解委员会的目的。见 South Africa Truth and Reconciliation Commission, *Report*, 7 vols. (Cape Town, 1998)。该委员会的主页 www.doj.gov.za/trc/ 和相关网站上也有其他资料。

这里的语境相关，因为它们证明了我试图要表述的那些普遍理论的论点，这些论点可以用以下几个命题来表述：

1. 历史、认同、记忆的不确定性是相互的。
2. 历史与记忆完全不同，这点在不同的人或群体所记得的完全不同的历史中表现得最为明显。
3. 然而，在历史和记忆之间无法建立明确的界线。
4. 在缺乏一个单一的、不受质疑的权威或框架的前提下，历史和记忆之间的张力无法消除。

在宏大叙事时期，大写的历史（History）的存在意味着历史总是能够征服记忆：大写的历史战胜了"种种小写的历史"（histories）。在宏大叙事已经崩溃的时期，情况就不再是这样了。因此，我们很难知道究竟如何克服历史事物和记忆事物之间的张力。可以肯定的是，所有记忆之和并不等于历史。同样可以肯定的是，历史**自身**不能产生一种集体意识、一种认同，而且，当历史被卷入认同形成和认同提升的计划之中时，麻烦就会出现。因此，在历史和记忆之间依然存在着一条界线，我们可以时而跨越它，但却不能也不该希望消除它。或许，我们时代中更令人担忧的一种倾向是消除压迫性的大写的历史并代之以真实的记忆。但是，如果真理和正义或者它们留给我们的无论何种形式的幻象要对人们提出任何要求的话，都会要求至少有点大写的历史的**痕迹**。否则，留给我们的将仅仅是此刻使人感觉良好（或尽管不好，但让人满意）的事物。

第二部分 叙事与知识

第三章 叙事本身有认知价值吗？

叙事本身有没有认知价值？这个问题不易回答,至少很难给出确切的回答。我们可以想到两种可能最为简单的回答:有和没有。是的,叙事的确有自身的认知价值。我们讨论的真理存在于叙事的**形式**中,而不在叙事的具体内容中:用历史哲学家路易斯·明克的话说:"叙事形式的认知功能……是……体现出全部相互关系……使其成为一个整体。"明克认为,这种"体现"使我们能意识到以其他方式无法感知的事物。在明克看来,叙事"表达了它自身概念上的前提假设"。因此,叙事成为"我们逐渐理解迥异于我们自己概念上的前提假设的最有利证据"。比如说,我们通过希腊悲剧诸情节最容易理解希腊的宿命观,因为这种宿命观"过去从未被作为一种哲学理论明确地阐释过,而且(它)……也完全不同于我们自己对于因果关系、责任及自然秩序的假设"。①

我们可以对明克的观点提出如下驳斥:我们如何从任何特定叙事中知道我们在文本中察觉的"概念假设"就是文本外存在于经验现实中的人们普遍所持有的呢?实际上,叙事本身无法提供

---

① Louis O. Mink, "Narrative Form as a Cognitive Instrument," in *Historical Understanding*, by Louis O. Mink, ed. Brian Fay, Eugene O. Golob, and Richard T. Vann (Ithaca, NY, 1987), 182-203, at 198 and 186.

这种信息。但是，即使我们能用来证明对这些假设的某种执着的唯一证据存在且仅存在于一个叙事当中，我们也必须承认这些关系和假设是理解世界的**可能**途径，在这种意义上，叙事对种种关系的"体现"和它对概念性假设的"表达"仍需被视为是真实的。换句话说，叙事给我们提供了一个世界的意象（image），而正因为这个意象存在于叙事当中，所以我们必须把它**作为**一个世界的意象加以承认。由于叙事的存在，我们知道它所体现的那一种或多种世界意象也同样存在。

然而，对立的答案也同样是正确的。没有，叙事本身并没有认知价值。叙事的真实性总是需要用叙事外的证据进行证实。叙事的可信性——我们可以将其概念化成两个要点之和，即（a）它作为故事的连贯一致性，和（c）它与故事之外的世界不相矛盾——并不能保证它的真实性。也就是说，一个可以称之为"好故事"**并且**不与我们当前知道的真实世界中的任何事物表现出明显矛盾的故事，也很可能是不真实的。这个"否定"答案——即主张叙事本身没有认知价值——很可能为有经验且睿智的法官们所青睐，他们听过无数次最终被证明是虚假的证词，因此不会仅仅因为一个故事有内在的一致性并且不与我们现在所知世界中的事物相矛盾，就去相信这个故事为真实。因为法官们通过真实的经验知道，如果仔细审查这些故事，我们就能够发现它们是虚假的。人们说谎，而且人们也会犯错误。

这个"否定"答案因其怀疑叙事的美丽幻象而更为实际。它也是比较乏味的一种答案。迄今为止，对大多数历史学家来说，它一直是更有说服力的答案，这一点也绝非偶然。是的，叙事自身并不具备真实性；它也不能为自身的真实性作担保或评判尺度。"否定"答案更易为历史学家接受，因为它将注意力放在微小的细节上——即放在以正当的方法做研究的历史学家最直接关注的具体事实和语境上。"肯定"答案不那么容易被接受,因为叙事的所谓认知价值存在于叙事形式之中,而叙事形式与某些实体有关联,但是考虑到历史这个学科一般是实证性的,历史学家还不大习惯这些实体。叙事的"形式"与整体而非与诸细节相关联——它与诸观点或诸视角有关联。视角经常不为持有者所注意,它的身份就是无意识的假设,而非有意识的前提。这一点在我们考虑研究者和他们身处其中的语境时更为明显,因为研究者的解释视角通常是研究遗漏的唯一一件事。

因此,针对"叙事本身有没有认知价值?"这个问题的两种回答都是对的,这一点看起来很清楚了。似乎也很清楚的一点是,"有"和"没有"这两个答案之间的关系并不对称,因为这两个答案处在不同的概念域。说叙事本身有认知价值就是要讨论整体,而非精确的细节。支持肯定的答案就是将史学的主要目的视为肯定和修改人们看待世界以及为人处世的方式。反之,接受否定的回答就是认为史学的目的是给过去的事实提供具体又合理的解释,而不是肯定或修改明克所谓的人们的"历史意识结构"。②

本章着力探讨和批判肯定的答案。史学在帮助我们调整看待世界以及为人处世的方法方面所扮演的角色的确必不可少(这属于我在第四章提到的"阐释"的范围)。肯定的答案包含了一个不容置疑的事实,即史学既与史学家及其读者们的时间相关联,又与史学家所研究的时间相关联。否定的答案包含这样一种认识,即史学家有义务做出**关于过去的**真实的描述性和说明性陈述。但这些陈述都处在一个与现在相关的解释框架之中。因此,相比之下,

---

② Louis O. Mink, "On the Writing and Rewriting of History," in Mink, *Historical Understanding*, 89-105, at 91.

肯定的答案**在宽泛意义上**更为真实。尽管这样,我还必须指出,肯定的答案不仅顺从于叙事,而且还要求对叙事进行批判思考。正因为这一点,我这里关心的是叙事的认识论局限。**仅作为**叙事的叙事有一种诱惑力,它在讲述故事的过程中很容易吸引受众。在认知的领域中,这种诱惑力就成问题了。人们可以出于各种理由讲故事,这些理由并不全与发现历史的真相这一任务有关。考虑到**仅作为**叙事的叙事趋向于满足作为人类的我们这个审美事实,谎言和自我欺骗很容易被赋予一种令人愉悦的形式。这种令人愉悦的叙事形式也趋向于给叙事一种它本不应得到的认知重要性。

自1973年《元史学》出版以来,海登·怀特这个名字一直处于历史哲学家们诸多讨论的中心。③ 我这里并不想加入有关怀特某些具体观点(它们涉及修复历史和小说之间的友好关系)的争论中。相反,我感兴趣的是那种讨论的**事实**,因为怀特的著作在关心史学理论问题的人们那里得到广泛(且有争议)的关注,这本身就表明了人们对叙事(以及相关的文学形式)的力量相当重视,并且他们也认识到一些未解决的理论问题是由此产生的。

我们需要更好地理解这种引人注目的力量的特性和含义。在某种程度上,叙事有一种**审美**力量,因为它将事件整合在一起,构成人们认为有趣而且令人愉悦的种种模式。同样,它也有一种**文化**力量。因此,由于叙事以一种方式承载并用具体而生动的形象表达了社会秩序中我们在一起的种种方式上的重要方面,叙事一直很受重视。正因为这个原因,在过去的大约30年间,很多人大声疾呼,支持把许多调查领域重新叙事化,以借此赋予它们道德目

---

③ Hayden White, *Metahistory: The Historical Imagination in Nineteenth Century Europe* (Baltimore, 1973). 埃娃·多曼斯卡(Ewa Domanska)曾对怀特在内的多位历史哲学家和史学家做过访谈,对怀特的访谈让人们充分理解了怀特对这一领域的影响,见 Ewa Domanska, ed., *Encounters: Philophy of History after Postmodernism* (Charlottesville, VA, 1998).

的、常识、被边缘化的声音、实质理性、民主理想,等等。④ 我们也应注意到,叙事也有能力灌输并激起某种**思想上的满足**(intellectual satisfaction)。当令人迷惑的事件"依序归位",成为一个连贯故事的部分时,谜团就会消失。反之,当我们作为这个世界中的探求者和行动者发现自己无法辨明某个能"解释"我们正面对的现象的叙事框架时,我们就有可能会有正好相反的感觉——某种思想上的**不满足感**。

所有这些问题都需要我们进一步思考。但这里我只关注两个问题——一个是所谓的"叙事危机",另一个是叙事的认识论局限。

叙事的"危机"

我这里所说的**叙事**,指的是一个依时间顺序组织,而且很容易辨认出开始、中间、结束的叙述(在第四章我会给出一个略有不同的叙事定义)。这个经典的定义简单且具有欺骗性,因此需要澄清两点。首先是时间顺序问题。正如结构主义叙事理论家们告诉我们的那样,叙事中的事件很少是按严格的时间顺序来讲述的:相反,在讲述故事的层面上(结构主义叙事理论家称之为"话语"层面),会有各种前后跳跃。然而,重要的一点是,在"话语"层面之

---

④ 一个特别清楚并全面地描述和阐释所谓"叙事范式"的例子是费舍尔(Walter R. Fisher)的《作为叙事的人类交流:趋向理性、价值和行动的哲学》,参见 Walter R. Fisher, *Human Communication as Narration: Toward a Philosophy of Reason, Value, and Action* (Columbia, SC, 1987), especially parts 2 and 3。

下,读者能够察觉到一个依时间顺序讲述的"故事"。⑤

其次,正像叙事会或多或少地偏离严格的时间顺序一样,我们必须注意到开始、中间和结束这些范畴的不足或分歧。因为很明显,开始、中间和结束从不会在文本中完全呈现。因此,这里的观点并不是说这三个要素都具备的时候叙事才会存在;而实际上是,无论叙事是否具备这三个要素,我们都能够从文本中存在的东西中**投射**出三要素中的每一个。因此,我们仍然会把一个被删节或是片断化的叙事——即缺少三个要素中的一个或多个要素的叙述——视为一种叙事。

早在20世纪30年代,一些评论家开始认为叙事已经过时,甚至是有了危机。有些评论家认为叙事受到了现代生活状况的威胁;有些批评家认为叙事处在真正的科学知识层面之下。本书无意详细探讨所谓的叙事危机问题,但在此仍需做出一点评论,因为所谓的叙事危机无疑与证据和真实性的问题相关。⑥

一个很好的切入点就是所谓的"宏大叙事"的危机(我在第八章和第九章会谈到)。"宏大叙事"是一种标榜为全部历史的权威叙述的叙事;在这个概念之上,我们可以加上"主叙事"(master narrative)这个与其密切相关的概念,后者声称是作为历史的一个具体部分的权威叙述的叙事——比如说一个国家的历史。众所周知,利奥塔在其著名的《后现代状况》(1979)一书中提出,我们的时代是一个"怀疑""宏大叙事"的时代。利奥塔这样说的意思是,

---

⑤ 故事/话语之间的区分是结构主义叙事理论的经典。对此的一个著名阐述可见 Boris Tomashevsky, "Thématique", in *Théorie da la littérature*, ed. and trans. Tzvetan Todorov (Paris, 1965),263-307。西摩·夏特曼(Seymour Chatman)所著《故事和话语:小说和电影中的叙事结构》(*Story and Discourse: Narrative Structure in Fiction and Film*, Ithaca, N.Y., 1978)可能依然是对大多数历史学家来说最易理解、最为有用的论述。

⑥ 有关质疑叙事之可持续性的论著的简单概览,参见 Richard Kearney, "The Crisis of Narrative in Contemporary Culture," *Metaphilosophy* 28 (1997): 183-195。

第三章 叙事本身有认知价值吗?

西方人过去或多或少含蓄地接受的那种一元化的人类历史已被深深地动摇了。在 19 世纪,人们还很容易相信存在一种一元化的人类历史,这种历史的**终极目的**是自由、文明(Bildung),或是这两者的某种结合;到了 20 世纪晚期,这种信仰就难以为继了。⑦

但是要注意的是,无论宏大叙事受到怎样的威胁,它的困境都不意味着叙事受到**简单无条件的**质疑。确实,在没有了"主叙事"或"宏大叙事"来解释我们的国家或全人类的时候,人们看起来更倾向于通过讲述各种"小叙事"来理解他们各自的境遇。⑧ 或许,"宏大叙事"或者"主叙事"的存在实际上在某种程度上缓解了人们叙述自己情境的需要。比如说,那些用基督教的救赎故事作为他们生活向导的个人或群体,很可能不会感到有强烈的冲动要去虚构并传播他们自己的具体人生故事。我们可以貌似可信地假设,"宏大叙事"或"主叙事"的缺失倾向于推动人们把他们自己的情境"叙事化"(narrativize)——也就是说,去编撰人生故事,以此作为理解他们是谁的一种方式。换句话说,任何特定叙事是否被普遍当成权威叙事的问题与一般叙事是否有危机的问题并没有必然联系。宏大叙事可以被一种文化的混杂性和多样性粗暴地拒绝,但同时叙事本身会以诸种**小叙事**的形式兴旺发展。

有些人也许会说,不仅仅是宏大叙事,所有的叙事都处在危机之中。在某种程度上,这似乎也是利奥塔在《后现代状况》一书中

---

⑦ Jean-François Lyotard, *The Postmodern Condition: A Report on Knowledge*, trans. Geoff Bennington and Brian Massumi (Minneapolis, 1984), xxiii-xxiv.

⑧ 诺拉对记忆持类似观点(记忆是与叙事这个文学现象密切关联的存在现象):"记忆体验越是缺少集体性,个人就越需要承担责任,仿佛需要有个发自体内的声音告诉每个科西嘉人,'你必须是科西嘉人',告诉每个布列塔尼人,'你必须是布列塔尼人'。"见"General Introduction: Between Memory and History", in *Realms of Memory*, ed. Pierre Nora, English language edition ed. Lawrence D. Kritzman, trans. Arthur Goldhammer, 3 vols. (New York, 1996),1: 1-20, at 11。

的论点,因为他在该书中描述了一种转变趋势,即从一种或者另一种叙事为社会及其各种制度提供合法性,转变到为"运作效能原则"——即系统性能的最优化——为社会及其各种制度提供合法性。⑨ 在更大范围的论著中,学者们已经认为叙事在实践和理论上都受到了威胁。在实践层面上,一些学者认为叙事受到来自相互关联的技术和官僚机构的现实的威胁。瓦尔特·本雅明(Walter Benjamin)在《讲故事的人》(1936)中就提出,技术威胁了叙事,他认为在群体内部流传下来的故事、神话、传奇等的传播正被匿名的、即时的信息传播所取代。同年,他还在《机械复制时代的艺术作品》一文中指出,机械复制将艺术作品从先前所在的"传统的领域"去除了。⑩ 电脑数据库通常被视为具有这种无限的复制力;从而,保留下来的巨大信息量也提出了一个问题:信息量如此巨大,很难想象如何将其纳入连贯的叙事形式之中。⑪

至于官僚机构,它致力于普遍适用的程序规则,倾向于去除个人的特性,并使个人试图通过讲述自己的故事来给自己做出的宣称以合理性的努力变得全无意义。卡夫卡的《审判》出色地表现了这一点:《审判》完美地表现了约瑟夫·K的故事与他的命运毫不相关(读者当然需要理解《审判》中的"法庭"是在揶揄官僚法庭,但并不是传统意义上英美法系中的法庭)。任何与极其庞大且冷漠的政府机关打过交道的人都会明白反叙事的驱动力——因为在反个性的官僚体系支配的地方,决定性因素是个人是否适合某某特定的官僚类别。例如,如果这个人是一位外国教授,某所美

---

⑨ Lyotard, *Postmodern Condition*, 46-47, 67, and throughout.
⑩ Walter Benjamin, "The Storyteller: Reflections on the Work of Nicolai Leskov" and "The Work of Art in the Age of Mechanical Reproduction," in *Illuminations*, by Walter Benjamin, ed. Hanna Arendt (New York, 1969), 83-109, 217-51.
⑪ 尽管诺拉的重点是讨论记忆而非叙事,但他在讨论"档案式记忆"时也几近做出类似的论断。见"Between Memory and History," esp. 8-11。

第三章 叙事本身有认知价值吗？

国大学想为他申请绿卡，那么这所大学就必须证明该教授符合"杰出教授和研究员"这一类别。在此类例子中，除非个人的故事可以服务于将其分类的目的，否则该故事就毫无意义。此外，在美国的官僚体系中，据说"政府工作人员极少读到文书的第二页之后"。⑫ 如此程度的压缩使得叙事性说明举步维艰。⑬

就理论层面对叙事的攻击而言，它表现为两种对立的形式。一种形式的理论攻击来自实证主义。这里，对普遍法则与理论的必要性和重要性的坚持导致了对叙事的明显拒斥。此种科学形式的反叙事主义由逻辑实证主义者明确提出。尽管逻辑实证主义在哲学领域早已过时，但它对社会科学的方法论有过相当大的影响，而且它坚持认为只有法则和理论才是真正科学的看法，直至今天仍在社会科学的广泛领域中占据着统治地位。它的基本论点是，科学应使用法则和理论的语言，而不是叙事的语言。我们尤其会想到卡尔·亨普尔讲述的汽车水箱经一个寒夜而冻裂的故事，我在第四章还会再次提到：这个故事完全不是按时间顺序讲述的，而是由一些对初始条件和极限条件的陈述加上对经验法则的陈述构成。⑭

第二种形式的对叙事的理论攻击衍生于完全不同的各种成

---

⑫ 见美国某大学国际事务办公室副主任1998年2月3日致阿兰·梅吉尔的信，信中请梅吉尔写信支持Y教授的签证申请。

⑬ 除卡夫卡之外，马克斯·韦伯（Max Weber）是官僚体制问题上最优秀的作家。但若是需要更为具体的、最新的观点，请参见 Theodore S. Porter, *Trust in Numbers*: *The Pursuit of Objectivity in Science and Public Life* (Princeton, NJ, 1995)。波特详尽描述了一种"机械"客观性的运作，它力图创建统一的类别，具体的现象都要根据这些类别分类。这种统计取向的一个特有的工具就是调查问卷或图表（参见波特书第35—36页），从表面上来看，调查问卷或图表与叙事几无相似之处。同时参见该书第5章。

⑭ 见 Carl. G. Hempel, "The Function of General Laws in History," in *Theories of History*, ed. Patrick Gardiner (New York, 1959), 344-55, at 346, Orig. pub. in *Journal of Philosophy* 39 (1942): 35-48.

见。这种形式的攻击视叙事的**连续性**为罪魁祸首：据说叙事将实体表现为一种长时间的持续性存在，由此肯定了那个实体的权威。简而言之，叙事因为起到了证实叙事中心内容之合理性的作用而遭排斥。这种论点在某些方面基本上是尼采式的，它与《人性，太人性》(1878)一书的观点相呼应。尼采在该书中说："目的论是这样建构的，即把过去4000年间的人说成是**永恒的**人，世上所有事物自他开始之时就与他有天然的关系。"[15]但尼采从未将不连续性提升为一种明确的原则。不连续性直到20世纪才成为明确原则——最为著名的是在福柯那里，他的著作《知识考古学》(1969)自诩是试图表述"一种不连续性的普遍理论"，以便对抗"连续的历史"，后者是"主体的奠基功能必不可少的相关物"。[16] 我们也应注意到，在《历史哲学论纲》(1940)一文中，瓦尔特·本雅明坚持认为历史学家应当"（停止）讲述像念珠上的珠子一样的事件顺序"。[17] 但必须指出，本雅明简练的陈述远非对反连续性的论证的明晰表述。

因此，我们看到一系列针对叙事的攻击（或者所谓的攻击）。在实践层面上，叙事被说成是技术和官僚体制的受害者；在理论层面上，它是普遍化科学方法支持者的笑柄，是诸如福柯和本雅明这样反历史主义的历史主义者们攻击的对象。但技术上的、官僚的、科学主义的和反历史主义的攻击都不像看起来那般有威胁性。恰好相反，叙事一次又一次地回归，甚至在它看似最受威胁的地方也重新出现。通过推测，通过以有些零散的、趣闻性质的证据为依

---

[15] Friedrich Nietzsche, *Human, All Too Human: A Book for Free Spirits*, trans. R. J. Hollingdale (Cambridge, 1996), vol. 1, pt. 1, sec. 2, p. 13.

[16] Michel Foucault, *The Archaeology of Knowledge*, trans. A. M. Sheridan Smith, New York, 1972, 12.

[17] Benjamin, "Theses," thesis 18. A, in Benjamin, *Illuminations*, 263.

据——因为这里不可能进行详尽的研究——我们可以找出这种回归的某些特点。

　　首先,我们考虑一下来自实践层面的对叙事的所谓攻击。在技术层面上,我们的确似乎生活在"电脑化的社会"里,正如利奥塔在一代人之前指出的那样。⑱ 同样千真万确的是,数字技术通常表现为非叙事的方式。比如在电脑数据库里,信息并不是以叙事的方式组织的。同样,互联网也是通过难以计数的细分及再细分路径向我们提供信息:不存在任何单一的路线,并且实际存在的路线也绝不是依时间顺序排列的。但令人惊奇的是,人们会从分散的信息片断中最大限度地**构建**叙事。比如,网络一直是人们建构阴谋论的摇篮——例如,有一个所谓的阴谋要封锁这个所谓的事实,即 1996 年 7 月 12 日从纽约飞往巴黎的环球航空公司 TWA800 航班是美国海军发射的导弹击落的(2011 年 9 月 11 日之后,其他阴谋论也大量滋长)。⑲ 当然,阴谋论只不过是结构紧密的叙事。同样,当人们面对现代国家的官僚秩序时,会习惯性地讲述个人故事,试图证明他们符合某某官僚的类别范畴。叙事化似乎是人类对错综复杂的情境和官僚体制过度简化的倾向的一种正常反应。

　　至于理论上对叙事的攻击,无论是科学主义的版本还是反历史主义的版本,都不像乍看起来那样反对叙事。在每种情形中,只需轻轻转动一下万花筒,种种自诩的反叙事就被轻松解释为终究是叙事的。比如,亨普尔通过一系列单个陈述(诸如"车整晚停在街上")和另一系列一般陈述(比如"气温低于华氏 32 度时,正常气压下水会结冰")讲述了水箱破裂的原因。尽管在话语层面上,

70

---

⑱　Lyotard, *Postmodern Condition*, 3.
⑲　2004 年 6 月在 Google 高级搜索中输入"TWA 800 航班"和"空难"两个词,得出 370 条结果。官方的说法是 TWA 800 航班毁于主油箱的一个火花。

亨普尔的叙述显然不是叙事,读者却可以很容易地将这些陈述建构**成为**一种叙事,并发现话语背后的故事。实际上,读者也正是这么做的。反连续性对叙事的攻击也是一样。试看福柯在《词与物》(1966)中对西方**认识**(epistemes)或思想体系的更迭所做的描述:文艺复兴、"古典"、现代或"人文主义"和后人文主义。众所周知,福柯在那部著作中宣称,从一种**认识**到下一种认识的发展,其特点是一种激进的、无法解释的"突变"。[20] 简而言之,福柯否认在认识的更迭中有一种叙事的连续性——但读者还是会建构出一种叙事,一种强调不连续性而非连续性的叙事。

总而言之,似乎叙事总会回归,即便在受到最严厉的攻击时。叙事的不断回归反映出叙事作为一种组织我们对世界感知的模式而拥有的力量。似乎人类的构成有这样一个特点,即在适应世界的过程中,他们总是要不断地回到叙事上来。在这一点上,很多重要的叙事理论家都观点一致。比如,罗兰·巴特(Roland Barthes)在《叙事的结构分析导论》一文中宣称,叙事是"有意图的、跨历史的、跨文化的:它就在那儿,就如生命本身一样"。虽然利科在很多方面与巴特不同,但他在《时间和叙事》中也表达了几乎相同的观点:"我在我们虚构的情节中看到一种特权手段,通过它我们重新调整我们混乱的、未成形的、极沉默的瞬间体验。"明克指出:"讲故事是最普遍存在的人类行为。"加利(W. B. Gallie)强调了故事的"可跟随性"(followability),并认为人们天生就渴望被他们所听到的故事吸引。最后,怀特也指出:"提有关叙事本质的问题就是诱导人们反思文化的本质"——因为叙事的冲动是如此"自然",以至于"只有在没有叙事性的文化中,叙事性才会表现得问

---

[20] Michel Foucault, *The Order of Things: An Archaeology of the Human Sciences* (New York, 1970), xxii-xxiii, 42-43, 250-253, 386-387.

第三章 叙事本身有认知价值吗？

题重重"。因此，他宣称："叙事和叙述与其说是问题，不如说是数据。"㉑

我们在此发现，叙事危机其实并非是一种危机，这又加强了这些叙事理论家提出的一个观点：我们人类觉得故事是很有吸引力的。在这些理论家之中，利科最不怀疑叙事的力量。尽管有时我们很难在利科对其他作者的大量评论中明确找出他自己的立场，但他的确对叙事做出了非常肯定的评价：我们甚至可以说他将叙事神话化了。但上文提到的其他理论家均表现出对叙事的很大的保留态度。在加利的著作中，"可跟随性"不管怎么说都不等同于事实。明克的论述则清楚表明，叙事会超越具体事件的证据所能证明的范围。而怀特尽管通常不被认为是有认识论取向的作者，但是他强调指出，我们把叙事**强加**于世界。我们并不是必须要赞同怀特有时似乎主张的立场——即人类世界从根本上讲是混乱无序的——才能接受他的观点所认可的对叙事真实性的怀疑态度。

叙事的认识论局限

叙事无处不在——它从谣传的死亡中复生的神秘能力，它作为理解世界的一种方式所具有的美学力量和说服力——把我们带回本章的中心问题：叙事本身有没有认知价值？叙事的无处

㉑ Roland Barthes,"Introduction to the Structural Analysis of Narratives," in *Image, Music, Text* (New York, 1977), 79-124, 79; *Time and Narrative*, 3 vols. (Chicago, 1984-1988), I: xi; vols. 1 and 2, tran., Kathleen Blamey and David Pellauer, vol. 3, trans. Kathleen Blamey and David Pellauer; Mink, "Narrative Form as a Cognitive Instrument," 186; W. B. Gallie, *Philosophy and the Historical Understanding*, 2nd ed. (New York, 1968), esp. chap. 2, "What Is a Story?" 22-50; and Hayden White, "The Value of Narrativity in the Representation of Reality," in *The Content of the Form: Narrative Discourse and Historical Representation* (Baltimore, 1987), 1-25, at 1.

不在通过强调其自身的重要性将我们带回这个问题。如上所述,我们对这个问题的回答既可以是"没有",也可以是"有":在实证层面上,我们的回答是"没有";在阐释性的全体或整体的层面上,我们的回答是"有"。这是因为叙事体现了一种对世界**的**观点——或者一种**在**世界**中**存在的方式——如果这种观点或方式在出现于那个叙事中之前并不存在的话,那么当叙事产生的时候,它就形成了。

　　为什么叙事甚至在受到有计划的排斥时,还是不断回归呢?为什么叙事对人类来说是"天生"的呢?答案似乎很明显:叙事与个人及群体理解自身——甚至说定义自身——的过程紧密相关。我们谈及这种自我定义的时候,立即会出现某种与叙事关系密切并习惯性地以叙事形式展现的事物,即记忆。当自我定义在进行的时候,叙事如何与真实相联系的问题就会演变为记忆如何与真实相联系的问题。我们可以将这里讨论的真实认定为主要是与认同相关的真实,它和那种有关世界的或者主体间的真实时而一致,时而有分歧。

　　当记忆提供的关于过去的叙述没有受到与其相反的叙述的挑战,或是我们没有具体理由怀疑人们所汇报的记忆,我们就会习惯性地接受基于记忆的真实宣称。在这些情况下,我们或多或少都会将记忆等同于(真实的)历史;我们会发现自己懊悔地提到记忆匮乏(*Defizit an Gedächtnis*),而我们真正的意思是指历史匮乏(*Defizit an Geschichte*)。[22] 但在当前的历史时刻,各种记忆之间的冲突程度是惊人的。正如法庭上专业领域的代表之间看法相互矛盾会导致人们怀疑这个专业领域的可信度一样,各种记忆之间的

---

[22] 试比较 Paul Ricoeur, "Gedächtnis-Vergessen-Geschichte"), in *Historische Sinnbildung: Problemstellungen, Zeitkonzepte, Wahrnehmungshorizonte, Darstellungsstrategien*, ed. Klaus E. Müller and Jörn Rüsen (Reinbek bei Hamburg, 1997), 433-454。

第三章 叙事本身有认知价值吗？

矛盾也使得记忆的可靠性受到怀疑。这就是说，对于描述这些记忆的叙事来讲，它们的真实性也受到怀疑。换言之，与认同相关的真实会受到与世界相关的真实的质疑。

我们必须防止的是将记忆浪漫化——它等于是将与认同相关的真实浪漫化。我们很容易受诱惑而接受从记忆中产生的那些叙事的表面价值。当然，如果我们所说的人很理性而且细心，那么他以叙事方式回忆的对世界的叙述与基于"痕迹"和"史料"（见第一章）建构起来的叙述之间的分歧可能就很小。但人并不总是理性和细心的，而且当个人或群体最深切的愿望与过去的某个特定意象绑在一起时，问题就更复杂了。在当今某些情形下，记忆被看作是确认、辩护了人们选择的无论什么认同，甚或是为其奠立了根基。当人们认为记忆为认同提供基础时，就很可能深信记忆讲述的叙事，并相应地敌视任何与之对立的叙事。

完全以记忆和遗忘的语言来谈论是可能的。这样，我们就可能会谈及记忆匮乏（*Defizit an Gedächtnis*）和过度遗忘（*Übermaßan Vergessen*）的组合，它在诸如德国、巴尔干半岛或其他地区历史中的某些（最近的）时期盛行。但我想指出的是（这是尼采式的观点），记忆和遗忘之间的关系如此紧密，以至于它们不可分割——以至于每种记忆都是一种遗忘方式，而每种遗忘也是一种记忆方式。因此，尽管我认为记忆和遗忘之间的对立大体上有其有效性和实用性，但这两个范畴的相互渗透意味着，更有意义的说法是接受或拒斥某些叙事——每个叙事本身都是记忆和遗忘的综合体。这样，问题就变成了：我们在决定接受、拒斥，或部分接受部分拒斥所讨论的叙事时，应该采用什么标准？

有一点看似十分清楚：这些标准**必须**是认识论标准，而且**必须**是处于叙事本身的框架之外。我们有责任对叙事中宣称的特定事实是否真实持怀疑态度，特别是在叙事对确认认同起重要作用的情况下。这并不是否认叙事对历史学家有启发式的重要性。历史学家在研究的过程中通常会发现,一种(或多种)试图"掩盖"研究中的特定历史事实的"草率的"假设性叙事建构可以提供独到见解。在建构这样的叙事的过程中,历史学家会更清楚地看到他们研究中还遗留的空白——这样,研究的过程就会持续下去。更为重要的是,历史学家可以看到他/她的课题有哪些方面是不需要研究的(**限定研究范围对能否完成研究至关重要**)。但讨论中诸叙事的真实性问题还是要搁置一段,直到相互矛盾的叙述之间的差异得到仔细研究并水落石出。

极端的案例通常能突出在"一般"案例中难以察觉甚至根本不可见的问题。简言之,极端性有启发价值,正如叙事本身有启发价值一样。让我们来看看以下四个极端的案例。

案例 1:我在加拿大的萨斯卡通(Saskatoon)读本科的时候,有一年住在一栋私人的房子里,这栋房子楼上的两间卧室当时租给学生住。女房东总是十分细心地锁好所有门窗。她给我讲过一个有趣的故事。她声称萨斯卡通有个盗窃团伙十分猖獗,而且作案有其独特的手法(*modus operandi*)。他们在盗窃之后,会狡猾地用看起来一模一样但价值低廉的物件替换所盗走的财产(我们可以构想一整篇有关盗窃的形而上学的论文)。女房东告诉我,这个团伙偷走了她不少东西,**包括她的浴缸**。据我所知,在萨斯卡通,没有其他任何人知道这个盗窃团伙作的案子,地方报纸也从未报道过。我怀疑到底是否存在这样一个团伙,我试图说服女房东,她肯定弄错了,并特别提到,房子中的浴缸毫无疑问就是多年前房子

刚盖起来时的那个浴缸。但我劝服她的努力完全失败了。㉓

案例2：文学批评家卡斯特(Terry Castle)曾讨论过一个著名案件。在该案中，英国学术界的两位女性，莫贝里(Charlotte Anne Moberly)和儒尔丹(Eleanor Jourdain)声称于1901年8月10日在凡尔赛宫苑的小特里阿农园(Petit Tianon)见到了玛丽·安托瓦内特(Marie Antoinette)以及她宫中好几个人的魂灵。卡斯特教授以引人入胜的细节讲述并分析了这个故事。其讲述中最令人惊奇之处就是，莫贝里与儒尔丹是何等轻易地找到验证性细节，来证实她们确实见到已故法国王后的说法。㉔

案例3：20世纪90年代早期，哈佛大学医学院的一位精神病学教授马克(John Mack)对近100位有过被外星人劫持记忆的人进行了细致的研究。他得出的结论是，这些人并没有精神疾病，也并非仅是想象出了与外星人的接触，而是的的确确有过与非人类、有智力的生命接触的经历。用马克的话说："我尽自己所能，细心地对待诊断过程中的区别。我已经想过所有能解释这个现象的纯

㉓ 这位女房东绝非孤例，她的这种错觉已被发现并命名为卡普格拉综合征。该病症于1923年由两位法国精神科医生——卡普格拉(Capgras)和赫波尔·拉察(Reboul-Lachaux)首先详细报告。参见Louis R. Franzini and John M. Grossberg, *Eccentric and Bizarre Behaviors* (New York, 1995), chap. 7, 121-138。毫无疑问，如果卡普格拉综合征更为人知，如果它与认同焦虑有些许关联，它会比现在更为盛行。

㉔ 参见 Terry Castle, "Contagious Folly: *An Adventure* and Its Skeptics"; Francoise Meltzer, "For Your Eyes only: Ghost Citing"; Terry Castle, "A Rejoinder to Franeoise Meltzer", all in *Questions of Evidence: Proof, Practice, and Persuasion across the Disciplines*, ed. J. Chandler, A. I. Davidson, and H. Harootunian (Chicago, 1994), 11-42, 43-49, 50-55 (orig. pub. in *Critical Inquiry* 17 [Summer 1991])。莫贝里和儒尔丹用笔名撰文做了论述，见 Elizabeth Morison and Frances Lamont, *An Adventure*, 2nd ed. (London, 1913; other editions were published in 1911, 1924, 1931, and 1955)。卡斯特在后来的著作《魂灵般的女同性恋：女同性恋和现代文化》(*The Apparitional Lesbian: Female Homosexuality and Modern Culture*, New York, 1993) 中的一章《玛丽·安托瓦内特的痴迷》("Marie Antoinette Obsession") 中重提了莫贝里和儒尔丹。

粹心理上的可能性,甚至是心理社会学上的可能性。"㉕

案例4:这实际上是许多个案例。在20世纪80年代早期到90年代的大部分时间内,在美国有很多所谓的与"撒旦式"或"仪式"性虐待相关的"压抑的记忆"案例(据说有多方医生介入,对这种虐待的记忆已经恢复)。㉖ 这种现象仍在继续。无论这些材料是如何得出的,它们都始终如一地采用了叙事的形式,而这些叙事不断被"加工"和重复,变得越来越详细,越来越复杂。在美国"治疗界",很多人认为这些叙事都是自我辩白式的。有时,它也会导致恶名昭著的误判。我在第二章曾简要提到最为声名狼藉的案例之一——华盛顿州奥林匹亚的因格拉姆案件。1988年,因格拉姆被指控曾仪式虐待他的女儿。奇怪的是,他被诱导而"记起"了虐待的片断,结果他认了罪,后来他想收回他的有罪陈述时,为时已晚。他在监狱服了14年刑后,最终于2003年4月获假释。㉗

㉕ John E. Mack, *Abduction*: *Human Encounters with Aliens* (New York, 1994). 引文出自一篇背景文章:Marjorie Rosen, J. D. Podolsky, and S. Avery Brown, "Out of This World," *People* Magazine, 23 May 1994, 38-43, at 40. 但在此处他的陈述与他在《绑架》一书中所说一致(比如,在第414页有关外星人的"外星人/人类杂交后代"的繁殖计划)。我必须指出,马克教授在后来的著作中观点有所转变。在《去宇宙的护照:人类转变和外星人接触》(*Passport to the Cosmos*: *Human Transformation and Alien Encounters*, New York, 1999)一书中,他宣称"在本书中,我的目的不是要确定外星人的劫持在字面和实际意义上都是纯粹的事实",相反,"我主要的兴趣在于这些经历本身"(第9页)。

㉖ 有关"仪式虐待"的问题,参见 Debbie Nathan and Michael Snedeker, *Satan's Silence*: *Ritual Abuse and the Making of a Modern American Witch Hunt* (New York, 1995)。此类著作中很有特色的一部是 Margaret Smith, *Ritual Abuse*: *What It Is*, *Why It Happens*, *and How to Help* (New York, 1993)。有一段时间,"相信孩子"这个组织充当了所谓仪式虐待案件的票据交换地。在互联网上,有很多有关这个主题的网站。1998年2月谷歌搜索得到了1187条结果;2004年6月同样的搜索得到了约30500条结果。

㉗ 因格拉姆的案件已在出版物中被广泛讨论。特别见 Lawrence Wright, *Remembering Satan*, New York, 1994),该书等于是对华盛顿州的司法系统在该案运作上的批判。关于因格拉姆即将获释之前的报道,参见布莱德·莎隆(Brad Shannon)所写的毫无趣味或启发性的新闻报道,"Man in Notorious Sex Case Finishes Term," *Olympian*, 8 April 2003, "front page," at http://www.theolympian.com/home/news/20030408/frontpage/38738.shtml。又见第二章,注3。

第三章 叙事本身有认知价值吗？

  我们能从这些例子以及可以引证的无数其他类似例子中获得什么呢？它们都强调证据远非"显而易见的"。相反，证据像一根脆弱的苇草，容易被主观性左右，被粗心和缺乏批判的态度破坏。最为重要的是，以上案例都表明，证据极易被人们已承认或未承认的欲望践踏于脚下。有时，这种欲望是要将自己视为某某重要的或令人关注的人物（家园保卫者；得以旁观旧政权仪式的贵宾；被外星人劫持的人；"儿童"保护者）。有时，这种欲望似乎只是想坚信一个简单而令人满意的故事。也许当简单的、令人满意的宏大叙事和主叙事缺席时，人们对这种故事的欲望就被定位在另一个更为具体的层面，这就导致一种与古老的国家效忠大不一样的忠诚。抑或它仅仅是天花乱坠、空话连篇的推销术的延续，这种推销术会在任何商业的、市场化的社会中盛行，因为在这里，如果一个人巧舌如簧，能凭借一些不太可信的理由说服同胞们相信 X、Y 或者 Z 是真实的，那他就会得到丰厚的物质奖赏。

  如果历史都是权威性事实的问题，是无可置疑、不容异议的确定性的问题，那么事情就简单了。在《历史的观念》一书"后论"中一段不甚乐观的文字中，柯林武德断言"真正的历史中没有'大有可能'的事或'有可能'之事的空间；它允许历史学家做出断言的事情都是历史学家眼前的证据迫使他做出断言的事情"。㉘ 如果真是这样简单就好了。但情况并非如此，正如后面第六章将试图阐述的那样。确实，柯林武德本人也非常清楚：在另一段文字中，他断言史学中没有任何成就是最终的，证据"随着历史方法的每一次改变"而改变，而"解释这些证据的原则也随之变化"，最终"每代人都必须以自己的方式重写历史"（第248页）。我只需补

㉘ R. G. Collingwood, *The Idea of History* (1946), rev. ed., whit *Lectures 1926-1928*, ed. W. J. van der Dussen (Oxford, 1993), 204. 下文中引文处标注了该书页码。

充一点；这并不意味着——也不可能意味着——"什么都行"，或是每代人（每个学派、国家群体、范式）在写作历史的过程中都同样地有理有据。在同一段文字中，柯林武德也写道："历史学家的能力有所不同。"这句陈述假定了我们有能力评判能力的各个等级。这样做是历史认识论的任务的一部分。但它也是历史本身的任务，因为不单是叙事，而且还有证明和提供依据使得历史研究与写作成为它应该成为的样子。

我们都知道一个"好故事"的威力。很难在普遍意义上界定一个"好故事"的要素是什么。但是当我们遇到一个好故事的时候，都能轻而易举地认出它，尤其是当它已经受过时间考验之时。神话和文学显然是充满此类故事的领域，这些故事如此引人入胜，以至于千百年来人们反复地传诵。我们也应意识到——这也是此处重要的一点——神话、文学的虚构和建构与各种有关世界中真正真实的断言之间尴尬的接合点。许多文学和神话作品能吸引我们的一个原因就是，它们给我们提供了一个连贯一致的虚构世界——这个世界尽管有诸多情节突变，但它最终表现为可以理解的。

流言——从证据上说，我们可以视其为未被证实的道听途说——也有相似的吸引力。当我们进入流言世界，我们就超越了虚构人物（或我们今天**理解为**虚构的人物）的行为和苦难，进入现实中人们的行为和苦难之中。这里，我们就冒险进入了违反认识论和道德的领域。那些经过时间考验、符合认识论的史学实践，其优点之一就是能激发我们思考对于那些我们乐于做出的宣称有利**和不利**的证据。叙事的创建者或支持者所给出的证据存在的问题是，它时常对于该叙事来说过于不可或缺而让我们无法彻底相信。因此，我们不仅需要**证据**，而且需要**证据的证据**：或者换句话说，我们需要的是各个证据和各种不同形式的

第三章 叙事本身有认知价值吗？

证据之间的一致。这部分上可解释为什么历史不仅必须（在某些方面）是一种审美实践，还必须是一门**学科**——即一些群体有组织地对知识进行探询，它们在原则和实践上均致力于精确、系统而且无止境地建构、拆解和重建历史过去。只要保持德·塞尔托式的过去与现在之间的断裂，历史学家相比其他人文学科的研究者就能更好地发扬人类理解中的批判方面。历史学家的立场暗示一种与他/她所注意的对象之间的距离，这个距离**可能**培养出一种观念，即假使没有**实际**的结果与之相关，我们也应尽力寻找正确的答案。㉙

作为对"叙事本身有没有认知价值？"这个问题的回答，第一种答案必须是肯定。叙事**当然**有其自身的认知价值，叙事的连贯一致性意味着一个可能世界的连贯一致性。无论叙事所投射的图像是不是**实际**存在，它都在叙事中存在，而且完全可以存在于构想出这个叙事的人的思维之中。但是同时，也许也更应当强调的一点是：我们还必须说叙事本身没有认知价值。恰恰相反，它所具有的是一种极具诱惑力的力量——人们可以轻而易举地使用这种力量以便将叙事中**可能**的景象表达为现实存在。这里，我们必须对叙事说"不"：为抵抗叙事美丽而崇高的诱惑，我们必须运用方法和批判那日益衰微的力量。此外，这还意味着历史学家必须用实例说服别人，尽力做到对历史知识之事小

㉙ 但是，如果认为历史在认识论层面上高于其他人文学科，那将是十分无礼的。我们可以想想统计方法在诸如政治学这样的学科中的复杂应用，以及——也许没那么明显——文学研究中文本方法的复杂应用。如果要找敏锐的考据学者如何发现文学研究者、传记作家和某位不幸的历史学家传统上倾向于粗心大意的例子，可参见 Julie Bates Dock, with Daphne Ryan Allen, Jennifer Palais, and Kristen Tracy " ' But One Expects That ' : Charlotte Perkins Gilman's ' The Yellow Wallpaper ' and the Shifting Light of Scholarship, ' *PMLA* 111 (1996) , 52-65。

心谨慎,尽量对论证和证明的过程保持开放性,以检验和提炼历史以及其他的宣称——因为似乎很明显,我们永远不会发现**绝对真实**。[30]

---

[30] 这里我的观点与贝汉·麦卡拉(C. Behan McCullagh)不同。在我看来,他在其令人钦佩的《历史的真实》(*The Truth of History*, London, 1998)一书中显得过于相信我们人类有"可能发现关于过去的**绝对真实**"(黑体系笔者所加,第309页)。我认为,他混淆了上帝的视角和人的视角。

第四章　叙事与历史写作的四项任务

　　历史研究与历史写作有哪些明确的任务？历史学家们对这个问题并不像他们本应该做到的那样清晰明了。诚然,严格概念上的明晰并非总与连贯历史叙事的写作相一致。另外,历史学家若对他们使用的概念的界限模糊不清,也极有可能沉迷于这些概念之中,而最终忘记他们要撰写某段历史的初衷。但我们最后还得用培根的话说:"真理更易于从错误中而非混乱中得到显现。"①如果历史学家们希望自己不单单是这样或那样美好事业的啦啦队员,那他们最好弄清楚自己在做什么。毋庸置疑,许多历史学家通过发挥他们的聪明才智并专注于研究与写作工作,得以弄清楚自己的各种假设和实践。尽管如此,我们通常最好还是明确地反思这些问题。历史写作的任务究竟是什么?另外,不同的任务如何成为一个整体?我在本章将试图回答这些问题。我将借一种错误的观点进入这个主题,对这个错误观点的分析将有助于我们找到一条通往历史写作的概念性真理的道路。

　　直到20世纪80年代,职业历史学家中还广泛流传着这样一

---

① Francis Bacon, *The New Organon*, ed. L. Jardine and M. Silverthorne (Cambridge, 2000), bk. 2, aphorism 20, p. 130.

种观点:历史学的唯一真正严肃的任务,那个使历史能够对知识有贡献而不是无足轻重的事,就是"说明"(explanation)的任务(我之所以将**说明**置于引号内,是因为作为作者和读者的我们还不清楚究竟应该赋予这个词何种意义)。诚然,认为说明是历史写作中心任务的观点在20世纪90年代已经式微,当时"新文化史"在史学界广泛流行,而先前对社会史和社会科学史的关注无论在地位上还是影响上都日渐衰微(在后面的第十章我将讨论新文化史的兴起)。研究社会科学史的历史学家们将"说明"作为他们关注的主要问题,而致力新文化史的史学家们则强调"描述"(description)(最好是"深度"描述)以及"阐释"(interpretation)。② 但是先前的观点——也就是那种认为历史写作的唯一任务就是"说明"的观点——依然存在,我们甚至时而可以在新文化史的倡导者们和实践者们那里找到这种观点。我们也可以在许多社会科学的理论家和研究者中发现这种观点,而他们对史学的影响是不能否认的。但是,即使人们根本不再持这种观点,它还是值得我们去考察,因为一些致力于研究"说明"的理论家和方法论学家有时会无意间澄清了历史学家的非说明性任务。

---

② "深度描述"(thick description)这个概念(一种着重于人类行为的意义的描述,而不仅仅是简单描述所发生的事情)经由人类学家克利福德·格尔茨(Clifford Geertz)的著作而普及。见 Geertz, *The Interpretation of Cultures*: *Selected Essays* (New York, 1973), esp. chap. 1, "Thick Description: Toward an Interpretive Theory of Culture," 3-30,以及他的另外一本著作 *Local Knowledge*: *Further Essays in Interpretive Anthropology* (New York, 1983)。以下两部广受关注的著作均强调社会科学中的"阐释"转向:Paul Rabinow and William M. Sullivan, eds., *Interpretive Social Science*: *A Reader* (Berkeley, 1979),以及二人合编的 *Interpretive Social Science*: *A Second Look* (Berkeley, 1987)。

第四章　叙事与历史写作的四项任务

说明和描述

　　这种认为说明是学科理解中心任务的观点——无论是在史学还是在任何其他学科中——是由那些自认为是社会**科学家**的学者以及那些认为科学须借助于理论才能阐释清楚的逻辑实证主义哲学家们最为有力地表达出来的。③ 从逻辑实证主义衍生出来的方法论文化在20世纪40年代到70年代影响巨大，在这种文化框架内，说明占据了主导地位。请注意，我这里使用的**说明**这一术语并非通常意义上的"阐明"或"讲清楚"，而是它在哲学和社会科学圈子里的通常意义，在那里，"说明"某事某物在大多数语境中也就是要说明白是什么导致了这个事物。换言之，用我在本章提及的"说明"这个词的意义来说，要"说明"什么，也就是要给出"为什么"这个问题的答案（这里所用的"为什么"，意思就是"是什么导致了它"或"是什么使其发生"）。我并不反对人们用其他的方式使用**说明**一词，他们当然有这个权利。但如果我们要清晰地思考问题的话，那最好不要混淆同一个词的多种含义。这就是我为何

---

③　有关逻辑经验主义（又称逻辑实证主义）的概括性介绍，参见 David Oldroyd, *The Arch of Knowledge: An Introductory Study of the History of the Philosophy and Methodology of Science* (New York, 1986), chap. 6, "Logic and Logical Empiricism," 209-263。人们普遍认为逻辑实证主义很久以前就寿终正寝了。奎因（Willard Van Orman Quine）的文章《实证主义的两个教条》("Two Dogmas of Empiricism") 在削弱逻辑实证主义掌控的过程中颇具影响，它最初发表于《哲学评论》(*The Philosophy Review*), 60 (1951): 20-43。这个过程中的另一部重要著作是 Nelson Goodman, *Fact, Fiction, and Forecast*, 4th ed. (Cambridge, MA, 1983; orig. pub., 1954)，该书今天读起来依然有趣易懂。但是，逻辑实证主义已经消亡这一信息很长一段时间后才传到哲学圈以外。

要把注意力集中在**说明**一词的某种含义上的原因。④

在英美科学哲学体系中,很容易找到如我在上文中定义的说明一词享有特权地位的证据。20世纪40—60年代的科学哲学家们非常关注"说明",他们认为说明就是在回答按因果意义理解的"为什么"。⑤ 社会科学的理论家以及方法论学家纷纷效仿这些科学哲学家。许多受逻辑实证主义体系影响的方法论手册都明确宣称,社会科学的核心任务是说明。诸如斯廷奇科姆的《构建社会

---

④ 起因的概念在实证主义哲学传统中的地位一直悬而未决,但我们这里无须关心这个问题(对实证主义者来说,问题在于,没有人确实**看到**因果关系——人们只能**推断出**因果关系)。关于对"起因"的保留意见,参见罗素的经典文章《论起因》"On the Notion of Cause" (1912-1913), in *Mysticism and Logic, and Other Essays* (New York, 1918), 180-208。亨普尔在其同样经典的文章《普遍规律在历史中的功用》("The Function of General Laws in History") (1942)中,吹毛求疵地拒绝直接使用**起因**和**结果**这两个词,但同时又不断援引这两个词。该文收于加德纳编:《历史理论》,第344—356页。

另外需注意,"为什么"这个问题也可以被认为是在问"某某智力健全的人使得某某事态发生的目的是什么?"简而言之,在面向过去的**原因**而发问的"为什么",和面向将来发问的**目的性**的"为什么"之间是有区分的。在本文语境中我使用的是原因性的意义。但我们不应忘记,其内含的目的可以当作原因——也就是说,这些目的可以用来解释为什么某某事件发生了。(某某事件为何发生? 因为某人或某些人**决定**这件事应该做,为的是达到某某目的。这里,我们把一个人的**目的**看作某个事件发生的**原因**。)

哲学家、语言学家赛乐文·布龙伯格(Sylvain Bromberger)在其著作《论我们知道我们所不知道的事:说明、理论、语言学,以及问题如何塑造它们》(*On What We Know We Don't Know: Explanation, Theory, Linguistics, and How Questions Shape Them*, Chicago, 1992)一书中,讨论了说明和"为什么"的问题。我在本章所做的讨论远没有该书深入,而且讨论的方向不同。但是我的讨论方向和深度都适合于历史学家所做的调查。

⑤ 此类著作浩如烟海,例如 Carl G. Hempel, *Aspects of Scientific Explanation and Other Essays in the Philosophy of Science* (New York, 1965), especially 245 and 344; Carl G. Hempel, *Philosophy of Natural Science* (Englewood Cliffs, NJ, 1966), 47, 49; Ernest Nagel, *The Structure of Science: Problems in the Logic of Scientific Explanation* (New York, 1961), 15-16; Wolfgang Stegmüller, *Probleme und Resultate der Wissenschaftstheorie und Analytischen Philosophie*, Band I: *Wissenschaftliche Erklärung und Begründung* (Berlin, 1969), 77。

第四章 叙事与历史写作的四项任务

学理论》这样的标准文本对这点讲得很清楚。⑥ 这些手册并非总是明确给出它们所指的说明一词的含义,但通常来说,它的核心意义(如果不是唯一意义的话)是对一个因果问题的回答。反过来,在这种方法论传统中,人们很少注意到"描述",认为它基本上没有意义。比如《社会和行为科学研究入门》一书的作者即认为,"案例分析"一类的研究仅仅具有**初级**地位:它最多不过是为更深层次的研究提出某种假设,可能同时还提供"趣闻证据来阐明更为普遍的发现"。⑦

一两代实践史家似乎都认为,历史研究和历史写作的**唯一**任务就是说明历史事件,他们不考虑或干脆忽视其他可能的任务。当然,要弄清楚历史学家过去和现在究竟如何看待这个问题,我们就需要有一个无比复杂的研究计划,而且结果也会是问题百出的,因为历史学家对此种理论性的问题总是思考得不清楚,或压根就不去考虑。我们能做的也不过是审视一下某些历史学家**说过**什么

---

⑥ 亚瑟·斯廷奇科姆在第 vii、5 页等多处指出了社会学理论的解释功用,见 Arthur L. Stinchcombe, *Constructing Social Theories* (New York, 1968)。我参考的其他著作包括:Eugene J. Meehan, *Explanation in Social Science: A System Paradigm* (Homewood, IL, 1968); Philippe Van Parijis, *Evolutionary Explanation in the Social Sciences: An Emerging Paradigm* (Totowa, NJ, 1981); Abraham Kaplan, *The Conduct of Inquiry: Methodology for Behavioral Science* (Scranton, PA, 1964); Robert Borger and Frank Cioffi eds., *Explanation in the Behavioral Sciences* (Cambridge, 1970); Patty Jo Watson, Steven A. LeBlanc, and Charles L. Redman, *Explanation in Archaeology: An Explicitly Scientific Approach* (New York, 1971); David Harvey, *Explanation in Geography* (London, 1969); Paul Kiparsky, *Explanation in Phonology* (Dordrecht, 1982); Willem Doise, *L' Explication en psychologie sociale* (Paris, 1982); Peter D. McClelland, *Causal Explanation and Model Building in History, Economics, and the New Economic History* (Ithaca, NY, 1975); Christopher Lloyd, *Explanation in Social History* (Oxford, 1986)。

⑦ Miriam Schapiro Grosof and Hyman Sardy, *A Research Primer for the Social and Behavioral Sciences* (Orlando, FL, 1985), 112, 114。麦考莱(C. Behan McCullagh)的《为历史描述辩护》(*Justifying Historical Descriptions*, Cambridge, 1984)是一部特殊著作,它是从新实证主义角度写的,也确实涉及了"描述"。

有关说明的话。我请读者们自己考虑是否赞同我下面引用的每一位历史学家所表明的立场。

李·本森(Lee Benson)在1961年撰写的《因果关系与美国内战》一文中,借用了E. M. 福斯特(E. M. Forster)对"故事"和"情节"的区分。按照福斯特的定义,"故事"是"对按时间顺序排列的一连串事件的叙述",比如:"国王死了,接着王后也死了。"至于情节,它"也是对一连串事件的叙述,但重点落在了因果关系上",比如:"国王死了,接着王后因悲伤过度而死。"本森随后用如下文字详细阐述了福斯特的故事/情节区分:

> 按福斯特的标准,我们可以将历史学家定义为一个讲述情节的人。与编年史家不同,历史学家试图解开人类事件为何按照一个特定时间顺序发生这一谜团。他的最终目的是发现并阐明在特定情况下人的行为的动机,并借此帮助人类理解他们自己。因此,历史叙述有必要采取这种形式:"某某事发生了,然后另一件事也发生了,**因为**……"换言之,历史学家的工作在于说明随着时间的推移而发生的人类行为。

其次,我们来看爱德华·卡尔(Edward H. Carr)在《历史是什么?》一书中的断言:"历史研究就是对诸多原因的研究。"卡尔反复指出,正确的历史叙述就是要给读者"一个连贯一致的因果顺序"。最后,我们要考虑的是费舍尔在《历史学家的谬误》中的论点:"历史写作不是讲故事,而是解决问题",历史叙述是"一种说明"。[8]

---

[8] Lee Benson, "Causation and the American Civil War," in *Toward the Scientific Study of History: Selected Essays* (Philadelphia, 1972), 81-82, making use of E. M. Forster, *Aspects of the Novel* (New York, 1927), 47, 130, and throughout Edward Haller Carr, *What Is History?* 1961; repr., New York, 1967), chap. 4, "Causation in History," 113, 130 (see also 111-112, 114, 138); and David Hacket Fischer, *Historians' Fallacies: Toward a Logic of Historical Thought* (New York, 1970), xii, 131.

第四章　叙事与历史写作的四项任务

　　本森和卡尔的陈述假定了历史叙述中的本质关联是因果关联,关注的是讲述在一连串的事件中什么导致了下一个事件的发生。揭示因果关联就是我(和他们)所定义的"说明"。费舍尔的立场含混不清,因为他对"说明"的定义包括普遍意义上的阐述,而不仅仅是因果分析。⑨ 尽管如此,费舍尔坚持认为,历史"不是讲故事,而是解决问题"(正如我们将看到的那样,这一观念又在法国年鉴学派史家弗朗索瓦·菲雷那里得到推进),这似乎也证实他对说明有偏好。

　　当然,卡尔、本森和费舍尔不过是成千上万史家中的三位而已。但是,对说明的偏好似乎**普遍**存在于受分析哲学或社会科学方法论影响颇深的历史学家当中。简而言之,我们似乎有理由认为,上文引用的卡尔、本森以及费舍尔的陈述是历史学家中更多人献身于此的征兆。其他观察者也已经注意到这一献身。因此,历史学家兼史学理论家保罗·韦纳在《书写历史》一书中提到:"有……一种广泛流传的观点认为,名副其实而且真正科学的历史写作必须从'叙事性的'过渡到'说明性的'历史。"与此类似,20世纪80年代早期,哲学家保罗·利科基于他对年鉴学派史学的研究宣称:在"作为一门科学的历史学中……说明的形式变成自发性的"。⑩

　　我们在一些历史学家以及——甚至更多地——在社会科学家那里看到的那种对说明的偏好,是一种本身需要被历史地理解的

---

⑨ 在《历史学家的谬误》一书第 xv 页的脚注 1 中,费舍尔对"说明"的定义如下:"说明只不过是将过去事件中的某个问题讲明白、讲清楚、让人能够理解,以便由此产生的知识会在处理未来问题的时候有用。"尽管费舍尔没有注意到,但在第一句话和第二句话之间有种张力,因为"在处理未来问题的时候有用"暗含了因果关系性质的知识,因此他对说明的理解也是因果关系性的,而在第一句中,"说明"的含义仅仅是"讲清楚"。

⑩ Paul Veyne, *Writing History*, trans. Mina Moore-Rinvolucrj (Middletown, CT, 1984) , 305 n. 5 (orig. pub. in French,1971);Paul Ricoeur, *Time and Narrative*, vols. 1 and 2, trans. Kathleen McLaughlin and; vol. 3. Kathleen Blamey and David Pellauer (Chicago, 1984-1988), 1: 175.

事物。首先,在 20 世纪,很大一部分对科学进行的哲学与方法论上的思考是受牛顿物理学的历史的影响。逻辑实证主义,以及更普遍的大部分分析哲学,选取一个与那段历史有关的事实并将它转换成法则。在 18 世纪和 19 世纪,物理科学的特点是试图将牛顿的理论延伸至更多的现象中。在牛顿的框架中,科学的最前沿不会在"纯粹"描述中找到。举一个广为人知的反例,这不同于达尔文革命之前的林奈式(Linnaean)的自然史框架中的普遍情形。在林奈式的框架中,人们是通过不断发现更多种类的有机体并将它们分类来获得赞誉的(只有在达尔文**之后**,生物学的描述才与说明性的工作结合起来)。相比之下,牛顿物理学的功绩并非在于它将现象按描述性的类型排列。相反,通过发现更多的自然规律来拓展牛顿理论(或是通过展示已发现的规律如何有着比人们从前所认为的更普遍或更集中的适用性),物理学家们从事着一项完全说明性的任务。比如说,在提出运动定律的时候,他们展示的是为什么在某某物理条件下,炮弹会走这样或那样的弹道。物理学似乎也一直没有**阐释性的**(interpretive)维度。直到 19 世纪 90 年代,牛顿的阐释框架才几乎毫无争议地被认为是一种放之四海而皆准的真理。总而言之,人们此前并未将其看作一个阐释性的框架,而是把它看作对实实在在的世界(绝对时间、绝对空间)的一种再现。[11]

---

[11] 见 Thomas L. Hankins, *Science and the Enlightenment* (Cambridge,1985),9,20-21,53;J. L. Heilbron, *Electricity in the Seventeenth and Eighteenth Centuries* (Berkeley,1979),6,87ff.,95,n. 47,458ff; Christa Jungnickel and Russell McCormmach, *Intellectual Mastery of Nature: Theoretical Physics from Ohm to Einstein*, 2 vols. (Chicago,1986),1:xxiii and passim。有关自然史和其他领域的分类倾向,参见 Hankins, *Science and the Enlightenment*,113,117 and throughout; Wolf Lepenies, *Das Ende der Naturgeschichte: Wandel kultureller Selbstverständlichkeiten in den Wissenschaften des 18. und 19. Jahrhunderts* (Munich,1976), 34,47-48,93,98-102,122-124。

第四章 叙事与历史写作的四项任务

其次,当我们转入人文科学的具体语境时,会发现它作为世俗的、现代主义的学术文化的一个显著特点就是它对垂直性隐喻(metaphor of verticality)的关注——表面的现实与一种深层的、隐藏的现实争斗(垂直性隐喻同样可以看作**不同可见性**的隐喻,它与诸如前景和布景、台上和台下这样的对比类似)。这种隐喻的运用也许在弗洛伊德主义(本我相对于文化)和马克思主义(经济基础相对于上层建筑)那里表现得最为明显,而它在 20 世纪的社会科学中比比皆是。那种认为或多或少能直接观察到的事物根本不是"真正"实体的观点,是现代主义者对知识探究的一个普遍观点。这种观点认为,探究的任务就是找到隐藏的东西——找到"潜在的"决定性因素,找到此类情形的"根本的"特征。垂直性隐喻倾向于赋予说明性计划一种特权。大卫·休谟证实了我们无法观察到因果关系,他的论断巩固了说明比"描述"更为"深入"的观点。而当社会科学哲学家帕里吉斯(Philippe Van Parijis)宣称"任何说明都事先假定了有一种**潜在机制**在运作"的时候,他无意中道出了同一种隐喻的存在。霍夫斯塔德(Richard Hofstadter)在讨论美国的进步社会思想时发现,思想家们都假定了"实体"是"隐藏的、被忽略的、处在台下位置的",这是一个类似的、有相同功效的观点。[12] 当人们使用这些隐喻的时候,最引人注目的见解会是那些声称能说明"台上"或"上层建筑"中的事物和事件如何源自从前看不到的经济、社会学或心理学上的条件的见解。这些见解

---

[12] Van Parijis, *Evolutionary Explanation in the Social Science*, 6; Stegmüller, *Wissenschaftliche Erklärung und Begründung*, 1. Kapitel, 2. b, "Erklärung und Begründung," 77; Richard Hofstadter, *The Age of Reform from Bryan to F. D. R.* (New York, 1969), 199-200. See also Lionel Trilling on, V. L. Parrington and Theodore Dreiser in "Reality in America", in his *The Liberal Imagination: Essays on Literature and Society* (New York, 1956), 3-21.

具有说明的特点,因为它是对"什么导致了它"这个问题的回答。⑬

经济基础/上层建筑一类的隐喻绝不是与知识的进步反向而行,只要这些隐喻能够继续产生新的观点,只要我们把它们试探性、限制性的特点牢记于心。但各个学科却倾向于僵化的自我满足。在一种语境中表达的方法论规则经常被不合时宜地应用于其他语境。各个阐释性框架亦常常被视为"事物本身"(*die Sache selbst*)。

我们来思考一下在逻辑实证主义中表现出来的对"说明"的偏好。尽管逻辑实证主义很久以前就已经让位于各种新实证主义和后实证主义,但有两个原因使得逻辑实证主义的阐述仍然重要。第一,这些阐述精确并强烈地表达了在别处表达得不那么清晰的概念;第二,许多非哲学家,包括一些历史学家,仍坚守着逻辑实证主义几十年前的格言警句,而且每当他们想要显得治学严谨、方法得当之时,就把它们拿出来炫耀一下。⑭

卡尔·亨普尔和保尔·奥本海姆(Paul Oppenheim)在他们那篇一度被广泛引用的论文《说明的逻辑研究》(1948)的开篇说道:"说明我们体验世界中的现象,回答'为什么'而不单是'是什么'这个问题,这是实证科学最重要的目标之一。"欧内斯特·内格尔

---

⑬ 我们似乎有理由认为,那些不太关注经济基础/上层建筑的比喻或者其他对不同可见程度的种种实在进行描述的比喻的人,也会不那么专注于说明的计划。一位社会科学方法论学者指出,马克斯·韦伯的大多数"理论"实际上都是"有关'历史范式'的概念性体系和描述"。参见 Jack P. Gibbs, *Sociological Theory Construction* (Hinsdale, IL., 1972), 16。众所周知,韦伯质疑经济基础/上层建筑这个比喻,而他的学术成就也更倾向于描述和解释而非说明。这二者之间很可能存在某种关联。

⑭ 在这一点上,最为严重的莫过于经济学,见 Donald N. McCloskey, *The Rhetoric of Economics* (Madison, WI, 1985), 7-8。但 J. 摩根·库塞尔 1987 年 5 月进行的一项调查显示,一种"非正式的实证主义"那时候依然在历史学家中广为流行,见 J. Morgan Kousser, "The State of Social Science History in the Late 1980s," *Historical Methods: A Journal of Quantitative and Interdisciplinary History* 22 (1989):12-20, at 14。

第四章　叙事与历史写作的四项任务

（Ernest Nagel）也曾以相似的口吻在《科学的结构》一书中提出："正是人们对于有系统的而且又能用实际证据来控制的说明的渴求，让科学得以产生；科学的独特目标也正是在说明的原则基础上对知识进行组织和分类。"最后一个例子有关于一些自认为"治学严谨"的历史学家的言论，出自一部想要为美国的社会科学史进行规划的著作——社会科学研究理事会《第64号公报》："真正的科学功用始于描述功能结束之处。科学功能不仅涉及发现并描述时间序列，而且还涉及对它们进行说明。"⑮

所有这些作者都没有否认"描述"也是实证科学的一部分；这种否认当然是反实证的。然而，出于同样的原因，他们全都认为："说明"——他们对"说明"的定义跟我在这里的定义是相同的——是"真正科学的功能"。既然**科学的**一词有巨大的修辞威信，我们没有别的选择，只能把这些言论视为偏好说明性的一些表现。

有两种错误的偏见支持了——并在一定程度上仍然支持着——这种偏好。一种是对普遍性的偏好；另一种是诠释学上的幼稚，或者对于完美感知力的信仰。

对普遍性的偏好将"说明"提升到"描述"之上，这是因为按逻辑实证主义的观点看，"描述"仅仅与特殊性相关，而说明被看作是可普遍应用的。逻辑实证主义的直接背景中有一种至今仍然很有影响的观点，那就是由威廉·文德尔班（Wilhelm Windelband）在1894年首次提出的"规范的"科学和"表意的"科学之间的对立。"规范的"科学关注的是探寻普遍的、永恒的法则，"表意的"

---

⑮ Carl G. Hempel and Paul Oppenheim, "Studies in the Logic of Explanation", in *Theories of Explanation*, ed. Joseph C. Pitt（Oxford, 1988）, 9. 关于此文的重要性，见 Ronald N. Giere, *Explaining Science: A Cognitive Approach*（Chicago, 1988）, 28；Ernest Nagel, *The Structure of Science: Problems in the Logic of Scientific Explanations*（New York, 1961）, 4；Social Science Research Council, Committee on Historiography, *The Social Sciences in Historical Study: A Report*, Bulletin 64（New York, 1954）, 86。

科学则专注于各个特定实体。⑯ 至少在原则上,文德尔班赋予规范的研究和表意的研究同等地位:在他看来,二者均为科学(*Wissenschaft*)。相反,实证主义者把科学的名称和地位局限于规范的研究之内,只包括那些能够或号称能够发现普遍规律的领域。

历史学家经常把"普遍规律"与其他种类的普遍概括混为一谈,因此他们有时不能完全理解那种认为只有能产生普遍规律的领域才是科学领域的观点所具有的影响力。历史学家所说的**普遍概括**通常指的是一种宽泛但同时又与具体历史语境相关的陈述。按照历史学家的语言,下面这种捏造的陈述可被认作一种普遍概括(这里我们暂且不管陈述正确与否):"在中世纪晚期和近代早期的欧洲,城镇和贸易发展使得封建主义让位于早期的资本主义。"在历史学家看来,"普遍概括的问题"通常是如何从碎片般和混乱不清的数据中提炼出如此宏大的论点。⑰ 但是,这种论点并非逻辑实证主义者和他们之前的文德尔班所说的普遍规律。在"规范的"科学中,理想的概括要**超越**特定时间和地点,就像我们可以在下面这段捏造的陈述中看到的一样:"**无论何时**,在封建制度下,一旦城镇和贸易开始发展(这里我们还可列举其他条件,并陈述它们之间的相互关联),**那么**封建主义就将让位于资本主义。"简言之,这种概括是规律(可公式化为"如果……那么"类型的陈述),也是理论上对此类规律的整合。

---

⑯ Wilhelm Windelband, "History and Natural Science," with an introductory note by Guy Oakes, *History and Theory* 19 (1980), 169-185 esp. 175. 另见 Georg G. Iggers, *The German Conception of History: The National Tradition of Historical Thought from Herder to the Present*, rev. ed. (Middletown, CT, 1983), 147-152。

⑰ 参见威廉·艾德洛特(William O. Aydelotte)的经典论文:"Notes on the Problem of Historical Generalization," in *Generalization in the Writing of History: A Report of the Committee on Historical Analysis*, by the Social Science Research Council, ed. Louis Gottschalk (Chicago, 1963), 145-177; reprinted in Aydelotte, *Quantification in History* (Reading, MA, 1971), 66-100。

第四章　叙事与历史写作的四项任务

人们经常把文德尔班对特殊性和普遍性的区分等同于"描述"和"说明"之间的区别。让我们看看下面这段文字，这是亨普尔1942年的著名论文《普遍规律在历史中的作用》的开篇段落：

> 一种流传相当广泛的看法认为，与各门所谓的自然科学截然不同，历史学关注的是对过去特定事件的描述，而不是对可能支配那些事件的普遍规律的探究。作为某些历史学家深感兴趣的那类问题的一种表征，这一观点也许不能被否认；作为对科学史研究中普遍规律的作用的一种表述，这种观点肯定是无法接受的。[18]

任何仔细读过这段话并能理解其中反讽意义的人都能看出，亨普尔实际上在此做了两件事。首先，他拒斥了文德尔班认为历史研究与历史写作应该由其"表意"性来定义的观点——换言之，历史应专注于个体，以区别于普遍性（即规律）。亨普尔承认，"某些历史学家"（我们应将此理解为"很不幸的是，几乎所有的历史学家"）对个体深感兴趣。作为一位出色的逻辑实证主义者，亨普尔认为这样的兴趣实际上没什么价值。在他看来，真正**重要**的是发现规律和提出理论，这与对个体的可靠"描述"之间的关系，犹如性爱前戏与性爱本身之间的关系一样。其次，亨普尔把"描述"与个体联系起来。亨普尔的这两个举措相当于在深层次上降低了"描述"的地位，但亨普尔似乎认为这种降低有足够的隐含依据，因而无须任何明确的辩护。

为什么是这样呢？我们还是回到上文两个捏造出来的关于从封建主义到资本主义转型的陈述上来。先看第一个陈述："在中世纪晚期和近代早期的欧洲，城镇和贸易发展使得封建主义让位

---

[18] Hempel, "Function of General Laws in History," 344-345. 此处参考黄爱华的译文，见张文杰编：《历史的话语》，广西师范大学出版社，2002年，第311页及以下。——译者

于早期的资本主义。"这个陈述既有"是什么"的成分,又有"为什么"的成分。显然,这个陈述是描述性的,它回答了一个"是什么"的问题,因为它告诉读者,在中世纪晚期和近代早期的欧洲,情况是怎样的(抑或告诉读者情况据说是怎样的):城镇和贸易发展,封建主义让位,资本主义开始。这个陈述同时又是说明性的,因为它给出的叙述也说明了是什么导致了封建主义向资本主义转型:这种转型之所以发生是因为城镇和贸易的发展。

更准确地说,这个陈述**宣称**对过去的某些事件提供了一种"描述"和"说明"。我说这个陈述"宣称"做到了这点,是因为它没有给出任何能够让我们相信它的依据。例如,它没有给出任何证据或论述来让我们相信正是城镇和贸易的发展导致了资本主义萌芽。诚然,上面这个陈述很可能会出现于历史教科书中,这种教科书几乎不大可能提供有力的论据。然而,关心认识论的读者要求,没有依据的观点一定要(通过证据和论述)是**能够证明为合理的**,尽管在特定的历史著作中可能会有缺乏证据和论述的理由。历史学家应能为他/她作出的历史主张提供证据和论证,并且是以一种特定的方式,而非只是以含混的、似是而非的方式做到这一点。

我们还要注意到,说明性的主张与描述性的主张需要的依据有所不同。任何涉及因果关系的主张——也就是说,任何有关"是什么"导致了某某事态的观点——**必须**包含反事实的推理,这点我会在下文及第七章详述(尽管我这里的论点对仔细考虑过这个问题的人来说几乎毫无争议可言)。考虑过正反两方的详述后,人们大概会同意:封建主义让位于资本主义"源起于"城镇和贸易发展的这种观点的确是对的。

现在让我们来看看第二个陈述:"无论何时,在封建制度下,一旦城镇和贸易开始发展……那么封建主义就将让位于资本主义。"这个陈述与前一个陈述很不一样,因为它没有"描述"任何具

第四章　叙事与历史写作的四项任务

体的事实。相反,它陈述了一个普遍观点、一个理论上的观点。与之相关的只是一些概念:封建主义、发展、城镇、资本主义。当我们将其应用到某个特定现实中的时候——比如用在14世纪的欧洲或20世纪的某个穷乡僻壤——它会有一种说明的功效,至少若读者接受其中的规律为真,并同意其中的概念适用于这些事实的话。"为什么20世纪的某些穷乡僻壤会发生封建主义向资本主义转型?哦,这是因为无论何时……"这样我们就有了一种可适用于多处并可以普遍化的说明形式,但"描述"不可能有这种功能。

　　在偏好普遍性的情况下,说明就会被赋予比"描述"更高的价值。在哲学和社会科学领域,人们普遍认为,只有具有普遍性和共性的知识(不同于地方性和特性的知识)才是真正的科学;所有其他知识都是次等的。对普遍性的偏好可以追溯到古希腊思想,追溯到柏拉图和(对科学更具影响力的)亚里士多德。在《形而上学》和其他著作中,亚里士多德提出普遍性的知识是知识的最高形式。[19] 在《诗学》中,他专门提到这一点对史学的含义,并说道:"诗歌要比历史更为哲学化,并有更重大的意义,因为诗歌的陈述从根本上讲是普遍性的,而历史的陈述是关乎个体的。"[20]在现代世界,对普遍性的信念仍然存在,尽管这种信念更直接来自于休谟和康德,而非亚里士多德。普遍性知识仅限于数学和自然科

---

[19] Aristotle, *Metaphysics*, trans. W. D. Ross, 982a20-25, in *Complete Works*, ed. Jonathan Barnes, 2 vols. (Princeton, NJ, 1984), 2:1554;有关希腊思想中"对类属的注重",参见 Windelband, "History and Natural Science," 181。我们应当注意到亚里士多德的思想还有另一面,它在《伦理学》与《修辞学》当中都有表现,他将重点放在(道德判断或劝说的)具体事例上。见 Stephen Toulmin, "The Recovery of Practical Philosophy," *American Scholar* 57 (1988), 337-352, at 339 and throughout。但现代主义思想并不看重伦理—修辞这一脉络。

[20] Aristotle, *Poetics*, trans. Ingram Bywater, 1451a6-7, "*Rhetoric*" and "*Poetics*," with an introduction by Edward P. J. Corbett (New York, 1984), 235.

学——还有社会科学,只要它遵循以此方式表现出的自然科学模式,诗歌已不再属于普遍知识之列。[21]

将说明置于"描述"之上的第一个错误原因是对普遍性的偏好。第二个原因在于诠释学上的幼稚,它不但没有提高说明的地位,反而降低了"描述"的地位。我所说的诠释学上的幼稚指的是这样一种错误,即认为历史叙述似乎是一种"不知从何处冒出来的观点",而非一种源自某个特定解释角度的观点(历史叙述毫无疑问正是这样的)。现代主义的学术文化,特别是当其自称有科学权威的时候,很容易压制解释的维度。众所周知,马克思和弗洛伊德都有这种倾向,但这个问题不仅仅出在这两位学者身上。逻辑实证主义再一次为一种普遍观点提供了非常清晰的表述。想一想亨普尔的文章《普遍规律在历史中的作用》。读过亨普尔这篇著名论文的历史学家都会记得其中关键的例子——汽车水箱的破裂。亨普尔为该事件提出了一个演绎推理式的解释,基于一定的初始和边界条件(例如水箱金属的破裂压力、晚上的气温等),及一定的物理规律(例如水结冰的规律),我们可以推理出汽车水箱破裂的原因。当然,对初始和边界条件的陈述构成了一种"描述"。具有讽刺意味的是,在论文的结尾处,亨普尔得出了几乎是库恩式的结论:他认为没有理由将"纯粹的描述"与"假设概括和理论建构"分离开来。如此说来,每种"描述"都已经由"理论"贯穿,正如在托马斯·库恩对科学的认识中事实都由范式贯穿一样。然而,在汽车水箱这个例子

---

[21] 有关现代思想中的普遍性观念,可参见 Max Weber, "A Critique of Eduard Meyer's Methodological Views," in *The Methodology of the Social Sciences*, trans. Edward A. Shills and Henry A. Finch (Glencoe, IL, 1949), 163, n. 30; Stanley Rosen, *Hermeneutics as Politics* (New York, 1987), esp. 45, 95; Richard W. Miller, *Fact and Method: Explanation, Confirmation and Reality in the Natural and the Social Sciences* (Princeton, NJ, 1987), 3-4。

第四章 叙事与历史写作的四项任务

中,亨普尔并没有考虑到他自己的结论。相反,在他的论述中就好像还可能有"纯粹的描述"一样。[22]

诠释学上的幼稚又与一种认为"描述"本身没有意义的观念交织在一起。如果不考虑诠释学维度的话,"描述"就被简化成数据积累。在这一点上,实证主义的立场会被大多数历史学家认为是错误的。然而,即使是那些有点老练的历史学家,也仍倾向于低估这种认为所有认知都是从一定角度出发的诠释学观点所具有的效力和范围。理查德·伯恩斯坦(Richard J. Bernstein)对所谓的"诠释学循环"的观念做了有意义(如果说是简要)的区分,将它分为前海德格尔的"诠释学循环"观与后海德格尔的"诠释学循环"观。在许多权威性特性描述中,该循环存在于研究者想要理解的现实的部分与整体之间。例如,历史学家或文本批评家参照整个文本才会理解文本中某个句子。但从更为宽泛的、后海德格尔的意义上来说,该循环存在于研究者与所考察的事物之间。研究者的传统、信念、兴趣和希望促使他去进行研究,而这些因素都会影响到他所能发现的。反之,历史研究和历史写作的过程会改变研究者与受众——至少当研究非常重要的时候,它会改变他们。[23]要正确认识研究的阐释侧面,我们就必须反思,找出研究者的观点是如何进入研究本身的。长期以来历史写作传统坚持认为,一位客观的叙事者在过去的真实面前会假装沉默,这种传统让人们缺

---

[22] Hempel,"Function of General Laws in History,",356;比较 Thomas S. Kuhn,*The Structure of Scientific Revolutions*,2nd ed.(Chicago,1962)。

[23] Richard J. Bernstein, *Beyond Objectivism and Relativism: Science, Hermeneutics, and Praxis* (Philadelphia, 1983),135-136.

乏自省的敏感。㉔ 它正好符合贬低"描述"的计划,而正如我们将在有关布罗代尔的名著《菲利普二世时代的地中海和地中海世界》的讨论中看到的那样,该计划比无诠释性意识的视角所承认的要复杂和有趣得多。

读者肯定注意到,我一直把**描述**一词置于引号之中,而引号在思考中就相当于橡胶手套。遗憾的是,这个词与"**纯粹**描述"的概念几乎不可分割——与它打算要命名的贬低计划不可分割。这个计划回答了"情况是**什么**"这个问题,而不是回答"**为什么**情况是这样"(或者"是什么**导致了**它发生")这个带有说明特征的问题。鉴于历史叙述可以从无数种视角来撰写,这两种计划都包含了无限多的困境和可能性。㉕

相应地,我们也就需要一个不那么令人联想到对某种外在模式的简单复制的术语。我倾向于用**讲述**(recounting)一词作替代术语,来指代对问题"情况是什么"的回答。这个词与法语中的raconter(叙述)一词相关,它鼓励我们效仿讲故事的方式来回答这种问题——在这种情形下,这是一个其真实性我们会通过不同论证、文献和其他方式来证实的故事。显然,讲故事的方法不止一种;由于同样的原因,建构或重建历史过去的方式也多种多样。讲述一词能让我们充分认识到:"描述"并非是**真正的**解释工作的一个中立预备阶段,也不是简单的数据积累。它帮助我们认识到:我

㉔ 见 Robert Finlay, "The Refashioning of Martin Guerre," and Natalie Davis, "On the Lame," *American Historical Review* 93 (1988):553-571,572-603。这两篇论文针对历史学家需要认真对待史学著作中表现出来的不同声音和态度的问题进行了论战。即使是熟悉解释学传统的历史学家也经常对自省的意义有所抵触。例如,昆廷·斯金纳(Quentin Skinner)显然无意识地将后海德格尔诠释学简化为前海德格尔诠释学,见他的文章 "Hermeneutics and the Role of History," *New Literary History* 7 (1975-76):209-332。

㉕ 同样的复杂因素也出现在那个进一步论证或者辩护的问题中:作为作者和读者,我们有什么理由相信情况是这样或那样的,相信之所以如此的原因是这个或那个? 在此我暂时不讨论这个辩护性问题,但读者可参见第六章有关这一话题的案例分析。

第四章 叙事与历史写作的四项任务

们无法抛开特定历史著作的目的和受众,孤立地赋予描述和说明以不同的重要性。

那些未意识到讲述的重要性的人(通常或多或少无意识地)采取两种相关立场中的一种。要么,他们在坚持区分描述和说明的同时,把描述看成是乏味无趣的(就像它被看作科学知识的一个简单预备阶段时那样);要么,他们将描述与说明混为一谈,但是其方式是把描述重新阐释为仅仅是说明而已。这两种立场都把讲述排除在有价值的知识圈之外。

对讲述的贬低是与有关叙事及其效用的问题密切相关的。叙事糅合了描述和说明。对说明的偏好以及与此有关的对普遍性的偏好带来的后果之一就是,人们不仅贬低了"描述",而且也贬低了叙事。过去 30 年里闻名遐迩的"叙事复兴",就一直在与那种怀疑叙事**本身**有认识论上的缺陷的做法做斗争。劳伦斯·斯通(Lawrence Stone)在 1979 年的一篇论文中曾说道,叙事"处理的是特定和具体的事物,而不是集体和统计上的事物"。在这个(我们已说过是错误的)断言中,他似乎是受了一种令人不安的观点的驱使,后者认为,叙事无法像法律和理论形式的说明所承诺的那样,做到理论上的普遍性,而正是这后一点会让说明成为科学性的。因此,叙事的所谓复兴一直被笼罩在这种对叙事根深蒂固的偏见的阴影之下。㉖

通过弗朗索瓦·弗雷(François Furet)的阐述,我们能够看清这些观点的可疑性。弗雷因为种种与上文提到的哲学性和社会科学性偏见密切相关的原因,摒弃了描述和叙事。在最初发表于

㉖ Lawrence Stone, "The Revival of Narrative: Reflections on a New Old History," *Past and Present* 85 (November 1979):3-24, at 3-4 (reprinted in Stone, *The Past and the Present* [Boston, 1981], 74-96). 当然,即使是"集体和统计上的"也无法上升到普遍性的高度。"集体和统计上的"本身就是"个体的、具体的"。是为了**什么**而收集?统计数据又是关于**什么**?

1975年的《从叙事史到以问题为导向的历史》一文中,弗雷翔实记载了一种新型的、分析性、概念性、"以问题为导向"的历史写作的兴起,并声称"叙事史学很可能最终走向衰落"。㉗他赞同这些发展趋势,因为他认为叙事在逻辑上和认识论上是不完美的:"叙事特有的逻辑——在此之后,所以就因此发生(posthoc, ergo propterhoc)——并不比同样传统的那种从个体中进行归纳概括的方法更适合这种新类型的历史。"㉘诚然,弗雷在这里表现为一个**省悟的**实证主义者,因为他否认叙事史学向"以问题为导向的历史"的转型足以把史学带入"可证的科学领域"。他表示,这个目标基本上无法实现,但至少这种转型让史学更接近该目标。㉙

弗雷对叙事特点的阐述在多大程度上符合现实呢?这里有两点值得我们考虑。首先,像斯通一样,弗雷提到了叙事对个体的所谓偏好,但与斯通不同,弗雷通过把这种偏好联系到不完善概括这种实证性错误上,明确表示这种偏好是负面的。然而,弗雷的陈述仍然模棱两可,因为他并没有确切地说(尽管他的文字看起来表明)叙事和个体概括对彼此而言有某种特殊的吸引力。

弗雷的另一个观点要清楚得多,即叙事遵循的是**在此之后,所以就因此发生**的(非)逻辑。其他一些著者也提出过相同的观

㉗ Francois Furet, "From Narrative History to Problem-oriented History," in his *In the Workshop of History*, trans. Jonathan Mandelbaum (Chicago, 1982), 54-67, at 56.

㉘ Furet, "From Narrative History to Problem-oriented History," 53. 另见 *In the Workshop of History* 的导论,第8页:"传统历史解释遵循的是叙事逻辑,前面发生的就说明了后面的一切。"

㉙ 有关该目标的无法实现性,见 Furet, "From Narrative History to Problem-oriented History," 66-67。弗雷偏好以问题为导向的历史,有关这一点与对普遍性偏好之间的联系,见 *In the Workshop of History*, 6-7;(新史学作为"一种知识形式",变得可以适用于任何的和所有的社会)。另见"From Narrative History to Problem-oriented History," 60。历史人口统计学将"历史个体"转化成"可以互换、可以度量的单位",这也表明了在弗雷的思想中有可普遍化的标准。

点——包括文学理论家罗兰·巴特,他的一些有关叙事的所谓谬误性的简要评论有助于解释弗雷那相当简短的陈述。巴特在一篇颇具影响的文章《叙事的结构分析导论》(1966)中曾指出,叙事的特点是"逻辑和时间性的'叠缩'","所有一切都表明……叙事的主动力正是将时间顺序与结构混淆,**后来**发生了什么就在叙事中被解读成什么是由此**引发**的:在这种情况下,叙事就是系统地把经院哲学在'**在此之后,所以就因此发生**'这个表述中公开指责的那个逻辑错误加以应用"。㉚ 尽管巴特的陈述初读起来有些让人迷惑,但其基本观点很简单。巴特认为,叙事是人们宣称过的一系列原因和结果。简言之,他对叙事所做的断言与我们在上文讨论过的本森和卡尔对历史写作所做的断言是一样的。由于同样的原因,他认为叙事基本上是说明性的。

另一种对叙事的因果性/说明性的理解来自于美国哲学家莫顿·怀特(Morton White)的著作。怀特在《历史知识的基础》(1966)一书中提出:"叙事主要由一些单独的说明性陈述构成";而历史就是"把种种陈述合乎逻辑地联合起来,这些陈述大多是单独的因果断言"。怀特将历史与编年史区分开来,后者是"非因果性的单独陈述的联合"。其后,他又明确承认历史可以包含编年史的因素但同时依然是历史,他这种做法就把情况复杂化了:这也是为什么历史叙事仅仅"主要是"因果性的或说明性的。㉛ 然

㉚ Roland Barthes,"Introduction to the Structural Analysis of Narratives," in *Image, Music, Text*, trans. Stephen Heath (New York,1977),79-124. 巴特的陈述是对亚里士多德在《诗学》中所表达的观点的强化,见《诗学》1452a20,"**因何**发生与**在其之后**发生之间有巨大差异"。除了弗朗索瓦·弗雷之外,把叙事与**在此之后,所以就因此发生**这种逻辑联系起来的历史学家还有 Lawrence Stone,*Social Change and Revolution in England, 1540-1640* (London, 1965),xxii,以及 Charles Tilly,*As Sociology Meets History* (New York,1981),90。

㉛ Morton White,*Foundations of Historical Knowledge* (New York, 1965),esp. 4,14,222-225, at 4,223,222。

而，他没有继续考虑编年史的存在可能对历史叙事的结构产生何种影响。他含蓄地将编年史看作**只是**编年史而已，正像历史"描述"很容易被看成"纯粹描述"一样。历史本身是因果性/说明性的。

巴特和弗雷对这一观念的表述很容易得到实证的检验，因为它对我们称之为叙事的这种现存事物做了清楚的陈述。巴特指出，叙事混淆了"时间顺序"和"结果"，让我们认为在 X "之后"发生的任何事情都是由 X "**导致的**"。如果叙事确实是一连串陈述呈现的原因和结果，那么巴特的这个观点就会成立，如 A 导致了 B，B 又导致了 C，C 又导致了 D 等等。如果叙事真的引发读者将时间顺序等同于结果，把**在某某之后**等同于**因为某某**，那么叙事也就具有一连串原因和结果的功能。而且，如果是这样的话，仅在说明的范畴上，叙事就可以得到完全理解。反过来说，如果我们发现这种**在此之后，所以就因此发生**的谬误在实际叙事中并不突出的话，这就表明的确有必要关注叙事中的种种非说明性因素，这些因素也是讲述/说明这一区分所鼓励的。

实际上，在叙事中因果—时间（causal-temporal）混淆的例子是很难找到的。诚然，在一个也许让我们料想不到的叙事领域也就是电影中，巴特的观点对我们很有启发，因为它能解释电影观众如何理解电影里的动作。当一个镜头展示了一个人用枪瞄准之后开火，而下一个镜头展示另一个人倒在地上一动不动，那么在正常情况下，有经验的观众会认为第二个人不仅是在第一个人开枪之后倒下的，而且是因为枪击才倒下的。但电影在某种意义上是特殊的叙事，因为通常没有叙事者的声音来给我们讲述故事；相反，电影假装要**展示**（show）这个故事。因此，电影的前后一致性很大程

第四章 叙事与历史写作的四项任务

度上要依靠观众自己推论出的因果联系。㉜ 在书面小说中,如果没有某种叙事者——或许出于文体上对并列结构的注重,作者们更愿意暗示因果关系而不是直接表达出来——就很难发现因果—时间混淆的例子。㉝ 因此,小说让我们清楚认识到,因果—时间的混淆并非小说叙事的根本组成部分,而是叙事者采用具体叙事风格的结果。至于历史写作,我们可以清楚地表明,与弗雷所说的相反,因果—时间的混淆并非缘于叙事行为本身,而是缘于论述或证明的疏忽。在这里,论述或证明是除了讲述和说明之外历史叙述的第三个侧面(也是历史写作的第三项任务)。

总之,**在此之后,所以就因此发生**的错误是历史学家在认识论—方法论上的过失导致的,而不是叙事固有的问题导致的。我们来考虑一下下面这段文字,它们出自罗森博格(Nathan Rosenberg)与伯泽尔(L. E. Birdzell, Jr.)合著的《西方致富之路》:"不难想见,一些商业公司是由那些在战争中或者海上建立起相互信任的志趣相投之人组建起来的,因为这种事在我们自己的时代也多有发生(例如,二十多岁时参加过美国内战的那一代美国人,在四十多岁时创建了并非基于亲缘关系的企业典范,也就是现代工业公司)。"㉞ 在括号里的句子中,罗森博格和伯泽尔似乎陈述的是两件互不相干的事。他们直接告诉读者,现代工业公司的创建紧

㉜ 正如西摩·查特曼(Seymour Chatman)所说:"电影要表现出特性或关系,就需要特殊的努力。"参见"What Novels Can Do That Films Can't (and Vice Versa)", in *On Narrative*, ed. W. J. T. Mitchell (Chicago, 1981),117-136,at 124。

㉝ 比如:"几周来他不断吸烟,他的舌尖只要碰到牙龈,就会出血。" J. D. Salinger, "For Esmé-With Love and Squalor," in *Nine Stories* (New York, 1983),104。请注意其中的"困惑"是很不稳定的:只要加上一个"因为"("因为几周来他不断吸烟")就足以消除它。有关并列式(不说明等级和关系)与从属式(说明等级和关系)之间的区别,参见 Richard A. Lanham, *Analyzing Prose* (New York, 1983),33-52。

㉞ Nathan Rosenberg and L. E. Birdzell Jr. ,*How the West Grew Rich: The Economic Transformation of the Industrial World* (New York, 1986),125。

随着美国内战经历。一般读者很可能认为,这种借用论断来传递暗示的做法并没什么问题。但经过严格训练的职业历史学家看到这种做法时,很可能持怀疑态度,并要求提供证据。例如,那些创建现代工业公司的人中有多少人确实参加过美国内战?他们的内战经历和20年后他们创建公司之间有多大的联系?还有什么其他因素促使公司的发展?这段文字中的因果—时间混淆与叙事的"特殊逻辑"没有任何关系。这个混淆原因在于作者没有遵循职业历史写作中不成文的规定,即要避免模棱两可的观点。我们在这里看到的是论述上的疏忽,而非叙事内在属性的表现。

总而言之,叙事本身并不是把**在此之后,所以就因此发生**的谬误用科学上不体面的方法加以运用。㉟ 这并不令人奇怪。真正令人奇怪的是,这种我们阅读过任何优秀叙事史家——如修昔底德的著作——之后都会驳斥的观点,居然一直未遭到严峻的挑战。也许这也表明了人们多么偏好说明。社会学家亚瑟·斯廷奇科姆指出:"当职业语调(接替颂扬和贬斥的语调……)开始主宰历史,通常语言学上的影响就是要让叙事**看上去**具有因果关系。"㊱既然我们的结论是叙事不仅仅是因果断言,那么我们就必须考虑叙事中还有其他何种因素。

㉟ 在我分析完弗雷那种观点(即历史叙事遵循"在此之后,所以就因此发生"的逻辑)之后,我发现哲学家德雷(W. H. Dray)也为这一点和其他几点批评了弗雷。参见 W. H. Dray, "Narrative versus Analysis in History," in *Rationality, Relativism and the Human Sciences*, ed. J. Margolis, M. Krausz, and R. M. Burian (Dordrecht, 1986), 23-42, at 26ff.

㊱ Arthur Stinchcombe, *Theoretical Methods in Social History* (New York, 1978), 13. 当然,正如我前面的论述清楚表明的那样,语调只是故事的一部分。在更广泛的意义上,偏好说明源自一种对科学的特定观点,源自特定隐喻,源自社会科学中对实际目标的关注,或许也源自其他影响。历史写作并非是脱离其他知识行为和社会行为而独立存在的。

叙事与布罗代尔的《地中海》

弗雷试图否认叙事历史是知识生产的一种合法形式，他的这种努力与叙事历史和“以问题为导向的历史”之间的区分密切相关。然而，弗雷并不是最早做出这个区分的人：布罗代尔在1949年首先提出了这一区分，与其《菲利普二世时代的地中海和地中海世界》第一版的面世同年。在叙事历史和“以问题为导向的历史”的区分中，受到威胁的是一种长期笼罩在法国所谓年鉴学派历史学家们头上的科学神话（我在第十章有详述）。布罗代尔在评论于连（Charles-André Julien）《发现之旅》一书时，阐述了**叙事史**（*histoire-récit*）和**问题史**（*histoire-problème*）之间的差别：前者“经常隐藏种种经济、社会和文化事实的背景”；后者“超越事件和人物向纵深发展（*plonge plus loin*），是一种要放在明确提出的一个实在问题或一系列实在问题的框架当中去理解的历史，而且其后所有的内容都要置于这些问题之下，这种历史让我们感受到讲述（*raconter*）或复活过去的快乐，使我们体会到让伟大逝者重生的欢欣”。㊲ 我们该如何描述布罗代尔推荐的这种问题史学的特征呢？赫克斯特（J. H. Hexter）在一篇诙谐地嘲讽布罗代尔的文章中给出了答案。赫克斯特准确地将问题史学定义为历史学家头脑中最重视的问题是“为什么”——在“是什么导致了它”这个意义上——的史学。简言之，问题史学就是寻求说明的史学。赫克斯特还举了埃德蒙·摩根（Edmund Morgan）的文章《詹姆斯敦的劳

㊲ Fernand Braudel, “La double Faillite ‘coloniale’ de la France aux XV et XVI siècles” (review of Charles-André Julien, *Les Voyages de découverte et les premiers établissements, XVe et XVIe siècles* [Paris, 1948]), *Annales: économies, Sociétés, Civilisations* 4 (1949): 451-456, at 452, 453.

动力问题,1607—1618》作为问题史学的一个例子,这篇文章旨在回答这样一个问题:在一个到1611年时已经处于灭绝边缘的殖民地上,为何居民"每天还在尽情享乐,在打保龄球",而不是去种植他们需要赖以维生的庄稼?㊳

赫克斯特不得不从摩根那里找例子,来说明问题史学所问的那种问题,因为《地中海》并不是以问题为导向的历史。

首先,该书并未提出任何单一的、统揽全书的因果问题。例如,书中没有问"是什么使'地中海世界'得以形成?"当然,只要想一想这个问题,我们就能意识到它回答起来会有多难。有没有更具体一点的因果问题呢?赫克斯特引了三个例子:"为什么到16世纪末期地中海匪徒猖獗?""大批叛教的基督徒去为土耳其和北非诸国服务的原因是什么?""为什么西班牙人最终能够赶走摩尔人?"㊴书中还有许多其他类似的问题,但从整部著作——英译本长达1375页——来看,它们扮演的角色相对来说不那么重要。它们时隐时现。我们可能读了好几页——甚至,有时要读十几页或者更多——也不会碰到作者回答(甚或提出)一个"为什么"的问题。之后会出现一个问题,也许还有答案。但我们感觉不到给出的抑或只是要求给出的说明会以任何方式决定整部著作的状态。这些说明似乎被镶嵌在一种更大的、非说明性的事物中。例如,第一部分第一章的前三节在英译本中长达60页,而我发现其中只有三处清楚地提出了需要说明的问题。㊵虽然布罗代尔在书中其他

㊳ J. H. Hexter,"Fernand Braudel and the Monde Braudellien⋯," *Journal of Modern History* 44 (1972):480-539,at 535-38;discussing Edmund S. Morgan,"The Labor Problem at Jamestown, 1607-1618," *American Historical Review* 76(1971):595-611.

㊴ Hexter,"Fernand Braudel and the Monde Braudellien,"535.

㊵ Fernand Braudel, *The Mediterranean and the Mediterranean World in the Age of Philip II*, trans. Siân Reynolds,2 vols. (New York, 1966),1:77,82,83. 后面引用的页码将在括号中给出。

第四章　叙事与历史写作的四项任务

部分更为频繁地提出了此类问题,但前几节并非明显的例外。[41]

其次,我们关注的不仅仅是布罗代尔的说明的间歇性,而且也是他提供的说明的范围。我在上文已指出,说明与垂直隐喻之间具有相似性。这些隐喻显然也存在于布罗代尔提出的三个历史层面的构想中:表面的、变化迅速的、易于观察的事件层面(event);更为深层的、变化缓慢的情势层面(conjuncture);以及最深层的地理历史或结构层面(geohistorical or structural),这一层面几乎没有任何变化,它对人类历史的影响也很容易被忽视。[42] 另外,他接受了这种构想带给历史学家的挑战,通过将一个层面与另一个层面联系起来给出说明。他对这个目标所做的最明确的陈述,出现于第二版前言的末尾(第1卷,第16页)。他在对于连的评论中也提到了这个目标。但是,正如每一位认真评论过《地中海》一书的人都注意到的那样,布罗代尔并未把三个层面联系起来。赫克斯特指出,问题史学为"如何联结事件、情势和结构这三个层次"的问题做出了回答。[43] 但这种回答并不为人们所接受——以至于社会学家克劳德·勒夫(Claude Lefort)在1952年评论《地中海》时,提

---

[41] 在这里我要对术语进行说明。布罗代尔频繁地使用了"说明"一词,但他的意思是更为宽泛的"阐明"。在《菲利普二世时代的地中海和地中海世界》(*La Méditerranée et le monde méditerranén A l'époque de Philippe II*, Paris, 1949)一书第307页,他明确地将说明(expliquer)和阐明(eclairer)联系起来(第二部导论中的这段文字在第二版中被删除了)。因此,布罗代尔使用"说明"一词的时候,他的意思并不总是我们在本章中所指的意思。"说明"在布罗代尔书中意指"阐明",而没有任何因果论含义,一个这样的例子是《地中海》第一版的前言:"本书分为三个部分,每一部分自成整体,单独阐明一个问题"(第1卷,第20页)。

[42] 正如金塞尔(Samuel Kinser)指出的那样(见"Annaliste Paradigm? The Geohistorical Structuralism of Fernand Braudel", *American Historical Review* 86 [1981]:63-105, at 83 and elsewhere),在第二版《地中海》中,布罗代尔对第一和第二个层面的特征阐述作了一定修改。布罗代尔本人也没有坚持历史中的这三个层面。但这些不一致的情况并不影响我这里的论点。

[43] Hexter, "Fernand Braudel and the *Monde Braudellien*," 535.

到这部著作里有一种"对因果关系的恐惧":"对因果关系的谴责让布罗代尔只能使用点绘法(pointillism),而后者似乎与这部著作的社会学精神背道而驰"。㊹

布罗代尔本人似乎也意识到《地中海》一书并不符合他提出的**问题史学**模式。在重新为第二版第三部分所写的导论中,他提出:近期的研究使历史学家有可能从"两种已确立的链锁",即经济事件和情势的链锁以及政治事件的链锁中,选择一个用以重建过去。一部完全说明性的历史很可能会将一种链锁简化成另一种链锁。但他又接着断言:"对我们来说,永远将有两个链锁——而不是一个。"(第 2 卷,第 902 页)在同一篇导论中,他提到"历史的基础"是地理学,紧接着又表示,"永远可翻转的沙漏的隐喻"会是这项工作的一个"恰当的形象"(第 2 卷,第 903 页)。简言之,他自己解构了伴随着他那**问题史学**概念的垂直性隐喻。

如果《地中海》不属于**问题史学**的专业体裁,那么它应该属于哪种体裁呢?赫克斯特本人也效法布罗代尔(第 2 卷,第 1238 页),提出该书是"总体"(total)或"整体"(global)的历史。㊺ 这种描述还需详加解释。在另外一篇评价布罗代尔著作的重要文献中,汉斯·凯尔纳指出,《地中海》的总体愿望(必然是实现不了的)使我们觉得应将这部著作看成一种"解剖"(anatomy)或"梅尼普斯式讽刺"(Menippean satire)。诺思罗普·弗莱(Northrop Frye)在他对这种文学形式(最著名的代表也许是罗伯顿·伯顿[Robert Burton]的《忧郁的解剖》[Anatomy of Melancholy]一书)所

㊹ Claude Lefort, "Histoire et sociologie dans l'oeuvre de Fernand Braudel," *Cahiers internationaux de sociologie* 13(1952):122-31, at 124. 有关布罗代尔的三个层面没有联系起来的观点,又见 Bernard Bailyn, "Braudel's Geohistory-A Reconsideration," *Journal of Economic History* 11 (1951):277-282, at 279; and H. Stuart Hughes, *The Obstructed Path: French Social Thought in the Years of Desperation* (New York, 1968), 58-59。

㊺ Hexter, "Fernand Braudel and the *Monde Braudellien*," 530; see also 511。

第四章 叙事与历史写作的四项任务

做的权威的——也是自省的——描述中,提出了它最为引人注目的几个特征:它进行的是"解剖或分析";它"结构松散";它表现出"强烈的错位";它通过"堆积大量的学问"很容易变成一种"百科全书式的大杂烩","喜鹊式的收集事实的本能与这种大杂烩并非毫不相关"。⁴⁶ 即使是只粗略翻阅过《地中海》的读者,对这一点也会有所认同。但是正如弗莱也指出的那样,这种解剖是"一种结构松散的**叙事**形式",它表现出"与传统**叙事**逻辑的强烈错位"。⁴⁷ 简言之,《地中海》是一部叙事史的著作。

如果说《地中海》通常并不被看作叙事的话,那也不恰当。然而,这是因为**叙事**通常被理解为"将材料以时间先后顺序组织起来"(引用劳伦斯·斯通的话)。⁴⁸ 斯通的理解遵循了一个历史悠久的传统。他对叙事的定义源自亚里士多德的《诗学》。在《诗学》一书中,亚里士多德将情节(*muthos*)而非其他因素视为构成一部悲剧的首要因素。⁴⁹ 但如果我们按通常意义将"情节"理解为一部作品中的一系列行为,那么情节这一概念就仅仅关注了叙事的一个方面。"行为"暗含了主体,同时也暗含了行为发生的背景。相应地,如果把"时间上的先后顺序"作为叙事的根本特征,那就是武断地排除了其他因素。的确,"传统"史学倾向于关注行为,结果历史也经常被认为是种种行为的故事——即**对已做之事的描述**(*historia rerum gestarum*)。但我们不应该用叙事的一个侧面来

---

⑯ Hans Kellner, "Disorderly Conduct: Braudel's Mediterranean Satire (A Review of Reviews)", 18(1979):197-222, reprinted in Kellner, *Language and Historical Representation: Getting the Story Crooked* (Madison, WI, 1989), 153-187; Northrop Frye, *Anatomy of Criticism: Four Essays* (Princeton, NJ, 1957), 308-314.

⑰ Frye, *Anatomy of Criticism*, 309, 310.

⑱ Stone, "Revival of Narrative," 3.

⑲ Aristotle, *Poetics*, 1450a2-17, in Aristotle, "*Rhetoric*" and "*Poetics*," 231. 虽然严格地说,《诗学》讨论的是戏剧而非叙事(即舞台上的表述,而非讲故事),但其影响力却远远超越了这些区别。

定义整个叙事。

一个多世纪以前,亨利·詹姆斯(Henry James)质疑了"人物小说和事件小说之间的老套区分"。⁵⁰ 这两种极致之间的差别只是程度上的,而不是类别上的。我们可以想象一个连续统一体,从一些快速发展的事件情节(比如像警察类电视连续剧中的那样)到比如詹姆斯的小说。但事件和人物之间的区分还需作进一步细分。叙事理论家西摩·查特曼以俄国形式主义传统为基础,区分了行为(action,由一个主体来执行)与发生之事(happening,对人物产生影响)。我们还需进一步区分人物(character,做出行为的)和场景(setting,发生影响的)。这四个因素之间的互动就产生了叙事。其中两个因素(行为和发生之事)**发生**;另两个因素(人物和场景)只是**存在**。前两者我们可以称之为**事件**(events);后两者(我们可以造一个词)称之为**存在物**(existents)。(当然,存在物也能够产生,但这并未否定存在物的产生与存在物本身之间的区分,存在物的产生属于事件范畴。)无论强调四个因素中的哪一个都必定会限制我们对其他因素的关注。我们可以用下面的公式来表达这个观念:

$$(AH) \times (CS) = k$$

(行为乘以发生之事[即"事件"]乘以人物乘以场景[即"存在物"]等于一个常量。)⑤ 坚持把叙事历史等同于行为和事件如果不

---

⑤ Henry James, "The Art of Fiction" (1884, 1888), in *The Art of Criticism: Henry James on the Theory and the Practice of Fiction*, eds. William Veeder and Susan M. Griffin (Chicago, 1986), 174.

⑤ 见 Seymour Chatman, *Story and Discourse: Narrative Structure in Fiction and Film* (Ithaca, NY, 1978), 19, 32, 44-45, 96-145. 我的公式是对马丁(Wallace Martin)提出的一个公式的扩展,参见其著作: *Recent Theories of Narrative* (Ithaca, NY, 1986), 117-118. 马丁的公式又是受热奈特颇为不同的公式的启发,见 Gérard Genette, *Narrative Discourse: An Essay in Method*, trans. Jane E. Lewin (Ithaca, NY, 1972), 166.

第四章　叙事与历史写作的四项任务

是愚昧的偏见，那就仅仅是传统了；因为原则上说，人物和场景也可作为我们这里所界定的叙事的焦点。

因此，当我们判断某部著作是否最好被看作叙事史时，我们需要问的关键问题不是"这部著作是按时间上的先后顺序组织的吗？"而是"著作中叙事的**因素**有多突出？"在《地中海》中，这些因素的确十分突出，尽管该书只有第三部分是按时间顺序组织的，这部分论述的是政治事件构成的"出色的表层"（第 2 卷，第 903 页）。简言之，《地中海》是一部叙事史著作。它（除第三部分外）关注的不是事件，而是存在物。布罗代尔将历史环境以及该环境的细分与再细分转化成无数"人物"的组合。所有这些"人物"一起便组成了"地中海和地中海世界"这个单一的、包罗万象的"人物"本身。

许多评论布罗代尔的人都指出，布罗代尔偏好拟人的修辞方法。在一篇早期的评论中，吕西安·费弗尔提到布罗代尔给地中海赋予了"历史人物的尊严"。赫克斯特注意到，布罗代尔的**长时段**充满了"非人类的人物——地理实体、地形特点"；城镇有意图；地中海是个主角；甚至连世纪都拟人化了。金塞尔则指出，布罗代尔将空间视为"一位充满活力、敏捷更换服装的演员"。[52] 但我们不用看这些评论就能明白这点，因为布罗代尔本人对其所做的事情讲得十分明确。我们不妨读一下第一版前言中的这段文字："它的个性十分复杂、棘手而且独特。它不能被包含在我们的度量制和分类中。没有任何以出生日期开始的简单传记能够记录这个海洋的历史；也没有任何一种简单讲述事情如何发生的叙事会适合于它的历史……所以，要准确找出地中海这个历史人物近来

---

[52] Lucien Febvre, "Un livre qui grandit: La Méditerranée et le monde méditerranén A l'époque de Philippe II," *Revue historique* 203 (1950): 218; Hexter, "Fernand Braudel and the *Monde Braudellien*…," 518-519; Kinser, "*Annaliste* Paradigm?" 67-68.

的样子并不是一件容易的事。"(第 1 卷,第 17 页)

因此,我们最好把《地中海》看作一种鸿篇人物分析。在这种分析中,布罗代尔将一开始浑然一体的地中海分割成多个组成部分,同时随着全书的展开,他越来越关注这个地理历史空间内发生的各种人类进程。等到他完成全书的时候,"地中海"就已经成为有巨大内在差异的实体。我们学到的是:正如布罗代尔在 1972 年的英文版(第 1 卷,第 13 页)前言中所说的那样,"地中海用多种不同的声音说话;它是许多个体史的总和"。《地中海》给我们讲述了"地中海"的过去是什么,而且在一定程度上它现在仍然是什么。布罗代尔的说明都是为这个目标而努力。这部著作是一种鸿篇叙述,说明被插入其中,就像针被扎在针包上一样。同样,这部著作也是一种鸿篇叙事,尽管它更像是对人物的解剖式分析,而不是按时间顺序对行为进行叙述。

历史写作的四个任务

本章区分了描述和说明,并证明了布罗代尔的《地中海》实际上是一部叙事著作,很多读者可能会误解上述做法的效力和意义。一些读者可能脑海里还记得一场更早的有关"叙事史"的可取性和不可取性的争论,其中充斥了各种政治立场。[53] 一些读者会倾向于错误地认为,我攻击逻辑实证主义**用推理的方法**把说明凌驾于描述之上,这在某种程度上就是否认了史学家们所做的说明工作的合法性和重要性。最后,一些读者会误解本章所提出的一些

---

[53] 有关这场争论的简要叙述,包括相关信息,参见 Peter Novick, *That Noble Dream*:*The " Objectivity Question" and the American Historical Profession* (New York, 1988),622-623。有关捍卫"传统历史"反对非叙事的社会史,参看 Gertrude Himmelfarb, *The New History and the Old*:*Critical Essays and Reappraisals* (Cambridge, MA,1987)。

第四章　叙事与历史写作的四项任务

区分的本质。这些都是**概念上的**区分,旨在澄清历史研究和历史写作思想。在思想上进行区分并不意味着我们总是能够在实践中清晰地标出如此区分出来的种种因素。实际上,描述和说明之间的区分部分上是读者构建的,但这并不等于否认现实中存在这种区分,因为读者若想要理解文本,就需要积极投入文本之中。

正如在本章开篇提到的那样,描述和说明仅仅是历史写作四项任务中的两项。**描述**历史实在性(historical reality)的某些方面——讲述过去是什么样的——是第一项任务。一部由这种目标支配的著作,必然会以叙事形式来编排,正如这里所定义的那样——也就是说,历史行为、发生之事、人物和场景将在文本中各扮演一个重要角色(但是程度略有不同)。在描述之后,就是对历史实在性的某些方面进行**说明**。如果历史学家主要关心的是说明,那么,其著作在关注说明项(explanans)和被说明项(explanandum)的联系的过程中,很可能会背离一种主要是叙事的形式(尽管叙事确实也包含说明)。

第三,历史学家自称他/她的描述和说明是真实的;否则,我们就通常不会把此人看成历史学家(而是看成卫道士、宣传者、说谎者、傻瓜……)。这样历史叙述就有了第三个层面,即**论证**或**辩护**(justification)。历史学家很可能发生偏离,不对过去进行直接的表现(first-order representations):比如,他/她也许会认为对过去进行某些组合的描述和说明的直接表现已经足够了,它们每一种都提供了描述和说明的某种结合。在这种情况下,历史学家可能迷恋于为某种特定的表现做辩护,以反对另一个或多个相反的表现。这里历史学家的叙述会采用阐述的论证形式。或者,历史学家也可能迷恋于"资料来源"(source),描述和说明就又被推到后台,因为他将精力集中在评论或分析原文本上。这里,历史学家的叙述看起来与文学批评非常相像。在这两种情况中,对过去的叙述都被推到后台,因为叙事的诸要素(人物、行为、场景、发生之事)都被预先假定了,而不是被详细地展开。

最后,历史学家必然要**阐释**(interpret)过去,因为他/她不仅以现在的视角观察过去,而且其著作面对的是现在或未来的人。历史学家所写的一切都贯穿着视角:我们无法观察到世界末日(regard de fin du monde),即使我们可以做到,那也不过是诸多解释中的一种,那是与所有其他解释有别的上帝式阐释。因为历史叙述必然是从现在的某个视角来撰写的,所以它总是关注历史现实对当下的人和未来的人具有什么意义——即便在显性层面上,它否认关注过任何此类事情。[54] 只要对当下的意义关注处于支配地位,历史学家就不只是历史学家,还成了社会批评家或思想批评家。在这里,历史叙述同样也很可能不再是对过去事件和存在物进行的叙事了。

我们必须牢记这些区分的局限性。我并不是主张由此得出的图式足以为历史著作的**彻底**分析提供基础,我只是主张它所提出的这四种相互联系的任务对于史学大业来说是非常重要的。

让我们看看下面这一序列的陈述,它们出自大学一年级历史课本——无论是按通常的定义还是按我们这里的定义,这个序列都是一个叙事史的例子:

(1) 1839 年,英国与其他列强一起,签订了保证比利时中立的条约。

(2) 德国计划穿过比利时向法国发起攻击。

(3) 他们要求比利时政府同意德国军队穿越其领土……

---

[54] 赫克斯特的文章《历史学家和他的时代》("The Historian and His Day")对在历史学家看来的过去和现在之间的关系做了深刻思考。该文载于 J. H. Hexter, *Reappraisals in History* (Evanston, IL, 1961), 1-13。赫克斯特强调,历史学家在写作历史时没有任何单一的现在视角。他还强调职业历史学家埋首于过去的文件中进行研究的能力。

第四章　叙事与历史写作的四项任务

(4) 比利时拒绝了……

(5) 德国军团(还是)开始大量越过边界。

(6) 英国外交大臣立即在国会敦促英国捍卫国际法,保护弱小国家。

(7) (英国)内阁对柏林发出最后通牒,要求德国尊重比利时的中立,并要求德国在午夜前给出满意答复。

(8) 德国大臣除了说明军事必要性外没有给出任何答复……

(9) 时钟指向12点,英、德交战。⑤

这9条陈述每一条都讲述了当时的情况。但是如果放在一起看,它们就不只是一系列的描述了,因为它们还解答了人们需要说明的那个问题,即"为什么英、德会交战?"一旦读者读完所有的描述,就会发现这个文本也给出了一种说明。(知识储备较弱的学生在阅读此类教科书时碰到的难题之一就是,他们无法做到这种飞跃。)

说明依附于描述。在这里所说的说明,就是要回答"什么导致了它"这个问题。要提这个问题,我们就需要一个"它"。因此,"情况是怎样的"这个问题就至关重要:它是说明性问题的前提。但人们提供的说明本身,也是在叙述当时情况是怎样的。试想一下,假定某个读者群对法国大革命有一个基本的了解。这个读者群已经了解了法国大革命的概要,即革命开始于1789年法国的三级会议;革命的第一个重要的象征性事件是网球场宣誓;之后,三级会议很快就成为国民大会;之后不久,巴士底狱被攻占;之后,有一场战争和一段恐怖统治,等等。这种讲述的组成部分包括了对历史事件和存在物的说明。这些说明一旦被听众接受,就会成为

---

⑤ Edward McNall Burns, Robert E. Lerner and Standish Meacham, *Western Civilizations: Their History and Their Culture*, 10th ed. (New York,1984),927-928.

关于过去情况的图景的一部分——也就是说,成为过去的一种表现。但是有关过去情况的图景又总是会让人提出更多的说明性问题。这些进一步的说明一旦被认为具有说服力,也会成为有关过去情况的图景的一部分,并让人提出更多的说明性问题。

因此,一种语境下的说明很可能在另外一种语境中就被看成是讲述。这个过程就像在须德海(Zuider Zee)周边围海造田一样。首先,有那么一部分的历史叙述是读者群——无论这个读者群是业余历史爱好者还是"高度"专业的历史学家——会直接接受为过去的事实,根本不去(或者不再)质疑它们。这就像从须德海周边围造出来、现在已经全部种上了农作物的农田。其次,还有一部分的历史叙述,读者们读完后会进一步提出需要说明的问题。这就好比是须德海现在的海岸线一样。那些针对需要说明的问题所做的具有说服力的解答,就好比是水泵和堤岸,它们能将这部分也变成旱地——变成读者群所接受的有关过去的情形。此外还有一部分的历史叙述——不是知识而是无知——与人们已经接受的叙述相去甚远,不可能再针对它提出任何需要说明的问题了,但这个部分也许在将来会成为说明的对象。这部分就好比须德海的深处,仍然隐藏于水面下。最后,不要忘记,还有更广阔的社会,历史学家就是身在这个社会中写作的。这部分就好比北海,来自它的风暴会冲击堤岸并淹没部分或全部已开垦的农田。如果这种情况发生,早期的描述及与之相关的说明将会看起来都是错误的;或者,如果不是错误的话,也是误导人的;或者,如果不是误导人的,至少也是与现在和未来所关注的重要问题毫无关系。面对似乎一度具有的内在说服力这样消失,人们的回应就是要求重写过去。

然而,尽管描述和说明之间有千丝万缕的联系,对它们做出区分仍然是有其道理并且很重要的。我们来看一下同一本教材中的另外一段:

第四章　叙事与历史写作的四项任务

革命的到来

　　面对叛乱贵族精英以及 18 世纪各种以群众为基础的政治运动对中央集权造成的严重挑战,只有最有能力的专制主义统治者,而且还要极有管理天赋、富有远见卓识和坚定信心,才能统治好这个国家。法王路易十六却根本不具备这些才能中的任何一项。路易十六在 1774 年年仅 20 岁的时候登基。他是心地善良但却愚钝无能的君主……

　　即便是最有才能的国王,也会觉得法国的形势很棘手;对路易十六这位有诸多缺点的国王来说,这个任务几乎是不可能完成的了。具体来说,有三个因素导致了法国政体崩溃,并继而引发了革命。㊾

　　显然,在某个层面上说,这段文字给我们提供了描述性的叙述——它包含一系列的陈述,讲述了作者所认为的法国在大革命爆发之前的情况。但从另一层面上说,作者们正在开始说明在他们看来法国大革命发生的原因。尽管在历史著作中描述和说明之间的区别并不总是表现得很明显,但是在这段文字中却有明确的标记,其形式是"虚拟条件句"或者"非真实条件句"。正如哲学家们一直都知道的那样,有关因果关系的陈述预先假定了反事实性。当历史学家说 C 导致了(推导出了、引起了、产生了)E,他/她也同时在暗示,在其他条件不变的情况下,没有C 就不会有 E。㊿

㊾ Edward McNall Burns, Robert E. Lerner and Standish Meacham, *Western Civilizations*: *Their History and Their Culture*, 674.

㊿ 有关反事实推理有很多著作。相关的实用简介可参见 Peter Menzies, "Counterfactual Theories of Causation," in the online *Stanford Encyclopedia of Philosophy* at http://plato.stanford.edu/entries/causation-counterfactual (accessed April 2006)。相关文集参见 John Collins, Ned Hall, and L. A. Paul, eds., *Causation and Counterfactuals* (Cambridge, MA, 2004)。与历史学家有更直接联系的是 Jon Elster, "Counterfactuals and the New Economic History," in his *Logic and Society*: *Contradictions and Possible Worlds* (Chichester, UK, 1978), 175-221。另见本书第七章。

上面这段话的作者们告诉读者:"只有最有能力的专制主义统治者……才能统治好这个国家",这就是在明确地引入那种所有说明都至少会隐含的虚拟条件句。如果历史学家不知道说明(在它求助于虚拟条件句的过程中)与描述之间的区别,那么他们在认识论层面上就会站不住脚。

描述和说明不能独立存在;相反,它们存在于上文所述四项任务所构成的矩阵中。在史学讨论中,我们经常会在"叙事性"和"分析性"历史之间作出区分。但这种叙事/分析二分法太粗糙了,不会对我们的理解有多大帮助。布罗代尔的《地中海》表明,某种叙事是极具分析性的——也就是说,它对从前未作区分的实体进行了区分。反之,很多分析是以(传统的)叙事形式来进行的,遵循着"时间上的先后顺序":一个典型的例子就是马克思的《1848年至1850年的法兰西阶级斗争》一书。㊳ 叙事一词经常被含混地使用,尽管在此我们无法逐一澄清所有含混的用法。而分析则出现在截然不同的思想语境当中,它是由描述、说明、辩护和阐释这四项任务来确立的。

联系布罗代尔的《地中海》,我们已经知道,分析可以在描述的语境中出现。它同样可以出现在说明的语境中:马克思对1848年法国阶级结构所做的详细分析,旨在说明1848年法国革命为什么发生。最后,分析也会出现在辩护和阐释的语境中。在辩护的语境中,由此会产生对文本的关注(历史就是从中书写的),它可能导致作者—研究者被看作文学批评家而不是历史学家。㊴ 在阐

㊳ Karl Marx, *The Class Struggle in France: 1848-1850*, in *Surveys from Exile*, ed. David Fernbach, vol. 2 of Karl Marx, *Political Writings* (New York, 1974), 35-142.

㊴ 例如参见詹姆斯·艾伦(James Smith Allen)与多米尼克·拉卡普拉之间的辩论,见 *American Historical Review* 88 (1983): 805-807,这场辩论关于拉卡普拉的著作《审判包法利夫人》(*Madame Bovary on Trial*, Ithaca, NY, 1982)。

第四章　叙事与历史写作的四项任务

释的语境中，由此产生的对于过去对现在之意义的关注，可能会导致作者—研究者更多地被看作社会批评家和文化评论家，而不是历史学家。

与叙事/分析这个区分相关的是"叙事史"与"以问题为导向的历史"之间的区分，后者是弗雷从布罗代尔那里发展出来的。在《从叙事史到以问题为导向的历史》一文中，弗雷似乎设想了一种脱离"叙事性"历史的"以问题为导向"的历史。他在《历史工作坊》一书的的导论中，批评英国的法国史专家科布(Richard Cobb)"出于对纯粹存在主义的偏好，将历史转变成一个实验室"。科布不喜欢"观念"和"理智主义"(intellectualism)，他把对知识的探寻"转变成对小说式叙事的热衷"。由于缺乏"思想的框架"，对于这位社会史学家来说，"只有个体才存在"。引导他的叙事的，是他对所描述那个时期的"生活"的同情。但是，在弗雷看来，同情（它试图取代"明确阐释过的问题"成为研究的指导原则）"属于情感、意识形态，或是二者结合的领域"。所以，科布的历史"依然完全是带有情感的"，它没有保持"观察者与被观察对象之间的文化距离"。这种历史的产物就是"博学"——给我们的感觉是，它带来的并不是一部"以问题为导向的历史"具有的那种真正严肃性，"以问题为导向的历史是将其资料明确建立在种种从概念上发展出来的问题上的"。[60]

然而，当弗雷用新实证主义方式致力于一种将会取代时下"多元历史扩散"[61]的可普遍化历史（或至少是一种类似的历史）的时候，他掩盖了这样一个事实：从完美的"概念层面上"说，说明不

---

[60] Furet, "Introduction," *In the Workshop of History*, 13-20. 最后一段引文出自弗雷"导论"的另一版本，《超越年鉴学派》("Beyond the Annales")，载于 *Journal of Modern History* 55 (1983):389-410, at 409。在书中，弗雷提出一种"能不断发展的知性论者的历史"。

[61] Furet, *In the Workshop of History*, 16.

具有独立自主性。另外,与多数遵循实证主义传统的人一样,他忘记了这样一点,即他想要历史学家们使用的那些说明理论,包含了这些理论本身没有发现的种种特定阐释角度。描述(以及说明)必然是从某处、出于某种动机而做出的。因此,我们无法逃避阐释的维度。《地中海》的开篇几个字很能说明这一点:"我一直热烈地爱着地中海。"⑫布罗代尔的这句话和科布著作中的任何一句一样"带有情感",他书写的历史也一样"博学"。这些事实就能用来把《地中海》排除在真正学科化的历史之外。伯纳德·贝林(Bernard Bailyn)在1953年的一篇评论中,批评这部著作是"一部使人疲惫的乏味著作",其失败之处在于"布罗代尔没有任何想要考察的中心问题",而且几乎没有"真正的历史问题"。⑬但现在的问题正是:"真正的历史问题"是由什么构成的。⑭如果我们只关注说明,那就是对这个问题不予考虑——但它会持续不断地重新出现。

如果说有说明就必有描述,那就是说,说明包含了对叙事因素的一种呈现。然而,历史写作是一项集体事业,而且,历史学家个人可以选择在或多或少的程度上放弃讲述人所共知的叙事。实际上,历史知识若要进步,这种放弃就是必要的。如果一种基本的叙事不是被讲述出来而是被事先假定,那么叙事的因素就会消失在背景中。在这种情况下,就会出现完全背离叙事的情况。因此,我在排斥叙事/分析之间对立的时候,并不是摆摆样子宣布一切历史

---

⑫ Braudel, *Mediterranean World*, I:17.
⑬ Bailyn, "Braudel's Geohistory," 279, 281.
⑭ 比较一下 Bernard Bailyn, "The Challenge of Modern Historiography," *American Historical Review* 87(1982):1-24。在第5页,贝林写道:"布罗代尔的《地中海》······应该以其非历史的结构······而著称,这种结构榨干了历史中的生命力。因为历史的本质和戏剧性,正是在于那些对人类存在设定边界的**深层条件**(黑体系笔者所加)和人类每天有意识地努力与之斗争的问题之间的积极、连续的关系之中。"但贝林是如何**知道**"历史的本质和戏剧性"就存在于此呢?他如何知道哪些条件才是**深层条件**呢?**您的证据在哪,贝林先生**?

第四章　叙事与历史写作的四项任务

都是叙事史。

最清楚这个问题的历史学家是托克维尔。我们来看看《旧制度与大革命》的开头："这本书并不是一部法国大革命史（故事），有关这场大革命的故事（histoire）早已有人绘声绘色地写过，我不想再写。这本书是一部关于这场大革命的研究。"⑥托克维尔说到做到。他在《旧制度与大革命》中多次提到历史事件和存在物，但都没有详加讲述，而是依赖读者对它们的了解。对讲述的相对忽视解放了他，让他可以向前推进，去完成其他三项任务。他直接讨论了那个需要说明的问题——"是什么导致了大革命？"⑥⑥他明确反对那些认为大革命主要是攻击宗教和政治权威的表述。他对自己著作的阐释维度和社会批判也一样明确。如他所说："我从未完全忽略我们的现代社会。"因此，除了其他的之外，他还试图强调"我们的时代最需要，但却几乎已经消失了的那些高尚美德"。⑥⑦

一位与20世纪80年代末"新文化史"转向（见第十章）有关系的思想史家曾说过，思想史"必须面对说明的问题，阐明为什么在特定的时代和具体的社会文化条件下，某些意义会出现、持续和

---

⑥ Alexis de Tocqueville, *The Old Regime and the Revolution*, ed. François Furet and Françoise Mélonio, trans. Alan S. Kahan, 2 vols. (Chicago, 1998-2001) 1:83; Tocqueville, *L'ancien Régime et la Révolution*, ed. Françoise Mélonio (Paris, 1988), 87.

⑥⑥ 见托克维尔在前言中的断言："本书的目的"是要理解"为什么这场大革命……在法国爆发"以及"为什么这场革命是它要摧毁的那个社会的天然产物"。另外参见他的最后一章，"How The Revolution Came Naturally from What Preceded It"（211-247）。

⑥⑦ Tocqueville, *Old Régime*, 86. 我在这里的论述只是补充弗雷对托克维尔著作的分析。参见 François Furet, "De Tocqueville and the Problem of the French Revolution," in *Interpreting the French Revolution*, trans. Elborg Forster (Cambridge, 1981), 132-163. 弗雷倾向于把托克维尔计划的阐释维度与提出"说明性理论"的任务混为一谈；前者关心的是"他自己的时代的意义"（第132—133页；另见第159—160页）。但是正如我已经指出的那样，这两个计划是有区别的（尽管也有联系）。

崩溃"。⑱ 当然，说明中的这种具体训练以及广义上的说明，肯定是思想史家工作的一部分。但只有当我们知道说明不过是历史研究和历史写作的任务**之一**，这个建议才是正确的。有时候是说明处于显著地位；有时候是描述处于显著地位；有时候是论证和辩护的任务处于显著地位，历史学家正是通过这一任务来阐明他们是如何知道他们所说的过去的；有时是阐释处于显著地位，历史学家通过它来反思过去对现在及未来的人的意义。

如果要优先考虑史学的说明任务，那就是要把每种说明方案所预设的假设框架放在背景中。这些假设源自历史学家自己的传统、信念、兴趣和经验，它们最终无法历史化，也无法隶属于对作为整体的历史所做的一种权威性表现。史学的保守批评家说得很正确：历史（部分上）与价值观有关。鉴于历史学科在很大程度上并不具备自省的特点，身为历史学家的历史学家们看起来并不是特别具备处理好这一事实的能力。但是，当历史学家们为知识做贡献的时候，他们至少能知道他们在做什么。他们并不只是说明。相反，他们首先描述，带着喜悦或者迷恋或者恐惧或者无奈。紧接着描述之后，说明出现了。⑲ 描述和说明都预先假定了一种阐释的视角，而且在优秀的历史作品中，它们修正并丰富这种视角。对视角的表述也是对知识的一个贡献，但历史学家却经常忽视或难以接受这种贡献。

---

⑱ John E. Toews, "Intellectual History after the Linguistic Turn: The Autonomy of Meaning and the Irreducibility of Experience," *American Historical Review* 92(1987):879-907, at 882; cf. David Harlan "Intellectual History and the Return of Literature," *American Historical Review* 94 (1989):581-609.

⑲ 再次参见 Herodotus, *The History*, trans. Davie Grene (Chicago, 1987); Thucydides, *History of the Peloponnesian War*, trans. Rex Warner (Harmondsworth, UK, 1954)。希罗多德更倾向沉湎于他对自己故事的迷恋之中，而修昔底德则倾向于说明事情。但二者的著作中都包含这两个因素。

第四章 叙事与历史写作的四项任务

对于这些任务来说,论证和辩护——还有它们预先假定的历史认识论——都是必不可少的条件(*a sine qua non*)。有观点认为历史应该是从社会角度来看有用的意识形态,对于这种观点,我们必须把它和一种批判的多元论并列起来,后者所依赖的评价标准适合我们正在探寻的各种知识形式。

第三部分　客观性与推测

第五章　针对历史学家的客观性

客观性过时了吗？德国著名现代史学家吉奥夫·伊莱（Geoff Eley）在几年前的一篇文章中提出，历史应当将自身融合进"无学科的"、广义上的文化研究领域之内（包括像女性研究、非裔美国人研究、少数民族研究、同性恋研究、电影研究等领域）。在伊莱看来，这种"无""交叉"或"跨"学科模式意味着"反叛……不屈从……打破规则……制造麻烦……将现有秩序打乱……进行试验，尝试新的想法、冒险"；它也涉及"通过意义的释放而非意义的可预测累积来打破我们习惯性的状况和理解习惯"。伊莱所说的"意义的释放"颇让人不安，其目的似乎在于推进无学科的历史学家们所青睐的任何政治事业。另外一位历史学家托马斯·哈斯卡尔（Thomas Haskell）在评论这本收入伊莱的文章的论文集时指出，伊莱讨论了很多有关"研究生们应该想要支持的政治视点，但对于客观性可能带给历史学家的约束……却几乎只字未提"。① "意义的释放"——可是我们该如何选择**谁的**意义呢？这完全是一个随机选择吗？我们所讨论的"意义"又为何应该对我们具有任何控制力呢？

---

① Geoff Eley, "Between Social History and Cultural Studies: Interdisciplinarity and the Practice of the Historian at the End of the Twentieth Century," in *Historians and Social Values*, eds. Joep Leerssen and Ann Rigney (Amsterdam, 2000), 93-109, at 94, 95, 97, 99, 104; Thomas Haskell, "Objectivity: Perspective as Problem and Solution" (review of *Historians and Social Values*), *History and Theory* 43 (2004): 341-359, at 358.

客观性和信念

本书一个隐含的论点是:如果历史学家(或任何人)轻率而自信地宣称他们已经发现了事物的**唯一**真理,我们是不可能把其宣称当回事的。另外一个相关的隐含论点是,由这种自信产生的学科孤立主义也是毫无依据的。毕竟,历史学家不可能达到一种权威叙事,从而建立**唯一**正当的框架,用于理解历史的普遍基础和发展方向。尼采在《论道德的谱系》中所言极是:在这个地球上,"只存在带有视角的观察,**只**存在带有视角的'认知'"。② 因此,我们必须弄清楚历史学家应该如何在不同的视角之间做出选择。

这是一个很难做的选择——更确切地说,是一个很难去论证的选择。一种立场是,这个选择应该在广义上的政治性基础上做出。也就是说,我们选择的角度应该能够促进当前的进步性变革。这种立场在伊莱所做的有关"历史学家与社会价值"的思考中,以及在他的另外一些史学著作中表现得甚为明显。③ 然而,虽然伊莱赞成反叛、不屈从、打破规则(这些似乎都是为了鼓励在历史学科这个语境中的进步性变革,伊莱认为历史学科"比其他大部分学科都保守"),但他一样严格遵循(正如他本人所说而且他的著作也表现出来的那样)他所称的"证据与论证的通常规则和规程"。④ 实际上,对于学术研究要为某种信念服务的这种观念,最著名的倡导者是法国的历史学家、哲学家福柯,而不是伊莱或者其

---

② Friedrich Nietzsche, *On the Genealogy of Morality*: *A Polemic*, trans Maudemarie Clark and Alan J. Swensen (Indianapolis, 1998), "Third Treatise," sec. 12, p. 85.
③ 尤见 Geoff Eley, *Forging Democracy*: *The History of the Left in Europe*, *1850-2000* (New York, 2000)。这是一部重要的学术研究著作,它同时自始至终强调了作者的政治信念。
④ Eley, "Between Social History and Cultural Studies," 95,108.

他政治倾向很强的"新"文化史支持者。福柯在自己的生活中践行了他更为极端的立场,而且他在自己的著作中用两种方法表述了这种立场。他撰写了历史或准历史著作,例如《疯癫与文明》和《规训与惩罚》,这些著作的主要目的是要根本转变当前的一些态度和制度实践。福柯还在《知识考古学》以及一些访谈和杂文中提供了针对方法论(准确地讲是反方法论)的思考——这些思考也都是为了根本性地改变当前的状况。⑤

我认为福柯的观点是错误的。它实际上是在教人们写那种至多算是有关主体与过去的遭遇的著作,而不是教人们写历史著作。不可否认,福柯大多数著作都非常出色。很明显,他是一位善于运用显著的意象或片段的大师。我们能够想起他谈到的据称在中世纪晚期巡游于欧洲海面上的"愚人船"。他运用这个意象来强调他的观点,即在中世纪晚期,疯子绝不是被锁在疯人院里面,而是可以四处游荡。我们也能想起他在《规训与惩罚》一书开篇运用的布景——1757年处决谋刺国王的达米安的情形。即使在他相当抽象的思想史《词与物》一书中,也有许多发人深省的意象,包括该书开篇描述的莫名其妙、毫无逻辑的"中国百科全书",到结尾处描述的人被不断高涨的语言浪潮抹去。⑥

但是,被福柯攻击却受其他历史学家尊崇的客观性究竟是什

---

⑤ Michel Foucault, *Histoire de la folie à l'age classique* (Paris, 1961),简明英译本书名为 *Madness and Civilization*: *A History of Insanity in the Age of Reason*, trans. Richard Howard (New York, 1965); *Discipline and Punish*: *Birth of the Prison*, trans. Alan Sheridan (New York, 1977; orig. pub. in French, 1975); and *The Archaeology of Knowledge*, trans. Alan Sheridan (New York,1972; orig. pub. in French,1969)。有关福柯式的反方法论观点以及他认为历史提供了有用的虚构的观点,见 Allan Megill, *Prophets of Extremity*: *Nietzsche, Heidegger, Foucoult, Derrida* (Berkeley, 1985),227-247。

⑥ Foucault, *Madness and Civilization*, 8-13; Foucault, *Discipline and Punish*, 3-6; Foucault, *The Order of Things*: *An Archaeology of the Human Sciences* (New York, 1970; orig. pub. in French, 1966), xv,387。

么呢？虽然学术界提出过各种可行的答案，但客观性这个概念的真正内容却还是难以捉摸。通常，讲客观性**不是**什么要比讲它是什么容易。比如，哈斯卡尔写过一篇有关彼得·诺维克《那高尚的梦想》（见第八章）的书评，标题即为《客观性不是中立》。⑦ 在这篇书评中，哈斯卡尔并不认为客观性指的是获得一个与人类信念和欲望的世界完全脱离的角度（在下文中，我将这种对客观性的认知命名为"绝对"客观性）。通过阐述我们不该将客观性等同于中立的这种观念，哈斯卡尔旨在表明，对客观性的注重并不排除对政治或其他信念的注重。相反，在哈斯卡尔看来，当历史学家有某种"坚定的政治信念"的时候，或许客观性反倒体现得更清晰。这样一位历史学家要面对的挑战就是：在寻求对过去的充分理解的过程中，如何能够将过去与自己的个人信念脱离开来。这种理解就要求我们"努力从一种超然的角度看问题"，将我们自己从"生活中最具诱惑的幻觉"中解放出来，这种幻觉也就是"世界以我（或是我选择支持的那些人）为中心"。⑧

我们可以对哈斯卡尔的话做出很多评论，但我只想谈两点不太明显之处。第一，哈斯卡尔认为客观性与信念并存，而不是要摆脱信念，他这样做是在指出历史思维的一个方面，一个我在本书导论中暗指的侧面，即史学的"悬而不决"（unresolving）的特点。第二，他在此突出了（优秀）历史学家的目标与我们所看到的理论家和社会科学家（更不要说那些终日争辩的人）对待过去的方式之间的一种重要区分。"脱离自己的信念"也意味着脱离那项计划，不再试图证明自己所提出的有关人类社会的理论是正确的。哲学

---

⑦ Thomas Haskell, "Objectivity Is Not Neutrality: Rhetoric versus Practice in Peter Novick's *That Noble Dream*," in *Objectivity Is Not Neutrality: Explanatory Schemes in History* (Baltimore, 1998), 145-173.

⑧ Haskell, "Objectivity Is Not Neutrality," 149-151.

家、政治理论家、社会科学家和其他一些人经常错误地在历史学家的著述中寻找一种与研究历史的计划不相容的权威性。他们错误地以为，历史著作的最终目的是要推进某种特定的政治或者理论立场。因此，当我出版了一部有关马克思的著作时，一些看到这部著作的人以为我的目的一定是攻击或者支持马克思的观点，而实际上，作为历史学家，我的目的是理解这些观点是什么，马克思是如何以及为什么会得出这些观点的。历史学家的特殊任务并不是去表明某种特定理论或者政治取向的真实性或可取性；虽然说如果他的著作有任何重要性的话，它很可能会与这样的问题有关系。相反，历史学家的任务是要阐明过去。

因此，客观性就不是中立——尽管它的确在某种程度上涉及脱离于自己的信念。另外，客观性也不是"平衡"，尽管在当今的流行话语中，**客观性**与**平衡**如果不是被视为等同的话也是被视为密切相关的。例如，美国福克斯电视台的新闻频道用的两个口号是"公正、平衡"和"我们报道，你们决定"。⑨ 这里暗含的意思是：一个"客观的"新闻频道报道当前有关某个主题的各种不同观点或者视角，然后让观众自己做出结论。总之，"客观性"也就等于是在所谈及的各种不同视角之间保持中立。出于同样的原因，为了"客观"，中学系统就应该在中学生物教学中给进化论和反进化论的观点以同等的课时。

认为客观性即"平衡"的观点的隐含意义是：当所有的观点都得到了承认，每一种立场都有其适当的代言人时，客观性就实现了。按照这种观点，没有任何一种对事实的叙述能被认为是客观

---

⑨ 2005 年 3 月我用"Fox News Channel"（福克斯新闻频道）和"fair and balanced"（公正、平衡）为主题词在谷歌搜索，获得了 57700 条结果。有关福克斯新闻频道自称的客观性的评论，见 Seth Ackerman,"The Most Biased Name in News: Fox News Channel's extraordinary right-wing tilt", *Extra*!, July/August 2001, at the "Fairness and Accuracy in Reporting" Web site, http://www.fair.org/index.php? page = 1067. 阿克曼与其说是在指责福克斯新闻频道偏激，不如说是在指责福克斯不承认在他看来那无可否认的"保守观点"的展示。

的。相反,随着越来越多的视角得以被揭示,我们**在整体情形中**无限接近客观性。尼采在《论道德的谱系》中提出过这种立场。他告诉我们:"我们越是允许**更多的**对于事物的情感暴露,我们就越是善于用**更多的**视角、不同的视角,来观察这同一件事,那么我们对该事件的'概念'和我们的客观性就会愈加全面。"⑩ 这是对客观性的一种奇怪的看法,部分上因为它对各种相互竞争的角度的愚蠢(与否)只字不提,部分上也是因为在任何一部著作或陈述中我们都找不到这种客观性。不足为奇的是,理查德·罗蒂(Richard Rorty)在对尼采这种观点的发挥中提到,我们**根本**不需要客观性——客观性完全可以归约为社会协同。⑪ 这是对上文所述尼采的观点的逻辑延伸,可它同样也没有提到各种正在流行的相互竞争的观点是否愚蠢,更不要提它们是不是谎言了。该观点没有对下面这种现象做出任何回应:如果有一百个福克斯新闻频道,每个都宣称坚持自己的"视点",它们也并不会比一个福克斯新闻频道能让我们更接近"真相"或"客观性"。在一个愚蠢的意识形态立场和另一个愚蠢的意识形态立场之间的"平衡"并不等同于"客观性",这就像学校在科学理论比如后代渐变理论(进化)和另一种以宗教信仰为基础的观点(上帝在创世之初创造了所有生物)之间的"平衡"并不等同于"客观性"一样。

然而,我们可以用另一种不同的方法来理解"平衡",那种方法不是简单为各种相互竞争的立场提供一种据称是"均衡"的表述。哈斯卡尔在2004年为莱斯恩和瑞格尼合编的《历史学家与社会价值》(伊莱教授的文章就收在其中)所写的书评中对此做了精辟阐述。在该文中哈斯卡尔提出,历史学家要追寻的"平衡"是一

---

⑩ Nietzsche, *Genealogy*, "Third Treaties," sec. 12, p. 85.
⑪ Richard Rorty, "Solidarity or Objectivity?" and "Science as Solidarity," in *Objectivity, Relativism, and Truth*, vol. 1 of *Philosophical Papers* (Cambridge, 1991), 21-34, 35-45.

种"平衡行为"。更准确地说,它是在那种从学术著作中排除价值判断的理想和那种认为唯一重要的事就是推进自己的价值观的观念之间的一种平衡行为。换言之,这种平衡不是在现有各色立场之间的平衡(这种平衡当然包括了历史学家自己的立场)。这样的任务会让人不知所从:毕竟,我们应当如何在可能是无限多的相互竞争的取向之间——自由主义的、保守主义的、无政府主义的、工团主义的、激进主义的、共产主义的、社会主义的、君主主义的、天主教的、新教的、伊斯兰教的、佛教的、印度教的,等等——达到"平衡"呢?这种平衡应该是在我们坚持(学科中的)客观性价值与我们坚守学科外的某种或多种信念之间的平衡。实际上,真正的历史学家需要**既**坚持客观性,**又**坚持其他信念,因为"能够察觉多种视角的存在是理解人类事务的前提条件",并且因而"也是获得可靠的历史知识的先决条件"。哈斯卡尔正确地指出:"这就使得历史学家像在走钢丝一样……要应付从两边吹过来的视角和客观性的侧风,又没有任何明确指示告诉他该如何行进。"哈斯卡尔提出的走钢丝表演针对的是历史研究的一个组成部分——在一定程度上也是历史所独有的部分——即那种悬而不决的张力的一个方面。哈斯卡尔又非常正确地补充说:"如果有谁一定要找到数学运算一样精确的解答的话,那么建议他最好去找别的工作。"[12]让他去做数学家、分析哲学家或政治"科学家"吧。

哈斯卡尔对客观性的"平衡行为"的观点与他早先提出的客观性并非中立的观念非常一致。客观性不是中立,因为我们如果要"发现"历史对象的话,就需要有一定程度上的信念(正是因为这一点,历史中的性别问题直到一些历史学家发展出了对女性主义的信念才被发现)。我只想强调,历史学家要探求正确的平衡,

---

[12] Haskell, "Objectivity: Perspective as Problem and Solution," 359.

但这并不要求他一定要提出温和的、面向共识的、中庸的观点。相反,鲜明的角度能够让我们发现那些在更"温和""中庸"的角度中依然模糊的历史真实诸方面。我们可以将历史写作比作摄影,摄影师有时会从一个奇异的角度照亮一个平面,用厚重的阴影来突出这个平面上以其他方式很难观察到的一些特点。鲜明的角度不是中立,也不是以平衡的视点看问题之意义上的"平衡"。但是,这样的角度与坚持探寻有关过去之真相的计划是相容的。娜塔莉·戴维斯的女性主义信念使她能够出色地把握16世纪的农村女性贝特朗·德罗尔斯的情况,而如果她没有这种信念,就不见得能写出如此出色的一部著作(参见本书前言)。

定义客观性

当然,我们还未对客观性做出界定;我们好像一直在讨论客观性是在客观性和信念之间的平衡行为这个并不完全合乎逻辑的观点。这里的困难部分在于客观性这个概念本身。实际上,客观性并不是一个单一的概念,而是许多不同的、无法归约为一个基本概念的概念。近年来,一些评论家已经指出,**客观性**这个词的意义是可变的。比如,历史学家佩雷兹·扎戈林(Perez Zagorin)提出,在当代话语中,"人们使用客观性一词时大部分情况下想到它的三种主要意思,这三种意思在家族相似(family resemblances)意义上相互关联"(在维特根斯坦的"家族相似"概念中,两个不同的个人可以没有任何共同特点,但他们与其他的家族成员有共同特点,这样我们仍可判断出他们是一个家族的成员)。另外最近一位评论家、哲学家希瑟·道格拉斯(Heather Douglas)指出,实际上"客观性有**八种**操作方便的意义,这些意义互不相同"。她补充说:"尽管这些意义之间有关联,……但严格说来,这八种意义没有哪一个能够简化成其他意义。"结果,我们不得不努力应付她所说的客观性的"无法简化的复杂性"。⑬

那么,客观性究竟有多少种概念呢？或者我们不如问,客观性究竟有多少跟史学相关的概念呢？概念上的实在能够用不同的方法区分开来,在本章中我无意否定其他那些分割客观性的概念领域的方法。我的论点只不过是,我在本章中给出的分类能够帮助我们比在没有这些分类的情况下更清晰地思考客观性。因为事实是,**客观性**这个词常被用于无谓的争辩之中,而其含义根本没有得到仔细分析。在争辩中,人们的目的是赢得辩论。我的目的不是要赢得什么辩论,而是要充分理解事物——而且或许以这种方式,最后还是会赢得辩论。

我们这里所理解的客观性宣称(objectivity-claim),指的是宣称具有主体间可验证的那种认知或认识论上的权威性。请注意,我们这样就把一些领域排除在我们所关心的范围之外。比如画家、作曲家或其他艺术家,至少如果这个人在现代性的审美体制内工作,他就很可能会宣称其作品具有权威性。他/她很可能会试图说明其作品如何在某种方式上"适时",如何超越了以前的作品,在技术上出色,在审美上富有感染力等等。这些都是在宣称权威性,但这些宣称很可能不是我们这里所定义的客观性宣称,因为他们想要的权威性通常不是认知层面上的。诚然,艺术家经常会说,他们的艺术有**某种**真实性,但经常表现为审美上的、个体性的、存在主义的等等的真实性,而不是表现为方法论上可验证的真实性。换言之,这些真实性宣称与自然和社会科学领域——以及历史学——所做出的真实性宣称不是同一范畴。这些真实性宣称是想

---

⑬ Perez Zagorin, "Francis Bacon's Concept of Objectivity and the Idols of the Mind," *British Journal for the History of Science* 34 (2001):378-393, at 379; Heather Douglas, "The Irreducible Complexity of Objectivity," *Synthese*,138 (January-February 2004):453-473, at 453.

要被其他的研究者接受,而这些研究者们通过大家都认同的评议程序来验证其真实性,并将错误减小到最低程度。

在认为客观性宣称就是对认知权威的宣称这个大框架之内,我们有理由区分客观性的四种主要内涵,这种区分也是十分有用的(参见表5.1)。这些内涵在实践中相互重叠,但是我们能在概念上进行区分,而且经常必须区分。

首先,有一种哲学上的或**绝对**(absolute)意义上的客观性。这种客观性深深植根于笛卡儿以来的现代哲学传统之中;它与这样一种观念紧密相连(虽然并不完全相同),即知识的探寻者所从事的事业是(用理查德·罗蒂的话说)"按事物的本来面貌表现事物"(representing things as they really are)。⑭ 对绝对客观性抱有信念的研究者要探寻的是一种毫无偏见、偏袒或者扭曲的、无比忠实于事实的知识。而且,他们相信,所有善意的知识探寻者都注定朝着这同一种表现汇合,如果这种汇合实现不了,他们就会怀疑有人缺乏能力或是说谎(或是二者兼有)。第二,有一种**学科**(disciplinary)意义上的客观性,它不再认为会有大范围汇合,而是将特定的研究共同体的成员之间的共识作为它的客观性标准。第三,有一种相互作用的或**辩证**(dialectical)意义上的客观性,它认为,客体是在一个主体与客体之间互动的过程中被构建**成为**客体的;因此,与绝对意义上的和学科意义上的客观性不同,辩证意义上的客观性为认知者的主体性保留了空间。最后,有一种**程序**(procedural)意义上的客观性,其目标是实践一种不带个人色彩的客观的研究方法。在这里,绝对客观性和学科客观性中非常突出的对主观性的质疑在这样一种抽象的观念中得到维系:排除了主观性就必然会找到真实。这里的目标与其说是获得真实,不如说是避免错误。

---

⑭ Richard Rorty, *Philosophy and the Mirror of Nature* (Princeton, NJ, 1979),334.

在理论和实践中,这四种客观性是融合在一起的。它们之间之所以在理论上没有明确界线,是因为它们之中任何一种意义上的客观性离开了其他意义上的客观性就毫无意义了。例如,如果对真实性的理想(无论它在实践中多么难以实现)没有信念,没有要阐明研究对象的真正特点这样的目标,而且也不遵循正确的程序,那么学科客观性就等同于"政治正确"的正统学说的这种或那种变体。学科的、辩证的和程序的客观性在实际中不会以纯粹的形式存在,而绝对客观性又要求有上帝一般的超然和洞察力,我们最好将其视为人类不可能达到的目标(尽管我们可以有这样的抱负)。诚然,在某些时期的某些领域,我们可以看到**近乎**纯粹的学科的、辩证的和程序的客观性的例子。但是通常在历史研究和历史写作中,我们找不到这样的例子,我们也可以据此认为,史学有不纯粹的、混杂的、四不像的、充满矛盾的、宽容的特点。

表 5.1 客观性的四种内涵

绝对的客观性:上帝的视角,本然的观点,无观念的视角,奥林匹亚般的中立。目标是按照事物的本来面貌**看**事物。推崇客观。	**辩证的客观性**:与鉴赏力有关(个人对某种客体的专长,例如佛兰德斯文艺复兴时期的绘画)。目标是与客体**互动**,并且最理想的情况是与其(也可能与其创作者)建立密切联系。
试图**排除**主体性,除了上帝那客观的主体性。	寻求控制主观性,使其成为发现以及得以推进知识的积极动力。
学科的客观性:学科共识是衡量真实的尺度。反对超越范式的创意和偏离中心的观点。推崇客观。	**程序的客观性**:推崇完全客观的程序(例如双盲试验),旨在避免主观引起的误差。把避免误差与发现真实放在同等的高度上。
寻求**遏制**主体性:只接受(没有明确承认的)学科的(小领域内的,研究网络之内的等等)主体性。	寻求排除**所有的**主观性。

绝对意义上的客观性

115　　与客观性问题打交道时间最长的要属哲学家了。哲学领域内对这个问题的探讨中,最重要的人物是康德。其著作《纯粹理性批判》(*Critique of Pure Reason*,1781、1787)对于建立这个术语和概念至关重要。诚然,在康德之前,就已经出现了各种对客观性的认识,尽管当时还没用**客观性**这个术语。现代意义上的**客观性**这个词(英语 objectivity,法语 objectivité,德语 Objektivität)直到19世纪才开始使用,而且基本上都是受康德的影响。⑮ 在早些时候的经院哲学领域内,**客观**和**主观**分别指的是意识对象和事物本身,这种用法几乎与现在完全相反。⑯

　　绝对意义的客观性与其说是个单一的概念,不如说是一组关系不甚紧密的概念;事实上,它与现代哲学史的很大一部分密切关联。我们首先应该注意到"按事物的本来面貌表现事物"这个计划的双重性:本体的(事物的"本来面貌")和认识论的(因为我们要"表现"事物,没有这种表现,我们就不知所从)。我们也能认识

---

⑮ 有关康德理论中的客观性的讨论,见 Henry E. Allison, *Kant's Transcendental Idealism*: *An Interpretation and Defense* (New Haven, 1983), chap. 7, "Objective Validity and Objective Reality: The Transcendental Deduction of the Categories," 133-172。有关康德之前自然哲学家对客观性概念的讨论,见 Lonaine Daston, "Baconian Facts, Academic Civility, and the Prehistory of Objectivity," in *Rethinking Objectivity*, ed. Allan Megill (Durham, NC, 1994), 37-63,又见 Peter Dear, "From Truth to Disinterestedness in the Seventeenth Century," *Social Studies of Science*, 22 (November 1992), 619-631。关于19世纪科学领域内不断变化的对客观性的认识,见 Lorraine Daston, "Objectivity and the Escape from Perspective," *Social Studies of Science*, 22 (November 1992), 597-618;又见 Lorraine Daston and Peter Galison, "The Image of Objectivity," *Representations*, no. 40 (Fall 1992):81-128。

⑯ Daston, "Objectivity and the Escape from Perspective," 597-598; Daston, "Baconian Facts."但是,在"客观"的学术意义与辩证客观性之间又有一些联系,因为二者都包含对思维客体的构建。

第五章 针对历史学家的客观性

到绝对客观性的规范性维度和方法论维度。⑰ 另外,如托马斯·内格尔(Thomas Nagel)所指出的:绝对客观的知识这个概念十分复杂,因为在概念上,绝对客观的知识摆脱了主观性和偏见的束缚——但如果说一种对现实的绝对客观的观点要无所不包,那么它就必须包括那些存在于现实之中并且因而也是现实一部分的具体的、主观的观点。最理想的是,客观性的客观方面和主观方面是统一的。但是这种统一仅仅是**理想的情况**;实际上,绝对客观性总是要遭遇内格尔指出的无限回归。这也就是为什么绝对客观性如果发展到极端,只能给我们一个"本然的观点":我们无法将这个观点置于任何环境中,因为它如果要无所不包,就需要能够看到自己在看,而且这个逻辑会无限循环(*ad infinitum*)下去。⑱

然而,如果过于狭隘地讨论这个"本然的观点"的复杂难题,那也会是误导人的。在20世纪许多哲学讨论中,客观性所指的并不是如何"按事物的本来面貌表现事物",而是如何找到一些标准来评判那些宣称已按事物本来面貌表现事物的断言。然后,这些标准可以帮助我们向那些足够权威的知识宣称迈进,后者是任何理性的人在做过该做的研究之后,都不会去怀疑的。这些标准本身也应该引发同样普遍、理性的认同。因此,作为产物的知识至少会使我们**朝笛卡儿的**(也是培根的)"**绝对的现实概念**"**的方向前进**。⑲ 当然,我们可能永远无法真正达到这个概念,但作为理性的

---

⑰ 内维尔(R. W Newell)在《客观性、实证主义和真理》(*Objectivity, Empiricism and Truth*, London, 1986)的第二章"客观性的两张面孔"中讨论了这四个维度。

⑱ Thomas Nagel, *The View from Nowhere* (New York, 1986), 3-5, 18, and throughout.

⑲ "绝对的现实概念"这一说法来自伯纳德·威廉斯(Bernard Williams);见他的 *Descartes: The Project of Pure Enquiry* (Atlantic Highlands, NJ, 1978), esp. 64-67。当然,培根对四位"心灵偶像"的讨论是其客观性概念最常被引用的章句;见 *The New Organon*, ed. Lisa Jardine and Michael Silverthorne (Cambridge, 2000), bk I, "Aphorisms...," nos. 39-44, pp. 40-42。

人，我们可以期待最大限度地接近它。这样，绝对客观性所表现出来的绝对不是在于它的确定性抑或正确性，而是在于它应该对作为理性人的我们所产生的影响。

20世纪60年代以前，科学哲学中的主导假设是：要理性地接受或拒斥某种观点，就要将合乎逻辑的观察方法运用到具体的理论陈述之上。卡尔·波普尔(Karl Popper)及其追随者也持同样的观点，他们认为科学法则无法证实，只能证伪。诸如鲁道夫·卡尔纳普(Rudolf Carnap)和卡尔·亨普尔这样的逻辑经验主义者也这么认为。这个模式首先假定的是，我们能够做到只检验独立的句子，而不去理会有关整体认识论框架是否正确这个问题。之后的理论思考开始怀疑这种逻辑模式和单一证实(或证伪)的可能性，并随之产生了活跃的哲学讨论。大概20世纪70年代以后，大部分讨论是在"现实主义"而非"客观性"这个大标题下进行的，但讨论中关注的话题大致相同。[20] 希拉里·普特南(Hilary Putnam)和理查德·罗蒂是这场哲学讨论中的主要人物，尽管还有许多其他的哲学家参与其中。[21]

我们在这里更关心的是哲学领域外对于客观性的讨论。但哲

---

[20] 《哲学家的索引》(*The Philosopher's Index*, Bowling Green, Ohio, 1967—)一书能让我们方便地查询哲学术语的兴起和衰落。我对该书中列出的1967—1990年间文章标题中对"客观性"和"现实主义"的使用做了统计，比较了1969—1971年和1988—1990年这两个时间段，对"客观性"一词的使用从开始到结束增加了2.8倍，而"现实主义"一词的使用增加了7.2倍。

[21] Hilary Putnam, *Realism with a Human Face*, ed. James Conant (Cambridge, 1990), especially "The Craving for Objectivity" and "Objectivity and the Science/Ethics Distinction," 120-131, 163-178; Richard Rorty, *Objectivity*, *Relativism*, *and Truth*, especially "Solidarity or Objectivity?" and "Science as Solidarity," 21-24, 35-45. 另见 Helen E. Longino, *Science as Social Knowledge*: *Values and Objectivity in Scientific Inquiry* (Princeton, NJ, 1990), especially chap. 4, "Values and Objectivity," 62-82. 这章将对客观性的哲学讨论应用于科学中的性别问题——而且又反过来将后者应用于前者之中。最后，参见 Richard J. Bernstein, *Beyond Objectivism and Relativism*: *Science*, *Hermeneutics*, *and Praxis* (Philadelphia, 1983)。

第五章 针对历史学家的客观性

学关心的话题对于哲学外的讨论仍然重要，很多这些哲学外的讨论开始的时候都是与哲学家进行的辩论，或是哲学家之间的辩论。具体而言，哲学家关于**理性**和**相对主义**的讨论对 70 年代以来的客观性问题的讨论有一定影响。这些争论中有两个焦点因为它们提出的问题和引起的关注而显得特别有趣。一个焦点由托马斯·库恩在 1962 年出版的《科学革命的结构》引发，其中心议题是科学的理性；另外一个焦点的成因是当时的去殖民化进程和社会学与人类学的日渐强盛，其中心议题是文化相对主义。在这两个焦点中，部分上因为与哲学领域外的论争——一方面是与科学史，另一方面是与社会学和人类学——哲学家们被引领着讲述了一些有趣的事情。

很多哲学家深受《科学革命的结构》这本书困扰。尤其困扰他们的是：库恩讲述的科学的共同体是如何从依循一个"范式"，或者说一组优先选用的例子、理论和问题，发展到依循下一个范式的。库恩认为，因为不同的范式之间"不可比较"，所以当一些人提出理由要采用新范式的时候，这些理由对那些支持时下处于支配地位的范式的人来说是没有意义的。据此，库恩指出，从一个范式到另一个范式的转变类似于皈依的体验。㉒ 因此，在深层意义上，这种转变似乎是非理性的。另外，如果我们认真对待库恩所说的皈依，就必须把他看成是认识论层面上的相对主义者，至少就跨范式所进行的评价而言是这样的。也就是说，我们必须认为他持有一种带有鲜明的相对主义特色的观点，即认为没有任何中立的方法能在（两个或多个）背景原则和评价标准之间做出选择——这些原则和标准可以被用来评价（评估、建立）相互竞争的种种知

㉒ Thomas S. Kuhn, *The Structure of Scientific Revolutions*, 2nd, ed. (Chicago, 1970), esp. 103, 109-110, 122, 149-152. 此处我的讨论仅限于库恩在第一版中阐述的观点，而不涉及他在修订版中补充的重述。

识宣称的真实性;简单地说,我们找不到任何中立的权威观点。㉓因此,不足为奇的是,许多哲学家指责库恩是一个非理性主义者和相对主义者。这两项指责彼此之间关系密切,同时它们又都与所谓不可能客观地评价科学上的知识宣称有关。指责库恩为非理性主义者和相对主义者的那些哲学家实际上是在指责他丢弃了绝对的、哲学意义上的客观性。㉔

其他文化问题语境中发生的相对主义讨论也与20世纪晚期关于客观性的讨论相关。两本现成的论文集给我们提供了20世纪60年代到80年代初文化相对主义讨论的概况:布赖恩·威尔逊编的《理性》(1970)和马丁·霍里斯与史蒂芬·卢卡斯合编的《理性与相对主义》(1982)。㉕ 在这两本论文集中,哲学家、社会学家和人类学家就诸如货物崇拜、巫术以及非洲传统思想与西方科学之间的关系等问题进行了讨论。由此,他们超越了现代哲学的纯**理论**兴趣,并预测了20世纪最后10年间客观性探讨的发展方向。然而,他们并没有将争论集中于客观性**本身**,因为他们关心的焦点并不是要找到一种标准,以便使我们能够评判相互竞争的信念和信仰体系的正确性。相反,他们关心的是"跨文化、跨理论的理解和……普遍的相

㉓ 此处我压缩并改编了哈维·塞格尔(Harvey Siegel)对认识论相对主义的定义。见其著作 *Relativism Refuted*: *A Critique of Contemporary Epistemological Relativism* (Dordrecht, 1987),6。

㉔ 循此路线的一部特点鲜明(并影响深远)的早期批判著作是 Israel Schelfher, *Science and Subjectivity* (Indianapolis, 1967),esp. 15-19 and 74-89。《哲学家的索引》一书中有这个讨论的大部分内容。

㉕ Bryan Wilson ed. ,*Rationality* (Oxford, 1970);Martin Hollis and Steven Lukes, esd. ,*Rationality and Relativism* (Oxford, 1982)。另见 Stuart C. Brown, *Objectivity and Cultural Divergence*, Royal Institute of Philosophy Lecture Series 17, Supplement to *Philosophy* 1984 (Cambridge, 1984);Clifford Geertz,"Anti Anti-Relativism," *American Anthropologist* 86 (1984): 263-278, reprinted in Michael Krausz, ed. ,*Relativism*: *Interpretation and Confrontation* (Notre Dame, IN, 1989),12-34。

第五章　针对历史学家的客观性

互理解"。㉖ 这种"跨"理解与学科客观性概念的出现紧密相关。

学科意义上的客观性

学科客观性强调的不是普遍的判断标准,而是具体的、但也是权威的学科性标准。它强调的并不是一切善意的知识探寻者应该最终汇合,而是在某个领域内合理的知识探寻者需近似于汇合。㉗诚然,如果将绝对客观性和学科客观性之间的对立表现得过于突出,那也是有误导性的。在实践中,似乎在这两个极端之间有些合乎情理的其他选择,而且只要存在这些选择,这两种意义上的客观性就相互交叠。㉘ 但是,在概念层面上的交叠又会被体制上的分割抵消。诸学科(次学科、研究领域等)是存在的。如果从体制层面上来界定的话,学科客观性指的是特定学科(次学科、研究领域等)中从业者宣称对它的能力区域具有权威权限。这种宣称可以有不同的形式,其明确程度和清晰程度也不一样。它的立足点在不同的学科和领域之内也有所不同,并随着时间而变化。在最基本、最难以言喻的层面上,学科客观性的宣称会以类似下面的形式表现出来:如历史学家坚信只有历史学家而不是社会学家才能找到过去的真相;哲学家坚信只有哲学家而不是历史学家才能找到真理的本质;文学研究者坚信他们远比诗人更能找到文学作品的

㉖ Steven Lukes,"Relativism in its Place,"in Hollis and Lukes, eds.,*Rationality and Relativism*, 261-305,at 261.
㉗ 将这种观点称为"学科"客观性在某些方面是不恰当的,因为学科客观性追求的汇合至少是很有可能被置于比学科这一层面更具体的层面上的。然而,因为"学科"(disciplinary)一词具有双重含义,它在这里似乎仍是最恰当的用词,尽管人们可能早已也称它为"共识的"客观性。
㉘ 尤见 Longino, *Science as Social Knowledge*, especially the section entitled "Objectivity by Degrees,"76-81。朗吉诺强调了科学实践(第66—68页及多处),他的记述与下文讨论的辩证客观性有密切联系。

真理;物理学家坚信他们要比化学家更能找到物质世界的真理。

与学科客观性不可分割的是现代学术事业的动态——这种事业被分为各个学科和领域,而且被相互竞争的权威性宣称所分割(这就是为什么在学术讨论中会反复出现边界争议,虽然它们并不总是被认作边界争议)。我们当然也能想象出其他种类的学术环境,在其中,人们会回避对学科客观性做出宣称。他们之所以回避,是因为他们相信他们已经获得了**普遍**权威的观点:在这种情况下,就没有必要宣称自己已达到学科客观性了。抑或他们回避这种宣称,因为他们自信已经发展出了对研究对象的一种特殊的、个人的敏感;比如说,生物学家芭芭拉·麦克琳托克(Barbara McClintock)认为自己"对有机体有感情",同时艺术史学家和艺术批评家也经常希图在艺术作品中培养这样一种类似的取向。㉙ 在这里,他们做出的宣称是辩证意义上的客观性,它包含了一种在研究者与研究对象之间的互动;在这种情况下,鉴赏力就要比绝对和学科客观性推崇的客观更重要了。最后,我们还可以想象,一些研究者或是因为对自己的设想极度自信,或是相反,对自己能为知识生产做出贡献的能力过于谦虚,因而他们根本不会做出任何甚至是与学科客观性有一点点类似的宣称。《罗马帝国衰亡史》的作者爱德华·吉本(Edward Gibbon)可以看作前一种类型;《随笔》的作者蒙田(Michel de Montaigne)可以看作后一种类型。

我在这里举了两个非学术性的作家为例,这是很重要的。这两位作家都不认为自己参与了集体的、统一的知识探寻。只有在有这样的集体计划的时候,学科客观性的宣称才会出现,因为这种宣称至少在有限的领域内是断言知识统一的一种方式。然而,学

㉙ Evelyn Foxkoller, *A Feeling for the Organism: The Life and Work of Barbara McClintock* (New York, 1983),197-198. 对一位范例式艺术鉴赏家的叙述可参见 Ernest Samuels, *Bernard Berenson: The Making of a Connoisseur* (Cambridge, MA, 1979)。

第五章 针对历史学家的客观性

科客观性的宣称**也是**由认识论上的不安全感造成的。只有在人们似乎不再继续相信伴随绝对客观性的一种不可分割的真实的时候,当他们对个人观念产生怀疑的时候,这些宣称才可能出现。

社会科学家和人文科学家之中认识论上的不安全感,能够帮助我们解释为何库恩的《科学革命的结构》对自然科学之外的一些领域——自然科学的历史、哲学和社会学——产生巨大影响。众所周知,库恩极力否认了他对自然科学的叙述也适用于社会科学,就更不用说人文科学了。㉚ 然而,到了20世纪70年代初,社会科学领域把《科学革命的结构》列为必读书,人文科学领域也日渐如此。㉛ 历史学家戴维·霍林格(David Hollinger)于1973年在《美国历史评论》上发表的文章中指出了该书有如此巨大吸引力的一个原因:用霍林格的话说,这本书给社会科学家(包括历史学家)提供了"一种合理性或客观性的感觉"。㉜

霍林格对库恩著作的评论在一些读者看来会显得比较奇怪,因为,正如霍林格指出的那样,许多哲学家坚称库恩"根本没有任何合理性的感觉",他"甚至将高度发达的(也就是自然)科学相对

㉚ Kuhn, *Structure of Scientific Revolution*, 164-165.
㉛ 这一说法可以用文献计量分析和征引研究加以说明,或许部分上也可以用它们来加以修正。但在没有进行这项研究的前提下,我们可以暂且从这部著作的销售量上找到依据:从1962年3月5日该书最初出版到1991年1月之间,《科学革命的结构》卖出了768744本,这对一部学术著作来说是令人吃惊的数目了。在1968—1969年间,该书售出22500册,在70年代早期,每年售出40000册(在1990年前后,它每年售出25000册)。感谢芝加哥大学出版社的历史与社会学编辑达格拉斯·米切尔(Douglas Mitchell)为我提供了这些数据。
㉜ David Hollinger, "T. S. Kuhn's Theory of Science and Its Implications for History," in *In the American Province: Studies in the History and Historiography of Ideas* (Bloomington, IN, 1985),105-129,at 115; orig. pub. in *American Historical Review* 78 [1973]:370-393). 有关在同一时期社会学家对库恩理论的(错误)应用的讨论,见Douglas Lee Eckberg and Lester Hill Jr., "The Paradigm Concept and Sociology: A Critical Review," in *Paradigms and Revolutions: Appraisals and Applications of Thomas Kuhn's Philosophy of Science*, ed. Gary Gutting (Notre Dame, IN, 1980),117-136。

化到如此的程度,以至于否定这种科学宣称的客观性"。㉝ 显然,用我的术语来说,库恩否定了**绝对**客观性的概念;在这方面,那些在哲学领域内"严厉"批评库恩著作的人对这本书的反应是正确的。但他们错在认为否定绝对客观性就是否定所有的客观性。那种将一个"成熟的科学共同体"㉞的所有成员统一在一起的范式,提供了一个支持客观性宣称的上诉法庭:这并不是一个绝对的上诉法庭,而是一个在具体时间内服务于具体共同体的上诉法庭。如果我们坚守绝对客观性,那么库恩在《科学革命的结构》中提出的立场看起来就只是彻头彻尾而且偏离正路的相对主义。然而,正如霍林格所指出的那样,尽管历史学家很久以前就放弃"自称'科学的史学'",但他们仍然"称出色的研究成果为'客观的'"。霍林格认为,这种持续下来的客观性宣称,其基础在于职业历史学家之间就历史研究工作成功与否的标准达成了广泛的主体间共识。㉟ 库恩著作中那种统一在一个范式之下的"正常的"科学共同体,不过是这种专业共识的一个更为统一的形式。㊱

在我们的知识生产体制中,学科客观性问题的意义十分重大。这个系统有多个中心,在其中,学术权威正在不断地被质疑、被重新调整。在没有中立观点的情况下,学科客观性就成为学术权威的一种极为重要的形式。毕竟,如果学者想要学术界聆听他们的观点,他们就必须回答这样一个反复出现的问题:"你根据什么权

㉝ Hollinger, "T. S. Kuhn's Theory of Science," 116-117.
㉞ Kuhn, *Structure of Scientific Revolutions*, 162.
㉟ Hollinger, "T. S. Kuhn's Theory of Science," 116. 有关历史学家与客观性关系的详细讨论,参见 Peter Novick, *That Noble Dream*: *The "Objectivity Question" and the American Historical Profession* (New York, 1988)。
㊱ Hollinger, "T. S. Kuhn's Theory of Science," 117-119. 诚然,我们必须区分"范式"的两种含义,即作为普遍接受的**观点**的含义,以及作为一种极为成功地解决问题的科学**实践**例子的含义。如果我们强调的是后一种含义,那么库恩就与辩证客观性有密切联系。但社会科学家更感兴趣的是库恩对共识的强调,而不是库恩论述中的上述方面。

第五章　针对历史学家的客观性

威这么说?"学科客观性的宣称就像绝对客观性的宣称一样,也为我们提供了这个问题的答案。

辩证意义上的客观性

辩证的客观性给出了一个不同的答案。绝对客观性和学科客观性共有的一个显著特点,就是它们与主观性的负面关系。绝对客观性试图要排除主观性,学科客观性试图要克制主观性。然而这种客观性和主观性之间的假定对立是在历史中产生的。在一篇关于17世纪客观性概念的论文中,科学史学家彼得·迪尔指出,在早期近代历史中,客观性一词不再被人们用来指一种**精神的客体**,也就是思维的真实表观,取而代之的是,人们开始用它来指在科学计划中为消除所有那些人们认为不适合真实知识的特点所做的努力。这些"不适合"的特点都与主观性有关。㊲ 达斯顿和加里森在研究19世纪科学客观性概念时,也同样指出了这些概念的"负面特点"。㊳ 像"无观念的客观性"和"本然的观点"都十分正确地把我们的注意力转到了这种负面性。㊴ 与之形成鲜明对比的是,辩证客观性包含一种对主观性的积极态度。辩证客观性的基本特点是,它宣称主观性对于构建客体必不可少。与这一特点相关的是,辩证客观性强调"做"而不是"看待"。

㊲ Dear, "From Truth to Disinterestedness," 619-621.
㊳ Daston and Galison, "The Image of Objectivity," 82.
㊴ "无观念的客观性"这种说法是达斯顿在《客观性与脱离角度》一文中提出的。另外,迪尔指出,波普尔著名的客观可理解度的"第三世界"概念清楚地体现了(绝对)客观性的负面特点,这是因为(a)我们很难用具体的方式找到波普尔的"第三世界",而且(b)其中的观念"不需要在任何有用的意义上是真实的"。用迪尔的话说,"客观知识的特点就是非主观……真实与否不是主要的问题"(Dear, "From Truth to Disinterestedness," 619-620; Karl Popper, *Objective Knowledge: An Evolutionary Approach* [Oxford, 1972], chap. 4, "On the Theory of Objective Mind," 153-190)。

这种倾向于"做"（实践）的取向影响了许多不同的哲学流派或趋势，所以，辩证客观性的概念在许多语境中出现也就不足为奇。早期的这种取向由尼采在《历史对人生的利弊》(1874)中提出。在慨叹其他的古典学者与他们研究的希腊人没有任何感情联系的同时，尼采指出，除非历史学家早已对过去的某个特定历史时刻所提供的一切有了某种感觉，否则他们无法看到正被提供给他们的一切。换言之，**主观性**对**客观性**来说是必需的；或者用尼采的话来说："我们需要有客观性，但是是一种作为积极品质的客观性。"⑩ 与尼采相似，海德格尔在《存在与时间》(1927)中指出，我们最初是从我们在这个世界的行动过程中认识客体，而不是通过理论思考认识它们。⑪ 很多其他思想家也提出过类似的看法，这些观念常常与哲学中的实用主义、存在主义或现象学流派有关。⑫

历史学的邻近学科——人类学是如何看待辩证客观性的呢？人类学家乔纳斯·费边(Johames Fabian)发表于1991年的论文《重访民族志的客观性：以严谨到活力》给我们提供了最好的例子。⑬ 费边早在1971年的论文《历史、语言与人类学》中就探讨过客观性。⑭ 他撰写这篇论文是对当时流传的两种有关民族志客观

---

⑩ Friedrich Nietzsche, *On the Uses and Disadvantages of History for Life*, sec. 6, in his *Untimely Meditations*, trans. R. J. Hollingdale, with an Introduction by J. P. Stern (Cambridge, 1983), 89-95, at 93.

⑪ Martin Heidegger, *Being and Time*, trans. Joan Stambaugh (Albany, NY, 1996), §15, pp. 62-67 (German pagination).

⑫ 比如参见 Maurice Merleau-Ponty, *Phenomenology of Perception*, trans. Colin Smith (London, 1962 [1945]); John Dewey and Arthur F. Bentley, *Knowing and the Known* (Boston, 1949); Michael Polanyi, *Personal Knowledge: Towards a Post-Critical Philosophy* (Chicago, 1958); Marjorie Grene, *The Knower and the Known* (New York, 1966)。

⑬ Johannes Fabian, "Ethnographic Objectivity Revisited: From Rigor to Vigor," in Megill, ed., *Rethinking Objectivity*, 81-108; orig. pub. in *Annals of Scholarship* 8 (1991): 301-328.

⑭ Johannes Fabian, "History, Language and Anthropology," *Philosophy of the Social Sciences* 1 (1971): 19-47.

性的观点的一种回应。其中一种观点认为,评判民族志研究和写作的客观性标准是"科学逻辑"。㊺ 我们可以将这种观点看作是一种"绝对"客观性,它是从逻辑经验主义(或"逻辑实证主义")哲学那里进入人类学领域的。第二种观点是受库恩《科学革命的结构》启发,认为只有在一个范式的框架之内才有可能产生真正客观的知识。持这种观点的人类学家认为,人类学很不幸还处在"前范式时期"。㊻ 但费边并不因此而担忧;相反,他在1971年的论文中提出,库恩的观点"将对职业精神的崇拜神圣化了"。㊼ 费边反对这两种观点——尤其是"实证主义"观点,他指出人类学领域中的客观性需要建立在人类的主体间性之上,而且这种客观性只能通过在语言中发生的交流性互动来实现。㊽

我们已经能够看出费边的立场有辩证的特点,因为他强调了互动这个概念。当然,历史学家的研究对象通常是过去的人,而不是人类学研究的现在的人,因此我们就不能马上弄清楚究竟历史研究和历史写作如何也能是辩证的。但是,费边强调的辩证互动集中在一个问题上,在历史研究领域也有类似问题:人类学家如何将他们在特定文化中的经历变成人类学研究和思考的对象?简言之,费边关心的是作为**客体的构建**(making of objects)的客观性——作为"客体化"(objectification)的客观性。㊾ 这是称职的历史学家无时不在做的工作——他们构建**历史的**客体。例如,布罗

㊺ Fabian,"Ethnographic Objectivity Revisited,"81. 费边的这种观点得益于 J. A. Barnes, *Three Styles in the Study of Kinship* (Berkeley, 1971)。

㊻ 巴恩斯也这样认为,见他的 *Three Styles*, xxi。当然,我们在这里能发现他们对"学科"客观性的坚持。

㊼ Fabian,"History, Language and Anthropology,"19. 换句话说,库恩认为任何名副其实的对科学知识的探寻必须要遵循同一套方法,并做出同一个结论。

㊽ Fabian,"History, Language and Anthropology,"25,27.

㊾ 费边使用的"客体化"一词的含义是中性的、认识论上的,而不像其他许多人一样带贬义地用这个词来指将"人"变成"客体"。

代尔的巨大成就是将他深爱的地中海转变成一个历史客体(见第四章)。

费边是因为其早期对一个宗教运动——堪特加的牙玛运动(the Jamaa Movement in Katanga)——的田野研究而开始对客体化产生兴趣的。当时这位年轻的人类学家的问题是,他研究的这个运动几乎没有任何宗教运动通常具有的显著特点。它没有任何"仪式用具……徽章,描绘《圣经》的服装,公共建筑,等等,而这些都是大部分非洲宗教运动的典型特点"。这个运动的社会活动是地方化的,没有显著特点;其成员也遍及各处,分布没有什么特点;没有正式的组织;创建者及其追随者都否认他们发起了一个运动。[50] 在这种情形中,费边发现,实证主义的假设(即客观性就是正确方法的产物)是没有用的;确实,他最终的结论是,实证主义方法遮蔽了所有有关客观性的重要事物。逻辑实证主义错误地认为,社会科学知识建立于仅仅"在那里"的事实之上;结果,它忽视了人类学所研究的客体是如何被构建的这个问题——比如说,我们是如何将一组特定的现象看成"一个宗教运动"的。

乍一看,辩证客观性似乎与绝对客观性相对立。但我们可以考虑一下康德在《纯粹理性批判》中提出的理解过程:通过将理解范畴(统一性、多样性、整体性、因果关系,等等)强加于各种各样混乱的主观印象之上,这种理解就授予那些印象以客观性了。对康德的叙述我们可以有两种理解。如果我们强调这些范畴的**普遍性**——他们为所有理性的人共有——那么我们就会将康德看成一位绝对客观性方面的理论家,这种绝对客观性不具有任何个人的和异质的特性。但是,如果我们强调的是有见识的主体所具有的**能动**特点,那么,康德看起来就是一位辩证客观性方面的理论家,

---

[50] Fabian, "History, Language and Anthropology," 22.

尽管他本人不情愿。(51) 这样，绝对客观性和辩证客观性之间就有一种奇怪但明显的共生关系。我们甚至可以将绝对客观性看作辩证客观性的一个特殊例子，它无非是要求建构一种特定的、有见识的主体，即一种有绝对权威的主体。

程序意义上的客观性

程序的客观性也与其他几种客观性有复杂关系。它可以看作是对绝对客观性的一种修正，但这种修正仅仅集中在程序的客观性上，而脱离于探寻真实的这个目标；因此，它使得本已存在于有关绝对客观性讨论之中的真实和客观性之间的距离更大。程序客观性也可以看作辩证客观性在某个特定方向的应用，在这种应用中，严格依循规则的行为模式要求建构适合于这种模式的主体——也就是说，能够应用规则并以规则为准绳的主体。但是，程序客观性中主导的隐喻（metaphor）不像在绝对客观性中那样是视觉性的：程序客观性并不给我们提供一种“观点”。它也不像辩证客观性一样强调行为。相反，它的主导隐喻是触觉性的，是一种否定意义上的“把手拿开！”或许它的格言应该是“未被人触摸过”。

为了能使这些抽象的叙述更具体，我们可以思考一下科学史学家西奥多・波特（Theodore M. Porter）对官僚机构和科学的标准 123
化所做的研究。(52) 波特是 20 世纪 80 年代和 90 年代一群颇有才能的科学史学家中的一员，这群人把撰写客观性的历史——或者更

---

(51) 进一步的讨论见 Grene, *Knower and the Known*, Chap. 5, “Kant: The Knower as Agent,” 120-156。

(52) 见 Theodore M. Porter, “Objectivity as Standardization: The Rhetoric of Impersonality in Measurement, Statistics, and Cost-Benefit Analysis,” in Megill, ed., *Rethinking Objectivity*, 197-237。另见 Theodore M. Porter, *Trust in Numbers: The Pursuit of Objectivity in Science and Public Life* (Princeton, NJ, 1995)。

应该说是客观性的诸种历史——视为己任。㊳通过考察现代官僚机构,波特指出,在官僚体制内,客观性应该看作是一组削减主观性分量的规则。这些规则提供了除官僚所执行的个人判断之外的另一种选择。(在一个特定社会中,对官僚的尊敬和信任越少,这些规则就会越详尽。在一个不尊敬或不信任法官的社会中,人们就会力图将法官降到没有任何权力做独立判断、只能遵守规则的低等官员的位置。)这些规则以完全否定的方式代替了个人判断,既不要求有超然的价值(像绝对客观性那样),也不要求有共同的标准(像学科客观性那样)。在价值之间有冲突又很难找到共识的情况下,这些规则或许是使大家都同意的公共行为得以继续下去的唯一办法。

从历史上来讲,科学实践中非个人性(impersonality)方面的进步与标准化进程(度量衡标准化、范畴标准化等)是同步发展的,并且推进了后者。一方面,标准化有一个**客观的**方面:范畴是人为地加之于客体世界之上的,就像我们创造出统一的度量衡和界定同一类人的统计分类一样。另一方面,没这么明显的是,**主体**的标准化也已经出现了,这是通过对主体加以一些旨在控制个人判断的限制而实现的。例如,我们制订统计推论规则和严格的访谈规章,为的是要保证生产出来的知识尽可能地独立于知识的生产者。这里,波

㊳ 这些学者的部分著作我在本章注 15 已有引用。另见 Peter Dear, "Totius in verba: Rhetoric and Authority in the Early Royal Society," *Isis* 76 (1985):145-161, and "Jesuit Mathematical Science and the Reconstitution of Experience in the Early Seventeenth Century," *Studies in the History and Philosophy of Science* 18 (1987): 133-175。科学社会学家史蒂芬·萨宾(Steven Shopin)和西蒙·夏弗(Simon Schalfor)也对这一历史研究有所贡献,见他们的 *Leviathan and the Air-Pump: Hobbes, Boyle, and the Experimental Life* (Princeton, NJ, 1985),以及 Steven Shapin, "The House of Experiment in Seventeenth Century England," *Isis* 79 (1988):373-404。另见章节 "Numbers Rule the World," in Gerd Gigerenzer…[et al.], *The Empire of Chance: How Probability Changed Science and Everyday Life* (New York, 1989), 235-270(尽管《机遇帝国》一书为许多作者合著,但这一章基本上是达斯顿和波特二人的作品)。客观性在 20 世纪晚期成为历史研究的对象——也就是说,一个历史客体——这本身就很有趣,也显示了客观性在我们的时代被问题化的程度。这当然又体现了"辩证"这一点。

特的研究与达斯顿和加里森的研究方向相同,后两者的研究告诉我们,在 19 世纪,对主观性某些方面的怀疑——也就是对"阐释、选择性、人为加工以及判断本身"的怀疑——成为科学领域中客观性的一个突出特点。㊾

波特出色地展示了在官僚体制内客观性是如何用"公平"代替了"真实"或"最好"。我们也可以在科学领域内发现类似的例子,在其中"真实"被"程序上的正确"所取代。例如,研究者时常强调他们遵循了非个人性的程序(比如说在试验心理学中的推论性统计),但并不宣称他们的程序能保证他们的发现是真理。我们应当注意到这里程序客观性与学科客观性的重叠之处,因为"正确"程序的定义通常是一种学科性的,是在一个特定的研究范围内人们达成的一套惯例(如统计学家和其他研究者经常提到"在统计意义上重要"的结果)。另外,程序客观性力图保持绝对客观性的字面意义而否定其精神——利用绝对客观性所推崇的客观的方法,而对希望达到的目标(也就是绝对真实)持不可知的态度。最后,程序客观性与辩证客观性也有密切关系,因为随着客体的标准化,主体也要被标准化。

正如读者们可能已经猜到的那样,程序客观性在历史研究和写作中并不是作为一种完备的取向存在,而是仅仅作为一种倾向存在。优秀的历史学家竭力对于他们的程序尽可能的小心——严格核实第一手来源,注意相关的二手材料,用一种分析性的、明显反事实的方法去处理原因问题,把他们的证据和推理摆出来,并清楚地表明他们的宣称被认为具有的确定性或者推测的程度。但是,极端形式的**完全**客观的程序(就像医学临床试验中遵循的"双盲"程序所

㊾ Daston and Galison, "The Image of Objectivity"; Daston, "Objectivity and the Escape from Perspective" (the quotation is from "The Image of Objectivity," 98).

展示的那样），是与史学研究格格不入的。

　　上文所述就是四种意义上的客观性——绝对的、学科的、辩证的和程序的——它们在时下的讨论中十分突出。正如我力图指出的那样，它们的重要性并非偶然，因为它们有相互联系的逻辑，每一个超越了某种纯粹绝对的上帝视角的观点都同样要求其他形式在场。它们是概念类型，但是因为刚刚讨论过的原因，它们在实践中相互交叠。对这些概念类型的注意能帮助历史学家更为清晰地考虑史学中描述、说明、辩护和阐释这四项工作的挑战和局限。在此，我并没有说我提出的分类方法能在某种意义上为这个"客观性问题"提供某种"解答"。寻找这样解答的人要么不清楚"客观性问题"所包含的理论上的复杂性，要么对理论可以成就什么过于自负。

　　最后，历史学家必须从理论的或准理论的陈述中走出来，走进历史研究本身这项艰苦工作中去。他们必须将精力集中在具体事例上，并从中得出他们能得出的洞见。因此，下一章我们将着重讨论一个具体的例子。

第六章　一个有关历史认识论的案例分析*
——关于托马斯·杰斐逊和莎丽·海明斯，邻居们究竟知道些什么？

19世纪的历史学家、史学理论家德罗伊森(1808—1884)在他那部现在几乎被人遗忘的《历史原理概要》中声称,历史应对它自己讲清楚"它的目标、方法和基础"。① 德罗伊森感兴趣的问题之一是历史研究和历史写作中的批判和建构两方面之间的关系。正如迈克尔·麦克莱恩(Michael J. Maclean)强调过的那样,德罗伊森认为历史并不仅仅是对史料的批判审察(Kritik),因为对史料的批判能够产生的仅是"分散的实证片断"。问题是要从这些片段跳到麦克莱恩所说的"持久的集体表达,通过后者,统一在……各种道德共同体内的……人们……在历史中表现出了他们协调一致的意志行为"。②

德罗伊森的时代与我们的时代大不相同——他生活的时代是德国唯心主义哲学的世界。他将这个问题——即从片断的史料到

---

* 本章作者为史蒂文·谢泼德、菲利普·霍恩博格和阿兰·梅吉尔。
① Johann Gustav Droysen, *Outline of the Principles of History*, trans. E. Benjamin Andrews (Boston, 1893),4-5.
② Michael J. MacLean,"Johann Gustav Droysen and the Development of Historical Hermeneutics," *History and Theory*,21 (1982),347-365, at 354-56; quotations at 355.

建构过去事件的整体画面——概念化的方式，已经不再为我们所认同了。但他以令人钦佩的方式清楚提出的这个问题本身，却是我们要面对的。这也是本书关注的中心话题之一。德罗伊森认为历史学家**必须**推测。如果不推测，那么我们就根本不会有历史，有的只能是事实的集合。因此，我们应该问的问题不是"历史学家**应该推测吗**？"而是"历史学家应该**如何**推测？"我们的观点——也许因为简单而略显幼稚，而且肯定因为幼稚也显得简单——就是历史学家应该诚实地、明智地推测。我们相信，从长远的角度看，更明智的做法是诚实，而不是欺骗或者（更糟糕的）自欺欺人。本章的焦点是如何明智地推测；至于史学的职业道德问题，我们在此暂时不予讨论。

一个有争议的案例

1802年9月1日，一位仕途不得志的记者，詹姆斯·卡伦德（James Callender），在《里士满纪事报》上发表了一篇文章，指责美国总统杰斐逊与一位名叫莎丽的女奴有染。其后的两个世纪中，有关这一指责的真实性的讨论时断时续。卡伦德并没有提供有关他称之为"这个小婊子莎丽"的人的更多信息，但她只可能是莎丽·海明斯（Sally Hemings, 1773—1835），一位家庭奴仆。她很有可能是杰斐逊亡妻玛莎·威尔士·杰斐逊（1748—1882）同父异母的妹妹，其父约翰·威尔士与女奴伊丽莎白·海明斯长期有染（事实上，大多数研究过这件事的历史学家都认为，莎丽·海明斯肯定是玛莎·杰斐逊同父异母的妹妹）。

在莎丽·海明斯的后代中长期存在一个口述传说，即莎丽与杰斐逊有过性关系，还给他生了孩子。然而直到最近，几乎所有研究过这件事的历史学家都不认为莎丽和杰斐逊之间有过这样的关

第六章　一个有关历史认识论的案例分析

系。他们以各种各样的理由驳斥了这种观点,因为:卡伦德并非一位中立的观察者,而是想中伤杰斐逊;以前曾做过杰斐逊蒙蒂塞洛庄园家庭奴仆的那些人讲述的根本就是不可靠的谣传,不具有第一手资料的价值;与奴隶私通这样的事情,显然不符合道德高尚的杰斐逊的性格;杰斐逊本人是个种族主义者,不会与非洲裔的女人有染。

　　这些有关海明斯与杰斐逊之间所谓关系的讨论在1998年11月又升温了,因为那个时候对19位可确认的海明斯的男性后代以及对杰斐逊的叔叔菲尔德·杰斐逊的DNA检测结果被公布出来(该项检测由病理学家尤金·福斯特组织,并在英国和荷兰的实验室里进行)。检验结果表明,莎丽·海明斯最后一个儿子——埃斯顿·海明斯的父亲几乎可以确定是杰斐逊家族中的人③(当时无法检测海明斯其他几个已知孩子的父亲是谁,因为该项检测要求有一连串可确认并健在的男性后代)。差不多在该项DNA检验结果出来**之前**一年,一位名叫安妮特·戈登-里德(Annette Gordon-Reed)的法学教授出版了一部著作,她考察了能够证明或否定海明斯—杰斐逊关系的史料证据,并得出结论,可以证明两人关系的证据比我们之前认为的要确凿得多。因此,不足为奇的是,DNA检测结果公布不久,便有人(弗吉尼亚大学的彼得·奥努夫[Peter S. Onuf]教授)组织了一次学术会议,以讨论杰斐逊与海明斯之间

---

③ Eugene A. Foster, M. A. Jobling, and P. G. Taylor, "Jefferson Fathered Slave's Last Child," *Nature*, 5 November 1998, 27-28. 福斯特说埃斯顿·海明斯的父亲是杰斐逊或者杰斐逊的直系男性血亲有"99%的确定性"。我们应该注意到,这篇文章的标题是不准确的,实际上它是《自然》杂志社的编辑而非作者们选定的。DNA检测**仅仅**证实了杰斐逊的血亲中有一位男性是埃斯顿·海明斯血亲中一员的父亲,而不是证明了托马斯·杰斐逊就是埃斯顿·海明斯的父亲。尽管如此,对现有史料的最佳解释似乎仍然会指向杰斐逊就是埃斯顿的父亲。

确有私通意味着什么。④

　　本章最早是谢泼德为回应约书亚·罗特曼(Joshua D. Rothman)在该学术会议上提交的论文而撰写的一篇文章。罗特曼在其论文中提出,新近确认的杰斐逊—海明斯的关系迫使我们比之前的历史学家们更信任卡伦德的报告。罗特曼特别指出,我们应该相信卡伦德(在其发表于1802年9月1日《里士满纪事报》的文章中)说的"夏洛茨维尔附近没有一个人不相信这个故事,知道这

---

④ 关于这个课题有一系列文献。斯各特·弗朗其(Scot A. French)与爱德华·阿耶尔(Edward L. Ayers)的文章介绍了有关海明斯—杰斐逊关系的早期讨论(以及杰斐逊与种族和奴隶制的一般关系),详见他们的文章"The Strange Carrer of Thomas Jefferson: Race and Slavery in American Memory, 1943-1993", in *Jeffersonian Legacies*, ed. Peter S. Onuf (Charlottesville, VA, 1993),418-456。安妮特·戈登-里德的著作:《托马斯·杰斐逊与莎丽·海明斯:一场美国的争议》(*Thomas Jefferson and Sally Hemings: An American Controversy*, Charlottesville, Va., 1997)考察了在DNA检测结果公布之前有关所谓杰斐逊—海明斯关系的证据(本章接下来引用该书时在括号中注明了页码)。1999年3月召开一次讨论假定的海明斯—杰斐逊关系有何意义的学术会议,会议论文发表于Jan Ellen Lewis and Peter S. Onuf, eds., *Sally Hemings and Thomas Jefferson: History, Memory, and Civic Culture* (Charlottesville, VA, 1999)。这本论文集也收录了一些原始史料:卡伦德发表于1802年9月1日和10月20日的指控;海明斯的一个孩子麦迪逊·海明斯在1873年的回忆录;杰斐逊对黑人特点的思考(出自他1787年的著作《弗吉尼亚笔记》);以及他1815年的一封信件,这封信对黑白混血祖先的后代需要多少白人"血统"才能完全变成白人这个问题做了推测。这个话题后来又在一个期刊的论坛中被讨论,见"Forum: Thomas Jefferson and Sally Hemings Redux," *William and Mary Quarterly*, 3rd series, 57 (2000):121-210, with contributions by Jan Lewis, Joseph J. Ellis, Lucia Stanton, Peter S. Onuf, Annette Gorden-Reed, Andrew Burstein Onel Fraser D. Neiman。许多有关海明斯与杰斐逊之间性关系的争论的材料,可以在托马斯·杰斐逊基金会的网站上找到:http://www.monticello.org, 搜索关键词"Thomas Jefferson and Sally Hemings"。

　　还有一个网站,其编辑为艾勒·罗伯特·考特斯(Eyler Robert Coates, Sr.),它主要致力于质疑海明斯与杰斐逊有染的说法:见http://www.geocities.com/Athens/7842/jeffersonians/index.html。考特斯还编辑过一本同样反映其倾向的书:*The Jefferson-Hemings Myth: An American Travesty* (Charlottesville VA: Thomas Jefferson Heritage Society, 2001)。谷歌检索毫无疑问会找到更多相关的讨论。

　　有关同一时期对1999年学术会议的报道,见Nicholas Wade, "Taking New Measurements for Jefferson's Pedestal," *New York Times*, Sunday, 7 March 1999, sec. 1。

第六章　一个有关历史认识论的案例分析

件事的人也不在少数"。⑤ 事实上，罗特曼还比卡伦德更进了一步，他断称"弗吉尼亚的一些人"早在1790年杰斐逊携随从于驻法大使的职位上卸任回到美国的时候，就知道他与海明斯的关系，或是听说过相关故事。⑥ 我们在本章中将应用"最佳解释推论"（inference to the best explanation）的标准（哲学家已经十分熟悉这种标准，但历史学家并不熟悉），以指出历史学家对杰斐逊的邻居究竟是否真的"知道"杰斐逊——海明斯的私通关系应该持不可知的态度，因为并没有足够的史料证明罗特曼对这件事的叙述是最好的叙述。⑦

在读过罗特曼出版于2003年的著作《在邻里间声名狼藉》之后，我们对罗特曼观点的怀疑态度有所减弱。该书有一章专门讨论了杰斐逊与海明斯。罗特曼在书中展示了大量有关种族间性行为的证据，这在一定程度上弥补了他在有关海明斯——杰斐逊事件谣言传播证据上的不足。但在其1999年的文章和2003年的著作中，罗特曼均不仅仅声称在内战前的弗吉尼亚有一种对种族间性行为的"社会知识"；还声称"在媒体报道该事件很久以前，在阿尔博马尔县以及弗吉尼亚的士绅阶层中就已经有了对杰斐逊——海明斯关系的社会知识"（罗特曼2003年，第16

---

⑤ 引自Lewis and Onuf, eds., *Sally Hemings and Thomas Jefferson*, appendix B, 259。

⑥ Joshua D. Rothman, "James Callender and Social Knowledge of Interracial Sex in Antebellum Virginia," in Lewis and Onuf, eds., *Sally Hemings and Thomas Jefferson*, 103, 104. 罗特曼在《在邻里间声名狼藉：弗吉尼亚的跨种族性行为与家庭，1787—1861》（*Notorious in the Neighborhood: Sex and Families across the Color Line in Virginia, 1787-1861*, Charlottesville, VA, 2003）一书的第一章《杰斐逊、海明斯、卡伦德与奴隶制下的跨种族性行为》中多次重述了相同的主题，见第32—33, 35页。下文中我们将出自这两部著作的引文标注为罗特曼1999年和罗特曼2003年。

⑦ 本章的研究与撰写的过程如下：谢泼德与梅吉尔很怀疑罗特曼的论断。罗特曼将其论文送给谢泼德，后者此后撰写了一篇论文并反复修改，以阐明罗特曼论断中的认识论问题。之后，梅吉尔、霍恩博格和谢泼德一起修改了谢泼德的论文，并将其收入本书。

页，另见第 37 页）。在这一点上，我们一度——并继续——严重怀疑罗特曼对历史认识论的专注程度。

最佳解释推论

如果杰斐逊和海明斯确实有过性关系，他们的邻居知道吗？我们相信，这个问题的答案应该被看作一种理解历史记述的努力，并且我们应当倾向于相信能够最好地解释历史记述的那种答案。我们另外也要指出，历史学家有义务对其读者说明在如何最好地阐释证据方面存在的任何疑问。我们认为，所有的历史学家都应该致力于探寻**解释**已发现和可发现的所有与特定问题有关的**历史证据的最好方法**，并致力于向读者讲清楚这些证据的局限性。

有些天生就吹毛求疵的人坚持要求所有的知识都必须是**确定**的知识。他们遵照既定的哲学传统，认为所有的确定知识都属于两个范畴中的一个。一个范畴是人们自身经历这个直接确定的知识，另一个范畴是合理的演绎逻辑所具有的逻辑确定性。然而，这两种形式的确定性都不能归因于历史知识。从这两种意义上，我们甚至无法完全确定地"知道"拿破仑存在过这个显而易见的事实。拿破仑本人已经不再在"这里"由我们去直接感受了，所以我们无法直接知道他；同时，也没有什么推理过程能够以逻辑确定性证明他的存在。结果，有人得出结论，历史学家其实并不**知道**关于过去的任何事情。

我们对历史过去的认知无法达到传统哲学意义上确定性的标准，在这一点上我们同意这些观察家的说法。因此，我们认为，我们应当永远拒绝把这种意义上的确定性作为历史知识的标准。就历史知识而言，我们更喜欢讨论的是不同程度的确定性。一套有关过去的观点有多大程度的确定性，这要取决于**这些观点能够在**

第六章 一个有关历史认识论的案例分析

多大程度上服务于我们对全部历史记述的理解(下文会对这点做一些说明)。尽管历史无法达到"直接经历"或"演绎确定"的确定性程度,我们仍然可以或多或少地评判历史解释是否真实,所用的依据就是,与其他解释相对比,这些解释在多大程度上能够说明全部证据。

如果一种记述**远比**其他记述更好地解释了全部资料,那么,历史学家就有充分的权利说某某事情**就是**如何如何的。作为对史料的解释,"恺撒跨过了卢比孔河"远远优于其否定形式("恺撒没有跨过卢比孔河"),因此我们可以说这个解释是**真实的**,尽管这一点无法直接地或根据逻辑推理"知道"。但在有两个或多个可行的解释的情况下,负责任的历史学家就会明确指出所讨论的事情是有争议的。我们认为,关于杰斐逊与海明斯的关系邻居们知道什么这个问题就是此种情况的一个例子。当然,在这方面总会有些灰色地带。但总的来讲,决定如何给解释分等的规则是可以具体化的,尽管就其具体的应用而言,有时会有争议。称职的历史学家会寻找对现有证据的最好"解释";他/她不会在个人喜好的基础之上轻易做出结论;也不会试图留下明明不**知道**却装知道的印象;而且,如果他/她选择按照一种"有角度的"阐释视角来进行研究(见第五章注 12 以后,第四章大部分内容),在这样做的时候也毫不隐瞒而且会非常关注已有证据。

几个世纪以来,历史学家一直含蓄地承认这些评判历史解释优劣的技巧。尽管如此,这些技巧仍可以用几种方法有效地表达出来。在本章中,我们想要提出(并展示)的是,历史叙述的优劣可以依照一些哲学家和计算机科学家称之为"溯因推理"(abduction)、"溯因推论"(abductive inference)或"最佳解释推论"的标准来评判。按照这种推论方法,我们从一个前提——即某种假设比其他任何假设都能更好地解释证据——出发,推断出的结论是该假设是真实的。⑧

　　这种推论在自然科学中的应用十分普遍。在《物种起源》(1859)中,达尔文以最佳解释推论来支撑自己的进化论观点：也就是说,他声称他的理论要比特殊创造论(special creationism)能解释更多种类生物上相关的事实,而且解释起来更为简单明了。⑨ 与达尔文相似,18世纪法国自然哲学家安托尼·拉瓦锡之所以为氧气理论做辩护,是因为有了这个理论,"所有的现象都能被极为简单地解释了"。⑩

　　美国科学哲学家查尔斯·皮尔士(Charles Pierce)将这种推理称为"溯因推理",并提出它应该被添加到演绎和归纳之中,作为逻辑论证的一个基本范畴。在其晚期著作中,皮尔士将这种推理用如下方式描绘出来："(1)我们观察到令人惊奇的事实F。(2)但如果H为真,那么F就是理所应当的了。(3)因此,我们有道理推断H为真。"⑪在这里,皮尔士将溯因推理理解为一种探索方

---

⑧ 见 Gilbert Harman,"Inference to the Best Explanation,"*Philosophical Review* 74 (1965): 88-95。我们也可以将最佳解释推论看作从结果到最有可能的成因的推理。

　　认识论上的进一步注解：解释一词在有关"**最佳解释推论**"的文献中的含义,与**解释**一词用来回答"为什么"(在"是什么导致了它"的意义上)时的含义并不**完全**一致。第四章当然强调的是运用**解释**来回答"为什么"的问题。在本章的术语中,"最佳解释推论"最好应该称为"最佳讲述推论",这是因为虽然有些推论出来的"最佳解释"在我们看来是解释,但有些最好是被看成描述或者阐释。但是,只要预定意义在每一个特定的情况中都是清楚明白的,哲学家也没有必要在每种情形下都用完全相同的方式用词。(关于我们的术语和其后的区分,见第四章注4及全章。另外,我们在下面还会回到解释。)

⑨ 达尔文在《物种起源》的结论中清楚地讲到这一点；见 Darwin, *The Origin of Species by Means of Natural Selection or The Preservation of Favoured Races in the Struggle for Life*, ed. J. W. Burrow (New York, 1985),455-458。

⑩ 转引自"The Best Explanation: Criteria for Theory Choice,"Paul Thagard, *Journal of Philosophy* 75 (1978): 76-92。

⑪ 转引自 K. T. Fann,*Peirce's Theory of Abduction* (The Hague, 1970),8。引文出自1903年一部未发表的著作。既然从种种迹象看来,凡恩对皮尔士的溯因理论的讲述是可靠的,我们在这里就用凡恩的讲述代替了皮尔士的原文。在我们当前的语境中,这是可以接受的,因为我们并不是从事重建皮尔士思想的历史写作任务,而是在运用他提出的一些观念来阐明史学中的推测和证据问题。

第六章 一个有关历史认识论的案例分析

法,一种实际上不能用来评估理论中的真实宣称的发现逻辑。溯因推理提出一种理论,演绎逻辑推出该理论能够被观察到的结果,归纳逻辑从实证上证实(或证实不了)演绎出来的结果。简言之,就这个观点而言,溯因推理在科学操作中具有一种独有的**初始**地位。

但是,在纷乱芜杂的史学世界中,溯因推理扮演的角色却要比发现逻辑更为宽泛。在史学中,溯因推理不只是设计出要进一步证实的假设。皮尔士明确地指出了一种这样的角色:确立历史事实。他颇为引人注目地写道:"无数文件都提到一位名叫拿破仑·波拿巴的征服者。尽管我们从没见过这个人,但如果我们不假设他真正存在过的话,就无法解释我们的的确确见过的那些东西,也就是所有那些文件和纪念碑。"⑫说得更清楚一些:我们无法通过演绎得出结论说拿破仑存在过(或者再举另一个例子,第一次世界大战开始于 1914 年)。我们也不能通过归纳得出这些事实,因为我们并不能用实证的方法观察到它们。相反,它们只能用溯因推理的办法建立起来:我们观察到有关当前世界的一些事实(最为明显的是,当前存在的提到拿破仑的"无数文件"),然后假设出一种原因(也就是说,有一位确实存在过的拿破仑)来解释这些事实。换言之,对于提到拿破仑及其事迹的大量文件的"最佳解释",就是拿破仑存在过,并且确实做过这些事情。

计算机科学家约翰·约瑟夫森(John R. Josephson)将建立事实的溯因推理类型与最佳解释推论联系到一起。他用如下的方法系统表达了最佳解释推论:"D 是一组数据(事实、观察、前提)的集合。H 解释 D(如果 H 为真,就能解释 D)。没有其他任何假设

---

⑫ 转引自 Fann, *Peirce's Theory of Abduction*, 21, from Charles Sanders Peirce, *Collected Papers*, ed. Charles Hartshorne and Paul Weiss, 6 vols. (Cambridge, Mass., 1931-35), vol. 2, section 2.265。皮尔士反复提到拿破仑和溯因推理:又见第五卷第 589 段的另外一种说法。

能像 H 一样解释 D。因此,H 很有可能为真。"⑬当然,H 可能暗含其他我们已知为假的因素,在那种情况下,H 就是一个不好的假设。但是,我们并不需要立即排斥与先前的观点相矛盾的假设——相反,我们倒是可能要拒斥那些先前的观点。因为新的假设更具说服力而拒斥传统观点的现象在人类生活和人类历史中经常出现。伽利略接受了哥白尼提出的"新的"日心说而拒斥了地心说,就是个典型的例子,因为新的假设远优于传统观点,所以即使其代价是要拒斥一组根深蒂固的观念,新假设还是被接受了。

当一些看似可行的假设之间彼此有冲突时,我们并不需要完全拒斥任何一种假设。我们可能(聪明人经常这样做)暂时赞同两个或多个互不相容的假设,同时指出它们不相容之处。我们认为这种不相容的例子在历史写作中很普遍。我们倾向于认为,在更多的研究与辩论解决了问题之前——**如果**这个问题还可以解决的话——历史学家应该对哪一个看似可行的假设是错误的这个问题持不可知态度。

在将"最佳解释推论"的逻辑应用于史学研究的时候,我们需要注意**解释**(explain)这一术语的不同含义。在一种宽泛也比较含混的意义上,"解释"一组史料就是要展示史料如何"讲得通"。在这个意义上,"解释"或多或少与**阐明**或**澄清**同义(在第四章我提及了**解释**一词的这层含义,但并未深究)。因为阐明或者澄清都是针对**我们**的一种阐明或者澄清,因此这种意义上的**解释**又与第四章定义的**阐释**(interpretation)相近,在那一章,阐释就是"现在对我们来说,某某的意义是什么"这个问题的答案。然而,要在更

---

⑬ John R. Josephson, with Michael C. Tanner, "Conceptual Analysis of Abduction", in John R. and Susan G. Josephson, eds., *Abductive Inference: Computation, Philosophy, Technology* (New York, 1994),5.

第六章 一个有关历史认识论的案例分析

具体的意义上"解释"一个历史事件或存在物,历史学家需要做的不仅仅是给出一个能够说明全部现存证据之意义的假设;他/她还要给出一种假设,以说明这些现存证据的成因,这通常意味着需要说明是什么导致了过去的事件和情况。⑭

在"最佳解释推论"中,**解释**的含义应被理解为与第四章给出的术语十分相近但并不相同,在那一章里它就指的是对"是什么导致了 X"这个问题的回答(第四章中该词译为说明——译者)。需要注意的是,第四章也对该词与论证或辩护做出了区分。这种区分允许历史学家和他们的读者对**给出一种解释**和**宣称这种解释是真实的**这两种情况区别对待。在本章中,我们仍然将讨论集中在"是什么导致了过去的具体事件或存在物"这层**解释**的意义上。但是,本章的视角会有些许改变,这里**待解释的事物**(将要被解释的事物)常常并不是**证据本身**。⑮

在溯因推理中,我们提供有关一个或者另一个现实的一种**可**

---

⑭ 见第四章对解释与历史研究和历史写作其他三个任务的区分。第四章对解释的因果含义的强调并非由我首次提出,因为整个实证主义哲学的传统都强调了这一点。可参见的最著名的文章是 Carl G. Hempel, "The Function of General Laws in History" (1942), in Patrick Gardiner, ed. *Theories of History* (Glencoe, Ill., 1965), 344-356。(关于下文中对思想状态的讨论,请注意第四章认为意图也可以作为成因;也就是说,我们可以合理地将恺撒所谓的意图——也就是挑战元老院——当作他跨过卢比孔河的原因。)

⑮ 在这方面,本章与艾维尔泽·塔克尔(Aviezer Tucker)的著作《我们有关过去的知识:史学编撰的哲学》(*Our Knolwdge of the Past: A Philosophy of Historiography*, New York, 2004) 很相似,因为塔克尔关注的也是审视历史学家如何"解释证据"。和我们一样,他也受"最佳解释推论"研究的影响。塔克尔的著作是在我们完成了本章所有实质性工作后才出版的。他强调"解释"证据,对我们来说,这不啻确认这一方法的成效,令人愉快。

从更传统的角度来看,如果把历史学家看成在"解释"证据而不是提供一种有关过去事件和存在物的记述,那可能看起来很奇怪。但是,从认识论角度来看,这两种活动是等同的。当历史学家提供有关过去的记述时,他们也是在理解甚至在严格词义上"解释"证据。同样,达尔文在提出他的"经过改变的继承"理论时,"解释"(或者记述,或者理清)了现存的与其领域有关的证据——最明显的是,种种在外形上与现有生物体不同的化石。拉瓦锡在化学领域里做的也是完全一样的事情。

能真实的叙述（无论从传统的角度来看这是过去某个传闻中的现实，还是现在已有证据的集合）。再往前推进一步，在试图推理出**最佳**解释的过程中，我们提供一种或者多种辩护，来说明我们为何相信一种"解释"（或者描述，或者阐释）比其他各种要好。诚然，相比于演绎推理和感性确定性（sense-certainty）来说，"最佳解释推论"是一种更为虚弱的提供证据的形式。而且，很难确立决定一种"解释"何时比另一种更好的种种既定准则。最佳解释推论的理论不是神奇的处方，也不是能打开所有大门的万能钥匙。尽管如此，我们仍然认为这个理论能给历史学家提供很多东西。它提供了一个理解各种推理过程的方法，而这些推理过程对历史研究实践至关重要，而且称职的历史学家早已凭直觉在使用它们。"最佳解释"就是对过去某事成因的最佳叙述。或者，"最佳解释"给"是什么导致了现有的所有证据是这样的"这个问题提供了最佳答案。

萨加德的三个标准

科学哲学家保罗·萨加德提出了判断在任何一个特定案例中哪一个或哪一**种**解释是最佳解释的三个标准：融通性（一个解释能够解释的资料越多越好），简洁性（让解释发挥作用所需要的"辅助"假设越少越好）以及类似性（一种解释与其他我们知道为真的解释越类似越好）。⑯ 最后一个标准——类似性——要比其他两个标准弱一些，在历史研究和历史写作中应用时应格外小心。例如，我们可能**假设**杰斐逊早餐吃的是玉米饼，因为许多跟杰斐逊

---

⑯ Thagard, "The Best Explanation". 萨加德所说的融通性和简洁性远比我们的标准严格。在这里及本书其他地方，我对哲学论述的讨论仅限于其能启发历史研究与历史写作的程度，不会进一步深入。

第六章 一个有关历史认识论的案例分析

同时期的人早餐都吃玉米饼,但这种假设只能给我们一种相当低的确定性。任何能够证明其反面的、较有说服力的证据都会将这个假设轻易驳倒,称职的历史学家对于那些仅由类似性支撑的宣称要保持不可知的态度。

当我们想要比较一个能够解释资料 A、B 和 C 的叙述和一个能够解释资料 A、B、C 和 D 的叙述的时候,融通性标准就很有用了(在其他条件都一样的情况下,第二种理论更好)。然而,当两个有冲突的叙述解释的资料范围不同时,融通性就无法作为一种标准了。例如,如果我们假设杰斐逊是海明斯的儿子埃斯顿的父亲,就能解释为什么埃斯顿的后代有杰斐逊家族的 Y 染色体;但是如果我们假设埃斯顿的父亲是杰斐逊的侄子,这就能解释埃德蒙·培根(Edmund Bacon)和兰多弗(T. J. Randolph)(二人分别是杰斐逊家里的监工和杰斐逊的外孙)的证词,这二人都否认杰斐逊和海明斯之间有过任何性关系(相反,第一种假设无法解释培根和兰多弗的证词,第二种假设无法解释 DNA 证据)。将有冲突的解释作对比是为了决定哪些证据更重要,而且这种决定不能仅仅以数量上的比较为基础。

简洁性标准更喜欢的是那些需要更少辅助假设来让自己符合当时条件的解释。每当我们没有证据支持我们对过去的事件或存在物的假说时,就需要有辅助假设,其目的完全是为了使我们的理论讲得通。最简单的解释通常不需要任何辅助假设。例如,麦迪逊·海明斯在其 1873 年的回忆录中(在上文注 4 中我们提及了这本回忆录)提到他有位名叫海芮特的姐姐。对这个举动(也就是麦迪逊做出宣称这个举动)的最佳解释就是,他**认为**他有位名叫海芮特的姐姐,而且正是这一点使得他做出了这个陈述。⑰ 我们对麦迪逊所处环境的了解使我们有理由认为他是这样相信的：根据杰斐逊的《农场记录》和其他资料记载，莎丽·海明斯在1801年生了一个女儿，名叫海芮特。⑱ 在这个简单的例子中，麦迪逊的举动和他的境况均指向同一种思想状态。因此，要解释这项证据就不需要任何辅助假设。

麦迪逊·海明斯的回忆录也将托马斯·杰斐逊描述成"几乎对农田事务没有任何兴趣或者喜好"的人，然而我们从其他史料中能够了解到杰斐逊对农事颇感兴趣。因此，历史学家若想要证实麦迪逊回忆录的可信度，就必须引入辅助假设——也就是说，那些我们没有独立依据来判断其真实性的假设——以便使麦迪逊印象中的杰斐逊能够与我们所知道为真的杰斐逊相符。戈登-里德提出，麦迪逊·海明斯可能指的是他（麦迪逊）在蒙蒂塞洛庄园（杰斐逊的家）"长大成人"那几年时的杰斐逊。1819年，麦迪逊14岁，刚刚成为他叔叔约翰的学徒，因此"可能已经长大，能够仔细观察了"。在那个时期，杰斐逊"痴迷的不是农场，而是建造他的大学"（第22页）。戈登-里德假设麦迪逊指的只是他长大成人的那几年，这种假设是没有文本支持的；她做出这种假设只是要解决下面两者之间的矛盾：一方面是她将麦迪逊的回忆录描述为包含麦迪逊所认为的真实的陈述，另一方面是我们知道什么才是实际上真实的。在这里，戈登-里德就使用了一个辅助假设。她假设

---

⑰ 为了这一点，我们不妨假设维特莫尔（S. F. Wetmore）在1873年记录并出版的回忆录是对麦迪逊·海明斯的话的真实重述。参见安妮特·戈登-里德对此问题以及对于麦迪逊本人可信度的重要讨论，见 *An American Controversy*, 7-58。我们还应注意到，安妮特·戈登-里德在对这些问题的讨论中，使用了"自上而下"和"由下至上"解释的区分，尽管她并未这样命名它们。下文中对其著作的征引都在括号中给出了页码。

⑱ 为避免使读者陷入不必要的复杂推理，我们在此并未考虑要建立我们所知的麦迪逊的情境需要的那些推论——例如对《农场记录》中记录的最佳解释就是实际上海芮特真的降生了这个推论，等等。

第六章　一个有关历史认识论的案例分析

了一个历史存在物(麦迪逊的思想状态),而它无法在现有历史记述的基础之上得到证实。如果还有另一种既能说明同样的资料又无须辅助假设的对麦迪逊陈述的解释,那么在其他条件都相同的情况下,这另一种解释就必然会更受钟爱。在缺乏这种解释的时候,尽管戈登-里德的解释远不能确定为真,我们也可以把它作为最佳现有解释来接受。

　　萨加德的第三个评判解释质量的标准——类似性——虽然虚弱,但有时也会有用。例如,在论证杰斐逊与海明斯之间存在过性关系的时候,我们可能会想要把杰斐逊与其同时代成百上千的、与女奴有过性关系的白种男人做类比。尽管这种类比可能会帮助我们阐释(interpret)所谓的海明斯—杰斐逊关系——也就是说,在内战前的弗吉尼亚这个大语境中将这种关系看作说得通的——这样做也能使得这种关系的存在更为可能,但我们还是无法**解释**(explain)这种关系,无法说明是什么导致了这种关系的产生。它也不能在仅仅假设的层面之外,证明这种关系从一开始的确存在过。我们要记住,在这个案例中,我们关心的是一个**具体**的历史人物(或者最多是两个历史人物)的行为。这样,除非我们认为杰斐逊为了和那些与女奴有性行为的弗吉尼亚绅士的行为相一致而改变了自己的行为,否则我们无法用类比来解释杰斐逊的行为(为了便于讨论,我们暂且假设杰斐逊与海明斯确实有过性关系)。"拥有奴隶的白种男人"和"与奴隶有性行为的白种男人"这两个范畴的交叠本身并不能建立一种因果关系,这就像"姓氏的首字母是J的白种男人"与"讲法语的白种男人"这两个范畴的交叠无法建立因果关系一样。因此,类似性远不是一种可以简单确立对史料的最佳解释的可靠方法。尽管如此,它看起来仍然对历史思维有一些用处,虽然完全以类似性为基础的推论显然从证据角度来说是没有说服力的。

第四种标准

在行之有效的融通性和简洁性以及有些问题的类似性标准之上，我们还要添加第四种标准。因为我们人类更善于建立因果关系而不是预言未来——特别是涉及他人的动机的时候——我们应当期望历史深深植根于探究已知事件的成因之中，而非植根于**抽象地**演绎出一组事件的后果。试想有人试图仅根据1937年以及那以前的事件和存在物演绎出1938年可能会发生什么。鉴于人类历史的极大偶然性，如果这个人在任何重要方面成功了，那会非常令人惊讶。另一方面，如果历史学家的问题是"1938年确实发生过的某件事的成因是什么？"那么他/她就能够在寻找答案的过程中利用历史记录。历史学家是在做历史，而他构想的那个对手却是在对未来进行推测（第七章有关"未曾发生的历史"的讨论将对这一点做进一步说明）。

从我们对辅助假设的讨论中可以看出，如果假设一种我们无法完全确认的历史个体——一个没有充分证据支持的个体，这样的做法并无不可。我们认为，历史学家当然有义务指出他/她在哪些地方做了猜测。在历史学家没有确凿证据而假设一些历史个体的时候，根据我们的第四种标准，我们认为：那些假设**成因**的猜测要优于那些假设**结果**的猜测。如果一种历史解释从已知的历史个体（比如现存的麦迪逊的回忆录）出发，去找出这种个体的成因，那这种历史解释总的来讲要优于那种从已知的历史个体出发演绎出该事实之假定结果的历史解释（比如在"杰斐逊不可能与海明斯有过性关系，因为他有很强的种族偏见"的论证中那样）。历史学家的演绎通常远没有他们认为的那么确定，这点我们已经多次重复。因此，我们认为，历史学家总的来

第六章 一个有关历史认识论的案例分析

说应当**溯因**（在结果的基础上假设成因），而不是**演绎**（在成因的基础上假设结果）。我们将前一种猜测称为结果至成因的假设，而把后一种称为成因至结果的假设。前一种程序等同于提出解释，而后一种近似于预言未来。前一种程序优于后一种，因为它能使历史学家扎根于真正的证据之中；如果这种程序被自觉执行的话，它会鼓励历史学家去讲清楚他/她的叙述当中有哪些地方是不甚确定的。

那么，我们的第四个标准很简单：我们在评判历史叙述的时候应当记住，建立在结果至成因推理基础上的解释要优于建立在成因至结果推理基础上的解释。

史学中的因果关系是个极其复杂的问题。我们来考虑一下下面三种可以用于解释史料不同方面的历史实在（historical reality）之间的区别：1. 历史人物的行为；2. 历史人物的思想状态；3. 历史环境。这三点中的每一点都与历史学家讲述过去有密切联系。例如，我们手头有一封被假定为杰斐逊写的信。当我们推断杰斐逊实际上就是这封信的作者的时候，我们可能会讨论下面列举的一些或全部内容：

1. 以行为为取向的成因：杰斐逊写信的行为导致了这封信的存在。这里我们可以引入笔迹分析、信的出处等，来证明它的确是杰斐逊写信这个行为的产物，而不是其他诸如造假那样的行为的产物。

2. 思想状态成因：杰斐逊的想法和欲望导致了这封信的存在。[19] 要证明该信的确是杰斐逊思想状态的产物而非其他人的，我

---

[19] R. G. Collingwood, *An Essay on Metaphysics* (Oxford, 1940), 285-295，该部分更为详细地描述了行为取向上和思维方式取向上的成因。然而，我们要注意柯林武德的分类并不完备，因为无法解释历史解释中的所有情况。实际上，柯林武德明显偏好于那些注重行为的历史形式，特别是个人的行为（正如在传统的政治史形式中，都把重点放在政治家和政客的行为上），或是被当作个体的国家的行为。柯林武德在阐释其史学理论（《历史的观念》一书的"后论"）的时候，几乎未提到任何强调描述和阐释结构、意义、思维（转下页）

我们可能要论证这封信包含了一些只有杰斐逊才可能知道的信息，或者在这个时期内一些只有杰斐逊正在做的事情。

3. 以情境为取向的成因：历史环境导致了杰斐逊的思想状态（思想状态又导致他写了这封信）。这里，我们可以将杰斐逊蒙蒂塞洛庄园的一次不好的收成与这封信中他请求推迟偿还欠款的日期联系起来。[20]

考虑这三种历史实在的一种简单可行的方法是：把行为看作是解释发生了**什么**，把思想状态看作是解释这件事**为什么**发生（这里的"为什么"是一个有关目的或意图的问题），把历史情境的唤起看作是帮助解释我们为什么相信有关行为或思想状况方面的某种解释是真实的。如果历史学家决定将历史人物看作是处在历史场景中的主体或行为者（即看作一个"人物"，这个词与第四章中的含义一样），而不是看作一种或多种决定论的结果，那么历史学家就必须描绘这个人行动过程中的目的，而且必须叙述此人在行为过程中的观念和欲望，以作为对其行为的解释。尽管本章关心的话题是**描述**当时的情况是怎么样的过程中涉及的认识论问题，（杰斐逊与海明斯是否有过性关系？他们的邻居是否知情？）要建立这些描述的真实性，我们部分上依赖于有关历史行为者为何做出了他们所做行为的种种相关解释。

我们认为，这一点可以扩展为一条经验法则：如果一种对过去的描述包含更多的对被研究的历史行为者的思想状态的解释，那它就更为合理。例如，埃德蒙·培根说杰斐逊曾命他给海芮特·

（接上页）模式等等的历史形式——这些历史形式被用在诸如布克哈特的《意大利文艺复兴时期的文化》(1860) 和布罗代尔的《菲利普二世时代的地中海和地中海世界》(1949) 这样的著作中。见 R. G. Collingwood, *The Idea of History* (1946), rev. edition with *Lectures 1926-1928*, ed. W. J. van der Dussen (Oxford, 1993),231-315。

[20] 在日常语言中，我们经常在环境和行为之间建立直接的因果联系："他抢劫了商店，因为他很穷。"正如我们希望在本章中说明的那样，这可能是一种省略性很强的论断。

第六章 一个有关历史认识论的案例分析

海明斯(莎丽·海明斯最小的女儿)50美元,以帮助她逃离蒙蒂塞洛(戈登-里德,第27页)。如果我们假设培根是可信的,那么我们就可以做如下推理来解释杰斐逊的命令了:杰斐逊有些喜欢海芮特,或是对她母亲有过某种承诺,而且他知道海芮特想离开蒙蒂塞洛。这即是一种从结果(杰斐逊的命令)推断出最为可能的成因(杰斐逊的观念、欲望)的解释。另一方面,一种成因至结果的解释会在两种基础上假设杰斐逊的思维方式:他其他的行为(例如他在《弗吉尼亚笔记》中的强烈种族主义言论[上文注4中有所提及])以及他明显表现出不愿给奴隶以自由,尤其是女奴);以及他当时的境况(比如他日益严重的财政困难)。这种解释会认为培根的证词肯定是假的,因为杰斐逊根本不会做出这种事情来。这是从**假定的成因**(假设的观念、欲望和环境)出发到**未被观察到的结果**(据它所说,杰斐逊从未给过培根指令,而后者不知为何说谎了)的一种推理。成因至结果的解释没有结果至成因的解释具有说服力,正像我们预测他人的行为时不会像我们过后理解他人的意图时那样准确。我们极难知道某人在特定的时间点上的所想、所感或所需。在很多情况下,我们都无法预测我们最好的朋友的行为,更不要说预测早已不在人世的历史人物的行为了。

我们的第四种标准以如下方式运用于我们所谓的思想状态:那些根据已有记录的行为假设所讨论的历史人物有可能有过的观念和欲望的解释,通常会优于那些根据假设的观念和欲望预测没有史料支持的行为的解释。我们把这两种形成对照的解释(当我们将其应用于杰斐逊—海明斯这个案例当中时,这点会更明显)称为"由下至上"(bottom-up)和"自上而下"(top-down)解释,这会很有用处。我们的观点是,在所有其他条件不变的情况下,"由下至上"的解释(从已知结果推理出成因)通常优于"自上而下"的解释(从假定已知的成因推理出假设的结果)。由于我们更擅长理解别人过去的行为而不是预测他们将来的行为,一个最佳的历史解释就会倾向于从已知资料出发——也就是说,它会建构出被认为确实属于某个历史人物的观念和欲望,并以之为基础来解释史料中记载的行为,而不是首先假定历史行为者的观念和欲望,然后根据推测假想出没有史料支持的行为。换言之,对历史行为者行为和思维方式的解释要由下至上(从我们似乎确实**知道**的发生过的情况出发,找出早前的成因),而不该自上而下(从一个一般断言出发,推出其后的结果)。㉑

推断关系

在《托马斯·杰斐逊与莎丽·海明斯》一书中,安妮特·戈登-里德十分详尽地举出了有关麦迪逊·海明斯、詹姆斯·卡伦德、T. J. 兰多弗(他声称杰斐逊的外甥彼得·卡尔[1770—1815]是莎丽·海明斯孩子的父亲[第254—256页]),以及杰斐逊和海明斯的证据。尽管戈登-里德在书中并未提及最佳解释推论,但是它实际上正是这种推论的一个扩展论证。在现有证据的基础上,她假设了每位有关人物的观念和欲望,然后指出,假设杰斐逊—海明斯关系的叙述要比假设海明斯和彼得·卡尔或者他的兄弟萨缪尔·卡尔关系的叙述更为可信(在此,我们应该再一次记住戈登-里德是在DNA结果面世之前做出结论的。DNA结果很大程度上可以证明卡尔兄弟不可能是埃斯顿·海明斯的父亲,因为他们并不属于杰斐逊家族的男性血缘分支)。

戈登-里德表明,杰斐逊—海明斯解释要比卡尔—海明斯解释

㉑ 在提出我们的"自上而下"/"由下至上"区别理论之后,我们发现麦库莱(C. Behan McCullagh)在《历史的逻辑:审视后现代主义》(*The Logic of History*: *Putting Postmodernism in Perspective*, London, 2004)中使用了与我们一样的术语。见第119页。

第六章 一个有关历史认识论的案例分析

更为融通(也就是说前者能够解释更多资料)。杰斐逊—海明斯解释能够讲通许多事情,比如杰斐逊特别关照海明斯的孩子(并最终给了他们自由);很多资料记载莎丽·海明斯的孩子看起来很像杰斐逊;麦迪逊·海明斯自称是杰斐逊的儿子;海明斯屡次怀孕的时候,杰斐逊都正好在蒙蒂塞洛家中。㉒

戈登-里德还令人信服地指出,杰斐逊—海明斯解释比卡尔—海明斯解释要简洁(也就是说,前者所用的无根据的辅助假设更少)。卡尔—海明斯解释必须假设在 1873 年 S. F. 维特莫尔(一位支持废除奴隶制的出版商)进行的采访中,麦迪逊·海明斯和伊斯雷尔·杰斐逊(托马斯·杰斐逊的男仆,与其没有血缘关系)谈到杰斐逊—海明斯关系的时候说了假话,或者他们允许维特莫尔把这些话强加到他们身上了。在另一方面,杰斐逊—海明斯解释则必须假设埃德蒙·培根和 T. J. 兰多弗否认杰斐逊—海明斯关系的时候说了谎。戈登-里德表明,第二种假设比第一种更有依据,因为她有理由怀疑培根所述的情况(他否认的那些事情发生五年之后,他才来到蒙蒂塞洛),并且质疑兰多弗的可信度(对于卡尔兄弟如何与此事有染,他给出了两种不同的说法)。她同时指出,二人都想保护杰斐逊的声誉,这也是完全可以理解的,但是伊斯雷尔和麦迪逊两人都不会靠捏造故事得到任何好处。

㉒ 关于这几点,尤其可参考戈登-里德列举的"支持杰斐逊是海明斯孩子的父亲这一说法的项目",见 Gordon-Reed, *An American Controversy*, 211-223。尼曼详细论述了"巧合"论,参见 Fraser D. Neiman, "Coincidence or Causal Connection? The Relationship between Thomas Jefferson's Visits to Monticello and Sally Hemings's Conceptions," *William and Mary Quarterly*, 3rd series, Vol. 57 (2000): 198-210。在统计的基础上,尼曼发现:杰斐逊是海明斯孩子父亲的概率大约有 99%。可惜的是,尼曼没有讲清楚他的分析隐含的所有前提假设,例如,假设海明斯所有的孩子都是同一个父亲所生。因此,我们不能把他发现的高统计学概率当真。但是,海明斯有记录的六个孩子都是杰斐逊在蒙蒂塞洛庄园的时候怀上的,这一点的确令人吃惊,也是很重要的。

139　　最后,戈登-里德在极为详尽的讨论中揭示了那种"自上而下"式解释的弱点,即杰斐逊的性格使其不可能与海明斯有性关系(第107—157、228—234页)。我们同意戈登-里德的观点,并倾向于将"性格"的问题简化为两点。第一,持性格论观点的人是在求助于某种完全无法观察到的事物,即一种假设的"杰斐逊的内心世界",他们在仅仅算是十分主观性的根据上(因而这些根据也很可能有意无意地受历史学家本人那些未明确陈述且无论据证实的意识形态偏好的影响)将这样那样的特征加之于杰斐逊的性格之上。第二,这些人同时假设,上述性格结构决定了杰斐逊不可能做过这样那样的行为——在这个例子中,是与奴隶有过性行为。在假设杰斐逊的行为应该前后一致的同时,这些人忽视了(或至少是没有考虑到)人类行为中可观测到的高度不一致性。

在《托马斯·杰斐逊与莎丽·海明斯》一书中,戈登-里德并没有声称要证实杰斐逊与海明斯有过性关系。相反,她宣称"我们严重低估了现存的大量支持这种看法(杰斐逊与海明斯有过性行为)的证据"。另外,她还断定我们"高估了"(第210页)那些支持当时占上风的另外一种理论——即卡尔兄弟是与海明斯有染的人——的证据。用最佳解释推论的术语来说,戈登-里德发现,相比于其他解释,杰斐逊—海明斯解释并没有好到可以让我们无条件接受它是真实的地步。但是,她成功地证明了卡尔—海明斯解释显然**不是**最佳解释。

推断阿尔博马尔县的人们对这段关系的了解

现在我们要将与最佳解释推论有关的认识论标准应用于约书亚·罗特曼的断言上,后者认为,詹姆斯·卡伦德对杰斐逊一家指控的正确性是"弗吉尼亚社区中有关私下跨种族性行为的社会知

第六章 一个有关历史认识论的案例分析

识的程度及其传播的显著证明"（罗特曼 1999 年，第 103 页；罗特曼 2003 年，第 16 页［见上文注 6］）。罗特曼尤其提到，卡伦德的报告证实了所谓的杰斐逊—海明斯关系在阿尔博马尔县广为人知。如果罗特曼的说法为真，那么它就能理清两种史料：1802 年以前针对杰斐逊—海明斯关系传闻的报告和明显证据，以及在卡伦德对这段所谓的关系的叙述中事实和虚构的混合。罗特曼用卡伦德以及阿尔博马尔县（无名）居民的观念和欲望作为参照来解释这些史料。他的叙述包括如下四个假设：

假设 1：在 1802 年 9 月以前，阿尔博马尔县的很多居民都相信，杰斐逊与一位女奴海明斯有性关系，并生下了孩子（罗特曼 1999 年，第 95 页）。

假设 2：这些居民还相信一些我们现在知道是假的细节，例如有过一位年幼的黑人"汤姆总统"（据说是杰斐逊与海明斯最年长的孩子，而且据称生于 1790 年）（罗特曼 1999 年，第 102 页）。㉓

假设 3：卡伦德认为，假设 1 与假设 2 中的观点是真实的。

假设 4：卡伦德想要报道真相，他不想在报道中作假（罗特曼

㉓ 在杰斐逊的文稿中，没有任何有关这个孩子的记录，而海明斯其他五个孩子的名字和生日都有提及。另外，已确定是海明斯儿子的麦迪逊在其 1873 年的回忆录中也没提到过一位叫汤姆的哥哥（见注 4），但他的确提到他妈妈在 1790 年左右生过一个孩子，在婴儿阶段就死了（所以也不可能是"汤姆总统"）。

在一位非洲裔美国人托马斯·伍德逊（Thomas C. Woodson, 1790—1879）的后代当中，一直有个家庭传统，认为他们的先祖就是海明斯与杰斐逊的孩子。这个传统为外人所知后，很多人都认为伍德逊正是卡伦德所指的"汤姆总统"。但没有任何文字记录能把伍德逊与蒙蒂塞洛庄园联系起来，对伍德逊后代的 DNA 检测也表明，他们体内没有杰斐逊的 Y 染色体。这两个事实在一起就能彻底推翻伍德逊是杰斐逊儿子的说法。

有关伍德逊和"汤姆总统"，见 Rothman 1999, 102-103；Gordon-Reed, 67-75；及 Thomas Jefferson Foundation, "Report of the Research Committee on Thomas Jefferson and Sally Hemings"（January 2000）, appendix K, "Assessment of Thomas C. Woodson Connection to Sally Hemings," http://www.monticello.org/plantation/hemingscontro/appendixk.html。

1999 年,第 89 页[另见第 100—101 页];罗特曼 2003 年,第 16 页)。㉔

如果我们要认为罗特曼对情形的叙述是可信的,那我们就必须能够将上文中的观念和欲望看作我们能够确认为真的历史环境的产物。罗特曼提到了如下史料(或所谓的史料):被证实存在的杰斐逊—海明斯关系(罗特曼 1999 年,第 89 页);杰斐逊有关异族通婚的公开行为(也就是声明);蒙蒂塞洛庄园在种族通婚方面的境况;以及阿尔博马尔县白人居民对种族通婚行为的普遍看法。

在下文中,我们将逐一审视这些史料。我们认为,这些史料所支持的有关 1802 年以前对所谓的杰斐逊—海明斯关系人们相信了什么、谈论了什么的叙述,与罗特曼的叙述不同。我们的这另一种叙述(AA)要点如下:

AA1. 在 1802 年 9 月以前,阿尔博马尔县居民几乎没有人有任何理由认为杰斐逊与海明斯生过孩子,或他们之间有任何特殊关系。甚至没什么人知道海明斯是谁。㉕

AA2. 阿尔博马尔县的居民知道杰斐逊间接与种族通婚有关,因此他们可能一直愿意相信(怀疑?)杰斐逊与一位女奴有染。㉖

AA3. 卡伦德认为他有理由相信杰斐逊就是海明斯孩子的父亲。

AA4. 卡伦德知道 AA2,于是他想要说服他的读者:杰斐逊的

㉔ 请注意,如果要完全列举出假设的话,那还要包括很多,例如:"阿尔博马尔县的居民想要遵循其社会的规范。"我们在此仅仅只列举了罗特曼假设中有争议的,因而也对决定什么是对证据的最佳解释至关重要的一些假设。

㉕ 那些在蒙蒂塞洛庄园的人当然是例外。蒙蒂塞洛庄园的奴隶和非奴隶都知道海明斯是谁。但我们再次强调,无论是他们对(所谓的)关系的知情程度,还是他们与其他奴隶或其邻居谈论这件事的程度,都还没有得到确认。

㉖ 这些间接关联在下文中有详细描述。

第六章 一个有关历史认识论的案例分析

确就是海明斯孩子的父亲。

AA5. 卡伦德认为,要想说服他的读者们相信杰斐逊—海明斯的关系,他就需要做一些他明知为假的陈述。具体来讲,他需要将 AA2 转化成更强大的假设 1,而且还要捏造假设 2。

我们的这另一种叙述并不能解释卡伦德如何或者为何认为他有理由相信杰斐逊与海明斯有染。可能卡伦德有内部消息——或者,他仅仅是在他能搜集到的间接证据的基础之上**做出了正确猜测**。无论是哪一种情况,卡伦德可能认为他有理由相信存在这样一种杰斐逊—海明斯的关系,即使阿尔博马尔县的居民中没什么人相信它。

对传言的直接报道和支持传言的证据

罗特曼有五条直接证据支持他的假设 1,也就是说,在 1802 年 9 月 1 日卡伦德在《里士满纪事报》上发表指控性文章之前,杰斐逊的邻居就大都相信杰斐逊与"这个小婊子莎丽"有过性关系。第一,卡伦德本人在他的指控中也同时断言"夏洛茨维尔附近没有一个人不相信这个故事,知道这件事的人也不在少数"(罗特曼 1999 年,第 87 页)。在 1802 年 10 月 20 日的《里士满纪事报》上,卡伦德提到,一位不知名的"绅士"进入了里士满地区法院,并愿与任何人打赌这故事是真的,赌注是一套新西装。㉗ 在 11 月间,他又添加(捏造的)有关海明斯孩子的信息,但用了这样的一句话加以缓和:"人们是这样说的,尽管我们不认为这是真的。"(罗特曼 2003 年,第 35 页,第 254 页注 62)最后,在 12 月,他声称能够在法庭上提供"十二名证人"一起证实他的指控(罗特曼 1999 年,第 99 页,第 111 页注 39;罗特曼

㉗ 这两篇相关的、发表于 1802 年 9 月 1 日和 10 月 20 日的文章收录于 Lewis and Onuf, eds., *Sally Hemings and Thomas Jefferson*, appendix B. pp.259-61。罗特曼 1999 年的文章当然也收录其中。

2003 年,第 34 页,第 254 页注 59)。然而,1802 年 9 月 1 日之后的报道在这个语境中极为可疑,因为在卡伦德最初的指控发表之后,当然就会有关于杰斐逊—海明斯关系的传言了。

罗特曼引用了第二条证据来证明有关杰斐逊—海明斯关系的传言在 1802 年 9 月之前就四处传播了,这个证据就是在 1802 年 7 月发表于费城一家联邦主义报纸《卷宗》(Port Folio)上的一首打油诗。那位想象出来的黑人诗人提出要与杰斐逊换妻,这样杰斐逊就能有一位"黑人妻子",而这位黑人诗人也就能有一位"白人妻子"。但这首打油诗没有哪一点暗示说杰斐逊与"黑人妻子"已经同床共枕了。㉘

第三,《弗吉尼亚联邦党人》的主编威廉·林德(William Rind)在 1800 年 6 月显然暗示过杰斐逊的"堕落"。(我们没有看到过这条证据的出处,罗特曼并没有直接引用林德的话,而是从卡伦德 1802 年 9 月 1 日的文章中转引的[罗特曼 1999 年,第 94 页,第 110 页注 22;罗特曼 2003 年,第 30 页,第 252 页注 42];因此,我们无法调查林德说这句话的语境——显然,罗特曼也未对此进行过调查。)

第四,卡伦德的第一篇报道发表之后,《美国公报》(Gazette of the United States)据称曾表示:尽管该报无法确认有关杰斐逊报道的真实性而不能单独报道,但它"听到过人们在弗吉尼亚肆意谈

㉘ 见 Port Folio (Philadelphia),10 July 1802,216。罗特曼引用了该诗中的几句,见 Rothman,1999,94-95,110,n.23,and Rothman 2003,30,252,n.44。下面这段据称是最关键的几句:
  For make all like, let blackee nab (想想吧,小黑会抢到)
  De white womans…dat be d track!(白种女人,那可就好了)
  Den Quashee [the black man's name] de white wife will hab, (那考什[黑人的名字]就有个白老婆)
  And massa Jef. Shall hab de black. (杰夫主人也会有个黑婆娘)

第六章 一个有关历史认识论的案例分析

论这件事,弗吉尼亚的绅士们更是如此"(罗特曼 1999 年,第 95 页,第 110 页注 24;罗特曼 2003 年,第 30 页,第 253 页注 45)。[29]

最后,亨利·兰德尔(Henry Randall)这位较早的杰斐逊传记作者在 1856 年的私人信件中曾写到,卡伦德"受到了杰斐逊的一些邻居的帮助"(罗特曼 1999 年,第 99 页,第 111 页注 40;罗特曼 2003 年,第 34 页,第 254 页注 60)。

卡伦德的证词很可疑,因为看起来他有明显的动机要将极少量的信息扩充成令人震惊的传言,以便支持他自己的指控(这就是我们的 AA4 和 AA5)。正如罗特曼指出的那样,卡伦德是"一位愤怒、尖酸、愤世嫉俗的人,他就是靠专门辱骂别人和进行人格谋杀发迹的"(罗特曼 1999 年,第 88 页;罗特曼 2003 年,第 14 页)。正如罗特曼所说,卡伦德确实有时可能担心他说的话竟然是真实的。毕竟,我们知道他的指控中含有一些真实的成分(例如,蒙蒂塞洛庄园有过一位名叫莎丽的奴隶;我们也有理由认为,在卡伦德撰写那篇报道的时候莎丽已经有了五个孩子)。另外,的确有一次当卡伦德认为新信息有可能为假的时候,他说了他"不认为这是真的"。卡伦德的传记作者米歇尔·杜热(Michael Durey)和戈登-里德都认为,卡伦德在报道事情的基本事实这一点上做的是不错的(在他的时代来说)(这进一步证明了罗特曼假设 4,即卡伦德

---

[29] 有关卡伦德对杰斐逊的种种指控,还可参见 Michael Durey, *With the Hammer of Truth: James Thomson Callender and America's Early National Heroes* (Charlottesville, VA, 1990),157-163。

罗特曼 2003 年,第 30 页,也提到《华盛顿联邦人》1801 年 9 月的一些言论。1801 年 9 月 14 日的那期《华盛顿联邦党人》(第二页第一栏)指出:有"一位职位甚高的人"(杰斐逊当时是总统)与他人"生下了一些黄色孩子,并沉迷于金色的情感之中"。这份报告也提到一位"J 先生"。该报告建议:"如果这些(指控)是捏造的、恶意的,就应该遭到抵制。"(我们感谢斯丹顿[Lucia Stanton]给了我们这篇报告的抄本;感谢哈克特[Mary Hackett]发现了这篇报告并将其转录。)

想要报道真相,而非捏造事实)。㉚

　　但是,究竟卡伦德是将所谓的大家都知道的事看作是要报道的另一个事实,还是捏造了这件事以把丑闻升级并说服他的读者呢?毕竟,他捏造了对海明斯的侮辱性(而且也不准确)的描述,也许是为了要唤起当时人们的一些模式化观念㉛,而且,据我们所知,他还凭空捏造了海明斯12岁的儿子"汤姆总统",因为没有任何证据证明这个孩子存在过。那么,在哪些情况下卡伦德认为自己是在报道事实,在哪些情况下他又是在夸大事实以激怒读者呢?有关1802年9月之前对杰斐逊性生活传言的证据少之又少。一些流言四处传播的例子也都是卡伦德报道的,因而也是未经证实的。《卷宗》上的打油诗显然不足以作为有关杰斐逊的种族通婚传言的证据。这首诗以讽刺夸张的手法描述了一位想要"讨所有人喜欢"并"抢夺"主人的白人妻子的黑奴(杰斐逊的妻子已于1782年过世)。这首打油诗是否只是想要嘲弄一下黑奴呢?抑或这首诗是想表达北方人对南方种族通婚的讽刺?二者都有可能,就像有人提出这首诗也可能是个笑话,是专门用来嘲笑杰斐逊并暗指其与奴隶有性关系的。什么样的讽刺作家会在掌握了关于在职总统的真实信息的情况下,仅仅把他作为在思考了黑奴的欲望之后所联想到的人而提起呢?㉜另外,兰德尔在1856年的证词也因为如下几个原因而高度可疑。首先,它的日期晚于1802年。其

㉚　Durey, *With the Hammer of Truth*, 157-160; Gordon-Reed, 62.
㉛　他将海明斯说成"与马路一样四处可见的荡妇",有"15—30个""各种肤色的"情人。她的孩子是"一堆黄色垃圾",杰斐逊派人去"厨房,或者可能是猪圈里"叫她(Rothman 1999, 95, Rothman 2003, 30; Gordon-Reed, 61-62)。
㉜　但是公正地说,我们可以考虑一下这一事实,即讽刺作家通常有围绕着政客的传言而嘲笑他们的自由,而记者通常认为自己必须只报道那些能够被充分证实的事情。因此,如果《卷宗》上的打油诗是作为对种族混杂的一些**传言**的回应而写的话,这并不稀奇。然而,这些传言对打油诗的作者而言不是**知识**,而我们作为历史学家也没有足够的理由认为:我们清楚知道该作者的准确意图。

第六章 一个有关历史认识论的案例分析

次,他的说法很含混。他指的到底是邻居们帮助卡伦德发现了这个故事,还是他们给猜测和传言推波助澜从而帮了卡伦德?再次,兰德尔说卡尔兄弟之一是海明斯孩子的父亲(戈登-里德,第80—82页)。这样,任何杰斐逊的邻居可能对卡伦德说过的、有关杰斐逊是海明斯孩子的父亲的传言,都与兰德尔1856年的陈述不符。如果兰德尔相信自己的讲述,那么**他**本人就不可能认为杰斐逊的邻居知道杰斐逊是海明斯孩子的父亲(因为我们不可能**"知道"**已知为假的事情,而只可能**错误地相信**它)。

总之,我们能够找到的、有关在1802年9月1日之前所谓的杰斐逊性行为传言的传播的最佳证据是1801年9月14日出版的《华盛顿联邦党人》(见前面注29)上的一段话,它宣称"一位职位甚高的人"与人生下了"一些黄色孩子",并"沉迷于金色的情感之中"(罗特曼在其2003年的著作中征引了这条证据,但他并未在其1999年的文章中讨论过它)。这位未署名的作者似乎是遵循了普遍接受的反对传播诽谤性谣言的道德禁忌,因为他在提到这些指控的同时,又宣布"如果这些(指控)是捏造的、恶意的,就应该遭到抵制",借此缓和他的指控。

卡伦德报道的质量

罗特曼提到,邻居们对(所谓的)杰斐逊—海明斯关系的普遍知情最好地解释了卡伦德报告中事实和虚构混杂的现象(假设1和假设2)。毕竟,**有人**肯定告诉过卡伦德许多细节:海明斯的名字、她的家奴身份、她与杰斐逊一起去过法国、她(所谓)的第一次怀孕以及到1802年她已经生了五个孩子。但卡伦德似乎也弄错了一些事,特别是关于他那虚构的"汤姆总统",后者据卡伦德说是海明斯12岁的儿子,他看上去很像杰斐逊,而且住在蒙蒂塞洛庄园。对罗特曼而言,卡伦德这些混杂的事实与虚构证明了他正在利用一个谣言加工厂,在这里,"随着杰斐逊—海明斯的故事从一个人嘴里到另一个人嘴里,夸大其词演变成夸张的可能性……也是极大的"(罗特曼 1999 年,第 103 页;另见罗特曼 2003 年,第 37 页)。但这种解释也是有问题的。一个人可能与其他二十个人犯同样的错误。或者卡伦德可能加入了他自己的夸张。

　　罗特曼注意到了卡伦德的另一个说法:1802 年 12 月,这位记者说愿意在法庭上提供"十二名证人"证实他的指控。罗特曼试图在阿尔博马尔县的士绅阶层中找到这种传言的来源,所以他抓住卡伦德夸下的这句海口:"如果(卡伦德)说的是认真的……那么他的证人就一定是白人"——因为卡伦德"厌恶非洲裔美国人"(罗特曼 1999 年,第 99 页;罗特曼 2003 年,第 34 页),不大可能会去与奴隶交谈(而且,奴隶也不被允许在法庭上作证)。但在杰斐逊与海明斯的同时代的人中,我们能宣称的**毫无疑问地**知道(或我们认为他们知道,或据称知道)二人关系的,也只有蒙蒂塞洛庄园的两位奴隶:麦迪逊·海明斯和伊斯雷尔·杰斐逊(尽管伊斯雷尔为杰斐逊做了 14 年私仆,但是他仍然说他并不是"十分确定地知道"杰斐逊—海明斯的关系,而仅仅"根据情境"判断有过这种关系)。

　　那么白人如何会知道有关所谓的杰斐逊—海明斯关系的细节呢?罗特曼推断:"鉴于卡伦德厌恶非洲裔美国人,他不大可能直接与任何阿尔博马尔县的奴隶交谈过。"很长一段时间内,相同的逻辑也被用于杰斐逊身上:杜马斯·马伦(Dumas Malone)、弗吉尼厄斯·达布尼(Virginius Dabney)和约翰·密勒(John Miller)排除了杰斐逊与海明斯有过性关系的可能性,部分是因为杰斐逊是个种族主义者(戈登-里德,第 133—134 页)。这些"自上而下"的解释太苍白无力,它们无法证明杰斐逊不会与海明斯有性行为,抑或卡伦德不会与奴隶交谈。如果我们允许自己想象卡伦德与奴隶交

第六章　一个有关历史认识论的案例分析

谈过,那么我们就不用为了解释卡伦德的报告,而再去假设杰斐逊的白人邻居都知道他与海明斯的关系。毕竟,仅有的几位对此事发表过评论的白人(埃德蒙·培根,T. J. 兰多弗,上文已经提及;另外一位是杰斐逊的外孙女埃伦·库利奇[Ellen Coolidge])都认为海明斯孩子的父亲另有其人(戈登–里德,第 28、79 页)。我们没有任何证据证明这些"证人"知道事实真相。有理由相信,杰斐逊与海明斯可能对他们所谓的关系非常之谨慎小心(注意,1873 年 S. F. 维特莫尔出版的回忆录中提到,伊斯雷尔·杰斐逊曾说过他"根据情境认为"海明斯的孩子的父亲是杰斐逊,但他不是"十分确定地知道"这件事["附录 C",见戈登–里德,第 253 页])。也许这些否认杰斐逊是海明斯孩子之父的"证人"的确真心认为孩子的父亲另有其人。甚至还有可能想象,海明斯与卡尔兄弟中的一人或二人以及杰斐逊都有染。不管是哪种情况,我们都不**知道**。

卡伦德的消息来源"极有可能是阿尔博马尔县和附近其他县的弗吉尼亚绅士"这种说法(罗特曼 1999 年,第 99 页;罗特曼 2003 年,第 34 页)并没有从卡伦德的言辞中获得证实,因为他从未提及消息来源的社会地位(尽管所谓的《美国公报》引述中确实提到了"弗吉尼亚绅士"中间的传言)。罗特曼猜测:"这些人……可能无意间听到他们的奴隶谈论海明斯的故事"(罗特曼 1999 年,第 99 页;罗特曼 2003 年,第 34 页)。而且罗特曼还指出,这些人"应该是那些最有可能到蒙蒂塞洛庄园拜访过杰斐逊的白人……(并且也见过莎丽·海明斯,或许还见过她的孩子)"(罗特曼 1999 年,第 99 页;罗特曼 2003 年,第 34 页)。但海明斯活过婴儿期的最大的孩子比弗利在 1802 年也不过 4 岁,而且海明斯本人的工作大致上是杰斐逊的私人女仆,也许还是个裁缝。我们没有很好的理由去设想她或她的年幼孩子会引起白人访客的特别注意,特别是在蒙蒂塞洛庄园,因为那里有很多肤色较浅的家奴(罗特曼 1999 年,第 87—88 页)。即使有人注意到了他们,似乎也难以相信他们或者杰斐逊会给访客以任何有关他们关系的暗示,特别考虑到杰斐逊的男仆都仅仅是"根据情境"判断出存在过这样一种关系。任何与杰斐逊和海明斯关系最密切的白人也不大可能将这个所谓的秘密告诉别人,即使我们假设(但这种假设没有任何文本基础)他们已然知情。

蒙蒂塞洛庄园的情境:毫无依据地将传言等同于知识

罗特曼用尽了文本证据,并试图通过考察阿尔博马尔县白人居民中所谓的大家都知道之事的质量来解释卡伦德报告的质量,在此之后,他还提出了另一论点,即杰斐逊—海明斯的关系人所共知,因为当时的情境使人们很容易相信这种关系。用罗特曼自己的话来说,"杰斐逊具体的行为以及与其相关的事情都让阿尔博马尔县的居民有理由相信海明斯的事"(罗特曼 1999 年,第 103 页;罗特曼 2003 年,第 38 页)。罗特曼列举了如下与情境相关的事:很长一段时间内,蒙蒂塞洛庄园都有浅肤色的奴隶;杰斐逊的岳父长期与莎丽·海明斯的母亲贝蒂·海明斯有染;杰斐逊的外甥萨缪尔·卡尔据称与黑人私通(有关这一点的最早的文字记录似乎出现于 1874 年);而且 1792 年,杰斐逊将海明斯的姊妹玛丽·海明斯卖给了她的白人情人托马斯·贝尔上校(这是杰斐逊同意了玛丽·海明斯请求的结果)。

所有这些情境导致罗特曼做出结论:"住在杰斐逊家附近的很多人都相信海明斯的事,这是因为弗吉尼亚的奴隶主和杰斐逊本人早已让他们准备好相信这件事了"(罗特曼 1999 年,第 104 页;罗特曼 2003 年,第 38 页)。在这里,罗特曼已经不再是"由下至上"地(从观察到的结果到假设的成因)推理了,而是在"自上而

第六章　一个有关历史认识论的案例分析

下"地(从不可见的成因到假设的结果)推理。罗特曼那里没有任何有关阿尔博马尔县居民行为的记录能够满足如下两个条件:(a)与卡伦德无关;(b)假设1(杰斐逊—海明斯的关系人所共知)可以作为其最佳解释。但他却正在提出证据认为该县居民的**环境**导致了假设1:"鉴于弗吉尼亚人对他们那个社会的性与奴隶制已经有了大体的了解,**他们不需要听说**有关杰斐逊与海明斯关系的细节就会相信他可能与她有染。"(罗特曼1999年,第103页[黑体系笔者所加];罗特曼2003年,第37—38页的说法略有不同。)

在这里,罗特曼踏入了雷区。正如埃德蒙·盖提尔(Edmund Gettier)在其著名的《证实为真的信念就是知识吗?》一文中指出的那样,一种证实为真的信念不**一定**就是知识。相反,当且仅当一个人提出命题时知道其命题的真正依据之时,它对此人来说才是知识。㉝ 如果恰巧有一位住在阿尔博马尔县的白人十分了解弗吉尼亚种族通婚的文化,他注意到了蒙蒂塞洛庄园的浅肤色奴隶,便对他的邻居眨了眨眼说,"我打赌那山上有些黑白混血的小汤姆总统",那这种情况怎么办呢?这种信念并不是有关杰斐逊—海明斯关系的**知识**(假设1),因为无论有没有海明斯存在,这种信念都会出现。这正是我们在上文中的AA2提到的。

罗特曼在他的叙述中提到了人类学中的"社会知识"概念。那么**社会**知识是由什么构成的呢?我们的理解是,社会知识是人们在某个特定社会中生活的过程里获得的关于那个社会的习俗的知识。例如,即使是那些从未与奴隶制打过交道的弗吉尼亚人,也

㉝ Edmund Gettier,"Is Justified True Belief Knowledge?" Analysis 33, no.6（June 1963）: 121-123. 例如,我可能对另外一个人说:"你或者口袋里有一分钱,或者明天要飞往巴塞罗那。"假定我认为我看见这个人把一分钱放在兜里,而其实他放的是一角钱。但是,尽管这人口袋里没有一分钱,但完全出于巧合,他明天的确是要飞赴巴塞罗那,他有个有钱的叔叔住在那里,之前我并不知道。在这个例子中,我对这人的陈述被证明是对的。但是,不能说我已经知道它是对的——它只是偶然被证明是对的。

会在看到浅肤色奴隶之后禁不住推断有许多"跨种族的性行为"发生。但要将"社会知识"这个名称用于宣称某对特定的人——在这个例子中，又必然是相当小心谨慎的一对——有性关系的话，那就是使用不当了。我们认为，罗特曼掌握着貌似可信但是却远非有根据的证据来支持他的那一宣称，即关于杰斐逊—海明斯关系的传言在阿尔博马尔县"附近"传播。但在我们看来，罗特曼毫无道理地将**传言**和**信念**等同于**知识**。当然也有可能杰斐逊的一些邻居掌握了一些信息，能够证实我们所讨论的主要传言（即海明斯和杰斐逊之间有性关系）。这样的信息本来会把传言转化为知识。但罗特曼根本没有任何证据能说明杰斐逊的邻居掌握了此类信息。另外，他**知道**自己没有此类证据，但他却没有意识到这点对其论证的影响。㉞

对史料的总结

需要说明的史料可以列为以下几点：

D1. 1802年9月，卡伦德断言杰斐逊与海明斯之间有性关系，而且这件事"人所共知"。

D2.《卷宗》上发表了"黑人妻子"打油诗，《华盛顿联邦党人》在1801年9月14日刊发了一些有关"J先生"的言论。

D3. 亨利·兰德尔在1856年表明，卡伦德受到了"杰斐逊的

㉞ 参见罗特曼1999年，第103页的这段话（我们对其进行了缩写，黑体部分是后来加上去的）："在卡伦德的（杰斐逊—海明斯）故事中，很多都是正确的，这就尤其证明了在弗吉尼亚社区中，有关私下跨种族性行为的社会知识传播的程度……并不是阿尔博马尔县每个人都有**信息**提供给卡伦德，因为并不是每个人都**听说过这个故事**，但我们不该怀疑卡伦德说没有他提到的每个人都**相信**这个故事。鉴于弗吉尼亚人对他们那个社会的性和奴隶制度已经有了大体的**了解**，他们不需要听说有关杰斐逊与海明斯关系的细节就会**相信**他可能与她有染。"如果罗特曼仔细思考他在这段话里说的内容，那么他很可能会想清楚这里混乱的逻辑。知道某事是相当普遍的社会行为并不等于就知道某个具体的人做过什么；**听过一个故事**也不等于就**有了信息**。

一些邻居"的帮助。

D4. 卡伦德做了一些有关莎丽·海明斯的正确陈述。

D5. 卡伦德做了一些有关莎丽·海明斯的虚假和夸大的陈述。

D6. 有时卡伦德十分小心地报道了"基本事实"。

D7. 在1802年以前,没有任何记录证明有任何与卡伦德和杰斐逊同时期的白人声称知道所谓的杰斐逊—海明斯关系(1801年9月14日《华盛顿联邦党人》的言论可能除外)。有几个人(在很久以后)说,他们并不相信这样的关系存在过。

我们还要提及下面这些间接史料,它们有可能帮助解释上面的一些史料:

D8. 杰斐逊与种族通婚的关联是公开的:蒙蒂塞洛庄园有浅肤色的奴隶;杰斐逊的岳父与一位黑人女性贝蒂·海明斯有过性关系;杰斐逊的一位外甥可能与黑人女性有过性关系;杰斐逊将他的一位女奴卖给了她的白人情人。

D9. 杰斐逊与海明斯都十分谨慎(这一点是从伊斯雷尔·杰斐逊的陈述和D7中推断出来的)。

D10. 阿尔博马尔县白人社会的道德规范禁止公开讨论种族通婚问题。

主张另一种讲述的理由

让我们再看一下卡伦德首次指控中的措辞:"夏洛茨维尔附近没有一个人不相信这个故事,知道这件事的人也不在少数。"卡伦德区分了知识和观念。为什么呢?他提到有些阿尔博马尔县的居民只是"相信"却不"知道"这个关系,他的言下之意是什么呢?阿尔博马尔县的邻居们实际上**知道**过任何事吗?抑或他们仅仅是准备相信任何他们听到的传言呢？

毕竟，除了卡伦德的指控（D1）之外，我们就没有任何文本证据支持罗特曼所说的（假设1）杰斐逊—海明斯的关系人所共知了。《卷宗》上的那首打油诗、林德和《美国公报》中的断言、亨利·兰德尔的回忆，甚至《华盛顿联邦党人》上的言论都完全可以通过假设人们在脑海里将杰斐逊与种族通婚联系起来得以解释（AA2，见上）。而且，间接史料（D8）如果扩展到能包括杰斐逊—海明斯关系的秘密性（D9），那么它肯定至多会导致人们对杰斐逊是否与女奴有染的**推测**，而不是导致大家都知道的他卷入这件事的**知识**（假设1）。

另外，罗特曼宣传卡伦德想要报道真相（假设4），这种说法并没有解释卡伦德在其他场合为实现其目标（D5）而使用夸大和捏造的手法时表现出的积极甚至迫切。如果我们能够想象出卡伦德愿意使用虚假的陈述以说服他人相信自己（AA5），这就能解释 D1 和 D5 了。

我们的另一种讲述也能够解释为什么在1802年以前没有任何对所谓关系（假设真的有过这样的关系的话）的细节的报告（D7）：除了几个蒙蒂塞洛庄园的人之外，这些细节没有任何其他人知道（AA1 和 AA2）。这是一个简单的"由下至上"的解释：没有行为（D7），是因为没有相关知识（AA1）。罗特曼必须"自上而下"地解释 D7（即没有[任何记录]说明任何卡伦德和杰斐逊同时期的白人声称1802年以前就**知道**所谓的杰斐逊—海明斯关系）：也就是说，他假设阿尔博马尔县社会的道德规范（D10）导致人们希望不公开讨论他们对这种关系的知情程度。

我们的讲述和罗特曼的讲述都要用到辅助假设，以便解释有关假定的杰斐逊—海明斯关系的信息是如何从蒙蒂塞洛庄园传播出去的。罗特曼（在没有证据的基础上）假设了这些信息先是从

第六章　一个有关历史认识论的案例分析

蒙蒂塞洛庄园的奴隶中传到阿尔博马尔县的奴隶中,继而又从这些奴隶传到了白人绅士那里(假设1),并在传播的过程中走了样(假设2)。我们(也是在没有证据的基础上)假设了詹姆斯·卡伦德想要在政治上伤害杰斐逊,因而他对众所周知的杰斐逊与种族通婚的关联进行了一些调查(AA2),而且在调查的过程中,卡伦德以某种方式打探到了一些对杰斐逊不利的指控,还有一些**真实的**信息,其中最主要的就是莎丽·海明斯的名字。㉟ 他于是将AA2报道成了假设1(即许多阿尔博马尔县的居民都相信杰斐逊与一位女奴有性关系),以便使他的读者相信他所讲述的是真实的(AA5)。

我们的辅助假设与罗特曼的比起来怎么样呢？我们假设了卡伦德通过某种方式知道了一些有关杰斐逊家里情形的(真实)细节,他以这些细节为基础,编纂了他的那个杰斐逊与"这个小婊子莎丽"的故事。我们并没有宣称我们知道他是**如何**获知这些细节的。罗特曼假设阿尔博马尔县的某位居民以某种方式获知并传播了有关一个严加保密的风流秘事的信息,但却根本没有留下任何记录。罗特曼的讲述能更为简洁地解释D1;我们的解释能更好地解释D7。我们知道的关于阿尔博马尔县环境的史料(D8和D9)似乎更有可能导致了我们的AA2,而不是罗特曼的假设1。我们认为,这两种讲述没有哪一种明显是更好的,对于究竟哪种假设(AA2或是假设1)能够更为真实地讲述阿尔博马尔县居民的思想状况,我们应该保留一种不可知的态度。

历史学家和其他读者当然可以自由地做出自己的结论——但如果他们想要声称自己的结论为真的话,就必须列出理由说明他

㉟ 卡伦德对杰斐逊十分愤怒,因为总统拒绝补偿他因《联邦客籍法和惩治叛乱法》(Federalist Alien and Sedition Acts)入狱而受到的损失,对他所受的苦难和牢狱之灾也毫不重视(Rothman 1999,92-94; also Durey, *With the Hammer of Truth*, 143-157)。

们为什么相信这个结论是真的。他们还必须尽可能清楚地指出事实和推测的分界线在哪里（诚然，有时分界线是可变的）。最后，他们还必须为他们提出的推测提供——**作为推测**——依据。

　　历史学家有时对事实和推测之间的区分不太在意，这种不在意有时会使他们将并非完全为真的论断说成是完全为真的。例如，我们认为，如果在现有史料的基础上断言杰斐逊与海明斯有染之事是明白无误的事实，那这种做法也是错误的。同时，我们三人都相信他们二人确实有这种关系，因为我们发现，相比于假设这种关系不存在，假设它存在能够为全部现存的证据提供一种"更好的解释"。至于断言杰斐逊与海明斯的所谓关系在 1802 年 9 月（当时卡伦德在《里士满纪事报》上发表第一篇有关此事的文章）之前就在蒙蒂塞洛庄园周边地区广为人知，除非有更多的证据出现，否则，我们就不能把这种断言当成明确的事实，而只能将它当成现存的猜测。我们当然**不是**反对猜测（因为所有历史中都有一个猜测的层面）；我们只是反对没有被指认为猜测的猜测。

　　我们希望本章有助于说明的是，最佳解释推论和其他通常被明智应用的理论与历史阅读、写作和思考计划之间有相关性。在常规史学著作中——这有别于历史认识论中的演示文章，比如本章——理论的架构或许最好保留在背景当中。但历史读者和批评家应当始终意识到，历史学家已经清晰地、很好地思考了这些问题，即使他仅仅暗示了为建构史学著作而做过的概念层面上的思考。在缺少这种思考的时候，我们就没有什么理由相信历史学家讲述的故事是真实的，无论这个故事看起来多么有趣、令人激动、发人深省或在政治上大有裨益。

第七章 反事实历史:尼尔·弗格森的《未曾发生的历史》及类似著作

近来,"反事实历史"——人们也称为"未曾发生的历史"——渐趋流行。然而,要理解这种现象,我们需要先讲清楚反事实性提出的理论问题。我们还要作一些区分。本章中我首先区分两种反事实的历史:"有节制的"反事实历史和"过分的"反事实历史。"有节制的"反事实历史需要明确考察存在于真实过去中的诸种替代可能性,而"过分的"反事实历史涉及一些实际上过去从未发生过的历史结果。

"过分的"反事实历史与正常的历史研究和写作相去甚远。这种历史会试图想象如果英国干涉了美国内战,如果英国议会1912年通过了爱尔兰自治法案或者德国在1940年入侵了英国,结果会是怎样。这三种假想的情况出现于尼尔·弗格森(Niall Ferguson)主编的《未曾发生的历史》之中。① 实际上,这种反事实的历史也许称为"未曾发生的历史"更恰切,以强调它要涉及的并非**实际的**过去——或者称为"想象的历史",以强调其缺乏根据。"未曾发生的历史"让我们想起"虚拟真实"。它也能让我们想起

---

① Niall Ferguson, ed., *Virtual History: Alternatives and Counterfactuals* (New York, 1999). 此书已有中译:丁进等译,江苏人民出版社,2001年。——译者

基于历史的一些游戏世界：比如，我们可以想起十分流行的、现在已有电脑版的游戏《轴心国与同盟国》。这个游戏模拟的是第二次世界大战在1942年以后的情形。② 这样的游戏能让参与者回到某个选择的历史时间点上，并做出一些与真正的历史参与者所做的不同的决定。其后的发展结果与实际发生的情况不同，这不仅取决于偶然性，而且还（这点很重要）取决于游戏设计者在游戏中嵌入的诸种假设。这种游戏并非自称要重新上演历史实在，至少任何成年人都不会这样想。这是一个**游戏**，用真实过去的某些特点装饰起来的游戏。

当职业历史学家撰写未曾发生的历史的时候，我们应该像看待一群15岁孩子玩二战游戏一样，对历史学家所做的有关"本来可能发生过什么"的论断保持同样的有距离的怀疑态度。我们当然可以讨论其可信度，但与**普通**历史的可信度相比，这种可信度极难判断，因为普通历史的可信度受一个真正存在过的世界的束缚。当历史学家想象肯尼迪没有遇刺或苏联并未解体的话情况会是如何的时候，他们的认识论基础是十分薄弱的。历史学家必须始终推测（见第六章），但相对于以普通的历史方法论为基础的推测，有关未曾发生的历史的推测受没有足够证据支持的、关于世界真正本质的假设之影响要大得多。实际上，撇开历史学家或游戏设计者特定的意识形态偏好不论，如果没有一组很大程度上是随意的规则，未曾发生的历史是想象不出来的，游戏也是无法进行的。这些假设构成了一种关于世界如何正常运作的"理论"，它可能为真，也可能为假。要在这些假设的基础上作出推论，就是要遵循"自上而下"的推理逻辑，正如第六章指出的那样，与"由下至上"

---

② 很多评论家都在网上评论了《轴心国与同盟国》，见http://www.amazon.com，搜索关键词"Axis & Allies"。

第七章　反事实历史：尼尔·弗格森的《未曾发生的历史》及类似著作

的推理相比，这种推理逻辑在认识论上是有极大问题的。

如果我们根据时间性问题来看未曾发生的历史，问题就会清晰起来。书写未曾发生的历史的历史学家从一个特定的时间点切入过去——通常刚好是在某个相关历史行为者作出重大决定之前。这些历史学家将这一时间点概念化为偶然性之一，在这种偶然性当中，重大决定**可能**会有不同，而其后事态也因此**或许**会朝另外一个特定方向发展。他们一开始就利用这种所谓的偶然性，以便展开其反事实历史。然而，偶然性是一把双刃剑。偶然性以及那种人类有能力做决定的观点所带来的自由给了未曾发生的历史一个出发点。但这种使未曾发生的历史成为可能的偶然性同时也会破坏未曾发生的历史。如果一开始就有偶然性，我们毫无疑问就必然在接下来的叙述中涉及偶然性：用社会学家马克斯·韦伯的话来说，偶然性不是一辆我们想上就上、想下就下的列车。这就意味着未曾发生的历史不可能遵循任何可界定的进程。更准确地讲，未曾发生的历史对可界定的进程的遵循只能持续到下一个偶然性的出现。尽管书写未曾发生的历史的历史学家仍然可以堂而皇之地声称自己有正常历史学家的权威，但在下一个偶然性出现之后，他们就只能被视为想象文学的作家了。这未必是件坏事，但它不是历史。

我们不应将未曾发生的历史与通常的反事实历史混为一谈。未曾发生的历史从真实过去的某一时间点出发，在该时间点上，事态发展可能会有所不同，然后这种历史在时间上**向前**发展，距离真实存在过的世界越来越遥远。用第六章中的术语来讲，这是一种"由因至果"的推理，从不可见的成因出发而推出假设的结果。如第六章所述，这种方向的推理较之"由果至因"的推理在认识论上更值得商榷，因为在后者那里，我们从观察到的结果出发推出假设的成因。（"由因至果"的推理当然只是"自上而下"式推理的一个特例,"由果至因"的推理则是"由下至上"推理的一个特例。)"有节制的"反事实历史从观察到的结果出发推出假设的成因。这种历史从一个真实事件出发,例如英国内战,然后在时间上向事件之前探索,并考察在哪些情况下内战可能**不会**发生(或可能以一种截然不同的方式发生)。在弗格森所编的论文集中,约翰·亚当森(John Adamson)的《没有克伦威尔的英国:如果查理一世避免了与议会开战,那会怎么样?》一文在很大程度上就是这样的一种历史。亚当森考察了1642年以前的种种反事实,并推测了事态如何本可能以不同的方式发展但却没有那样。这种努力与一开始就假设一种反事实的情况(希特勒没有入侵苏联),然后再想象出一种作为那个成因随后之结果的全新历史的做法大不相同。

书写未曾发生的历史的历史学家们必须要更进一步走入其想象的世界之中,但"有节制的"反事实历史学家的推测却要受实际发生过的事情的限制。通过想象事态如何会有不同的发展方式,"有节制的"反事实论者试图更好地理解真正发生过的事情。"有节制的"反事实论者是从已知的结果推导出假设的成因;书写未曾发生的历史的历史学家却毫无顾忌地从不可见(但被信以为真)的成因推出一种从未发生过的结果。"有节制的"反事实论者的推理是"由下至上"的,从已知的证据推出一种理论来解释为何当时的情况是那样发展的;书写未曾发生的历史的历史学家的推理是"自上而下"的,从一种关于世界是如何运作的推测理论中归纳出假设的结果。这些历史学家越是不大可能严肃考虑这个理论,就越有可能认为它是毋庸置疑的真理。

在其为《未曾发生的历史》所写的导论中,弗格森用大量笔墨指出,反事实历史就等同于攻击历史决定论(最重要的是攻击了据称被马克思主义者推进的历史决定论)。在弗格森看来,反事实历史突出了历史中人类能动性的可能性。研究当代德国史的历

第七章 反事实历史:尼尔·弗格森的《未曾发生的历史》及类似著作

史学家理查德·埃文斯(Richard Evans)在一篇评论《未曾发生的历史》的文章中认为,我们需要比弗格森更多注意潜在的结构性决定因素。③ 然而,这两位历史学家确实讨论错了议题,因为"人类有没有自由"这个问题并不是历史学家的问题。历史学家在这个问题上能给出的答案不过是些陈词滥调,因为他们的学科本来就**预设**了一种立场,一种本身也是个陈词滥调的立场——即人类既是受限定的,又是自由的;既屈服于外界力量,又能够创造、利用这种力量;既是物质的,又是精神的;既是野兽,又是天使。没有任何真正的决定论者能够成为真正的历史学家,因为这样的人应当去研究神经化学、物理学或是其他学科。同样,那些相信人类能像超觉静思者一样完全超越他们所处情境的人也不能成为历史学家,因为这样的人永远不会去费心研究历史学家如此热衷于探索的故纸堆。

事实上,在反事实历史中最基本的问题是历史解释的特点。(埃文斯和弗格森都注意到了这点,但他们都太专注于与政治对手的斗争——据称一边是左翼的决定论者,另一边是"新右翼"——以至于他们倾向于不提这一点。)回到第四章中的讨论,我所说的**说明**一词的含义是指试图讲述为什么某事会是这样的(为什么它现在存在,或曾经存在过;为什么它发生了)。我们也同样有理由说说明就是试图回答这个问题:"是什么导致了(或曾导致)E?"后一种说法涉及一个难点,因为即使到现在很多人——包括很多历史学家——依然坚持一种因果作用的"规律性"观念。根据这种观念,如果我们说 C 是 E 的成因的话,那么就必须要有某种能够将 C 和 E 联系起来的"恒常联系"(constant conjunction,

---

③ Richard J. Evans, "Telling It Like It Wasn't," *Historically Speaking*, 5, no. 4 (March 2004):11-14 (reprinted from *BBC History Magazine*, December 2002).

休谟语)。柯林武德反对这种与自然科学的兴起密切相关的"规律性"观念,他在《历史的观念》中提出,历史学家根本没有(或至少不该)提及成因。恰恰相反,柯林武德主张,历史学家的说明就是讲故事:历史学家说某事发生了,接着某事发生了,某事又发生了,从这个故事之中自然会产生一种说明。用柯林武德的话来说:"在历史学家已经查明了事实之后,并不存在再进一步去探讨其原因的这一过程。当他知道发生过什么的时候,他就已经知道它何以发生了。"④尽管柯林武德并没有详细讨论这个问题,但他在《历史的观念》中的论点强烈暗示了他反对反事实论。⑤

正如卡尔·亨普尔在1942年发表的论文《普遍规律在历史中的作用》中非常清楚地指出的那样,历史学家无法给出符合"规律性"观念的说明。⑥ 在此我不想探讨亨普尔论文发表后引发的复杂讨论,让我只是简单**断言**:对历史学家来说,唯一可行的说明观念是一种专注于反事实性而且允许"规律性"标准退居后台的说明观念。**在原则上**,历史学家无法将他们的说明都归于"规律性"之中:亨普尔的这个论点是正确的。相反,当历史学家提出比如说"帝国主义曾引起(或曾有助于引起)第一次世界大战"的时候,他/她**实际上**说的是(如果他/她正在说任何理智的话)"所有其他条件都不变的情况下,倘若没有帝国主义,那么就不会有第一次世界大战"。当然,历史学家很可能要说的不只这点,因为在历史这样一个领域中,人们认为多种成因在不同的层次上起着作用。因

---

④ R. G. Collingwood, *The Idea of History*, with Lectures 1926-1928, ed. W. J. van der Dussen, rev. ed. (Oxford,1994),214.

⑤ Ibid.,246. 这里,柯林武德宣称"只有一个历史世界",并且他拒斥了"想象的世界"与历史的相关性。弗格森在其为《未曾发生的历史》所写的导论中正确地指出(第50页),柯林武德和奥克肖特的"理想主义立场"是"排斥反事实论的"。

⑥ Carl G. Hempel, "The Function of General Laws in History," in *Theories of History*, ed. Patrick Gardiner (Glencoe, IL, 1960),344-356.

第七章 反事实历史:尼尔·弗格森的《未曾发生的历史》及类似著作

此,历史学家应用的反事实推理通常必须是非常复杂的。

在1940年《形而上学论》一书的结尾部分,柯林武德自己给出了一种以实用价值为取向的对因果关系的论述,这种论述与反事实论产生很大共鸣,因为他认为在一个实际存在过的情形中,我们最容易想象为可能是**不一样**的那个因素通常被我们认为是成因。因此,在比如一场车祸中,我们从自己特定的视角出发,最容易想象成可能会不一样的因素也就倾向于被我们认为是车祸"唯一的"成因。试想会有多少种**可能**的成因:道路的拱形设计有问题、限速过高、司机不小心超速驾驶、司机酒后驾车、汽车设计缺陷,等等。如果我们在排除了某一两个因素之后就能想象事故不会发生的话,那么这一两个被排除的因素就可以被看作成因了。柯林武德在《历史的观念》中显然没有深究这个大有希望的思路。[7]

事实上,历史学家**必须**进行反事实的推理(这一点我在本书导论、第四章及第六章都特别强调过)。然而,我惊愕地发现,我遇到很多对这一事实毫无所知的历史学家,其数量要比我设想的多得多。但也许这并不令人奇怪。如果历史学家将其研究课题基本看作是描述或阐释某些过去的历史真实,并且对探讨因果关系不感兴趣的话,那么以说明为目的的反事实论就不必要了(然而,正如第六章"最佳解释推论"的讨论所显示的那样,这绝不是要排除所有反事实论)。法国年鉴学派传统中的某些著名史学家即属此类,他们更感兴趣的是描述和暗示性并置,而不是因果分析。最近主导史学"范式"的文化史也是如此。这样的一个结果就是,当在这些框架中进行研究和写作的历史学家**确实**想要做因果断言的

---

[7] R. G. Collingwood, *An Essay on Metaphysics* (Oxford, 1940),296-312,especially 304ff. 车祸的例子引自柯林武德书中"实用自然科学中的因果关系"一章,而非"历史中的因果关系"那(令人不大满意的)一章。

时候,他们有时完全不知道需要什么样的推理才能做到这一点。同样,那些对某种历史理论(如教条式的历史唯物主义,尤其是"辩证唯物主义")抱有坚定信念的历史学家也倾向于完全绕过反事实论:因为在这一点上,这种理论告诉他们,发生过的一切几乎**必须**发生。那些认为自己"仅仅是讲故事"的历史学家通常也不大可能去考虑故事会如何以不同的方式发展。简而言之,近来很多历史学家完全规避了反事实推理。其中一些历史学家因为其著作中其他更好的方面,早已非常德高望重。因此,我们应该感谢新的反事实论者,因为他们迫使我们开始思考史学中反事实论的重要地位。

第四部分　碎片化

第八章 碎片化与史学编撰的未来
——论彼得·诺维克的《那高尚的梦想》

在本章,我旨在指出彼得·诺维克的那部广受关注的《那高尚的梦想:"客观性问题"与美国历史学界》一书中的某些隐含意义。① 让我们尤其考虑一下诺维克书中第四个同时也是最后一个部分,其标题为"客观性在危机中"。这一部分包含了四章,各章说明性的标题分别为:"分崩离析""每个人群都是自己的历史学家""中央失守"及"以色列无国王"。

读到这些标题及其论述,大多数职业历史学家都会倾向于认为,诺维克在描述一种基本上是负面意义的情形。比如,詹姆斯·克洛普恩博格(James Kloppenberg)在一篇评论《那高尚的梦想》的长篇书评中坚称:"诺维克在结论中哀叹道,到20世纪80年代'以色列无国王',因此'每个人都以其自认为正确的方式行事'。"② 我曾致信诺维克,索要《那高尚的梦想》一书最新的书评清单,诺维克于1990年2月寄来他对克洛普恩博格的回复草稿。诺维克在文中承认,他引用《旧约·士师记》(第2章第25节)是一个"严重

---

① Peter Novick, *That Noble Dream: The "Objectivity Question" and the American Historical Profession* (New York, 1988).

② Jame Kloppenberg, "Objectivity and Historicism: A Century of American Historical Writing," *American Historical Review* 94 (1989):1011-30, at 1029.

的修辞失误",因为他对职业历史编撰的情形的真实评价并非是"启示性的",他也无意表明时下职业历史编撰处于一种"个人主义无政府状态"。③ 实际上,尽管"以色列无国王"形象地描述了诺维克撰写这部著作时历史学科的情形,但"每个人都以其自认为正确的方式行事"却不是一种准确的描述。通过细读诺维克的著作,读者可以发现他并没有任何关于历史编撰碎片化状态的启示性观点,同时也没有对这种状态"哀叹"过。如果有哀叹的话,那也是克洛普恩博格在哀叹,而不是诺维克。

对于那些试图要克服学科碎片化的努力,我持一种极为怀疑的态度。在其最良性的形式下,这些努力通常意味着促进这样或那样版本的历史综合,这样或那样受优待(但无根据)的范式。④ 综合是一种美德、碎片化是一种恶行的这种信仰深植于学院史家的文化之中。每隔若干年,便会有人提出某种新的综合的建议。然而,我们要警惕的是:所有对综合的呼吁都是在试图强加一种阐释(interpretation)。如果把某特定阐释**作为**一种阐释来辩护,这倒是没错。但如果将某种特定阐释说成进行综合的神奇丝线,那就行不通了。我认为将**碎片化**作为一个贬义词、将**综合**看作褒义词是毫无依据的——当然是没有清楚论证过的依据。只有将这两个词视为中性,我们才可能明晰关于此类问题的思考。

学术职业主义(academic professionalism)的力量是如此之大,以至于即使是在那些对碎片化贡献最大的领域中,学者们仍继续

---

③ 彼得·诺维克在其论文《我对一切事物的正确看法》("My Correct Views on Everything", *American Historical Review* 96[1991],第699—703页,引文在第702页)中对这种解释表示赞成(诺维克在该文中回应了1990年12月美国历史学会年会上提交的四份对《那高尚的梦想》的评论。其中的一篇评论就是本章的一个较早版本)。

④ 我要在这里纠正一种可能的误导:**一切**范式都是无根据的。如果不是无根据的,它们就不是范式。

第八章 碎化与史学编撰的未来

口口声声地支持学科统一的理想。例如,在对一组发表于某期《美国历史评论》的五篇关于"妇女史"的论文的评论中,凯瑟琳·基什·斯克拉(Kafhrgn Kish Sklar)指出随着妇女史发展而出现的"重要财富",并且随后提到"不过我们必须意识到现在的情形包含了与高速发展相关的所有不利因素,特别是整合不足"。但是,既然人们在其他方面提出了深刻的见解,那"整合不足"还是一种不利因素吗?毫不出奇,在做出这一评论后,斯克拉接着提出了她自己的理解不同国家妇女运动发展的"范式"。⑤ 斯克拉用来说明妇女运动发生及发展的方式可能会很好地"整合"(我们同样也可称之为"综合")人们对那些运动的理解。但是"综合"和"整合"**从未**包括所有可能重要的历史现象:世界不是这样的——或者更准确地说,我们没有足够的理由认为世界就是这样的。肯定有一些问题是斯克拉提出的那种综合所无法涵盖的。其他的历史学家也许关心另外一些问题。相应地,我们对于所有这些历史学家的著作要提出的问题是:每个历史学家选择研究的问题有多么有趣?这些问题处理得怎么样?对质量的评判将取决于这些关键问题的答案,而不是取决于这些被评判的著作是否接近斯克拉或是其他人的"范式"。⑥ 斯克拉评论的文章之一,是丹尼

---

⑤ Kathryn Kish Sklar, "A Call for Comparisons," *American Historical Review* 95 (1990):1109-1114, at 1111.

⑥ **范式**这个词无论如何都要用怀疑的态度看待。这个词的定义通常并不严密,其含义往往很容易从"说明性理论"滑移到更为宽泛的"解释角度"。这个词是库恩在《科学革命的结构》中提出的。在拉卡托(Imre Lakatos)与姆斯格雷夫(Alan Musgrave)合编的论文集《批评与知识增长》(*Criticism and the Growth of Knowledge*, Cambridge, 1970)中,玛格丽特·马斯特曼(Margaret Masterman)的论文《范式的本质》("The Nature of a Paradigm")指出了该词在库恩的研究中的多种含义(第59—89页)。毫不令人吃惊的是,当库恩在其著作的第二版中再次谈到这些问题时,他将"范式"一词换成包含更多层含义的概念"学科矩阵";见 Thomas S. Kuhn, "Postface,1969," in *The Structure of Scientific Revolutions*, 2nd ed. (Chicago, 1970),174-210,esp. 183-187。

尔·沃克维茨(Daniel Walkowitz)撰写的一篇讨论20世纪20年代美国的女性社会工作者中职业认同的兴起的文章。丹尼尔·沃克维茨在他的文章中提出:"要讲述20世纪社会工作者探寻认同的整个故事,历史学家需要参考有关消费、工作以及职业化的文献,因为社会工作作为一种职业,其发展过程由文化习俗塑造,受家庭和工作场所的物质现实的限制。"⑦沃克维茨指出了历史学家在一份有关"社会工作者探寻认同"的叙述中肯定想要发现的一些因素。但是,我们又有什么依据可以说这些因素能够引导我们找到所探寻的"完整故事"呢?我认为,其依据深植于历史学家的职业认同之中。沃克维茨对"整个故事"这个说法的使用几乎可以肯定是即兴的,然而正是这种即兴使得他对这一说法的使用更为重要,使得历史学家中一种广泛共有的偏见更为凸显。

我们需对这种偏见提出挑战。彼得·诺维克的出色著作帮助我们做到了这一点,因为他对美国历史职业所做的内容广泛、颇具反讽意味、心平气和的——甚至从某些意义上说,**客观的**——叙述质疑了那种"绝对"意义上的客观性(见第五章),按照这种客观性,有一个我们历史学家可以去发现的"完整故事"。

最老练的史学图景观察者都十分清楚把职业历史编撰凝聚在一起的那种信仰的偶然性(contingency of faith)。既然有偶然性,那么就会有所谓碎片化的威胁。对这种所谓威胁的成熟回应是像哲学家皮尔士所说的那样,从实用主义的角度建立"有能力者的

---

⑦ Daniel J. Walkowitz, "The Making of a Feminine Professional Identity: Social Workers in the 1920s," *American Historical Review* 95 (1990):1051-1075, at 1074.

第八章　碎化与史学编撰的未来

共同体"(communities of the competent)。⑧ 但这也并不完全可行。现代主义的学术界盛行着一种学科失明,而且不仅仅限于历史学家之中——受这种失明感染,历史学家只与其他历史学家辩论,哲学家只与其他哲学家辩论,经济学家只与其他经济学家辩论,诸如此类。倘若人们辩论的范围被这样限制——大学中的学科结构显然鼓励了这种限制,那么,很容易想象的是,人们知道能力是什么。

然而,并没有一种单一的能力,而且在那些据称有能力的人之中,甚至更少有一种权威性的共识。一个论点可能被一些有能力的历史学家一致认为可接受,但却被有能力的哲学家或经济学家一致认为不可接受——反之亦然。实际上很多历史学家从未与经济学家、哲学家、文学理论家或修辞学家有过任何认真深入的争论(反过来说也对:其他学科的从业者也很少与历史学家进行争论)。因此,能力的多面性就显得模糊不清。人们严肃地对待"有能力者的共同体"这个论点,这一点正说明在我们的高等教育机构中,学科分化非常稳固。⑨ 诺维克对史学家之间诸多强烈争议的叙述,以及他对现已被丢弃的前几代史学家的假设的叙述,都应

---

⑧ 这种回应与托马斯·哈斯卡尔联系最紧。尤见 Thomas Haskell, "Professionalism *versus* Capitalism: R. H. Tawney, Emile Durkheim, and C. S. Peirce on the Disinterestedness of Professional Communities," in *The Authority of Experts*, ed. Thomas Haskell (Bloomington, IN, 1984), 180-225, especially 207。在其他许多历史学家的著作中,我们也可发现基本相同的立场,这些历史学家同样诉诸一种能够克服冲突性立场的学科性共识。例如,我们可参见 David Hollinger, "T. S. Kuhn's Theory of Science and Its Implications for History," in *Paradigms and Revolutions: Appraisals and Applications of Thomas Kuhn's Philosophy of Science*, ed. Gary Gutting (Notre Dame, IN, 1980), 195-222, at 212-213, 216-217;以及 Kloppenberg, "Objectivity and Historicism," 1029。至于诺维克对这些问题的简要介绍,见 *That Noble Dream*, 570-572, and 625-628。

⑨ 为了防止误解,我要说明:我并不是在主张跨学科统一。通过与其他学科从业者的争论经历,我们知道他们是如何争论的,对于这些知道得越多,我们就越会意识到不同的争论模式之间互不相容,没有任何人能够同时以这些模式进行研究和争论。因此,我对所谓的不同学科间的融汇深表怀疑。

被置于这种更广阔的社会知识语境中加以理解。

我们仍然得承认,职业认同对历史知识的发展一直很重要。作为其宏大故事的一部分,诺维克指出,二战后一段时期内人们摒弃20世纪30年代查尔斯·比尔德和卡尔·贝克尔提出的对主观性的相对主义批判,这是与历史作为"独立自主的职业"的这个概念密切相关的。⑩ "**独立自主**",像**综合**一样,也是大多数职业历史学家在讲不出根据的情况下就认为它有正面价值的一个词。因此,当诺维克提到,对大多数研究妇女史的历史学家来说,"女权主义的团体至少也是与历史职业一样重要的一个参考群体"时⑪,读者很有可能认为他对妇女史颇有微词。然而,在我看来,这样解读诺维克是完全错误的。诺维克既没有赞成"独立自主",也没有反对这种说法。相反,在这里以及其他地方,他对这个问题的态度似乎是坚决中立的。如果他不是中立的,那他也应该是,因为《那高尚的梦想》没有任何内容赞同赋予独立自主正面价值——抑或负面价值——的做法。

一个故事或许能帮助我们把这些综合与独立自主的问题联系起来。这个故事便是一部职业历史编撰事业的简明历史。它并不是仅有的一个能够将这种历史浓缩于其中的故事,但我认为,它是一个十分重要的故事。从粗略的纲要上说,我的这个故事是:职业历史编撰的历史与我们对我们可以称为"宏大叙事的计划"的不同态度密切相关。我所说的"宏大叙事",指的是如果世界本身可以讲述自己的故事的话,它将会讲述的那个故事。⑫

---

⑩ Novick, *That Noble Dream*, 361-411.
⑪ Ibid., 496.
⑫ 我从利奥塔那里借用了"宏大叙事"一词,尽管这里给出的是我自己下的定义。参见 Jean-François Lyotard, *The Postmodern Condition*: *A Report on Knowledge*, trans. Geoff Bennington and Brian Massumi (Minneapolis, 1984) xxiii-xxiv and throughout。另见本书第六章。

第八章 碎化与史学编撰的未来

"最初"——我的意思当然是职业史学家出现之前的蒙昧时代——欧洲学者相信有一种宏大叙事,而且现在也有可能讲述这种宏大叙事。更确切地说,人们有可能**再次**讲述这种叙事,因为所讨论的叙事就是犹太教—基督教经文中给出的故事。由于职业历史学家致力于**发现**这种叙事,因而他们在当时根本没有必要存在。

其后一段时间,人们对《圣经》式的宏大叙事的信念日益减弱。职业历史学家开始出场。在职业历史编撰早期,主流观点认为宏大叙事是存在的,但现在无法讲述:它只能在未来人们做了"进一步研究"之后才能讲述。兰克的观点就是这样——至少他大部分时间持这种观点。正如已故的伦纳德·克里格(Leonard Krieger)所说,这种观点使得兰克那众所周知的对历史个体的关心被置于普遍历史的大框架之中。⑬ 这也是阿克顿勋爵与J. B. 伯里(J. B. Bury)的观点。我认为,这种观点也是绝大多数从未对普遍历史做过深刻思考,然而仍旧基于对他们所理解的西方文化的合理性的信念而进行历史写作的史学家的观点。

在稍后的职业历史编撰阶段,一战之后又出现了另一种变化。此时,历史学家对宏大叙事的信念又更遥远了一些。他们仍然相信宏大叙事的存在,但这是一种特殊的宏大叙事——一种纯粹理想化的叙事,一种实际上永远无法讲述的叙事。在这种体制下,自治与综合仍有重要的价值——在职业史学家的词典中,这两个词的语义还是正面的——但任何特定的综合能够赢得的都不过是行业中一小部分人的赞许。时下,有诸多迹象表明我们进入了第四个阶段或第四种态度。诺维克的著作既描述了这种新态度的前提条件,又部分上代表了这种新态度。我们还不知道这种态度是否

---

⑬ Leonard Krieger, *Ranke: The Meaning of History* (Chicago, 1977), 100-104, 130-131, 160-163, 226-228 and throughout.

会充分发展。在第四个即"后职业"阶段，主流观点完全拒斥宏大叙事——但这种拒斥也是有反讽意味的（因为如果非反讽地拒斥宏大叙事，结局将会是以"前职业"的形式重建这种宏大叙事）。这里，我想象历史学家将不再认为**综合**、**范式**和**独立自主**这些词具有正面价值（但这些词也不会具有负面价值）。我想象历史学家不再以任何方式认为自己在讲述"完整故事"。我想象历史学家会把自己变成经济学家、哲学家或是文学理论家，而且他们会在这些相互冲突的领域之间来回游走（这些领域之间的冲突是显而易见的）。我想象历史学家同时也是在历史编撰领域内外都能发言的知识分子。这些历史学家将会在认识论层面上对其历史写作负责，而不是粗心大意或偏见重重。

正如有些人已经在不止一种语境中看到先前无可置疑的共识坍塌了一样，我看到了碎片化在某些方面深深地令人烦忧。然而，倘若学术界的社会转型这样持续下去（我也倾向于认为这种转型肯定会持续下去），传统的共识就会很难继续存在下去。实体层面上的统一——通过讲述一个单一的故事而实现的统一——只会起到排他的作用。同理，当各个学科开始碎片化，而且它们之间的交叉点开始有了自己的生命时，广泛的方法论层面上的统一也就遭到了破坏。也许最终，能够将一度被视为（这点有些误导）一个统一事业的学科维系在一起的唯一方式，将会是通过持续关注各种历史、社会学、修辞学以及史学研究的规范承诺——换言之，通过明确审视从一开始就尾随史学编撰而来的多样性，同时将这种多样性置于我们富有同情但又具有批判的分析之中。简言之，统一将只会出现在反思的层面上——如果统一还会出现的话。

在第四阶段，像诺维克著作的这类历史著作——它们属于迄今为止史学编撰或者"历史学"中在专业上遭受歧视的领域——将承担一种重要的整合角色。我们也可以想到一系列反思模式的

第八章 碎化与史学编撰的未来

著作,作者是诸如柯林武德、明克、德·塞尔多、海登·怀特、保罗·韦纳和安克斯密特这样的人,他们的著作都对历史学家的计划进行了反思性的审视。然而,我们也要考虑到这种整合的特点——因为一般来说,历史学家的统一主要表现在他们都认识到他们是不可能统一的层面(尽管历史学家尤其可能暂时以一些实证的方式统一在一起)。诺维克的睿智及其博学的著作深刻地教导我们:整合不可能实现,除非通过暴力或遗忘,因此,我们不应期望整合。

第九章 "宏大叙事"与历史学科

在出版于20世纪90年代早期的《历史写作的新视野》一书的导论中,英国历史学家彼得·伯克(Peter Burke)提出,"在上一代人前后,历史学家的领域一直在飞速扩展"。① 在本章,我希望指出的是伯克所说的扩展是有限度的。在充斥于20世纪的各色"新史学"兴起之前,关于历史学科的神话就包含这样一种观点:史学是一项吸收性事业——它能容纳各种主题,并且尤其对它在其他领域中发现的所有有用的方法和途径保持开放的态度。②

在本章,我会说明历史学科的吸收性和开放性在很大程度上是受限制的。一种特殊的假设——从根本上讲,是一种本体论上的假设——支撑并加强了人们对史学吸收性的信念。用最简单的话说,这是对终极世界统一体的一种假设。这种假设隐藏于在西

---

① Peter Burke, "Overture: The New History, Its Past and Its Future," in *New Perspectives on Historical Writing*, ed. Peter Burke (Cambridge, 1991), 1.
② 参见比如题为"包罗万象的史学"("History the Great Catch-All")的讨论,见 Jacques Barzun and Henry F. Graff, *The Modern Researcher*, 4th ed. (San Diego, 1985), 8-13.

第九章 "宏大叙事"与历史学科

方史学中占支配地位的各种宏大叙事的背后。③ 本章中,我将概述在现代西方职业史学写作和研究传统中出现的宏大叙事的各种概念转变。我这样做是为了阐明当前史学写作和思考的形势。这一形势既有与此传统相关联的历时(diachronic)特点,又有与当前生活和文化的具体条件相关联的共时(synchronic)特点。

我的目的是,给读者提供一种关于史学研究和写作中学科化或部门化的深层思想基础的叙述。历史学科提供给我们的并不是人类所有与过去的合理关系,而是这种关系的一个重要部分。正因为历史学科宣称在对过去的阐释上有特殊权威——即使在现在,这种权威仍通常是用认知术语表达,建立在更好的方法论和更深刻的洞察力之上——它也就更需要认识论层面上的反思。各门学科(包括历史学)之间是有界限的。端坐于一个学科之中的学者常常不会去思考它的界限。相反,他们认为这种界限通常只是高质量学术的界限。

这种情况有其制度上的原因。这是一个共同体的问题,也是为融入该共同体而进行的诸种社会活动的模式的问题。有时会有例外,比如在一些跨学科领域,人文学科或社会科学学科的人通常很少与其他学科的学者进行严肃交流。尽管他们有时会借鉴其他学科,但通常并不介入那些学科中的讨论模式,更不用说会有能对其他学科有所贡献的研究成果。通常看来,一个学术机构越大、名

---

③ "宏大叙事"一词我是从利奥塔那里借来的,参见 Jean-François Lyotard, *The Postmodern Condition: A Report on Knowledge*, trans. Geoff Bennington and Brian Massumi (Minneapolis, 1984), xxiii (orig. pub. in French, 1979)。我这里借用这个词时对它也有点保留意见,并做了一定修改。这个词可以看作指明了一个无所不包的故事,它按照"开端—中间—结尾"的顺序安排——考虑到亚里士多德给我们的叙事观念的影响,这是最为明显的意义。我实际上并没有摒弃亚里士多德式的观点(因为它也的确与我在本章讲述的历史进程有部分吻合),但我对"宏大叙事"的用法更为宽泛,用它指示一种对一致性的设想——尤其是一种宽泛到足以支持客观性宣称的设想。

声越好,学科之间的壁垒也就越高。这里提到的学术机构通常是构建在严格的学科制度基础之上,事实上更大的学术界也是如此。历史系的研讨会与其他人文和社会科学学科的研讨会是分开来进行的,这些其他学科的研讨会也是分开进行的。实际上,各系的研讨会本身通常碎片化就很严重,使参与者只是从一种特定的地理、时段或主题的特殊专业出发进行讨论,或从一种特殊的研究方法着手进行讨论。真正的研讨会经常也不是在院系层面进行的,而仅仅是在历史学科中具体的分支领域进行。若历史学家之间的争论**仅仅**在如此专门化、如此狭隘的群体中进行,很明显的错误也能轻而易举地不被发现并纠正。

在本章中,我有意保持一种高度概括性。我承认,历史学科的叙述可以在其他层面上进行,并能带来远为复杂并十分具体的历史观点。④ 我之所以在这个"高"层面上进行讨论,是因为我的目的是要反思历史学科的概念基础和一般特点。更确切地说,我反思的是产生于19世纪德国的历史学科的基础和特点。在很大程度上,当时确立的概念基础至今甚至仍然适用——尽管这个基础显然正在受到挑战。对于概念史的广博考察将会带来抽象化讨论,对此我先致以歉意。然而,我探讨这种历史是在这样一种语境中,即历史学科几乎根本没有关注其概念基础。我非常希望读者仔细考虑我这里提出的各种定义:它们既精确又重要。我在此所

---

④ 例如,参见 Horst Walter Blanke, *Historiographiegeschichte als Historik* (Stuttgart-Bad Cannstatt, 1991),这是一部长达 809 页的关于 1750 年以后德国史学传统的叙述。其他一些有关现代西方史学史(或其一部分)的概述——规模和重点各不相同——包括 Georg G. Iggers, *Historiography in the Twentieth Century: From Scientific Objectivity to the Postmodern Challenge* (Hanover, NH, 1997),这部著作部分上是对所谓后现代主义的反驳;Michael Bentley, *Modern Historiography: An Introduction* (London, 1999),这部著作相当详细、内容丰富;Donald R. Kelley, *Fortunes of History: Historical Inquiry from Herder to Huizinga* (New Haven, CT, 2003),这部博学的著作为史学进行了辩护,试图唤醒并满足了我们对过去的好奇心。

第九章 "宏大叙事"与历史学科

做的这类反思——尽管它显然只是历史学家能够和应该做到的一小部分——不可或缺,因为它让我们看清一些我们原本依然不会去考察的偏见。

这种反思显然在理论上有其重要性。但它对实际的史学研究和写作也有意义。例如,20 世纪 80 年代,人们越来越感到史学正在碎片化,历史综合问题因而成了史学界着重讨论的一个话题。[5] 今天,史学写作中综合的地位仍旧是一个尚在争论中的问题。文学形式的问题也同样如此:例如,想一下历史中叙事之作用的问题以及史学写作中虚构因素合法与否的问题。为了明白史学综合的问题如何总是需要被提出但同时又被质疑,为了明白叙事如何由经常未经验证的"有关的"假定所支撑,为了明白虚构性如何对史学家的事业十分必要但同时又如何会带来危险——所有这些"明白"都要求我们理解理论的基础和意义。我希望我在本章和本书中给出的概念性方法能被两种人仔细考虑并接受:第一种人是那些想要以批判的眼光阅读历史著作的人,第二种人是那些以认识论层面上负责任的态度进行史学写作这项艰难任务的人,他们同时还在努力不让自己过于受历史知识诸种不确定性的束缚,以免他们的历史想象和他们用以撰写历史的手遭到损害。

不言而喻,这里有一个重要的、可能也是关键的问题,即一致性问题。我们无法在一个概述性的章节中详尽讨论这个主题,但至少可以做出一些重要的区分。如果将"一致性"视为拥有四个

---

[5] Thomas Bender,"Wholes and Parts: The Need for Synthesis in American History,"*Journal of American History* 73（1986）:120-136;尼尔·伊文·佩因特（Nell Irvin Painter）、理查德·威特曼·福克斯（Richard Wightman Fox）、罗伊·罗森茨维格（Roy Rosenzweig）所做的回应,以及班德尔对回应的回应,参见"A Round Table: Synthesis in American History,"*Journal of American History* 74（1987）:107-130。另外关于德国历史中"主叙事"的问题,参见 Michael Geyer and Konrad H. Jarausch,"The Future of the German Past: Transatlantic Reflections for the 1990s,"*Central European History* 22（1989）: 229-59,esp. 234-247。

不同层面的概念化领域,似乎会有帮助。这四个层面分别是:(1)**叙事本身**(narrative proper);(2)**主导叙事**(master narrative)或综合,它宣称给出的是对具体专门史的权威叙述;(3)**宏大叙事**(grand narrative),它宣称给出的是对普遍历史的权威叙述;(4)**元叙事**(metanarrative,最常见的是对上帝的信仰或是对某种普遍存在于世界上的理性的信仰),它的作用是给宏大叙事提供依据。在本章中,我会专门讨论宏大叙事这个层面。这样我们可以发展出一个框架,以帮助我们理解更为具体的一些问题,并弄清楚这些问题在我们所处的这个特定时代中已经**作为**问题产生的事实。从根本上讲,我关心的是,"职业的"或"学科的"历史编撰如何能够号称自己在对过去的理解上有一种权威性,也就是说,这种史学如何能在最宽泛的意义上号称自己是"客观的"。⑥

通往历史整体一致性的四种理想类型态度

直到最近,在现代西方职业历史研究和写作传统中的观察家和参与者们都普遍认为,史学中的每项具体工作都应面向普遍历史,即一种单数的历史,我在此称之为大写历史(History)。⑦ 我们

---

⑥ 彼得·诺维克的《那高尚的梦想:"客观性问题"与美国历史学界》是一部在具体的层面上——即美国史学史问题上的叙述。本章可以看作为彼得·诺维克的著作提供了深层背景。另见本书第八章,它部分上是本章的一个简化版本。

⑦ 在很容易被我们看成职业史学家的人当中,最明显的例外是瑞士历史学家雅各布·布克哈特。在《意大利文艺复兴时期的文化》(*Civilization of the Renaissance in Italy*,1860)一书开篇,布克哈特写道:"我为本书所做的研究在其他人那里很可能不仅被以别的方式对待和利用,**而且指向从根本上不同的结论**(黑体系笔者所加)。"布克哈特在对(一种)非权威性做出这一令人惊讶的宣称时,简直就是在否定大写历史的概念。基于同样的理由,他正在允许将艺术鉴赏家的"辩证的"或"面对客体"的客观性置于"绝对"客观性之上(有关客观性的讨论参见本书第五章);见 Jacob Burckhardt, *The Civization of the Renaissance in Italy*, trans. S. G. C. Middlemore, with a new introduction by Peter Burke and notes by Peter Murray (Harmondsworth, UK, 1990), part I, "Introduction," 19。

第九章 "宏大叙事"与历史学科

可以将这种传统看成是把史学写作与大写历史用四种不同的方法联系起来。在这个过程中,这种传统表现出了四种对大写历史的"态度"。这些态度可以按时间顺序排列,尽管它们也可能同时存在。我认为在最好的史学写作中,我们至少可以发现所有四种态度的一些痕迹。这些都是概念化的类型。第一,我们发现人们对某种宣称能解释全部历史的"宏大叙事"所抱有的热诚。"态度一"的主旨是,有一种单数的、连贯一致的大写历史,而且现在我们就能讲述(或重新讲述)这种大写历史。"态度二"认为,有一种单数的、连贯一致的大写历史,但要到以后某个时间、在做了"进一步研究"之后才能讲述。"态度三"认为,有一种单数的、连贯一致的大写历史,但我们永远无法讲述它。显然,如果从叙事主义的角度看,我们会发现这里有一个悖论,因为一种永远无法讲述的宏大叙事根本不会有叙事的**形式**。相反,这种态度表现为历史学家对其学科自治性的信仰,在学科无法集中在任何单一故事上的情况下,这种信仰能够保持学科的纯粹性和一致性。"态度四"甚至质疑这种形式的连贯一致性。

历史学家自己通常不会注意到,职业史学一直假设有一种连贯一致性观点的存在,尽管未必需要将它明确表述出来。当然,历史学家一般很清楚在更为具体的层面上的一致性问题,无论它是建构单一(从定义上讲也就是连贯一致的)叙事的问题,还是探讨一些具体历史领域中隐含的或明确的"主叙事"问题(如盖耶和贾劳奇所做的那样,见注5)。但是,我们这里的问题是在"世界"层面上的连贯一致性问题。正因为明确表述概念上的假设是一项理论任务,而不是史学编撰的任务,所以,历史学家很少会去阐释它们。另外,研究者,包括史学史研究者在内,很容易忽略的正是一种情形中那些对他们来说最为"自然"的特点。

但还是有**某些**史学史学者——都是在跨学科研究的影响

下——注意到了我在此指出的问题。莱因哈德·科泽勒克(Reinhart Koselleck)这位对概念史十分敏感的史学家指出,在18世纪晚期的德国出现了他称之为对 Geschichte(意为"历史"或"故事")一词的"集体单数"(collective singular)性的用法。科泽勒克认为,只是在18世纪晚期以后,人们才开始将 Geschichte 一词看作是单数的而非复数的。而且,直到那时,人们才开始用这个词来表达**普遍意义上**的历史这个意思,以区分于X、Y、Z的历史。根据科泽勒克的观点,这种"集体单数"意义上的历史"确立了所有可能的个体历史的条件"。⑧ 小罗伯特·贝克霍福(Robert Berkhofer, Jr.)通过研读文艺理论发现,在职业历史学家对语境的关注之中暗含着这样一种假设,即过去是"一个复杂而统一的事件流"或者一个"大故事"。⑨ 哲学家路易斯·明克发现,18世纪的"普遍历史"观

---

⑧ 莱因哈德·科泽勒克就此问题进行了论述,参见"Die Entstehung des Kollektivsingulars"(section 5.1. a of "Geschichte") in *Geschichtliche Grundbegriffe*: *Historisches Lexikon zur politisch sozialen Sprache in Deutschland*, ed. Otto Brunner, Werner Conze, and Reinhart Koselleck, 8 vols. (Stuttgart,1972-1997),2:647-653,quotation at 652。英文出版物中对这个论点的简洁解释可参见 Reinhart Koselleck, "On the Disposability of History," in *Futures Past*: *On the Semantics of Historical Time*, trans. Keith Tribe (Cambridge, MA, 1985),198-212,200-202 (Cf. note 28, below 28)。科泽勒克详尽阐述了他的老师卡尔·洛维特(Karl Löwith)最先提出的一个观点。洛维特把德语中die Geschichte(历史)一词的"实体单数"特点与希腊语中根本没有对应说法的情况进行了比较(见 Karl Löwith, "Mensch und Geschichte"[1960], in *Der Mensch inmitten der Geschichte*: *Philosophische Bilanz des 20. Jahrhunderts*, ed. Bernd Lutz [Stuttgard, 1990],228)。

⑨ Robert F. Berkhofer Jr., "The Challenge of Poetics to (Normal) Historical Practice," in *The Rhetoric of Interpretation and the Interpretation of Rhetoric*, ed. Paul Hernadi (Durham, 1989),188-189。我们是如何从对语境的关心转变到那种最后只有一个**单一**语境的观念的呢? 在实践上,这种转变很简单,我们先是注意到一部历史著作"语境上很丰富",继而得出结论说该部著作讲述的历史"解释并融合了每一个有意义的地区、个人或决定"。参见 Michael Kammen,"Historical Knowledge and Understanding," in *Selvages and Biass*: *The Fabric of History in American Culture* (Ithaca, 1987),37。

念仍然存在于20世纪的史学之中。⑩ 最后,伦纳德·克里格从康德派的角度出发,强调了职业史学对一致性的不断追寻。⑪

克里格的叙述特别生动有力。他指出,当历史学家对人类历史的特点无法达成基本一致性时,史学写作事业的连贯一致性就会受到威胁,反之亦然。如果我们从现今的角度出发发展克里格的观点,就能看到职业史学在19世纪出现的时候对人类历史的态度是高度统一的。无论职业历史学家们的民族或意识形态的立场有何不同,他们几乎都同意历史是政治性的、欧洲的、男性的历史。但在近些年,职业史学已经朝一种更为多元化的方向推进。这种转变削减了人们就过去的观点能够达成一致的希望,甚至对此项事业从前的统一性提出了挑战。这也同时使那种认为史学能够并应当独立于其他学科的观点不足为信。克里格是职业历史学家内的职业历史学家,他专心致力于历史学科的自治性。他认为,历史学家虽然当然应从邻近学科借鉴经验,但他还要起到一个"纯粹的历史学家"(即作为一个未被其他学科的思维方式迷惑的历史学家)的作用,因为一种"具有特殊历史性的知识"的连贯一致性支持着"过去的连贯一致性"。⑫ 然而,克里格对史学中主观方面与客观方面之间关系的强调,本身又质疑了在任何社会脱节时期还能有连贯一致的学科设想的希望。

---

⑩ Louis O. Mink,"Narrative Form as a Cognitive Instrument," in *Historical Understanding*, by Louis O. Mink, ed. Brian Fay, Eugene O. Golob and Richard T. Vann (Ithaca, 1987), 194-195.

⑪ Leonard Krieger, *Time's Reasons*: *Philosophies of History Old and New* (Chicago, 1989), xi and throughout. 克里格对"传统的历史学科"的信念使其对20世纪60年代和70年代的史学有些论战性的误读(参见第 ix—xii、1—6 页),但这并不影响其著作的主要成就。另见克里格:《兰克:历史的意义》(*Ranke*: *The Meaning of History*, Chicago, 1977),在这部著作中他做了类似的论述。

⑫ Krieger, *Time's Reasons*, 170.

态度一：有一种单数的大写历史，而且我们已经知道它是什么了。

态度一体现在"普遍历史"（universal history）这个传统中。普遍历史与学科界限问题相关，因为其世俗化的形式对职业史学有过巨大影响。尽管其根源可以追溯到很早的教父时期（Patristic period），但是，它首次在德国新教大学中成为一种持续的学术研究传统，却是在16世纪中期宗教改革中的人文主义者菲利普·梅兰希通（Philipp Melanchthon）在维滕堡大学的专题讲座之后。在民族—国家还未在德国出现（像在法国和英国一样）的时代，普遍历史让信仰新教的德国人看到了他们原本缺少的统一和光荣的梦想。[13]

基督教的普遍历史强调了希伯来人的地位，其年代学和历史分期均来自于《圣经》。在近代早期，《圣经》的中心地位受到了挑战，并最终遭到摒弃。但基督教普遍历史所遭受的这种破坏并没有摧毁普遍历史这种观念本身，它以世俗的形式（即非《圣经》的形式）继续存在。当然，在德国，有很多大学都有普遍历史的讲座教授职位，这也相应地支持了这种观念。

世俗化的普遍历史传统是我要在此讲述的故事的真正开端。尽管这种世俗化的传统并未给予《圣经》任何特殊地位，但先前以《圣经》为基础的基本观念仍保留了下来——即我们终于有了一个单数的历史，其统一性由上帝保证。从概念上来讲，在从一种基于《圣经》之上的普遍历史转变到一种虽然以一神论为先决条件但却未给予《圣经》任何特权的普遍历史的过程中，一个新的问题

---

[13] 近代早期有关普遍历史的标准著作是 Adalbert Klempt, *Die Säkularisierung der universalhistorischen Auffassung im 16. und 17. Jahrhundert*: *Zum Wandel des Geschichtsdenkens im 16. und 17. Jahrhundert*, Göttinger Bausteine zur Geschichtswissenschaft, vol. 31 (Göttingen, 1960)。另外参见题为《普遍历史：问题重重的传统》的讨论，见 Ernst Breisach, *Historiography*: *Ancient*, *Medieval*, *and Modern* (Chicago, 1983), 177-185。20世纪晚期，普遍历史在一个大为不同但仍似神学的语境中复活，见 Francis Fukuyama, *The End of History and the Last Man* (New York, 1992), especially chap. 5, "An Idea for a Universal History," 55-70。

就产生了。在前一种情况下,人们现在可以讲述宏大叙事,因为这种讲述实际上是**重新**讲述。但在后一种情况下,这种讲述就没有任何预先存在的模式了。既然宏大叙事不像《圣经》所言,那么人们该如何发现宏大叙事是什么样的呢?人们实际上还能**知道**这个宏大叙事吗?在何种程度上?用何种方法呢?

康德给了我们一个答案。他那篇题为《世界公民观点之下的普遍历史观念》(1784)的文章显然促进了普遍历史的传统。康德在《旧话重提:人类是在不断进步吗?》(1795)一文中又回到这个问题。⑭ 在前一篇中,康德认为人们能够撰写一部人类的"哲学式历史"。它能够表明,"从一个大的规模"来看,看似混乱的人类个体意志的活动方式,可以被看成是展示了"自由意志的行为之中一种常规的进步",这种进步的结果就是"一个完美的人类公民联盟"。确实,撰写这样一部历史能够帮助实现这个想要的结果。⑮ 但康德知道这样一部历史在实证上是没有任何依据的,他放弃了任何"取代历史本身的任务"的愿望。⑯

在1795年的文章中,康德再次强调了"进步的问题无法直接通过经验来解决";但他同时提出,"肯定会有这样或者那样的经验""能够表明人类具有成为自身进步的**动因**和……**发起人**的品质或者能力"。⑰ 康德在思考他自己的年代时,正好在当时最为重要的事件——法国大革命——的"旁观者们的态度"中发现了这样一个实证性指示物。那些不会从法国大革命中受益的观察家们

---

⑭ Immanuel Kant,"Idea for a Universal History from a Cosmopolitan Point of View," trans. H. B. Nisbet;and "An Old Question Raised Again:Is the Human Race Constantly Progressing?" trans. H. B. Nisbet, in *Political Writings*, ed. Hans Reiss (Cambridge, 1991),41-53,177-190.

⑮ Kant,"Idea for a Universal History,"41,51-53.

⑯ 同上文,第53页。

⑰ Kant,"An Old Question Raised Again,",180,181.

也以巨大的热忱欢迎革命——即使在这种热忱会带来危险的普鲁士,情况也是如此。康德认为,他们对大革命的同情可能仅仅是由一种"人类内在的道德气质"所引发的,有了这种道德气质,我们就有理由相信人类历史是进步的。⑱ 黑格尔也宣称能够发现并讲述历史的根本形状,他将之视为自由的逐步实现:开始是一个人获得自由,而后是一些人,然后是所有人获得自由。⑲

但是讲述宏大叙事是有风险的,因为未来的事件可能会偏离所提出的故事主线。例如,1789 年 5 月,弗里德里希·席勒(Friedrich Schiller)在耶拿大学发表了历史教授就职演讲。受康德"普遍历史的观念"的鼓舞,席勒讲座的主题是《普遍历史是什么,我们为什么研究它?》。席勒讲述了一场运动:它从在原始人种中仍然可见的野蛮蒙昧状态到真理、道德和自由日益强大的 18 世纪欧洲文明。在席勒看来,"欧洲各国似乎转变成了一个伟大的家族",家族成员尽管"可能有纷争,但不再自相残杀"。⑳ 席勒显然从未评论过他就职讲座中对欧洲历史的洋洋自得的叙述与两个月后法国发生的震惊世界的事件之间的不一致。㉑

---

⑱ Kant, "An Old Question Raised Again,", 182. 关于康德对法国大革命的态度,参见 Leonard Krieger, *The German Idea of Freedom*〔Boston, 1957〕, 104-105。

⑲ 这种观点最为详尽的阐述见 G. W. F. Hegel, *The Philosophy of History*, trans. J. Sibree (New York, 1956)。简短一些的论述见黑格尔的著作《法哲学原理》结尾,见 *Elements of the Philosophy of Right*, ed. Allan W. Wood, trans. H. B. Nisbet (Cambridge, 1991), §§341-260, pp. 372-380 ("World History")。在黑格尔的著作中,宏大叙事的神学基础十分明显;注意他著名的论断"世界的大历史……就是真正的**神正论**,是在大历史中为上帝辩护"(*Philosophy of History*, 457)。有关黑格尔著作中"历史的基督神学"的地位,参见 Laurence Dickey, *Hegel: Religion, Economics, and the Politics of Spirit, 1770-1807* (Cambridge, 1987), 149。

⑳ Friedrich von Schiller, "Was heist und zu welchem Ende studiert man Universalgeschichte?" in *Uber das Studium der Geschichte*, ed. Wolfgang Hardtwig (Munich, 1990), 18-36; available in English as "The Nature and Value of Universal History: An Inaugural Lecture (1789)," *History and Theory* 11 (1972): 321-334, at 327.

㉑ 明克在《叙事形式》一文中发表过看法,第 189 页。

第九章 "宏大叙事"与历史学科

另一个相关的问题涉及宏大叙事中要包括的细节层面。在对1772年奥古斯特·路德维希·冯·施略泽（August Ludwig von Schlözer）的专著《普遍历史》的评论中，约翰·哥特弗雷德·赫尔德（Johann Gottfried Herder）批评施略泽并没有贯彻他书中所提议的普遍历史的计划。施略泽回应说他同意赫尔德的观察，普遍历史说来容易、做来难（*dass sich etwas leichter sagen als thun lasse*），但他又争辩道："在世界历史这个问题上……必须先**提出来**（*gesagt*），才能去**实践**……有关这项科学的一项**计划**、一种**理论**、一个**理想必须先草拟出来**。"㉒换言之，施略泽认为这个故事的大纲现在能被讲述出来，但他将故事的**完整**讲述推迟到了以后。施略泽显然一定是认为被推迟的讲述也不过是对大纲的扩展。但我们会问，如果后来的讲述不是对大纲的扩展而是对大纲的纠正，那又怎么办呢？这种情况下，我们就无法说我们早已知道单数的大写历史是什么了。

态度二：有一种单数的大写历史，但我们只能在进一步研究之后才能知道它是什么。

态度二推迟了故事的讲述。这种态度在历史上兴起是作为对革命战争和拿破仑战争中动荡的回应，它与职业史学的出现密切相关。历史学科的公认创始人兰克对普遍历史学家加特雷（J. C. Gatterer）、约翰内斯·穆勒（Johannes Müller）和弗里德里希·克里

㉒ Johann Gottfried Herder, "A. L. Schlözers Vorstellung seiner Universal-Historie," in *Sammtliche Werke*, ed. Bernhard Suphan, 33 vols. (Berlin, 1877-1913), 5:436-440, at 438; and August Wilhelm von Schlözer, *Vorstellung seiner Universal-Historie*, 2 vols (Göttingen, 1772, 1773), vol. 2, "Vorbericht," as cited in Reill, *The German Enlightenment and the Rise of Historicism*), 47, 232-233, n. 59.

斯托夫·施洛瑟(Friedrich Christoph Schlosser)等均持批判态度。㉓他对黑格尔这样的哲学家的批判更为深刻,因为黑格尔试图用演绎方法(a priori)推理出人类历史的整个进程。但兰克对普遍历史本身并未批判,相反,他一直念念不忘。㉔

思考一下下面这段话,这是兰克于 19 世纪 60 年代写下的文字:

> 考察个体,甚至某个点,如果研究得好就有价值。……然而对个体的考察总是与一种更大的语境相关。地方史与国家史密切相关;一部传记与国家和教会中的一个更大的事件密切相关,与国家历史或通史的某个时期密切相关。正如我们说过的那样,这些时期本身又是更大的整体(Ganzen)——我们称之为普遍历史中的一部分。普遍历史考察的范围更大,相应地也有更重大的意义。终极目标虽然还未实现,但它将一直都是构想和书写一部人类历史……理解这种整体并正确对待研究的要求当然永远是一种理想。它首先会假设的是,我们对人类历史的总体性之坚实基础有一个理解。㉕

㉓ 见兰克的附注。编者将其命名为《16 世纪以来的普遍历史撰写》("Die Universalgeschichtsschreibung seit dem 16. Jahrhundert"),并附于他 1848 年夏季学期课程导论之后。见 *Aus Werk und Nachlass*, by Leopold von Ranke, ed. Walther Peter Fuchs and Theodor Schieder, 4 vols. (Vienna, 1964-1975), vol. 5, *Vorlesungseinleitungen*, ed. Volker Dotterweich and Walther Peter Fuchs, 208-210。

㉔ 克里格详细论述过这一点,见其著作《兰克:历史的意义》,第 103、107、112—115、124、151—152 页及多处。有关兰克对普遍历史的关注,参见词条"历史—普遍历史"(Universalgeschichte, -Historie),见关于兰克的《内容索引》,《著作与遗产》第四卷。

㉕ Leopold von Ranke, [*Die Notwendigkeit universalgeschichtlicher Betrachtung I*], in Ranke, *Aus Werk und Nachlass*, 4;296-298, at 297-298; trans. Wilma A. Iggers as "The Role of the Particular and the General in the Study of Universal Hisotry (A Manuscript of the 1860s)," in *The Theory and Practice of History*, ed. Georg G. Iggers and Konrad von Miltke, with new translations by Wilma A. Iggers and Konrad von Moltke (New York, 1983),57-59, at 58-59.

第九章 "宏大叙事"与历史学科

兰克设想了历史关怀的三个不同层面。第一,"考察个体,甚至某个点",这使我们想起历史学家如今所说的微观史。第二个层面表明了个体如何与一个"更大的语境"有关,这在当今的史学中同样也可以看到。第三个层面关心的是"人类历史的总体性"——关心的是"理解整体",这一层面是隐含的,但其中的**观念**我们甚为熟悉:这就是宏大叙事的观念,就是一部人类统一的历史的观念。

在提到"终极目标,……还未实现"的时候,兰克承认了要推迟讲述这种历史。在其著作中,我们还能发现其他一些类似的论断。例如,在1867年的一份讲稿中,他写道:"历史科学还未成熟到能够在新的基础上重建普遍历史的程度。"㉖事实上,坚持推迟讲述宏大叙事对历史作为一门学科的出现是必要的。康德、席勒、黑格尔都认为,他们已经知道了人类历史的基本框架——或者至少,他们认为自己知道哪一种人类历史的框架最适合假定为真。然而,他们的这种信念使得历史研究丧失了逻辑依据,因为如果我们相信他们的叙述的话,就会"只试图知道哲学原则在多大程度上能在历史中得到证明;……探询过去发生的事将会变得毫无意义……弄清人类在某个时间段内是如何生活并思考的也会变得毫无意义"。另外,"如果这个(在先验论的基础上建构"全部历史"的)步骤是正确的话,历史(Historie)将会失去所有独立自主性

㉖ Leopold von Ranke, "Neuere Geschichte seit dem Anfang des 17. Jahrhunderts (28. Oktober 1867-10. März 1868)," Einleitung, in Ranke, *Aus Werk und Nachlass*, 4:411-432, at 411. 正如克里格所说,"兰克反复强调,历史学家早晚能够成功地发现普遍历史的客观一致性"(Ranke, 103.)。

(*Selbständigkeit*)"。㉗ 如果通过《圣经》,或通过对人性的认识,或通过其他什么方式,我们能够在现在讲述这个故事的话,那么那些所谓独特的职业史学研究方法还有必要吗?㉘

兰克在没有办法现在就讲述这个单数的大写历史的前提下仍然相信其存在,其理由与宗教有关。上帝创造了世界并照管世界万物,一个上帝创造了一个大写的历史。这种观点在兰克的《普遍历史的观念》一文中有所体现。在这篇文章中,当兰克提到"整体的概念"(*Auffassung der Totalität*)这个普遍历史的特征之一时,他断言我们不可能完全掌握普遍历史:"只有上帝知道世界历史。"㉙但是,关于上帝的观念和大写历史统一的观念之间的关联,最为清楚的表述或许是兰克在1820年写给他弟弟的一封信中:

> 上帝居住、生活在所有历史中,也能在所有历史中为人所知。每一件事都是上帝的证明,每一个时刻都在宣扬他的圣名,但对我来说,最重要的事是在全局上历史的关联。它(这种关联)就像一种神圣的象形符号存在着……对我们来说,祝愿我们解码这个神圣的象形符号吧!只有这样,我们才能

㉗ Leopold von Ranke, "Idee der Universalhistorie" (lecture script of 1831-1832), in Ranke, *Aus Werk und Nachlass*, 4: 72-89, at 74-75; trans. in part, by Wilma A. Iggers as "On the Character of Historical Science (A Manuscript of the 1830s)," in Ranke, *The Theory and Practice of History*, 36.

㉘ 莱因哈德·科泽勒克提出证据认为,"历史"(die Geschichte)一词作为没有客体的"集体单数"出现于18世纪晚期:"从1780年左右开始,人们才开始谈论'普遍意义上的历史''历史本身'和'纯粹的、简单的历史'这些观念,与其相对的是"X 的历史"和"Y 的历史"这些早前的观念(Reinhart Koselleck, "On the Disposability of History," in *Futures Past* [note 8, above], 200)。我们可以猜想,"集体单数"的历史观在19世纪逐渐上升到支配地位,这就弥补了这里所说的将宏大叙事推迟到未来讲述的不足。如果宏大叙事现在就能讲述,那么就没有必要在语义上坚持大历史的统一性。但宏大叙事的讲述被推迟之后,这种情况发生了变化。

㉙ Ranke, "Idee der Universalhistorie," 82-83; See Ranke, "On the Character of Historical Science," 44.

第九章 "宏大叙事"与历史学科

侍奉上帝。只有这样,我们才是神父。只有这样,我们才是导师。㉚

因此,在兰克和更早的基督教的普遍历史观念之间,存在着明显的连续性。

坚信宏大叙事的这种观念绝不需要有宗教信仰,因为诸种世俗信仰的形式也能起到作用。想一想 J. B. 伯里在 1902 年作为钦定现代史讲座教授在剑桥大学做的题为《历史科学》的就职演讲。在该演讲中,伯里提出:

> 人类未来的发展这种观念……为大部分过去所做的和现在正在被做的艰辛历史工作提供了依据。收集与微不足道的地方事件相关的资料,校勘手抄本并标明其中的细微差异,耐心在国家和城市的档案文件之中进行单调沉闷的劳动,所有这些由终日辛劳的研究者们进行的微观研究……像砍柴、打水一样,必须带着信念去完成——这信念就是人类历史所有细微事实完整汇集起来将能最终讲述故事。这项工作是为我们的后代而做——为后代的后代。㉛

伯里信念的根据在于 19 世纪晚期西方文明的全球性扩张,以及他认为使得这种扩张成为可能的科学与合作的理想。伯里的立场从结构上讲,与兰克并无二致,尽管其焦点是世俗的。像兰克一样,伯里也遵循了态度二,将宏大叙事的讲述推迟到未来。为伯里作陪衬的是态度一的一位明确支持者——托马斯·阿诺德

㉚ Leopold Ranke to Heinrich Ranke, Letter to March 1820, in Leopold von Ranke, *Das Briefwerk*, ed. Walther Peter Fuchs (Hamburg, 1949), 18 (translation from Krieger, *Ranke*, 361, n. 13).

㉛ J. B. Bury, "The Science of History," in *The Varieties of History from Voltaire to the Present*, ed. Fritz Stern, 2nd ed. (New York, 1972), 219.

(Thomas Arnold,马修·阿诺德之父)。在其1841年作为钦定现代史讲座教授在牛津大学所做的就职演讲中,托马斯·阿诺德指出,"现代时期"恰巧就是人类故事中的"最后一步",有着"成熟时代"的特点,"仿佛其后不会再有任何历史"。㉜伯里对此颇有异议,但并不是因为他反对单数的大写历史这种观念本身。他认为要了解历史的形态还为时尚早,但并不是说历史没有一个可了解的单一形态。

我们也许会不由得想,推迟这种讲述就会大大减少单数的大写历史的信念与历史写作之间的关联度了。但二者之间的关系仍然存在,因为对普遍历史(尽管这是一种现在还讲述不了的普遍历史)的信念产生了一个重要的认识论上的后果。这种信念让历史学家认为,历史叙述是一种客观的表述,它与大写历史这一观念本身相关联。正如伦纳德·克里格所说,兰克"对历史学家的客观性的信心"建立在他对一种连接过去与现在的"单一进程"的信念之上。㉝在《历史科学》一文中,伯里提出的也正是这一点。他开篇即坚称,历史是一门科学——"不多也不少"。㉞对伯里来说,"科学"就意味着纯粹客观的表述:它"无法被主观的兴趣安稳地控制或引导"。㉟历史学家拒斥与自己的时代和地点之间的关联,他们宣称要将自己与整个历史进程关联起来。伯里相信,"统一性和连续性的原则"存在于历史之中。㊱这些原则表明了人类未

㉜ J. B. Bury, "The Science of History," 217,引自 Thomas Arnold, *Lectures on Modern History* (New York, 1874),46。

㉝ Krieger, *Ranke*, 242.

㉞ Bury, "Science of History," 210.

㉟ 我们可以将其与兰克的名言相比较:"我可以说是希望隐去自己,只去讲述那些巨大的力量允许出现的事物,它们几个世纪以来彼此关系密切,并相互汲取力量。"见 Leopold von Rank, *Englische Geschichte, vornehmlich im Siebzehnten Jahrhundert*, Fünftes Buch, "Einleitung," in *Sämmtliche Werke*, 2 Aufl. (Leipzig, 1867-1890), 15:103。

㊱ Bury, "Science of History," 213,216.

来发展的观念,后者作为一种"有界限、可操控的概念",告知了历史学家在历史叙述中应当包括什么、排斥什么。㊲

态度三:有一种单数的大写历史。然而,它永远无法被讲述。它仅仅是在理想中存在,作为一门独立自主的学科无法实现的终极目标。一致性并不在我们讲述过的或是期待的故事当中,而是在该学科的统一思维模式之中。

态度三放弃了单数的大写历史能被讲述的这个观念,但没放弃有一种"单数的历史"——也就是一种单一的、得到公认的研究过去的模式——的观念。历史学家、史学理论家德罗伊森在1852—1882年间从事历史理论和方法论的教学工作,他几近于表达了这种态度。德罗伊森在其讲座中一直认为,宏大叙事至少在历史研究的基础上是永远无法讲述的。他坚称,历史的"最高目标是无法通过实证研究来发现的"。㊳ 德罗伊森提到了"最高目标",这表明他相信有一种一致的大写历史存在。兰克和伯里认为历史学家可以在客观的历史进程中发现一致性,而德罗伊森却将注意力转到了主观范围之中。他没有否认客观一致性的存在,但选择的是"建立历史研究和历史知识的法则,而非客观大写历

㊲ Bury,"Science of History,"219.
㊳ Johann Gustav Droysen, *Outline of the Principles of History*, trans. E. Benjamin Andrews (Boston, 1893; translation of Droysen, *Grundriβ der Historik*, 3rd. , 1882), §81, p. 47.《历史知识理论纲要》中提供的反思是浓缩版的,这些反思在德罗伊森去世后出版的《历史知识理论》讲座手稿中有更详细的阐述,见 Johann Gustav Droysen, in *Historik*, ed. Peter Leyh, 3 vols.(Stuttgart, 1977);出版商一直说该书的第二卷和第三卷即将面世,但截至2006年4月,这两卷重要著作还未出版。已出版的这一卷包括了1882年版的《历史知识理论》的原文。见该书第413—488页。

史的法则"。㊴ 德罗伊森这种立场的一个含义是,史学本身必须是一项一致的事业——若非如此,怎么能有历史研究和历史知识的法则呢?另外一个含义是,史学必须明确地独立于与其对立的事业和事物。海登·怀特曾不无根据地指出,德罗伊森"为史学思维的独立自主给出了最高水平和最为系统的辩护"。㊵

兰克也曾强调历史学的独立自主,以保卫这一学科,抵御那些会从哲学那里拿现成的宏大叙事来对待史学的人,但是,德罗伊森对独立自主的坚持有另外一个作用:它不仅使史学免受那种职业化以前的信念(即故事已经为人所知了)的挑战,而且也让史学免受多样性和碎片化的威胁。对一位 19 世纪中期的历史学家来说,德罗伊森(他同时是一位有自由主义倾向的普鲁士民族主义者)对一种观念极为敏感,即历史实在可以用极为不同的方式来描述、说明和阐释。无论是何种原因,他似乎已经意识到,相互竞争的诸种认同的追随者们很可能为他们自己的各种历史找到合法性,正像他本人为普鲁士的历史找到了合法性一样。㊶ 另一方面,兰克

㊴ Droysen, *Outline of the Principles of History*, appendix 2, "Art and Method," 118. 参考 Peter Leyh 考订版,第 69 页:"科学关心的活动……是历史性的,这只是因为我们把它们想象成历史性的,而不是说它们客观上自身就是历史性的。这种历史性来自于我们考察的过程。"(这段引文出自德罗伊森 1857 年的讲座手稿)

㊵ Hayden White, "Droysen's Historik: Historical Writing as a Bourgeois Science," in *The Content of Form* (Baltimore, 1987), 83-103. 另见 Jörn Rüsen, *Begriffene Geschichte: Genesis und Begründung der Geschichtstheorie J. G. Droysens* (Paderborn, Germany, 1969), 119。

㊶ 注意德罗伊森在《历史知识理论》第一部分第 6 页的陈述:"对现在的观察让我们知道每个事实是如何被从不同的角度来理解、描述并与其他事实联系起来的;个人生活与公共生活中的每件事务如何会有极为不同的解释。一个判断很仔细的人会发现,在大量如此不同的说法之间很难找到一个适度安全的、恒久的画面来告诉我们发生了什么,人们的目的是什么。"有关这一主题,还可参见他 1857 年的讲座手稿,*Historik*, 113-114, 236-238。

德罗伊森在理论层面上承认了阐释的多样性,但这并不意味着他在实践上也接受了这种多样性。无论作为普通人还是历史学家,他都是一个坚定的普鲁士民族主义者。有关这一点,以及德罗伊森在德国历史传统中"特立独行"的风格,参见 Michael J. MacLean, "Johann Gustav Droysen and the Development of Historical Hermeneutics," *History and Theory* 21 (1982): 347-365。

第九章 "宏大叙事"与历史学科

却没有这样的困扰,因为他相信欧洲构成了一个统一的政治体系,而史学的任务是撰写这种(欧洲)体系的历史。㊷ 德罗伊森似乎对利益和认同之间的冲突更为敏感,他也相应地更能意识到多样性是个**问题**;他承认多样性是合理的,但同时坚持认为要遏制它。㊸

态度三放弃了要明确表述一个客观的宏大叙事(即一种对作为总体的大写历史的权威叙述)的希望,但保留了在史学写作事业层面本身对一致性的信念,这一事业被认为是因遵循共同的方法和目标才统一起来的。态度三是大约 1914—1991 年间处于支配地位的史学界立场的理想化版本。㊹ 在第一次世界大战的残杀之后——这场杀戮似乎也不为什么——大多数历史学家不再认为

㊷ Ranke, "The Great Powers" (1833), trans. Hildegarde Hunt Von Laue, in Ranke, *The Theory and Practice of History*(上文注 25),65-101, esp. 99-101. 在这篇文章中,兰克声称"世界历史所展现的这般混乱、战争、毫无计划的国家与民族更替并不像我们初看时那么严重"(第 100 页)。兰克发现了一种基本的统一性,这得益于他坚定地认为,**欧洲的**历史就是**世界的**历史,这种观点在 19 世纪欧洲知识分子之中也很盛行。关于通常认为的兰克的普遍主义,参见 Krieger, "Elements of Early Historicism: Experience, Theory, and History in Ranke," *History and Theory* 14 (1975):1-14, esp. 9-14. 有关德罗伊森对欧洲列强体系观念的排斥,参见 Georg G. Iggers, *The German Conception of History: The National Tradition of Historical Thought from Herder to the Present*, rev. ed. (Middletown, CT, 1983), 106-107.

㊸ 见 Droysen, *Outline of the Principles of History*, sec. 73, p. 44: "即使狭隘的、最为狭隘的人类关系、斗争、活动也有一个过程、一个历史,而且对参与其中的人来说就是历史性的。这样就有了家庭史、地方史、专门史。但总体来讲,所有这些都是大写的历史。"

㊹ 诺维克在《那高尚的梦想》一书中的观点大体上与我的论点一致,即 20 世纪的职业历史学家(至少是**美国的**职业历史学家)基本上都采纳了态度三。我们就为何会是这样可以写一篇长文,但请注意以下几点:(1)诺维克证实了在历史职业中对独立性的坚持很普遍(第 361—411 页)。对独立性的坚持也许是最具态度三特点的立场,因为它的引申意义是历史学家在原则上能够发展出一种不受无关外在因素影响的历史观,而这种立场没有要求历史学家实际上去这么做。(2)诺维克证实了历史学家中普遍存在一种一直被压抑着的对历史阐释中的"汇集"的关注(第 206—207、320—321、438、457—458、465 页以及多处)。对单一的权威叙事的渴望,以及该权威叙事迟迟不出现都是态度三的根本特点。(3)诺维克证实了碎片化普遍被认为是件坏事(第 577—591 页及多处)。这暗示了上面提到的那种观点,即单一的权威叙事是件好事,尽管这种叙事永远不会出现。(4)诺维克证实了历史学家虽然长期以来对"客观性的观念和理想"坚持不懈(第 1 页),但客观性永远无法实现。宏大叙事再一次被放到了理想的层面上。

自己的任务是要破译一个神圣的象形符号,或是要讲述一个有关进步的伟大故事了。即使很多人仍然相信历史从根本上讲是善意的,他们也不再认为表现这种善意是**历史学家的**任务了。㊺ 态度三的优势在于,它允许人们追寻单一的理想,却没有要求这个理想一定要包含在具体的历史内容之中。

然而,态度三似是而非而且饱含张力,因为在史学是单一的、一致的事业这种信念背后,仍然存在着幽灵般缥缈的对客观宏大叙事的希望——而这个宏大叙事却是无法讲述的。因为德罗伊森深受德国唯心主义哲学的影响,特别是黑格尔哲学的影响,同时他一直相信有一种"道德世界……受到许多目标的推动,而且最终……受最高目标推动",我们无法最终认定他是代表了某种与态度一、态度二全然不同的态度三。㊻ 在史学理论家当中,柯林武德是态度三的最佳代表,因而也充分表现出了这种态度的内在矛盾。(诚然,我们也可以想到威廉·狄尔泰或迈克尔·奥克肖特,他们与德罗伊森、柯林武德一样,都将注意力集中在主观的层面上,

---

㊺ 想一下 H. G. Wells, *The Outline of History, Being a Plain History of Life and Mankind*, 2 vols. (1920; repr., New York, 1921),它显然背离了我们刚提到的观点(尤其参见第41章,《世界统一为一个知识和意志的共同体的可能性》,第二卷,第 579—589 页)。自20世纪20年代以来,职业历史学家在尴尬地回应韦尔斯时也表明了他们的观点,即这种事情在史学中**只是没人做过**。

㊻ Droysen, *Outline of the Principles of History*, §15, p.15. 另见 Johann Gustav Droysen, *Vorlesung über das Zeitalter der Freiheitskriege*, 2 vols. (Gotha, 1886), 1:4:"我们的信仰给我们带来安慰,让我们相信神的手扶我们站起来,而且这只手决定着各种人的命运。历史科学的最高目标就是为这种信仰提供依据,只有这样,它才是科学。它在混沌的海洋上(*wüten Wellengang*),找到一个方向,一个目标,一个计划。"吕森在《概念史》一书中着重强调了德罗伊森对黑格尔式关于自由的宏大叙事的信念(第 126—130 页及多处)。

第九章 "宏大叙事"与历史学科

也就是集中在历史学家的**思维**上。㊷)但柯林武德是这些思想家当中思维最清晰的一位,他清晰揭示出那些在别处依然难以发现的东西。㊸

柯林武德提出了两个至关重要的、针对史学的"态度三"的观点。职业历史学家欣然接受了这些观点,因为它们符合20世纪历史学家"总是已经"(always already)对自己的事业所做的设想。

首先,柯林武德宣称,史学写作的一致性根植于历史学家的脑海中。一般来说,柯林武德在这个问题上的立场是康德式的。康德接受了大卫·休谟关于我们无法察觉到因果关系的论断(尽管我们能察觉到空间上的相邻、时间上的先后以及通常与因果关系相关的恒常的关联)。休谟的观点提出了一种整体化怀疑论的威胁,康德在回应这种威胁时提出,因果关系并不是某种能通过实证发现的事物,而是人们头脑中的一个组织原则。众所周知,柯林武德在《历史的观念》一书中抨击被动的、"剪刀加浆糊"式的历史并指出,想通过文献获得一致性的历史学家将会永远空等时,他遵照的正是康德在哲学界的"哥白尼革命"可能给历史编撰带来的暗示。㊹

㊷ Wilhelm Dilthey, *The Formation of the Historical World in the Human Sciences*, ed. Rudolf Makkreel and Frithjof Rodi (Princeton, NJ, 2002, orig. German edn., 1927); Michael Oakeshort, *Experience and Its Modes* (Cambridge, 1933), esp. 92-96; Michael Oakeshort, "The Activity of Being a Historian", in *Rationalism in Politics and Other Essays* (New York, 1962), 137-167, esp. 166-167.

㊸ 柯林武德的整个哲学,特别是他的史学理论提出了很多理论上和解释上的谜团,我们在此不必探讨。在为数众多的对柯林武德著作的讨论当中,我们可参见Louis O. Mink, *Mind, History, and Dialectic: The Philosophy of R. G. Collingwood*, Bloomington (Ind., 1969); W. J. van der Dussen, *History as a Science: The Philosophy of R. G. Collingwood* (The Hague, 1981); 及William H. Dray, *History as Re-enactment: R. G. Collingwood's Idea of History* (Oxford, 1995)。

㊹ 《历史的观念》的"附录"部分很大篇幅都是在论述这个问题。参见R. G. Collingwood, *The Idea of History*, rev. ed., with *Lectures 1926-1928*, ed. W. J. van der Dussen (Oxford, 1993), 205-334, esp. 266-302。简要的论述可参见R. G. Collingwood, *An Autobiography* (Oxford, 1939), chap. 10, "History as the Self-knowledge of Mind," 107-119。在《历史的观念》中,柯林武德多次提到他的理论受益于康德(第60、236、240页)。

其次，柯林武德反复强调历史学科的“独立自主”。(50) 他提到独立自主的时候，实际上指的是两个不同的概念。首先，他着重强调了历史学家在“资料”方面应当独立自主，要能够自己做出对于过去的判断，而不要依赖“资料”的所谓权威。他强调这一点，无非是在用另一种方法提出一致性植根于历史学家的脑海之中。但是，柯林武德所说的“独立自主”也同时指向另一个完全不同的观点，即历史学家应当独立于其他学科。这里，柯林武德的论点是：史学是有着自己的规则（与其他学科的规则不同）的一门独立学科，这些规则是通过长期的试错过程制定出来的。(51) 我们能够理解他为何强调历史要独立于其他学科，因为只有在史学有自己独特的规则、同时又与其他学科界限分明的情况下，我们才能期待史学思维具有一致性。换言之，一致性的主体化——也就是一致性转移到历史学家的脑海中——助长了那种史学是一项独立自主事业的观点。

但在很多地方，柯林武德又削弱甚至直接否定了史学应当是如前所述意义上的独立自主事业这种观点。例如，在其《自传》中，他坚称自己一生的工作，从他 50 岁的角度来看，“一直主要是努力在哲学和史学之间达成和解”。(52) 在当时的哲学界，柯林武德的反对者在历史问题（例如，亚里士多德关于责任的理论是什么？）和哲学问题（这个理论为真吗？）之间做出了明确区分，并且只认为哲学问题才是重要问题（第 59 页）。柯林武德对这两项事业之间的分离进行了抨击。此外，他还声称“20 世纪哲学的主要任务就是认真对待 20 世纪的历史”，这个论点与他想要实现的另外一种和解有关，即理论和实践之间的和解（第 79、147—167 页）。

---

(50) 相关段落参见 Collingwood, *Idea of History*, 109, 136, 156。

(51) Collingwood, *Idea of History*, 210, 231.

(52) Collingwood, *An Autobiography* (Oxford, 1939), 77. 后文的引用标注了页码。

他的立场不仅是哲学应当史学化,而且是史学也应当哲学化;二者都应当在深度关心时下问题的基础上撰写——他声称,这是因为一些事件使他脱离了"超然的职业思想家的姿态",同时让他趋向于参与(第167页)。㊳

在《历史的观念》中,柯林武德对史学独立自主性的破坏不是那么明显。㊴ 但是,这种破坏的确在**那里**。例如,它体现在他的一个原本让人琢磨不清的论点中:历史是"过去经验的重演"㊵,这种说法似乎是为了突出强调历史学家的行动主义,这一措辞大大超越了仅仅"重新思考"。同样,他提出"每一个现在都有自己的过去,任何富有想象力的对过去的重建都是旨在重建**这个**现在的过去",他的这一主张具有颠覆性意义,足够摧毁他另一个更为保守的论点,即"所有的历史都要与自身相一致"。㊶

态度四:有一种单数的大写历史这种假设已经无以为继,无论是在主观上作为一项事业还是在客观上作为现在或未来要讲述的

㊳ 在《自传》的这一章中,柯林武德识别了三位柯林武德,第一位是"职业思想家"(第151页),另两位分别对理论与实践的统一深信不疑并积极活动。

㊴ 读过柯林武德著作的历史学家经常忽略他的《自传》。这一点再加上他们对明确定义的学科分界的偏好,也许能够解释为什么柯林武德对史学自律性的否定经常被人们忽视。例如,昆廷·斯金纳、波考克(J. G. A. Pocock)以及其他一些历史学家所代表的政治思想在方法论部分上受到了对柯林武德"自律性"解读的启发;参见 Skinner,"Meaning and Understanding in the History of Ideas," *History and Theory* 8 (1969):3-53。但是,波考克曾说历史与理论结合产生的只能是伪历史,所以就像猫头鹰和鹰一样,二者应当"飞不同的路线",或者用另外一个恰当的比喻说,历史与理论就像在黑夜中驶过的两艘轮船,在它们之间可以有信息交流,但二者却是行驶在根本不同的两条航线上,他所说的这些就是在提出一个与柯林武德完全对立的观点;参见 Pocock, "Political Theory, History, and Myth: A Salute to John Gunnell," *Annals of Scholarship* 1 (1980),3-25,at 23,24。在诠释学中有一种一致的观点,认为诠释者在他们所诠释的事物中只能看到他们想要看到的东西;这一观察恰巧也是对的。

㊵ Collingwood, *Idea of History*, 282-302.

㊶ Ibid., pp. 247,246. 黑体系笔者所加。

一种确切的宏大叙事。相应地,负责任的史学将会质疑单数的大写历史这种假设。但我们仍然愿意考虑态度一、二、三,尽管它们都假设存在一种单数的大写历史:就态度一而言,是从调整的方面考虑;就态度二和态度三而言,是从启发性方面或反讽的方面考虑。

态度四接受其他三种态度,同时又质疑它们。思考表9.1也许是理解态度四的最好办法,这张表表现了每种态度与其他态度之间的邻近关系。

表9.1 对历史的四种态度

态度一:有一种单数的大写历史,我们现在就知道它是什么。	态度三:有一种单数的大写历史,它就是独立自主、一以贯之的历史学科。
态度二:有一种单数的大写历史,只能在作了进一步研究之后我们才能知道它是什么。	态度四:单数的大写历史没有任何根据,但我们可以考虑这个观点。跨学科与方法论上的突破**可能**有据可依。

作为理想的类型,这四种态度彼此之间完全不同。但是在现实中,它们却是从一种向另一种逐渐变化的,也可能共存,"后来"的观点能够考虑到"早前"的观点。我们只要对大写历史在现在的可讲述性有一点点怀疑,态度一就变成了态度二,上文中提到的赫尔德和施略泽之间的交流就是这样一个过程。㊼ 我们只要对大写历史在未来的可讲述性有一点点怀疑,态度二就变成了态度三:正如兰克在上文中的引文里所写的那样,讲述大写历史是"终极目标……还未实现",而且"理解这种整体……永远是一种理想"。㊽ 与此相似,在柯林武德那里,如果足够努力的话,对史学独立自主

㊼ Schlözer, *Universal-Histoire*(上文注22), vol.2, "Vorbericht."
㊽ Ranke, Die Notwendigkeit Universalgeschichtlicher Betrachtung(上文注25), 297.

性的强调(它甚至在一种客观的宏大叙事永远不再可靠的情况下保持了主观一致性)也会被推倒,变成这样一种观点:历史思维进行时所处的时间与过去的时间同等重要——以至于过去的时间无时不在根据现在的观点被重置。简言之,有一种概念上的不稳定性能够使得一种类型变成其他类型。

更确切地说,**在态度一之后**有一种概念上的不稳定性。态度一是唯一前后一致的立场。它产生于在历史上地方化、在经文上权威化的一神论(犹太教、基督教、伊斯兰教)之中,只要其宗教依据很稳定,它就没有任何道理会崩溃。但其他三种态度不同。态度二在两边摇摆不定:一边是"进一步研究"**永远**也不会产生客观的普遍历史这种可能性,另一边是那种在认知上或教条上主张的观点,即我们已经至少以大纲的形式知道客观的普遍历史。态度三的困境在于,一方面它以历史学科的程序为荣,但另一方面又心神不安地担心这些程序永远不能展现一部客观的普遍历史。至于态度四,它处在皮浪式(Pyrrhonian)或蒙田式(Montaignean)的极端怀疑论的立场之上,这种立场连自己的怀疑论都要怀疑。从态度三的角度来看,态度四与合法史学这一连贯一致的思维方式相互矛盾。然而,从态度四的观点来看,我们不应该在先验的基础上排除任何理解过去的模式,无论这些基础是方法论上的还是本体论上的。因此,态度四并不是对(比如)态度三的反驳,除非态度三试图排斥摒弃态度四。但态度四也一直面临着变成这样或那样的教条主义的危险:要么通过教条般坚持"没有单数的大写历史"这个观点(这本身就是一个关于大写历史的整体特点的陈述),要么通过对学科标准和规范的教条性拒斥。

我着重探讨的当然是概念上的假设。从历史学科的制度基础角度进行考察,就会得到更为多样化的图景;然而,我的中心论点似乎在制度层面也站得住脚。除了其他活动以外,精神生活的制度结构包括职业组织、学科期刊以及大学中的院系组织,所有这些都在历史学家正进行一项单一的计划这个假设中找到了精神上的正当理由。这里我的论点是,在当前情况下,我们应当把制度结构及为它们提供正当理由的那些假设都看作不仅是知识生产的支柱(它们的支柱作用很明显),而且是知识生产的局限,同时,我们还应当认真地考虑这些局限的特点。

假设史学最终成为一项单一计划,那么该假设产生的效果就是:它使人们偏好在单一、自律的历史思维模式的信念基础上撰写出来的作品——这是一种倾向甚至一种方法,它渴望实现"历史和史学职业"的"统一",尽管后者在主体和内容层面上明显存在不和。(我这里提到的正是 1992 年 12 月美国历史学会年会的主题。[59])这样做的目的是要将历史研究的对象"历史化"——也就是说,将这些对象置于一种单一的历史思维方法之下。统一性的假设也产生了一种偏见,它不利于那些利用独立的历史思维模式之外的其他理解模式来反思过去的著作。只要这样实践的史学与其他理解模式有关联,史学做到这一点就是通过将其他模式"挪用"过来。我并不摒弃这样的著作,因为那样会与我反对用先验的标准来评判学术著作相矛盾。相反,我的意思是,因为我们已经从"独立自主"的角度——态度二和态度三——研究了很长时间,我们必须考虑到边际收益递减这个问题,并且还要考虑到,从这个角度已经很难再生产出任何新的、令人注目的知识了。这只是我的**建议**,而不是有关事实的坚实论点,因为任何科学的未来从本质上

---

[59] American Historical Association, *Program of the One Hundred Seventh Annual Meeting, December 27-30, 1992, Washington, D. C.* (Washington DC, 1992), 40.

第九章 "宏大叙事"与历史学科

讲都是无法预知的。⑩

针对史学部分上去学科化(de-disciplinization)的问题,我们可能还会提出一些其他的相关论述。这些论述基本都已成型,有的还相当详细,尽管其讨论语境通常不为历史学家所关心。历史学家、史学理论家弗兰克·安克斯密特在具体审视史学时,指出了他所谓的"现在我们学科中的过量生产……我们都熟知的一个事实是……每年出版的各类专著和文章数量都很惊人,我们不可能对所有这些著作有个全面的了解"。⑪安克斯密特认为,其结果就是我们逐渐远离了"西方史学中的本质主义传统",这种传统将注意力集中在"树干"上。相反,现在我们看到的是一股朝着边缘的"拉力",它表现出来的形式就是史学不再重视"意义"(在法语中,这个单词是 *sens*,它同时还有"方向"的意思),而是致力于那些从前仅被看作"注释"、对历史的大致情节无足轻重的侧面(如心态、性别等)。⑫

在史学之外,还有一种从哲学方面进行的论述,它最突出地表现在雅克·德里达(Jacques Derrida)早期著作中的某些方面。这种论述明显对学科统一性的说法有影响(我尤其想到的是德里达的"原初差异"或者"延异"[différance]概念,我们可以将其作为驳

---

⑩ 当我在20世纪90年代初首次做出这段论述时,我没有想到后来在历史学科中的一些领域我们可称之为福柯式"范式思维"的信念会有如此大的影响(参见本书第十章,尤其是最后两部分)。这种信念的教条倾向使这些领域又回到了"态度一"。

⑪ F. R. Ankersmit,"Historiography and Postmodernism," *History and Theory* 28 (1989): 137-153, at 137.

⑫ Ibid. ,149. 关于安克斯密特对"走向边缘"和"注释"等问题的思考,参见他的"The Reality Effect in the Writing of History: The Dynamics of Historiographical Topology," in *History and Tropology: The Rise and Fall of Metaphor* (Berkeley, 1994), 125-161 at 150-153, 157。关于注释的概念,参见 Roland Barthes, "The Reality Effect," in *The Rustle of Language*, trans. Richard Howard (New York, 1984), 141-142。

斥学科汇集的一部分论述)。⑥³ 分析哲学家尼考拉斯·莱切尔(Nicholas Rescher)在论述哲学中"取向多元论"合法性的过程中,提出了一种似乎同时适用于哲学领域中对共识的关注和史学领域中对综合的关注的概念。⑥⁴ 政治学家马太·杜甘(Mattei Dogan)和罗伯特·帕赫(Robert Pahre)在实证研究的基础上提出,学科"杂交"(hybridization),而不是学科内的专门化或学科之间的统一,才是当今发现新知识的最为可靠的途径。杜甘和帕赫的论点也隐含了与学科化共存的混合或者混杂模式。⑥⁵

所有这些论述都指向一个比史学甚或人文科学更为宽泛的对象。它们指向在20世纪80年代被认为是"后现代"的一种文化状态。本章无法概述那些为说明"后现代"一词及其所指的事实而出现的大量著作。⑥⁶ "后现代"一词本身显然并不令人满意,但某些时候它又不可或缺。我们似乎无法给它一个全面的定义。虽然如此,现在仍被普遍接受的社会和文化形势中的一个特点似乎凸显了我们曾经认为是"后现代"的状况,这个特点就是将诸种差异并置——将相互竞争的认同并置。很可能并不对的说法是,社会

---

[63] 尤其参见 Jacques Derrida, "Différance," in *Margins of Philosophy*, trans. Alan Bass (Chicago, 1982), 1-27。延异这个概念与激进的文本主义有所不同,后者有时是从德里达的著作中推断出来的,但我认为这种推论是错误的。

[64] 参见 Nicholas Rescher, *The Strife of Systems*: *An Essay on the Grounds and Implications of Philosophical Diversity* (Pittsburgh, 1985), xi, 276-277, and passim。

[65] Mattel Dogan and Robert Pahre, *Creative Marginality*: *Innovation at the Intersections of Social Sciences* (Boulder, CO, 1990)。另外参见 Clifford Geertz, "Blurred Genres: The Refiguration of Social Thought," in *Local Knowledge*: *Further Essays in Interpretive Anthropology* (New York, 1983), 19-35。但是,"模糊的文体"这种说法可能会有误导性,因为"模糊"有"不明晰"的意思,"文体"又似乎说明这种转变仅仅是文学模式上的事情。

[66] 也许核心文本——如果**核心**在这儿是个恰当说法的话——是利奥塔的《后现代状况:关于知识的报告》。我在《"后现代"一词是什么意思?》("What Does the Term 'Postmodern' Mean?", *Annals of Scholarship* 6 [1989]:129-151)一文中,试图对这个词的诸多用法当中的一些用法进行概述,只是该努力不尽如人意。

第九章 "宏大叙事"与历史学科

文化形势比从前更为"多样化"了。但是,当代的交流模式使各种差异之间的距离比以往更小,这样,至少在那些种种差异之间还能避免战争的社会里,普遍感觉是非常丰富多样和分裂的。

在并置的社会多样性和并置的学科之间有着很大的相似性。在这两种情况中,我们都在与边界打交道——我的观点是我们并不应该希望这些边界消失。对学科独立性宣称的怀疑(这也是"对宏大叙事的怀疑"的最终表现形式)意味着对边界的质疑,但不是对边界的否定。简言之,我的论点不是支持跨学科的统一——因为"开放"也是有界限的。通过与其他学科的从业者在他们自己的领域中论辩的经历,我们对他们的论述方式了解得更多,从而就更不会认为各种不同论述模式之间是相通的,以至于任何人都能同时应用它们。⑰ 然而,如果做得好的话,这些其他的论证模式也会提供新知识。我的论点是,我们应当**跨越**边界,在其他领域中短暂逗留,努力学会说、或至少理解这种外语(这不同于翻译事业),并明确认识到**在**历史学科**内**,这样的计划应当取代那种认为职业史学具有完美包容性的错误观点。⑱ 我的论点也支持在现存国度之间创造一些混合国度,或许就像短期的安道尔国一样。

---

⑰ 比如一位关心终身教职、升迁和工作评价的大学行政人员评论道:"我们很少认识到的是,'多文化'的张力不仅会出现在民族和种族的问题当中,而且会出现在学科之间……不同学科的教师们的世界观差异之大,令我吃惊。"参见 Raymond J. Rodrigues, "Rethinking the Cultures of Disciplines," *Chronicle of Higher Education* (29 April 1992), B1-2。
⑱ 参见 Sharon Traweek, "Border Crossings: Narrative Strategies in Science Studies and among Physicists in Tsukuba Science City, Japan," in *Science as Practice and Culture*, ed. Andrew Pickering (Chicago, 1992), 429-465。特拉维克的关于边缘性的主题,或者说关于格格不入(*bachigai*)的主题,比其文章标题表现出来的要大得多;她给出了整个知识旅程表。关于对边缘性的关注带来的认识论上的益处,参见 Sandra Harding, "After the Neutrality Ideal: Science, Politics, and 'Strong Objectivity'," *Social Research*, 59 (1992), 567-587, esp. 577-585。

上文的叙述所暗示的四种假定

由于这里的叙事没有停留在过去（无论这个过去多么近），而是放眼于现在和将来，所以它必然也就有了一个规范性的维度。毫无疑问，对"现在科学和学术研究应该如何去做"这个问题的唯一真正令人满意的答案就是去做它，因为这个答案始终是一个赌注。但我们似乎能从本章的叙述中提炼出一些规范性假定，这些假定或多或少都嵌于当前的情况之中（尽管我的目的不是要对当前的情况给出一个权威的描述，这在任何情况下都是一项不可能的任务）。

多样性假定。"永远不要假设有一个单一的、公认的史学方法或研究主题。"

态度三之下的史学写作最令人信服的形式中的一个现象就是提倡"总体史"（total history），这一倡议与费尔南·布罗代尔的名字紧密联系在一起。布罗代尔将其不朽著作《地中海与地中海世界》看作书写这样一部历史的"一次尝试"。⑥ 但是对"总体史"的渴望不可避免地导致了恰恰相反的结果。⑦ 这种统一性的失败最明显的标志是学术期刊《年鉴：经济、社会与文明》。我们也可以想到《地中海》这部著作本身，因为最终将全书结合在一起的不过

---

⑥ Fernand Braudel, *The Mediterranean and the Mediterranean World in the Age of Philip II*, trans. Siân Reynolds, 2 vols. (New York, 1973), 2:1238.

⑦ 自以为是的"态度三"的独立性标准也是如此。如果历史的独立性是一种价值，那么为什么"思想史的独立性"不是呢？（Leonard Krieger, "The Autonomy of Intellectual History," *Journal of the History of Ideas* 34 [1973]: 499-516）如果思想史的独立性是一种价值，那为什么其他所有种类的历史（比如说，近代早期的法国或近代晚期的美国）不是呢？

第九章 "宏大叙事"与历史学科

是一个巨大的文学奇特比喻。⑦ 我们也会想到布罗代尔后来的《15—18世纪的物质文明、经济和资本主义》，这部著作就是由关联松散、根本无法比较的东西汇成的一个巨大集合。⑫ 毫不奇怪，史学图景的观察家们经常指出历史的"多样化"或"扩散"，历史已经从"（单数的）历史"转化为"多种历史"。⑬

历史的多样性之所以日益兴起，部分上是因为社会学上的变化把许多人带入了历史领域，而这些人又倾向于对从前被忽视的研究对象感兴趣。比如在美国，社会史的出现在很多重要方面都是因为祖先不是英国清教徒的民族群体成员进入了史学职业，这些人的父辈都被排除在政治权力之外，一生致力于融入美国社会并在其中获得成功。史学中性别史的出现与更多的女性进入这个职业有着明显关系。⑭ 从前被排除在外或受到排挤的群体对研究新的主体感兴趣，这在部分上是因为个人和家庭的经历使他们很容易接受这样的主体，而早前的历史学家在著作中专注的则是范围相对较小的拥有特权的政治人物。

研究者们在专业上研究的主题如今以一种"明显的"方式（先

---

⑦ 如刘斯·凯尔纳所证明的一样，见"Disorderly Conduct: Braudel's Mediterranean Satire (A Review of Reviews)," *History and Theory*, 18 (1979): 197-222; repr. in Hans Kellner, *Language and Historical Representation: Getting the Story Crooked* (Madison, WI, 1989), 153-187。

⑫ Fernand Braudel, *Civilization and Capitalism: 15th-18th Century*, trans. Siân Reynolds, 3 vols. (New York, 1981-1984)。

⑬ Paul Veyne, *Writing History: Essay on Epistemology*, trans. Mina Moore-Rinvolucri (Middletown, CT, 1984), 26: "大写的历史……根本不存在。存在的只是'关于……的种种历史'……"（当然，这否定了科泽勒克认为的18世纪晚期正产生的趋势，我们在本章前面部分曾提到过科泽勒克认为的历史[*Geschichte*]一词的"集体单数"用法）。另外参见弗朗索瓦·弗雷，他提倡用"以问题为取向的历史"来代替"叙事史"正是要克服现在的"各色历史的扩散"，见 François Furet, "Introduction," in *In the Workshop of History*, trans. Jonathan Mandelbaum (Chicago, 1982), 13-20, at 16。

⑭ 有关女性和历史写作（包括"职业的"和"业余的"），参见 Bonnie G. Smith, *The Gender of History: Men, Women, and Historical Practice* (Cambridge, MA, 1998)。

前的联系通常并不"明显",因为社会多样性的程度还没有如此之高)与他们自己的社会兴趣和经历有关,对于这一事实,他们有以下几个策略来应对。其中一个策略就是同化。在坚守态度三的独立性标准的同时,历史学家其实可以承认他们的社会责任,但要宣称"客观性"和职业操守在他们的史学著作中是占主导地位的。这里什么都没有改变,至少没有明显改变。更为大胆的一个策略是,要继续坚持职业化,但同时努力改变"宏大"或至少是"主"叙事,通过加入从前被排除的内容来改进这些叙事——比如说加入性别研究。那些采取这一策略的人甚至可以宣称他们终于正在书写一个关于过去的权威性叙述,一个"完整故事"。在这里,我们明显还处在态度三的范围之内。再回到性别研究的例子上,更大的一步是从"妇女史"跨到"女性主义历史",后者所宣传的权威与其说是职业权威,不如说是一种非职业的权威。转变到女性主义历史的这一步可能需要我们接受传统的教条,就像在态度一和态度二之中一样,或者它可能需要一种与过去和其自身立场之间的辩证关系。在后一种情况下,我们很倾向于认为它接受了态度四,同时在认识论层面上负责任的程度上来说,它也接受了态度三。我们不妨回想一下我在本书的导论中讨论过的戴维斯的著作《马丁·盖尔归来》。

跨学科假定。"始终在本学科之外建立居所。"

从定义上讲(读者应当注意到我的论述很大一部分都是从定义出发的),态度三史学坚持学科独立,**实际上**就是不承认在自己之外还存在任何合理的关于人类世界的论述形式。在态度三中,其他学科最多可以被看成是"辅助"领域。因此,在20世纪五六十年代,史学和政治科学之间产生关联,其结果是用统计的手段来研究人类行为的方法被介绍到史学当中。在20世纪70年代,史

第九章 "宏大叙事"与历史学科

学和人类学之间也产生了类似的关联,其结果是史学界有了新的、以文化为取向的研究过去社会的方法。⑦ 在这两个例子中,无论这些跨界的突袭带来了什么启发,保护着史学的学科界线并没有受到挑战。⑯ 在态度三当中,其他学科并不是被看作自成一体的论述形式,人们也并不认为它们与史学思维之间的差异能够揭示一些史学思维看不到的东西,相反,它们被看作是能够被引入史学但又不会从根本上改变史学的诸种方法和结论的来源。

通过对比,我们发现,态度四对史学学科及其研究课题的碎片化的应对态度,是在其他知识共同体中进行部分和短暂的逗留。由理论和经验串联起来的跨学科杂交开始出现。通常这些共同体都是**专门的**和地方性的,依赖于个体的机遇、地理和思想文化因素;它们受壁垒和等级制度的阻碍,但受到社会交往(sociability)和平等主义的鼓励。但是,它们都关注在暂时探寻某种通用的研究方法或研究对象的过程中减少学科之间的差异。在每一个这样的群体当中,都会出现一种新的"语言游戏",一种与参与者所来自的具体学科中的语言游戏有所不同的世界语言(因为参与**到**某一个具体学科之**中**仍然是加入多学科语言游戏的一个前提条件)。⑰ 在每个"杂交"领域都会产生一种新型的工作,后者不同于在各个参与学科内所做的工作。

184

---

⑦ 有关历史与政治科学的关联,参见 William O. Aydelotte, Allan G. Bogue, and Robert William Fogel, eds., *The Dimensions of Quantitative Research in History* (Princeton, NJ, 1972), "Introduction," esp. 3-14;有关历史与人类学的关联,参见 Lynn Hunt, ed., *The New Cultural History* (Berkeley, 1989), "Introduction," esp. 1-12, and chap. 10 in this volume.

⑯ 参见 Peter Novick, *That Noble Dream*, 591, n. 20,在这里他讨论了芝加哥大学的历史系:"在芝加哥大学……1987 年半数成员……同时在其他院系或机构任职,其他人虽然没有正式任职,也都积极参与了地区研究项目。尽管这样,他们绝大多数人都会毫不犹豫、毫不含糊地说自己是历史学家,他们从事的其他研究都处在从属地位。"

⑰ 利奥塔的著作很能说明问题,见 Lyotard, *The Postmodern Condition*, esp. sec. 13, "Postmodern Science as the Search for Instabilities," 53-60.

变革型的多学科互动在人文学科中还很少见。也许这种互动在物理和生物科学中更为典型,这些领域在对新的研究问题做出回应的时候,学科分界更易改变,学科界线也经常调整。⑱ 态度四史学写作最著名的例子出自科学史也并非偶然:这就是库恩的《科学革命的结构》。⑲ 库恩原是一位物理学家,后来转行成为科学史学家,他的著作讲述了科学哲学中的很多重要问题。由于没有遵守学科界线,这部著作也就失去了学科确实性的益处;它的大胆尝试也将它带入了问题重重的区域。但部分上正因为这一点,这部著作才给了我们重要启发;确实,20世纪没有任何其他历史学家在提出新问题和解决老问题的新途径方面做出如此巨大的贡献。⑳

虚构性假定。"始终明确地正视所有历史著作中隐含的虚构性。"
柯林武德在《历史的观念》中提出,"纯粹想象的世界之间不会有冲突而且也不需要完全一致",因为"每个世界都是自身的世界",但是尽管如此,"只有一个历史世界"。㉑ 一般意义上讲,柯林

---

⑱ 我们不妨看一下芝加哥大学的一份声明:"到1984年7月1日,生物化学和分子生物学系、分子基因学与细胞生物学系取代了微生物学系、生物化学系、生物物理系和理论生物学系……"("Biological Sciences Reorganization Reflects Current Areas of Study," *University of Chicago Magazine* 7 [Summer 1984]:3-4, quoted in Novick, *That Noble Dream*, 585, n.13)。在有共同"科学方法"的情况下,被看作是在内部的分界线移动起来就很容易。另外参见 Gérard Noiriel, "Foucault and History: The Lessons of a Disillusion," *Journal of Modern History* 66 (1994):547-568, at 567-568。

⑲ Thomas S. Kuhn, *The Structure of Scientific Revolutions*, 2nd ed. (Chicago, 1970).

⑳ 因为历史著作受不受欢迎有时会是个问题,所以这里也许得指出的是,《科学革命的结构》的销售量远远超过任何历史学家所写的"学术"著作,也超过几乎所有的"流行"历史作品。自1962年3月5日出版发行以来,该书已经售出了768774册。另外,引用日期也证明了活跃在20世纪60年代晚期到80年代的很多学者实际上都读了这部著作,至少是读了一部分。

㉑ Collingwood, *Idea of History*, 246. 当然他故意没有提到历史世界之外还伴有无数反事实世界。有关这点,参见本书第四章、第六章以及第七章。这一点在格奥弗里·霍松(Geoffrey Hawthorn)的《可能的世界:可能性与历史和社会科学中的理解》(*Plausible Worlds: Possibility and Understanding in History and the Social Sciences*, Cambridge, 1991)一书中有详细阐述。这部著作还涉及历史中的必然性和偶然性问题。

武德关于历史世界的论断是错误的(因为那唯一的历史世界首先就假设了无数个反事实的历史世界),但作为对态度三史学写作的观察来看,这个论断基本上是正确的。在态度三当中,致力于一种思维很容易产生一种唯一的历史客体,而且会对可以被接受的种类做出限定。此外,柯林武德的论断还暗示,历史学家越是发现自己与大写历史的距离遥远,他们著作中的"虚构"层面就越明显。

我这里提到的问题无论在理论上还是在实践上都是无法解决的——但这些问题还是要提出来。历史/虚构二元论是众多只具有有限的分析价值的二元论之一:它尤其容易被那些幻想"什么都行"的人和那些认为这种想法极其可怕的人误用在无谓的争辩上。当我们面对这样的二元论的时候,通常一个有用的方法是将其复杂化。乍看之下,有一点似乎也很清楚:在虚构性的大范围当中,我们至少需要区分我称之为"文学的"和"虚构的"这两个因素。我所说的"文学的"因素,指的是我们读小说的时候通常注意到的一切文学技巧和手段,它们在史学著作中却通常被认为是不正常的、值得怀疑的,因为职业史学要建立的是一种中立的声音。我所说的"虚构的"因素,指的是所有历史著作偏离与实证现实相对应这个意义上的真相的情况。在这个意义上,所有的因果分析都是虚构的,因为所有的因果分析都要假定反事实的因素。所有的类型化也同样是虚构的,因为类型总是对杂乱现实的理想化表现。确实,鉴于现实十分错综复杂,在这个意义上,连定义本身甚至都是虚构的。为了避免对此有误解,请大家记住,因果关系、类型化和定义都是**所有**历史研究和写作的基本要素。换言之,所有的史学写作都有一个虚构的或是推测的维度。

一些史学理论家如海登·怀特、多米尼克·拉卡普拉、斯蒂芬·巴恩(Stephen Bann)、汉斯·凯尔纳、菲利普·卡拉德(Philippe Carrard)和安克斯密特都对历史撰写中的文学维度发表过著述。㉒ 还有自20世纪70年代以来出版的一小部分在文体上颇具"实验性"的历史著作,它们有意或无意地落入了态度四。㉓ 在很多实验性著作中,"声音"已经成为了一个重要问题;其他问题包括放弃传统上流畅的叙事风格,以及历史学家那种想要明确进入并影响正被讲述的历史叙述的倾向。这些文学实验都表明一个深层次的、本体论上的观点:历史客体本身就是"虚构的"创造,是由历史学家及其读者的思维构建出来**作为客体**的。这并不是断言"那儿根本没有**这回事**";这是在断言,历史学家在他们的著作中制造了(但不是凭空捏造)具体的历史客体。

理论假定。"始终理论化。"

在一个不再相信有单一的大写历史的世界里,历史学家若想唤醒读者的普遍兴趣,只能在他们的著作中重视理论问题。例如,美国已经不再认为自己的历史是直接源于英国的政治和宪法历史,在一个这样的美国里,诸如"1605年的火药阴谋案"这样的叙述,就只能通过提出抽离于1605年具体事件的理论问题来引起读者的

㉒ 参见 Hayden White, *Metahistory*: *The Historical Imagination in Nineteenth Century Europe* (Baltimore, 1973); Stephen Bann, *The Clothing of Clio*: *A Study of the Representation of History in Nineteenth Century Britain and France* (Cambridge, 1984); White, *The Content of the Form*(上文注40); Kellner, *Language and Historical Representation*(上文注71); Philippe Carrard, *Poetics of the New History*: *French Historical Discourse from Braudel to Chartier* (Baltimore, 1992);以及安克斯密特的多部著作和论文,但对其立场的简短陈述可见于"The Use of Language in the Writing of History," in *Working with Language*: *A Multidisciplinary Consideration of Language Use in Work Contexts*, ed. Hywell Coleman (Berlin, 1989), 57-81。

㉓ 比如参见 Jonathan D. Spence, *The Death of Woman Wang* (New York, 1978); Natalie Zemon Davis, *The Return of Martin Guerre* (Cambridge, MA, 1983), and *Fiction in the Archives*: *Pardon Tales and Their Tellers in Sixteenth-Century France* (Stanford, 1987); Robert A. Rosenstone, *Mirror in the Shrine*: *American Encounters with Meiji Japan* (Cambridge, MA, 1988); David Farber, *Chicago' 68* (Chicago, 1988)。

第九章 "宏大叙事"与历史学科

兴趣。与此同时,正如从"历史"到"多种历史"的转变模糊了历史与虚构之间的界线一样,这种转变也模糊了历史和理论之间的分界。我们可以回忆一下柯林武德那哲学史学化和史学哲学化的愿望。在现在这种多样化、分裂化的制度下,似乎没有可能会产生这种令人欣慰的综合或者中间道路了。相反,我们设想的是历史和理论之间更为局部、更为有限的关联。

相应地,我们设想(1)一种能够给理论以(地方化)帮助的史学,它会对理论问题的探讨做出很大贡献。[84] 显然,各种**不同的**历史会被讲述出来,这取决于不同的理论目标。我们设想(2)历史学家更为关注理论;当然,有各种各样的理论,对其关注的方式也不尽相同。我们可以设想(3)一种比目前的方式更为自嘲的史学写作,它在对过去的阐释上更为谦卑并且更有反思性。在这方面,它能在希罗多德而不是修昔底德那里找到根源。希罗多德在讲述梭伦给克洛伊索斯进谏的时候,为他自己的历史写作或许也为我们的历史写作提出了一个原则——只有到了没有更多历史要去了解的时刻之后,我们才能确定地知道历史。[85] 但这种史学也会比现在的史学更为关注自身的假设、证据以及论述,同时会比迄今为止所有的史学更愿意也更能将历史认识论应用到一个已经习惯于谎言和自欺欺人的现在所面临的种种问题上去。最后,考虑到已

---

[84] 一个明显的例子是库恩的《科学革命的结构》。给理论提供帮助是库恩的明确意图;参见"Introduction: A Role for History,"1-9。在第1页库恩写道:"如果我们将历史看作不只是收纳趣闻逸事和时代年表的储藏室,那么它就会给我们现在拥有的科学的形象带来决定性改变。"

[85] Herodotus, *The History*, trans. David Grene (Chicago, 1987), 1.32, pp. 47-48; 1.91, pp. 76-77; 1.5, 35. 这些文字很值得我们反复阅读,因为在其中,我们能发现作为历史学家的希罗多德给我们的启发。直到吕底亚国王克洛伊索斯衰落之后,前五代人之中发生的事情以及过去的一些神谕的意义才明了起来。因为人类事件的大起大落无法被预知,希罗多德给我们讲的故事包括了伟人和平民,他没有想当然地认为自己现在就知道事情的发展以后会是怎样。

经编写出来的大量的、完全无法组织的**第一手**史学著作,我们设想(4)一种更似沉思或评论的史学,它以蒙田式的精神和散文的形式来评论那些浩如烟海的史学著作如今对我们的意义。在这种深思和反思的模式下,态度四史学写作不再会致力于不断地挖掘新的事实——也就是说,不再致力于我们通常理解的史学研究——而是致力于一项哲学任务,即反思我们在某种意义上"已经知道"的种种事实的意义。

兰克在对托马斯·巴宾顿·麦考莱(Thomas Babington Macaulay)的文字进行解释时曾写道:"历史始于编年史,而终于散文,也就是说,历史的落脚点最终在于对历史事件的反思,从中我们寻求那种特殊的共鸣。"⑧正如兰克的评论开始表明的那样,本章讨论的四种态度——在西方传统中涵盖了自前职业时代的编年史(它依赖的是一种被人们假定为已知的普遍历史的连贯性)到后职业时代的散文——已经存在于学科传统自身之中。通过用一种特定的方法对这个传统进行解读,并对其中的矛盾保持足够的敏感,我们可以开始发现其中被压抑的自我质疑。在这个意义上,我们不过是发展了某种早已存在于过去之中的东西。但是,我们自己这个时代的具体社会形势——在"西方"和"西方"以外——激起了这种解读,并赋予了它权威性。

---

⑧ Ranke,"Neuere Geschichte seit dem Anfang des 17. Jahrhunderts (28, Oktober 1867-10, März 1868),"412:"Geschichte beginnt mit Chronik und endigt mit Essay, das ist, in der Reflexion über die historischen die historischen Ereignisse, die dort besonders Anklang findet."(意为:历史始于编年史,而终于散文,也就是说,历史的落脚点最终在于对历史事件的反思,从中我们寻求那种特殊的共鸣。)兰克早在1853年夏季学期教这门课的时候就用了这段话。托马斯·巴宾顿·麦考莱的原文是:"历史开始于小说,而结束于散文。"见 Thomas Babington Macauley,"History and Literature"(1828),excerpted in Stern, ed. *Varieties of History*(上文注31),73。

第十章 历史研究中的一致性与非一致性
——从年鉴学派到新文化史

当我们发现一些学者关注学科的一致性以及如何实现这种一致性的问题时,我们需要对其产生的一致性话语持怀疑态度。这些话语的共同特点是我所称的"一致性命题"。一致性命题很容易识别,因为它们包含一种共有的陈述:"现在,我们必须全部统一在 X 周围。" X 以及支撑着 X 的认识论甚至本体论假设,可能会从一代到下一代甚至从一个十年到下一个十年而不同。但过去的大约 70 年间,在历史学科的"先进"领域,一致性作为问题出现的那种方式一直有高度的连续性。70 年前的"先进"历史学家们提出的一致性命题与时下历史学科中正在霸权化和帝国主义化的那一小部分——即所谓的"新文化史"——并行不悖,虽然它们全然不同。新文化史作为一种研究取向在 20 世纪 80 年代出现,当时它既是对处于统治地位的社会史的一种延伸,也是对社会史的反叛。① 当学术界对获得职业发展和机构中的统治地位感兴趣的时

---

① 参见 Lynn Hunt, ed., *The New Cultural History* (Berkeley, 1989);以及 Victoria Bonnell and Lynn Hunt, eds., *Beyond the Cultural Turn: New Directions in the Study of Society and Culture* (Berkeley, 1999),尤见编者导言。后者是在邦内尔和亨特编辑的"社会和文化历史研究"系列丛书中第 34 种。《超越文化转向》的扉页列有该系列的书目,能让人们清楚新文化史所涵盖的范围以及种类。

候,就会提及一致性。简言之,当我们看到有人应用一致性命题时,就应该环顾四周,找找是谁想要夺取学术权力,是谁在试图排挤谁。可这不是我们要做的唯一一件事,因为还有跟一致性相关的许多真正的理论问题。这些问题涉及学科目的、方法、成果、受众以及历史研究的对象和历史过去的种种表现。因此,我的观点是,一致性命题应当同时被视为获取学术权威和讨论真实问题的努力。

在当前的历史学科中,的确存在一致性问题。但并不是一直都是这样的,因为在很长一段时间内,一致性并不被看作一个问题,而是被视为一个很容易达到的目标。在19世纪末和20世纪初,聪明人都认为当时这个相对较新的学科准备要带来一个人类历史的统一叙述,或至少是对那些值得记录的人类事迹的叙述。1896年,阿克顿勋爵在给剑桥大学出版社的理事会做关于他主编的《剑桥近代史》的汇报中承认:"我们这一代还不能达到终极的历史",他的言下之意是这样的历史终有一天会被编撰出来。阿克顿的继任者、剑桥大学的钦定现代史讲座教授伯里在1902年的就职演讲中明确提出,历史学家应当朝着编撰整个世界的统一历史这个目标努力,而且这样一部历史肯定会编撰出来。② 简而言

---

② *The Cambridge Modern History: Its Origins, Authorship, and Production* (Cambridge, 1907), quoted in E. H. Carr, *What Is History?* (New York, 1962), 3; J. B. Bury, "The Science of History," excerpted in *The Varieties of History from Voltaire to the Present*, ed. Fritz Stern, 2d ed. (New York, 1973), 209-223, esp. 219-220. 斯特恩也摘引了阿克顿1898年的文章《致〈剑桥近代史〉的各位作者的信》("Letter to the Contributors to the Cambridge Modern History"),第247—249页。

第十章 历史研究中的一致性与非一致性

之,阿克顿和伯里都对利奥塔所称的"宏大叙事"抱有信念。③ 这一学科性的目标,即全人类的统一历史,其重要性似乎被许多其他历史学家认为是想当然的,这些历史学家虽然没有把它作为目标这样确切地说出来,但他们在教学和研究中将这个目标的合理性视为是以公理的方式提供的。

到 21 世纪初,情况大不一样了。今天,历史研究显然并未汇合,而是向着多个不同的方向各自发展。情况发展成这样不足为奇。在阿克顿和伯里的时代,历史研究领域受到的限制要比今天大得多。大多数历史学家都专心于研究民族国家以及民族国家如何产生并发展成最重要的政治模式。诸如日常生活史、心态史、性史这类课题在当时的学科中根本不存在。当时的学科中也没有可以被视为关于任何非西方民族的历史,因为当时确实存在的那些非西方地区的历史实际上是欧洲征服、占领和统治的历史。吉卜林(Kipling)所说的"没有法律的低等种族"也同时被广泛视为没有历史;诚然,他们的过去也有些事件发生,但历史学家认为这些事件并没有上升到具有**历史性**的高度。黑格尔认为,没有文字记录和国家的民族不可能有历史,历史学家们也非常同意他的这一看法。④ 今天的情况大相径庭:与一个世纪以前相比,历史学家研

---

③ Jean-François Lyotard, *The Postmodern Condition*: *A Report on Knowledge*, trans. Geoff Bennington and Brian Massumi (Minneapolis, 1984). 有关宏大叙事(通常称为"普遍历史")这个概念如何从一开始就遮蔽了历史学科的讨论,请参见第九章。对历史学中一致性的地位,最透彻、最有见地的讨论,见 Leonard Krieger, *Time's Reasons*: *Philosophies of History Old and New* (Chicago, 1989)。这部著作的立足点是发生在 20 世纪初期的史学一致性的动摇(第107页及多处);其起因是,克里格认为,到70年代末80年代初学术界和政治界的激进主义已经进入了史学界,因而需要与它们交锋。

④ 关于文字记录的必要性,参见 G. W. F. Hegel, *Lectures on the Philosophy of World History*: *Introduction*: *Reason in History*, trans. H. B. Nisbet (Cambridge, 1975), 13;关于历史所要求的国家,参见 G. W. F. Hegel, *The Philosophy of History*, trans. J. Sibree, ed. C. J. Friedrich (New York, 1956), 111。

究的地区、时代都大为广阔,他们研究的人类课题也要多得多。

　　但我们很难说历史本身具有概念手段或解释视角,并能够以之将时下大量的历史学术研究放在一个一致的画面之中。在1900年左右,人们所讲述或表现的那个故事是关于人类朝着一个能够被清楚定义的自由领域迈进的故事。然而,现在却没有这样的共同叙事了:自由的故事及其各色马克思主义的变体即使还存在,也是微乎其微,而且迄今为止还没有出现任何有说服力的替代物。当然,大多数漫不经心的历史读者并不知道历史学科无法将其研究成果统一到一个故事中去。即使他们注意到了,也基本不会在意,因为多数人读史书是期望了解某个特定主题,比如说第三帝国、美国的国父、南北战争或旧金山大地震,而不是为了任何更宽泛的原因。就大多数历史学家而言,尽管他们都清楚这个学科日益发展的多样性,但他们并不太考虑这个问题,只有在他们被安排去教授一些像"世界历史"这样不大可能教的课的时候才会为其烦恼。然而,我们在本章关心的是一小部分有趣的历史学家,他们为这种或者那种历史写作的统一战线提出了一些建议,以这种形式为多样性提供了一些对策或者矫正方法。

年鉴学派和一致性的问题

　　所有支持历史学科一致性的人都要面对的中心问题是:当历史学家的研究和写作明显地朝多个方向发展的时候,历史学科的一致性能采取什么样的一种形式呢?正是这个问题笼罩了20世纪历史研究和写作中最具影响力的一种取向——年鉴学派(名称源于其学术期刊),尽管时下这个问题经常不受关注,但在当前史学界各种不同的范式对霸权的争夺中,它仍然作为一个问题继续

第十章　历史研究中的一致性与非一致性

存在。⑤ 当然，**学派**这种说法有些误导：《年鉴》与其说是一个学派，不如说是一种取向，而且法国高等社会科学研究院 1975 年独立出来的时候跟《年鉴》几乎毫无**关**系。我们也应注意到，当初促成《年鉴》的那种统一的趋势在其后的几代人中也产生了分化。今天，"年鉴学派"这个词说起来略显古老，年鉴学派已经被其他学派取代了。但它仍然是我们探讨一致性问题的最为重要的参考。一方面，年鉴学派最初的两代人发起了 20 世纪最为持久、最具雄心的努力，以便在历史写作中获得某种一致性。即使《年鉴》当初没有任何影响力，这一点也依然会是毋庸置疑的。但实际上，《年鉴》的影响力极大。尽管年鉴学派已是明日黄花，《年鉴》的推动力依然对史学界有直接或间接的影响。新文化史尤其深深植根于年鉴学派传统之中，即使在某些地方它们没有这样的联系，在最初的年鉴学派的计划与如今新文化史的计划性方面之间也依然有着实质上和具体情况上的密切关系。

《年鉴》的历史可以上溯到 1929 年，当时斯特拉斯堡的两位历史学家吕西安·费弗尔（1878—1956）和马克·布洛赫（Marc Bloch, 1886—1944）创建了《经济与社会史年鉴》。⑥ 费弗尔是年鉴计划的积极推动者，他的重要性尤为突出是因为第二次世界大战极大地扰乱了布洛赫的生活。⑦ 年鉴项目的一个根本要素就是费弗尔坚持认为的"有必要将一切知识综合到一个历史框架中"。

---

⑤ 有关对年鉴学派的简要叙述，参见 Peter Burke, *The French Historical Revolution: The Annales School, 1929-1989* (Cambridge, 1990)。

⑥ 该期刊的名字自创建以来有些微的变化；现在的名字为《年鉴：历史、社会科学》(*Annales: Histoire, Science Sociales*)。

⑦ 尽管 1939 年的时候布洛赫已经年过半百，他仍然参了军。法国战败后，他从敦刻尔克撤离到英国，之后经布列塔尼返乡。其后，他在 1943 年成为里昂抵抗军的领袖，并因此在 1944 年 6 月被德军枪杀。在布洛赫返乡后到参加抵抗运动之前这段时间里，身为犹太裔的他也因为维希政府的反犹太法而无法继续担任教职。

他想要"废弃人文科学和社会科学间的屏障……(他)无法接受学科间的壁垒,他坚信知识的统一性"。⑧ 费弗尔的这个目标——即以**单一**的某种人文学科的形式发现并展示知识的统一性——推动了《年鉴》杂志的创建以及费弗尔本人总体的精神生活和学术活动。

费弗尔于1899—1902年间就读于巴黎高等师范学院,尔后从1905年起开始撰写他的博士论文《菲利普二世与弗朗什孔泰:政治、宗教和社会史研究》(Philip II and the Franche-Comté: A Study of Political, Religious, and Social History)(1911年通过答辩,1912年出版)。在这整个时期,费弗尔一直感受得到当时有关社会科学与历史学科之间关系的争论。这场争论中的一种立场的代表是埃米尔·涂尔干(Émile Durkheim),他当时正忙于创建社会学这个学科。涂尔干提出,社会学带有分析和概念创建,理应成为主导学科,而历史仅仅只能是原材料的提供者。与其类似,一些经济学家认为经济学理论应当被置于经济史之上。费弗尔对人类的过去有着浓厚的兴趣,因而对这些认为历史应该从属于理论的说法并不认同。对他来说,一致性并不是某种会从一套理论概念中产生的事物。另一位当时较为年长的、就读于巴黎高等师范学院的孜孜不倦的学术型创业者亨利·贝尔(Henri Berr),给费弗尔的尝试提供了一个极为重要的模式:贝尔在1900年创建了一个名为《历史综合评论》的期刊,正如该刊的名字所表明的那样,它的目的是实现历史的综合。⑨ 贝尔对当时处于主导地位的历史写作方式持

---

⑧ Ubiratan D'Ambrosio, "Febvre, Lucien," in *Encyclopedia of Historians and Historical Writing*, ed. Kelly Boyd, 2 vols. (London, 1999), 1:379.

⑨ 关于贝尔,参见 Willian R. Keylor, *Academy and Community: The Foundation of the French Historical Profession* (Cambridge, MA, 1975), chap. 8, "Henri Berr and the 'Terrible Craving for Synthesis'"。

第十章 历史研究中的一致性与非一致性

批评态度,他认为那是一种(用他的话说)唯历史的历史(*histoire historisante*),它狭隘地聚焦于政治事件,未能描绘出人类社会更为宽广的画面。在撰写博士论文的时候,费弗尔没有把自己局限于16世纪晚期的政治动荡(当时统治弗朗什孔泰的西班牙菲利普二世正忙于应付荷兰人民反抗西班牙统治的起义),他同时也讨论了历史地理和社会经济史。他的论文包括了有关贵族家产的统计数据表,并研究了贵族和普通市民的观念和生活方式。费弗尔的第二本著作是《大地与人类演进》(*Geography and the Evolution of Mankind*, 1922)。这本书一方面旨在攻击诸如德国地理学家弗里德里希·拉策尔(Friedrich Ratzel)等学者的地理决定论;另一方面,也旨在鼓励历史学家将地理因素纳入他们对过去的研究之中。简而言之,费弗尔反对过度决定论,也反对过度相信那种认为人类(更确切地说人类中有政治权力的那一群人)有足够的自由因而能够脱离他们周围的环境来理解他们的观点。

可在所有这一切中,一致性又在哪儿呢?让我们以更宽广的眼光来看待这个问题。年鉴学派的最早两代人中,对一致性的探寻发生在两个不同的层面上。较显著的那个层面是历史表现的层面。年鉴学派的历史学家希望能书写出针对他们要研究的具体历史的实在的综合叙述。我们通常一直使用的"总体史"(total history)这一术语,正是指的这种一致性的愿望,这个术语也成为年鉴学派的专有名词。在《菲利普二世与弗朗什孔泰》一书中,我们就已经能看到这种愿望了,费弗尔明显想要给出一幅16世纪下半叶弗朗什孔泰的历史实在的综合面貌。(费弗尔出生于弗朗什孔泰,这一点毫无疑问支撑着他的愿望。)然而,年鉴学派学者探寻一致性的努力在表述方面最为著名的代表是后来被学界视为该学派**最**出色的里程碑式著作《菲利普二世时代的地中海和地中海世界》(1949;修订版,1966),其作者是后来成为年鉴学派第二代**领**

袖的费尔南·布罗代尔(1902—1985)。⑩ 我们要承认没几个人从头到尾读过这部著作,在书中,布罗代尔试图勾勒出菲利普二世时代地中海世界的总体画面。他将这个世界分为三个层次:"结构""情势"和"事件"。或者,我们可以把布罗代尔的著作看作是对三个重叠却不同的时间的运作方式所做的描述——长时段(*la longue dureé*)、中时段和短时段。在最基本的、地理的层面上,时间几乎是不动的;在情势的层面上,时间有周期性的变动,可能会延续很多年(效仿某些经济周期的模式);在事件层面上(包括大多数政治和战争),时间迅速地但是是在表面上移动。

对布罗代尔将其著作概念化的方式,我们需要指出两点。第一,我们讨论的总体史并非总体的,而且也不能是总体的。人类生活的整个范畴被忽略,而且**必须**被忽略,以免"总体历史"比现在这样更难以理解。第二,任何试图给出过去之历史实在的总体表述的努力,实际上肯定会突出表现历史的**非一致性**——尽管布罗代尔自己坚称"地中海地区的统一性和一致性"。⑪ 比如说,众所周知,布罗代尔的地中海世界的"总体"画面根本就无法连贯起来,最为明显的是,他的三个时间层面(表现为该著作的三个分开的部分)相互之间仅仅只有细微的关联。⑫

看来很清楚的一点是,早在布罗代尔之前,费弗尔在历史写作早期就知道在表述层面上达到一致性的难度。这是基本的一点,

---

⑩ Fernand Braudel, *The Mediterranean and the Mediterranean World in the Age of Philip II*, trans. Siân Reynolds, 2 vols. (New York, 1973).

⑪ Braudel, *Mediterranean*, 1:14.

⑫ 两位对《地中海》一书最有见地的读者,赫克斯特(J. H. Hexter)和汉斯·凯尔纳均强调了这部著作中的非一致性,参见 J. H. Hexter, "Fernand Braudel and the *Monde Braudellien*…," *Journal of Modern History* 44 (1972), 480-539;以及 Hans Kellner, "Disorderly Conduct: Braudel's Mediterranean Satire (A Review of Reviews)," *History and Theory* 18 (1979), 197-222, repr. in Hans Kellner, *Language and Historical Representation: Getting the Story Crooked* (Madison, WI., 1989), 153-187。

第十章 历史研究中的一致性与非一致性

但只有在我们试图撰写无所不包的历史时它才会体现出来。因为历史研究最重要的特点之一正是其逻辑论证的不可解决性——也许这种不可解决性最明显地体现在历史学家必须同时将人类视为被限定的和有自由意志的这一点上,也体现在历史学家必须同时探讨特殊性(如13世纪的蒙塔尤,或是法国)和"普遍性"(如中世纪的农村社区,或是国家地位)。费弗尔自己十分明确地说过,历史的任务之一就是"协商制度性与随机性的关系"——他认为这项任务相当于其他学科中协商"逻辑性和经验性(le Réel)之间关系"的任务。⑬

所以费弗尔把一致性概念化为某种主要会在**历史研究本身的实践**中找到的事物,这一点就不足为奇了。更确切地说,他把一致性概念化为某种不仅仅要通过创建一种统一的历史,而且也要通过创建一个统一的社会科学——但这种社会科学是由历史统一的,而不是由历史之外的一门学科统一——来实现的事物。因为费弗尔把自己变成了一位狂热支持科学统一的人。在20世纪30年代早期,作为政府资助的一套新的《法国大百科全书》的总编,费弗尔曾致信一位地理学家,解释地理在他所计划编写的百科全书中的位置,他在信中宣布:"我不是在编辑一本关于各种科学的百科全书。"正相反,他宣称,这部著作会是一部单数的科学的百科全书,在这个单数科学中,具体的学科(地理、伦理、逻辑、形而上学、法律、美学……)都会被融入其中。百科全书的重点是"人类精神的统一,面对未知时忧虑的统一";词条的作者将会是"那些将他们的各种科学置于单数科学的框架之中思考的学者"。⑭

---

⑬ Lucien Febvre, "De 1892 à 1933: Examen de conscience d'une histoire et d'un historien: Leçon d'ouverture au Collège de France, 13 décembre 1933," in *Combats pour l'histoire* (Paris, 1992), 16. Orig. pub. in 1953.

⑭ Lucien Febvre, "Contre l'esprit de spécialité: Une Lettre de 1933," in Febvre, *Combats*, 104-106.

费弗尔远非他那个时期和他这一代人中唯一坚持科学统一的人——他把这种科学统一称为"科学的生气勃勃的统一"。⑮ 同样也是在20世纪30年代，一个国际性的逻辑实证主义哲学家群体，包括奥图·纽拉特（Otto Neurath）、鲁道夫·卡尔纳普、赫伯特·费格尔（Herbert Feigl）、汉斯·赖欣巴哈（Hans Reichenbach）和其他一些人，曾有过更为宏伟的目标，他们要在另外一部百科全书中为一种统一的科学（包括社会科学）奠定基础。这部百科全书计划作为一系列专论出版，但从未完成（实际上基本就没开始过），名称是《国际统一科学百科全书》。⑯ 费弗尔的计划和这些逻辑实证主义者的计划的区别在于，费弗尔将历史置于统一科学的中心地位，而逻辑实证主义者们将历史完全排除在外。他们这样做是因为，像涂尔干和其他一些更早的学者一样，他们认为科学应是"探索普遍性科学规律的"（nomothetic）——也就是说，科学必须致力于阐释规律和理论。相比之下，历史是"具体"的（idiographic），它关注的是描述特定的事实。在逻辑实证的框架中，历史可以作为理论建构的原材料，但它本身不具有科学性。

费弗尔却有不同的看法。他期望给出人类世界的一个叙述，这个叙述不仅连贯一致，而且会充分体现历史的复杂性和多样性。费弗尔反对包括涂尔干式的社会学家在内的学者们为了实现一致性而将人性中鲜活的、有生命力的那些层面排除在研究范围之外。费弗尔不止一次地指出，正如他于1933年在法兰西学院就职讲座中所主张的那样，历史是"人的科学"：人的科学的历史，过去人的

---

⑮ Febvre, "Leçon d'ouverture," 16.
⑯ 库恩在《科学革命的结构》（1962）的书名页背面列出了《国际统一科学百科全书》（International Encyclopedia of Unified Science）的编者和顾问。这一名单最早发表在该百科全书的第二卷第二册。这本书与这部百科全书之间的联系在该书第二版（1970）的一些较早的印次中依然存在。当然，库恩的著作完全打碎了单数的统一的科学这个观念。

科学("*Histoire science de l' Homme, science du passé humain*")。⑰ 1941年他在高等师范学院演讲时又提到了这点,他告诉听众历史是对"其他时期的人们所做的各种行为和各种创造的研究。这些行为和创造处于各个时间点(在他们的日期上),在各种社会的框架中,大不相同但又可以相互比较(这正是社会学的前提条件)。有了这些行为和创造,人类填满了地球的表面和各个时代的更替"。⑱ 费弗尔反复坚称这种研究是一种统一的事业。他在高等师范学院的演讲中说,"并没有什么经济史或社会史";相反,有的只是"**总体历史,统一的历史**"。⑲ 费弗尔和布洛赫在1929年第1期《年鉴》的前言中也提到了这点,他们在前言中还对将上古、中世纪和现代历史学家分割开来的壁垒甚为遗憾,而且不满研究"所谓的开化社会"的学者和研究所谓"原始"或"异国"社会的学者分离的状态。⑳ 费弗尔也清楚是什么支撑着对人类的历史研究的统一性:那正是人类自身的统一性。

当然,宣称在基本的本体论层面上存在统一性是一回事,而着手写作各种确实连贯一致的历史著作来探讨多样的主题却是另外一回事。费弗尔多次坚持历史统一性,这实际上一直伴随着一种清晰且准确的认识,即**作为研究成果**,《年鉴》刊发的文章几乎根本就不连贯一致。他对伯里式的观念嗤之以鼻,后者认为,大量肯吃苦的研究生会制造出客观的、可证实的事实砖瓦,它们最后将被

---

⑰ Febvre, "Leçon d'ouverture," 12.
⑱ Lucien Febvre, "Vivre l'histoire: Propos d'initiation" (talk at the École Normale Supèrieur, 1941), in Febvre, *Combats*, 20.
⑲ Febvre, "Vivre l'histoire," 20.
⑳ Marc Bloch and Lucien Febvre, "À nos lecteurs," *Annales d'histoire économique et sociale*, 1 (1929):1.

用来建造历史知识的大厦。㉑ 在费弗尔看来，我们不能被动地等待一致性自己出现，我们必须为之努力。作为这种努力的一部分，同时也是作为增加年鉴学派历史对学术界的影响力的一种方法，费弗尔——还有布洛赫，只要他有空——主持了很多集体研究项目，在这些项目中，一队队的研究人员（通常是居住在各省的业余研究人员）调查研究了法国历史和社会的各个方面（例如法国农村的居住条件）。㉒ 然而，有代表性的是，这些大项目大多没有什么完成并发表出来的学术成果，更不用说一致的学术研究了。合作的过程仿佛成了一件廉价替代品，取代了一种不会到来的实质上的一致性。那么，人们殷切期望的一致性要去哪里找呢？

我们并不需要去猜测费弗尔在这件事上的观点，因为他在30年代初以后的一系列文章中阐述了自己的观点。或许其中最有趣的是一篇题为《通向另一种历史》（"Vers une autre histoire"）的文章，该文1949年发表在一个颇为著名的学术期刊《形而上学与道德评论》上，1953年又作为他的《为历史而战》一书的最后一章重印。㉓ 这是一篇对布洛赫未写完的遗著《历史学家的技艺》一书的书评，也是对费弗尔和布洛赫共同参与的那一事业进行的描述和辩护。

㉑ 见 Bury, "Science of History," esp. 219-220。费弗尔没有具体提及伯里，但在他的《为历史而战》中攻击了这种对历史的观念。

㉒ 凯里·安·穆尔罗尼（Kelly Ann Malroney）的博士论文《法国社会科学中的团队研究和跨学科性，1925—1952》（"Team Research and Interdisciplinarity in French Social Science, 1925-1952", Ph. D. dissertation, University of Virginia, 2000）着重讨论了这些合作倡议。费弗尔也对此做过重要的阐述，见 Lucien Febvre, "Pour une histoire diregée: Les recherches collectives et l'avenir de l'histoire," published in Revue de Synthèse in 1936 and reprinted in Combats, 55-60。

㉓ 见 Febvre, Combats, 419-38; published in English as "A New Kind of History," in A New Kind of History and Other Essays, ed. Peter Burke, trans. K. Folca (New York, 1973), 27-43。本文中我征引了两个版本，法文页码在前，英文页码在后。

第十章 历史研究中的一致性与非一致性

这篇书评中我们要注意的最重要的事情就是，费弗尔提及在当时的法国，由于还没有对历史研究统一的宏观设想，史学写作中存在着不一致性。费弗尔指出，法国每年都有"四五部原创的历史著作"出版，这些著作"在观念上相对较为新颖"，而且有些学术价值。我们以为费弗尔至少会因为这四五部著作感到高兴，可他没有，这是因为

> 这四五部著作讨论的课题在时间和空间上距离甚远……它们勾起读者的好奇心。它们让我们感慨，"作者多聪明啊""结论多新颖啊"。这样，这些著作满足了某些聪明读者的好奇心，后者拥有很少见的优势，能得到某些有新想法的历史学家朋友建议："老兄，读读这本吧，还有这本。"这就是它们全部的价值。(第434页；第438—439页)

那我们应该怎么办呢？费弗尔呼吁"一种新的历史"，这种新的历史是协调一致的历史研究的产物：

> 试想每一两年就会有十几个组织得力的研究项目的后继章节出来，涉及的课题看起来显然是在我们的生活中、我们做的各种事情中以及我们必须做的政治和文化的决定中非常重要的——协调一致的研究，全面的思想，它们同时进行，这样任何重要的现象……都能够以**单一的、相同的精神**来研究，无论是在不同时间的文明中，还是在不同空间的文明中。(第434页；第439页。黑体系笔者所加)

正如费弗尔在《一种新的史学》一文中(也在其他文章中)清晰阐述的，他设想的是一种"以问题为导向"的历史，在这种历史中，身处现在的历史学家研究过去的目的是解决跟现在相关的一些问题(如上引文)。其目标并不是要描绘出过去甚或过去某个方面的一幅单一的、一致的画面。如果说有过史学的现代主义者

的话,那就是费弗尔了,他希望能够从给人负担、使人扭曲的过去的重负中挣脱出来。他对自己所视为的"传统"社会在这方面的实践不屑一顾。他认为这些社会"创造了一个意象,该意象是有关他们时下的生活、集体目标以及为实现这些目标所需要的美德",随后,在向过去看的过程中,他们"投射了一种有关同一个实在的定型投影,后者被简化但却被放大到某种程度,并用一个传统所具有的威严和无法比拟的权威加以装饰"(第436页;第440页)。在这种神秘的投影中有着一种一致性,但费弗尔拒斥这种一致性。他对历史的设想暗含了一种与过去的决裂,因为一种有关过去的连贯一致的表述,怎么可能从由相继出现的种种现在所提出的针对过去的一组组问题中产生呢?的确,费弗尔指出,历史是从过去之中的一种**解放**:"历史是一种组织过去的方式,这样过去就不会成为人类肩上太重的负担。"(第437页;第441页)

在我们的时代有种日益增强的趋势,即把历史等同于记忆。费弗尔却认为"人类的群体和社会如果希望生存下去的话,就必须要遗忘。我们必须生活下去。我们不能容许自己被我们继承下来的那些巨大的、残酷的、累加的重担压垮"(第436页;第440页)。但这种几乎是尼采式的实用主义并不意味着费弗尔就放弃了历史写作中的一致性观念。他**转移**了一致性,将其置于上文提到的历史研究的集体组织之中——置于"协调一致的研究"之中,置于"一种有组织的、互相配合的群体探究"之中,置于以"同一种精神"进行的历史研究项目之中(第434、436页;第439、440页)。这项提议有着很明显的宣传意图,因为费弗尔表明只有当历史研究是以这种方式协调时,"普通人"才能理解"历史的角色、重要性和研究范围"(第435页;第439页)。但是看起来很清楚的是,在研究层面上通过刻意的协调努力而达成的一致性,同时也让费弗尔相信正在从事的这一事业的科学特征。

第十章 历史研究中的一致性与非一致性

尽管深度讨论这个问题会令人厌倦,我们还是要注意到:费弗尔的继任者布罗代尔后来关于一致性的观点也基本相同。在《地中海》一书中,布罗代尔竭力争取表现上的一致性,但还是没有实现。威廉·麦克尼尔(William H. McNeill)指出,布罗代尔在第1版(1949)中的技巧"类似于点彩派画家们(pointilliste painters)的技巧……后者用无数独立的点描绘日常的画面,并依靠观众的眼睛将这些点融合起来,形成一个综合的整体"。布罗代尔之后花了许多年来改进他的著作,其中就包括了他为使作品连贯一致所做出的努力。麦克尼尔认为,布罗代尔在其1966年的版本中致力于将他那"宏伟的、多色彩的图像"置于"一种科学的束缚"之中。[24]

在《地中海》之后,布罗代尔继续撰写了一些大历史来将历史实在中广阔无边的各个侧面融合起来。但和费弗尔一样,布罗代尔的一致性话语的焦点并没有集中于表现上的一致性,而是集中在阐释一个统一的人文学科的计划上。另外,布罗代尔得益于费弗尔不知疲倦的宣传和互投赞成票的努力。法国解放之后,费弗尔参与了建立高等研究实践学院第六部(社会和经济科学)的工作,并于1948—1956年间任这个部门的主任。之后,布罗代尔继承了费弗尔的职位,从1956—1972年任该部门主任。布罗代尔在组织和运作上更胜于费弗尔。作为杂志——当时的全名为《年鉴:经济、社会与文明》——的主要编辑,他鼓励学者们开展广泛的研究,并鼓励发表涉及很大范围主题的学术成果。他积极参与创建了一个学术图书馆和研究所,即人文科学院,并出任所长。他也为高等社会科学研究院的创立奠定了基石。

因此,相比于费弗尔,布罗代尔还拥有了一个机构框架,能够

---

[24] William H. McNeil, "Ferdinand Braudel, Historian," Instituto Fernand Braudel de Economia Mundial, Braudel Papers no. 22, www. braudel. org. br/paping22. htm (Copyright date 2003, accessed March 2004).

在其中开展协调一致的社会科学研究。当然,通过他自己的工作,通过管理各个研究院(在这些研究院中,研究兴趣各异的不同学科为了资源而彼此竞争),也通过编辑一个每期都像大杂烩一样的期刊,布罗代尔清楚认识到,研究成果的一致性比起进行这些研究要遵循的原则一致性更难实现。一致性仍然是既定目标,但它会越来越成为一种普遍社会科学的一致性,布罗代尔认为这种社会科学的统一一定要实现。因此,布罗代尔在一篇发表于1958年的题为《历史与社会学》的文章中提出,这两个学科构成了"思维的唯一冒险经历",而且他接着宣称:"没有调和,就不可能有任何让我感兴趣的那种社会科学……将社会科学中的各个学科一一对立是很容易的事情,但这些争吵似乎早已过时。"㉕在另外一篇也是1958年首次发表的题为《历史与社会科学:长时段》的文章中,布罗代尔提出,社会科学家应当停止关于不同学科间的界线是什么的争论,或是关于社会科学本身是什么的争论。相反,他们应当"努力通过他们的研究来阐明那些能够为我们的集体研究提供导向的因素(如果有这些因素的话),阐明那些能够让我们实现初步融合的主题。就我而言,我认为这些因素是:计量化、对具体地方的集中研究、长时段。但是我也很想知道其他的专家有何建议"。㉖

布罗代尔毕生关注"融合"——这可能包括致力于对人类所做的单一的、统一的研究。诚然,他对这种融合的难度认识得很清楚。毫无疑问,这就是为什么他在1958年只提到了"初步"融合。还有一点或许很重要,布罗代尔在他晚年的一次采访中,并没有提

㉕ Fernand Braudel, "Histoire et sociologie," in *Écrits sur l'histoire* (Paris, 1969), 105, 120-121, 本文英译见:Braudel, *On History*, trans. Sarah Matthews (Chicago, 1980), 64-82。

㉖ Braudel, "Histoire et sciences socials: La longue durée," in Braudel, *Écrits sur l'histoire*, 82-83; 本文英译见:Braudel, *On History*, 25-54。

倡当时在一些圈子中很流行的跨学科研究,而是提倡另外一件事——"单一的**交互科学**(interscience)……让我们把所有的科学都融合在一起,包括传统学科、哲学、语文学等等"。㉗ 历史学科的一致性,似乎也将成为可能是最后一个布罗代尔忠实追随者的沃勒斯坦(Immanuel Wallerstein)在1999年的讲座中所称之为"一种真正统一的、单一的社会科学"的一致性。㉘ 但在布罗代尔的晚年设想中,上面所讨论的这单一科学也要包括——至于**如何**包括,他从未详细阐述——传统意义上的人文学科。

年鉴学派:从融合到多学科

布罗代尔辞世已有二十多年。第三代受年鉴学派影响的历史学家——埃马纽埃尔·勒华拉杜里(Emmanuel Le Roy Ladurie)及与他同时代的人——已经让位于第四、第五代历史学家了。在这么长的一段间隔时期内,很明显一直没有出现统一的社会科学,甚或统一的历史学。沃勒斯坦在1999年的讲座中,将布罗代尔的计划描述为一次尝试,它旨在弥合那些探讨普遍性科学规律的学科和那些强调"人类社会行为的多样性而非相似之处"的"更为人文或诠释性的认识论"之间"巨大的认识论争论"。但是,他也不得不承认,"今天,我们几乎看不到布罗代尔般为创建一个真正统一的、单一的社会科学而努力的热情了"。㉙

㉗ "Une vie pour l'histoire"(François Ewald and Jean Jacques Brochier 对布罗代尔的访谈), *Magazine littéraire* no. 212 (November 1984),22.
㉘ Immanuel Wallerstein,"Braudel and Interscience: A Preacher to Empty Pews?"(paper for the 5th Journée Braudeliennes, Binghamton University [Oct. 1-2, 1999], online at www.fbc. binghamton. edu/iwjb. htm, copyright date 1999, accessed Sept. 2003)。前面几句引言都是我根据沃勒斯坦的文章很快找到出处的。
㉙ Wallerstein,"Braudel and Interscience."

这个判断无疑是正确的。确实，正如一位目光敏锐并有批判精神的评论家热拉尔·努瓦利耶所说的那样，我们考虑布罗代尔对人文学科统一的信念时，要同时清楚他也在别处坚持认为一直存在着一种"历史学科的碎片化"，历史学科破碎成相互不可归约的大量实践了。但是布罗代尔仍然继续肯定"历史的统一"，并且还宣称历史在作为一个整体的人文学科中占据着一个享有特权的、中心的地位。努瓦利耶指出了布罗代尔之所以给历史这个中心的——并且能主导统一的——地位的理论依据。人文学科的对象是"处于时间中的人类"；只有历史和社会学这两个学科才是"一种'通才'职业"；因此，历史学和社会学作为研究"跟人类有关的一切事物"的科学，相比其他所有学科来讲是有特权的。在这两个学科之间，只有历史是以时间为主要对象的；因此，历史学和历史学家注定要统一各个人文学科并给予它们一种"共同的语言"。㉚

布罗代尔这番话的逻辑远不能让人满意。但实际上，布罗代尔或是费弗尔的这些理论本来就不应被视为是遵循逻辑的。我们来看一下费弗尔。他多次说到，历史学应该摆脱专门化精神，历史学应当没有"间隔"（*cloisonnements*），社会科学和人文科学之间的屏障应该被消除，存在一种"鲜活的科学统一性"，等等。但所有这些说法都是在**为历史而战**（说得更确切些，是为一**种**特定的历史——即费弗尔的历史而战）的大语境中提出来的。当费弗尔提及那种将会在"被指导的历史"（histoire derigée）的体制下开展的集体研究的时候，毫无疑问，那将是一种"指导下"的历史，并且费

㉚ Gerard Noiriel, *Sur la "crise" de l'histoire* (Paris, 1996), 94-96（引号中的内容均为布罗代尔的原话）。关于分裂的主题讨论，参见 François Dosse, *L'histoire en miettes: Des "Annales" à la "nouvelle histoire"* (Paris, 1987), esp. 161-247。

弗尔本人和他的盟友应该是指导它的人。㉛ 同样的考虑也适用于布罗代尔。如努瓦利耶所言，我们必须把上文所引述的布罗代尔的话放在一个语境中理解，即布罗代尔有着"明确的雄心"要将历史学升至人文学科中心的、主导统一方向的地位。㉜

事实上，年鉴学派的前两代学者始终处于与敌人的战斗当中。这些敌人包括与其竞争的社会科学中的经济学、地理学和社会学。但是，最主要的敌人却是法国主流历史学家，这些"传统的"历史学家对贝尔早在 1911 年批评的"唯历史的历史"抱有坚定信念。在贝尔眼中，**唯历史的历史**的主要特征是，它着重研究**特定**的历史实在，并且它假定历史学家描述和分析了这样的历史实在之后，工作就完成了。费弗尔却恰恰相反，他发展了贝尔的理论，认为历史要对人们普遍关注的问题保持开放。历史学必须能够进行比较，用一个地方在一个时期内的特性来说明另一个地点、另一个时期的特性，以及"人类"的普遍状况。历史学必须要关心诸如地理学家研究的那种深层次上不变或是变化很慢的"事件史"，而**唯历史派学者**认为这与历史学根本无关。另外，历史学还需要理解对"假设、研究项目，甚至理论"的需求。㉝ 尽管随着费弗尔从 1933 年起就职于法兰西学院、布洛赫 1936 年起就职于索邦大学，年鉴学派取向的影响几乎难以说是边缘性的了，但直到 60 年代末，费弗尔和他的继任者们仍在

㉛ 参见 Febvre,"Pour une histoire dirigée,"55-60。
㉜ Noiriel, *Sur La "Crise"*,92-100；引文见第 97 页。
㉝ 此处我参考了"Sur une forme d'histoire qui n'est pas la nôtre: L'histoire historisante,"in Febvre, *Combats*,114-118,引文见第 117 页。有关贝尔的观点，参见 Henri Berr, *L'histoire traditionelle et la synthèse historique* (Paris, 1921),该书第二章一个小节标题是"与一位唯历史论的历史学家的讨论"("Discussion avec un historien historisant"),它写于 1911 年；《为历史而战》一书引用过，见第 115 页。

不断与蒙昧的、据称居于主导地位的历史学主流争论。㉞ 总体史计划能够以某种方式把历史学变成一项连贯一致的事业，它和对问题史的坚持（通过它，与现在有关的问题会被用来影响对过去的研究），是年鉴学者们在与对手的宣传战争中最主要的两样武器。

当然，今天的情况已经不是年鉴学派历史对其各色敌人的斗争了。首先，"年鉴学派"已经不存在了。颇具影响力的美国历史学家林·亨特在 1986 年的一篇关于"年鉴范式的兴衰"的论文中给我们提供了一个重要的综述。㉟ 亨特的叙述目标十分明确而直接，我能做的只是在这里重述一下她的中心论点。她提出，"年鉴范式在刚刚获胜的那一刻即开始分裂"，她认为这一时刻发生在 20 世纪 70 年代（第 213 页）。1970 年，在布罗代尔的领导下，第六部搬到了位于哈斯佩耶大道上的一幢崭新的现代主义建筑风格的大厦中；然后在 1975 年，第六部成为一个独立机构，即高等社会科学研究院（EHESS）。但亨特指出，年鉴学派的统一并不是只靠一幢大厦，因为在年鉴史学中似乎的确有一种"范式"。布罗代尔的《地中海》代表了这种范式，它有着上文所述的"三个层面"的史学模式。如亨特所言，这个模式的范围涵盖从底层的生物学、地理学和气候到顶层的"具体群体或个体的政治和文化表达"，它"在 60 年代和 70 年代早期的法国史学界被广为接受"；确实，甚至一些对这个史学模式表示遗憾的史学家也承认了它的支配地位（第 212 页）。

亨特还提到，早在 20 世纪 70 年代晚期，年鉴历史学家们就已开始注意到该模式分裂的迹象了。例如，1978 年，沃勒斯坦的布

㉞ 两位第三代年鉴学派的学者，皮埃尔·古贝尔（Pierre Goubert）和罗伯特·芒德鲁（Robert Mandrou）在 1969—1970 年间访问多伦多大学的时候，曾讨论了年鉴学派与其所谓食古不化的传统史学界间的冲突。多伦多大学的学者当时怀疑年鉴学派的学者是否像他们描述的那样在法国遭到排挤（个人的记忆）。这种怀疑是有根据的。

㉟ Lynn Hunt, "French History in the Last Twenty Years: The Rise and Fall of the Annales Paradigm," *Journal of Contemporary History*, 21(1986): 209-224. 下文中引用该文部分都给出了页码。

罗代尔式期刊《评论》的第 1 期发表了一位年轻的第四代年鉴史学家雅克·勒韦尔（Jacques Revel）的文章。勒韦尔后来在 90 年代成为高等社会科学研究院的院长。他那篇题为《年鉴派：连续性与非连续性》的文章指出，年鉴派事业的"中心是识别出稳定的体系"，而年鉴派并不关心"社会变迁理论或者一个历史模式到另外一个历史模式的转变"。勒韦尔还声称，共有的社会科学知识的主体"从 60 年代初就一直在迅速解体。社会科学中的研究领域正在分裂。之前的分析模式的中心对象是人类，而现在人类已经不再是基本的指示物，而是成了具体的科学话语模式中一个转瞬即逝的过时的对象"。勒韦尔提出，1978 年左右的《年鉴》强调的是"试验和探询"，而不是一种统一的方法。他还指出，《年鉴》刊载了越来越多有关"文化系统的分析"的论文，这种情况发生在经济史和社会史统治了一段时期之后。他说这与其说是对"一种第三层面上的知识"的探讨，还不如说是"提出一组新的问题"。[36]

第三代年鉴学派的领军人物是弗朗索瓦·弗雷，他于 1977—1985 年间任高等社会科学研究院的院长。弗雷在一篇 1983 年的文章中提出，现在该思考如何超越《年鉴》了。他否认了年鉴派史学家都有一种"共同的、统一的学科概念"；相反，他们的研究"方向太多样化，以至于无法将他们简单地聚集到一面旗帜之下"。也许弗雷那一代历史学家仅有的共同特点就是，他们都看到"在几乎没有边界的课题和方法中"，《年鉴》"在历史学家们远离斯大林—马克思主义式历史主义的路上"，给了他们"一片天赐的绿洲"。尽管如此，弗雷在激发了他那一代人的历史概念中发现了一个一致的项目，它体现在两种信念上："第一，历史学应该通过向其他相近学科

---

[36] Jacques Revel, "The *Annales*: Continuities and Discontinuities," *Review* 1, nos. 3-4（Winter/Spring 1978）,16，17，18. 勒韦尔谈到研究分析的统一性对象已从"人"本身转移到别处了，这使我们想到了福柯那著名的"人之死"假设。

借鉴,甚至通过暂时废弃学科间的分界,来增加自己的研究主题和研究方法;第二,历史学仍然应该是一门无所不包的、普遍的学科,能满足充分理解社会现象所需要的条件。"㊲

回头来看,我们应该把弗雷 1983 年的这篇文章看作经典年鉴史学方法对历史——或者说是历史写作——一致性所做的最后拼搏。史学界已经在开始发生一种转变,这种转变——亨特 1986 年认为它是从社会史到文化史的转变——将急剧改变讨论的各种条件。㊳ 诚然,亨特也不过是将讲英语的读者们的注意力转移到勒韦尔和弗雷早已谈过的一种转变之上。上文已经谈及了勒韦尔对文化分析的观点。就弗雷而言,他在 1983 年也谈到过年鉴派史学家越来越多地关注文化。但与勒韦尔不同的是,弗雷对这种转向持怀疑甚至是敌对的态度。弗雷倾向于一种"以问题为取向"的、概念化的史学;他更认同社会科学家对"决定因素和行动局限"的兴趣,对"将常数分离出来,如果说不是将法则分离的话"的关注,以及对研究"客观行为,而不管行为者的主观意图"的偏好。㊴ 在弗雷看来,所谓心态史(*histoire des mentalités*,也就是年鉴派版本的文化史)有三个方面的缺陷。第一,这种历史太接近于"情感信念",也就是说太接近一种怀旧感,弗雷认为这种怀旧感之所以在法国产生是因为过去 20 年间法国经济发展迅猛。第二,文化史模糊了客观行为和对该行为的主观看法之间的"经典区分",这样就产生了一种幻象,似乎文化史既能把握社会的物质基础,又能把握社会的概念性上层建筑。最后,心态史很有可能会产生非一致

㊲ François Furet, "Beyond the Annales," *Journal of Modern History* 55 (1983), 389-410, at 390-392. 与亨特一样,我这里重点关注的是勒韦尔和弗雷的文章。弗雷的这篇文章系对他的专著《历史工作坊》(*In the Workshop of History*, trans. Jonathan Mandelbaum, Chicago, 1984)前言部分的少量改写版。

㊳ Hunt, "Rise and Fall of the *Annales* Paradigm," 215-218.

㊴ Furet, "Beyond the *Annales*," 397.

第十章　历史研究中的一致性与非一致性

性——因为它"缺乏定义……导致对新的研究课题无休止的追求,而这些课题因为生活中的一些意外事件才出现,其基础不过是一种短暂的直觉或是一时的风尚"。⑩

作为一种主动信念的一致性

因此,一致性的问题又一次浮上表面。我们还记得一个世纪前,人们认为史学一致性的基础存在于最终建构一个单一的、权威的人类历史的叙述这样一种可能性当中。当这种希望破灭之后,一致性的基础又被认为存在于一种共同的方法之中。在"传统的"历史学家当中,包括那些唯历史论的历史学家中,人们信奉的是一种被认为**具有史学特色**的方法。㊶ 对从费弗尔到弗雷的年鉴史学家来说,他们信奉的并不是一种独特的史学方法,而是一种被视为是大体上社会科学式的研究过程:这些历史学家一直对一种科学(或"交互科学")有坚定的信念,这种信念会产生权威的、但可能是临时性的知识。

如今让人吃惊的是费弗尔—布罗代尔—弗雷版本的一致性过时的程度之深。这是因为史学一致性的假定基础再次发生了变化。它不再存在于一种有历史敏感性的社会科学的表述中。相反,它如今被看成是一个在历史研究中对这样那样的"范式"抱有**主动信念**的问题了。范式这个概念的一个显著特点就是,它自身包含了一种程度上显然足以让我们无法忽视的随意性——而且,这种随意性通常(虽然远非总是)也是被这样承认的。

---

⑩　Furet, "Beyond the *Annales*," 404-405.
㊶　对这种立场的描述包括 Ernst Bernheim, *Lehrbuch der Historischen Methode* (Munich, 1889); Charles-Victor Langlois and Charles Seignobos, *Introduction to the Study of History*, trans. G. C. Berry (New York, 1904; orig. pub. in French, 1898;当然还有声誉最隆的 R. G. Collingwood, *The Idea of History*, rev. ed., with *Lectures 1926-1928*, ed. Jan van der Dussen (Oxford, 1993; Orig. pub. in 1946)。

在这个学科的最为职业化的圈子里，过去 20 年间有过一场战役，它发生在两种相互竞争的历史研究和撰写的"范式"之间：社会史和文化史（或者说**新**文化史，因为还有一个**旧**的文化史）。㊷ 这是一个颇为复杂的故事，我只能在这里稍做介绍。亨特出版于 1989 年的论文集《新文化史》正式宣布了新文化史的诞生。㊸ 然而，新文化史的根源要追溯到 70 年代早期甚至更早时期的各种发展。新文化史的一个起源是年鉴史学的心态史。另外一个促动因素来自人类学家克利福德·格尔茨。他的文化解释观念——以及他对"深度描述"的强调——在很多历史学家那里产生了共鸣。㊹ 还有一种影响来自于米歇尔·福柯，他在多部历史—哲学著作中探讨了一系列话题，包括"劳动、语言、生命、疯癫、手淫、医学、军队、尼采、监狱、精神病学、堂吉诃德、萨德、性"（引自哲学家伊恩·哈金[Ian Hacking]在 1981 年列出的清单）。㊺ 这里面的许多话题都成为了新文化史研究的对象，同时，福柯对传统意义上的科学和客观性的怀疑态度也在某种程度上成为新文化史研究的对象。此外还有一个推动因素来自于皮埃尔·布尔迪厄（Pierre Bourdieu）提出的文化社会学，特别是他的**习性**（habitus）和文化资

㊷ 简言之，"旧"文化史致力于这样一种观点，即书写诸文化客体及实践的历史是可能的也是有价值的。同时它还主张这些客体及实践有某种审美、道德或思想价值的因素，后者**超越**了产生了它们的社会历史条件。"新"文化史完全否认这些是能够或应该做到的；实际上，此种计划的可能性甚至都不会在它的雷达屏幕上出现。

关于旧文化史的主张，参见 Jacques Barzun, "Cultural History: A Synthesis," in *The Varieties of History*, 387-402；关于旧文化史的综述，参见 Donald R. Kelley, "The Old Cultural History," in *History of the Human Sciences*, 9 (1996): 101-126。

㊸ Hunt, ed., *The New Cultural History*.
㊹ Clifford Geertz, *The Interpretation of Culture: Selected Essays* (New York, 1973).
㊺ Ian Hacking, "The Archaeology of Foucault," in *Foucault: A Critical Reader*, ed. David C. Hoy (Oxford, 1986), 27, quoted in Patricia O'Brien, "Michel Foucault's History of Culture," in Hunt, ed., *The New Cultural History*, 45.

本的概念。㊻ 最后,还有文学批评领域内的所谓"新历史主义",其开创者是史蒂芬·格林布拉特(Stephen Greenblatt)等人。新历史主义倾向于模糊文学和历史分析的界线。㊼

这里没有必要回顾 20 世纪 80 年代初以来文化史的兴盛。只要这样说一句就够了:到 1999 年,维多利亚·邦内尔(Victoria Bonnell)和林·亨特已经能够出版一部新的论文集《超越文化转向》,这部论文集在内容上比亨特早期的《新文化史》更为丰富。㊽《超越文化转向》成为了新模式下的文化史胜利的纪念碑——但也是一些问题的纪念碑。这部论文集中最具洞察力的作者之一是理查德·比尔纳基(Richard Biernacki),他断言"新文化史在一段时间以前就成功地使自己的议程突显出来",这一点他确实是对的。㊾

但这种突显有什么特点?它带给史学的一致性又有什么特点呢?正如比尔纳基注意到的那样,新文化史学家号称为他们的研究假定了一种潜在的本体统一性,因为他们"循着社会史学家的脚步建立了解释,这些解释又都建立在一种'真实'并无法简化的历史根基之上,尽管这个立足点现在是文化的和语言学上的,而非(或者说同样也是)社会的和经济学上的"(第63页)。比尔纳基提出,在这种对历史根基的假设之中,历史学家依照的是格尔茨在《文化的阐释》当中没有讲清楚的一些理念。众所周知,格尔茨在该书中曾断言:"文化不是一种权力,不是某种能够对社会事件、行为、制度或过程的产生起作用的事物;它是一种语境,在其中,上述

㊻ Pierre Bourdieu, *Outline of a Theory of Practice*, trans. Richard Nice (Cambridge, 1977; orig. French pub., 1972); Pierre Bourdieu, *Distinction: A Social Critique of the Judgment of Taste*, trans. Richard Nice (Cambridge, MA, 1984; Orig. in French, 1979).

㊼ 相关概述可参见 H. Aram Veeser, ed., *The New Historicism Reader* (New York, 1994)。

㊽ Bonnell and Hunt, eds., *Beyond the Cultural Turn*.

㊾ Richard Biernacki, "Method and Metaphor after the New Cultural History," in Bonnell and Hunt, eds., *Beyond the Cultural Turn*, 62. 下文中引用该文部分给出了页码。

事物可以被明确地——也就是说深度地——描述出来。”[50]比尔纳基指出，有影响力的文化史学家——包括罗伯特·达恩顿（Robert Darnton）、林·亨特和罗杰·夏蒂埃——将格尔茨的文化理念作为
204 一种“基本实在”（grounding reality），一种“普遍并且必要的真理，而不是……一种有用的建构”（第64页）。比尔纳基并没有否认达恩顿的《屠猫记》和亨特的《法国大革命中的政治、语言和阶级》这些著作的启发性、独创性和丰富性的优点，但他认为，“我们或许已经进入了这样一个阶段，在这里，如果将符号的维度或‘文化’精炼化并作为一种自然而然给定的分析维度，那就是在停止反思，是在禁止种种很可能有启发性的历史阐释”（第64—65页）。[51]

跟我这里的论点最相关的是比尔纳基谈到的两点。他说，第一，新文化史是基于一种假设的本体论主张，即**真正**真实的只有文化。这里的“文化”依照格尔茨的方式定义为渗透到人类社会各处的“意义网络”。因此，（在格尔茨的文化意义上的）“意义”被假定为在本体论上最根本的东西。第二，比尔纳基指出，新文化史学家声称已经找到了社会和历史的“基本实在”，他们的声称是没有依据的。（同样，那种支撑社会史——在马克思主义或者**倾向马克思主义的**史学家那里是显性支撑，在其他情况下是隐性支撑——的本体论观点，即那种认为历史的真正基本实在是社会的社会经济维度的观点，是缺乏任何依据的。）

我们可以顺理成章地从这种依据的缺乏得出如下结论：新文化史编撰（以及传统社会史编撰）开展的基础，从本质上来讲就是

---

[50] Geertz, *Interpretation of Culture*, 14, quoted in Biernacki, “Method and Metaphor,” 63-64.

[51] Robert Darnton, *The Great Cat Massacre and Other Episodes in French Cultural History* (New York, 1984); Lynn Hunt, *Politics, Language, and Class in the French Revolution* (Berkeley, 1984). 早前的一位评论家玛丽琳·斯卓森（Marilyn Strathern）曾指出，新文化史学家貌似在本体论上将历史诉诸文化，这看似无所不包，实则空洞无物，见 Marilyn Strathern, “Ubiquities” (review of Hunt, ed., *New Cultural History*), *Annals of Scholarship* 9 (1992): 199-208。

第十章 历史研究中的一致性与非一致性

一种选择。它只不过是一种选择。人们所做的有关支持或者反对文化史或社会史的决定,都是主观随意的,事实上,这种主观随意性也已被我们那些最具自知之明的先进历史学家们认识到了。我们来看亨特和邦内尔。她们在《超越文化转向》一书的导论中提出:"自二战以来,社会科学中**新的学术风尚**(黑体系笔者所加)一个又一个地出现……这些风尚大致可以分为两大类:研究范式……和……属于阐释和解释学传统的各种方法。"亨特和邦内尔也注意到,在"**要选择**(黑体系笔者所加)哪一个范式来组织社会科学研究"的问题上,人们的意见不尽相同。[52]

的确,"范式"这个专有名词恰恰强调了这里所包含的假设因素。范式这个概念由库恩在《科学革命的结构》一书中首次提出,它本身就带有很强的随意性和无根据性的色彩。库恩1995年在雅典的一次采访中也主动承认了这一点。他说:"范式是理论不在场的时候你才会用的东西。"[53]换言之,如果它是有依据的,那它就不是范式了。我们可以从亨特和邦内尔那儿得到这样一种暗示:若要给一种特定的历史研究模式提供依据,其实**不需要**本体论的基础。相反,另外一个暗示却是:没有任何一种历史研究的模式能够建立本体论上基础的东西——如果说真有本体论上基础的东西的话。最后的一个暗示是,文化史和社会史二者都没有依据说明自己的优越性。我们做出一个选择,然后在这个选择的基础上进行研究。

从20世纪70年代早期开始,历史学家就接受了库恩的"范式"概念,并将其应用到自己的学科中,程度之深引人注目。库恩对史

---

[52] Bonnell and Hunt,eds.,*Beyond the Cultural Turn*,1.

[53] Thomas S. Kuhn,*The Structure of Scientific Revolutions*,2nd ed. (Chicago,1970); Aristides Baltas,"A Discussion with Thomas S. Kuhn," in *The Road Since Structure:Philosophical Essays,1970-1993,with an Autobiographical Interview*,by Thomas Kuhn,ed. James Conant and John Haugeland (Chicago,2000),300.

学的影响已经由大卫·霍林杰在其1973年的文章《库恩的科学理论及其对史学的意义》中讨论过。㉞ 1973年以后,更多的历史学家习惯于运用范式概念。库恩的范式和革命的概念尤其多次被应用到年鉴学派身上,例如特莱恩·斯托伊诺维奇(Traian Stoianovich)于1976年出版的著作《法国史学方法:年鉴派范式》和彼得·伯克于1990年出版的著作《法国史学革命:年鉴学派,1929—1989》,更不用提亨特1986年的那篇宣布年鉴派范式衰落的论文了。㉟ 库恩的概念也通常被应用到社会史和(新)文化史之间的冲突上。

　　我们必须仔细反思并且审视范式这个概念,因为它给我们提供了关于史学一致性的局限的重要启发。我们要问的基本问题是:范式概念**究竟**是否可以应用于历史研究或社会科学?历史学家和历史理论家们反复使用这个术语(大概也在使用这个概念),据此我们必须得出这样的结论:许多历史学家和历史理论家都认为,范式概念不仅可以应用到历史研究中,而且如果历史研究要朝着正确的方向发展,这一概念的存在至关重要。㊱ 库恩本人却未见得会同意。正相反,在《科学革命的结构》一书中,他实际上坚持认为范式概念不适用于社会科学。根据库恩的观点,"正常情况下,一个成熟的科学共同体的成员从一个单一的范式或一组关联紧密的范式出发进行研究"。但是库恩认为在社会科学中情况却并非如此,因为社会科学——也许还有历史——不像"成熟的自然科

㉞ David Hollinger, "T. S. Kuhn's Theory of Science and Its Implications for History," in *Paradigms and Revolutions: Appraisals and Applications of Thomas Kuhn's Philosophy of Science*, ed. Gary Gutting (Notre Dame, 1980), 117-136. Orig. pub. in *American Historical Review* 78 (1973): 370-393.

㉟ Traian Stoianovia, *French Historical Method: The Annales Paradigm*, with a foreword by Fernand Braudel (Ithaca, NY, 1976); Burke, *French Historical Revolution*. 我们还可以举出很多例子。

㊱ 历史理论家中最近的一个例子可参见 Miguel A. Cabrera, "On Language, Culture, and Social Action," *History and Theory*, Theme Issue 40 (2001):82-102。卡布雷拉提出,史学"时下正经历着一个新的范式变化"。当然,这就意味着"历史学家**必须**采用(黑体系笔者所加)一种新的议程来进行历史研究"(第100页)。他接着概述了这个方法**必须**是什么。

第十章　历史研究中的一致性与非一致性

学共同体那样可以远离业余人士和日常生活的需求……正是因为科学家的受众都是他的同事,而这些受众又都有与他相同的价值观和信仰,他可以把单一的一组标准当作理所当然的事"。[57]

毫无疑问,正如很多评论家已经指出的那样,库恩过分强调了自然科学与自然科学所处的社会世界之间的分离程度。但这点对库恩的批评却没有削弱我这里的论点——正相反,它巩固了我的论点。因为这样的话,该主张会是如下内容:**即使在自然科学领域**,探寻知识的人们也无法完全将自己与科学外的考虑分割开来——这些考虑使得他们不能对某个范式抱有纯粹的科学信念。在库恩看来,范式是无法用理论来确证的,更不用说用本体论来确证了。它只能以实用性为依据来确证——即使这样,其依据也不太充分。在库恩的理论中,范式的最大优点在于它产生可解答的困惑,并且不用过多地犹豫就能弄清楚这些困惑是什么。根据这个理论,因为科学家的受众是跟他有相同价值观和信仰的同事,而且他又与社会隔离开来,所以他就"可以把单一的一组标准当作理所当然的事";他"比起那些受众更庞杂的研究者来说,可以……更迅速地解决一个问题并去探讨下一个";他也可以"把精力集中在一些他有理由相信他能够解决的问题上",而不必去关注那些在社会上"急需解决"的问题——很可能要有效解决这些问题所需要的工具根本不存在。[58]

毫无疑问,库恩有关自然科学的理论在一些历史学家当中产生了共鸣。他们倾向于范式统一性,因为他们认为这样的统一性有助于解决一组一致的历史问题——同时它又能让历史看起来更像是一门"真正的"科学,从而提高历史学的威望。而其他一些历史学家显然将历史视为用其他的方法来实践的政治;对他们来说,

---

[57] Kuhn, *Structure of Scientific Revolutions*, 162, 164.
[58] Ibid., 164.

如果坚信一种范式,那就是与这样那样的政治信念紧密联系起来了——确实,有时政治信念似乎会取代各种有关不同体裁、方法、研究项目及具体著作优劣的理性学术讨论。⑨

---

⑨ 福柯将知识等同于权力,这就——我认为是恶毒地——为将评判历史学家的标准建立在他们的政治动机纯粹与否(而非他们的方法得当与否、论点是否有见地)的基础之上提供了依据。最近有一些臭名昭著的例子似乎能清楚表明,这种政治评判模式实际上已被应用于美国的史学界。其中最著名的就是人们对迈克尔·贝勒西来(Michael A. Bellesiles)的《武装美国:国家枪支文化的起源》(*Arming America: The Origins of a National Gun Culture*, New York, 2000)的接受。贝勒西来的这本著作获得了许多重要奖项,凭借着它,贝勒西来也获得了著名的埃默里(Emory)大学的终身教职。他之所以获得这么多好处,似乎很大程度上是因为,早些时候一些据称是专家的读者在读到他说的在美国内战之前私人拥有枪支很少见的时候兴奋不已——他的这一说法可以被看作是对控枪运动的支持。作为他们与贝勒西来狂热的政治团结的结果,这些读者没有注意到他们本应该很容易注意到的一件事——贝勒西来的证据根本无法支撑他的论点。如果这部著作支持了一项很好的政治事业,那还为证据操什么心呢?

最终,这一让人不快的事实还是浮出了水面。贝勒西来在埃默里大学的终身教职被取消,他获得的班克罗夫特奖也被收回(这个奖项是哥伦比亚大学资助的,当时为了奖励他2000年出版的最佳美国史著作而颁发给他)。另外,他的出版商克诺夫出版公司也停止了该书的发行。这些相关机构的决定几乎是前所未有的,同时也是令人尊敬的。有关贝勒西来事件的讨论,参见美国历史学家协会的《新闻通讯》,2003年2月号(网址见 www.oah.org/pubs/nl/2003feb)。一篇匿名文章《哥伦比亚大学撤回班克罗夫特奖》("Columbia University Rescinds Bancroft Prize")讲述了该事件的来龙去脉,但对该事件最详尽的叙述见"Report of the Investigative Committee in the Matter of Professor Michael Bellesiles", dated 10 July 2002, by Stanley Katz (chair), Hanna H. Gray, and Laurel Thatcher Ulrich)。报告的结论是:对于贝勒西来的著作,"**最好听**的说法就是(黑体系笔者所加)",它"是不专业的、误导的",而且还"有着重大缺陷"(网上有报告全文,见 www.emory.edu/central/NEWS/Releases/Final_Report.pdf;引文见第18—19页)。

美国历史学家协会对这一事件的反应颇有争议。它在同一期的《新闻通讯》中,发表了乔·维内尔(Jon Wiener)教授的文章《埃默里大学的贝勒西来报告:一个"管中窥豹"的例子》。该文看起来是按这样的原则写的:任何左翼观点,无论其如何缺乏根据,都值得我们去支持。而且,据我所知,美国历史学家协会还没有收回宾克利·史蒂芬森(Binkley-Stephenson)奖,该奖项1996年颁发给贝勒西来,以奖励他的文章《美国枪支文化的起源,1760—1865》("The Origins of Gun Culture in the United States, 1760-1865"),载于《美国史杂志》(*Journal of American History*),83(1996),第425—455页。贝勒西来事件可以通过谷歌查询到,或在 www.hnn.us 或 www.h-net.org 上查询。在枪支控制史研究方面,一部负责得多的研究著作是 Saul Cornell, *A Well-Regulated Militia: The Founding Fathers and the Origins of Gun Control in America*(New York, 2006)。

第十章　历史研究中的一致性与非一致性

后面这种政治化的趋势就相当于把人为的政治一致性强加于历史之上,在我看来这种趋势是十分危险的,并不仅仅因为它能很容易被大学以外的势力利用,这些势力不大可能愿意鼓励在任何意义上批判现存政治秩序的学术著作。相比较而言,前面的那种把历史学科学化的倾向在某种程度上误导程度稍微小一些,特别是当人们在很小的范围之内考虑范式概念,不是把它作为广泛意义上的范式而是作为学科内的一个研究项目的时候。如果范式理念是这样使用的话,那么,对一组共同问题的关注就能够促进学术研究生产力,最明显的途径就是让学科内的成员(尤其是尚不成熟的、初级的成员,如研究生)更容易找到研究课题。

但即使在这里,我们也必须对这样提出的史学一致性的局限和缺点保持敏感。我一直在说**历史写作的**一致性而不是**历史学的**一致性,这一点当然是很重要的,因为伦纳德·克里格在《时间的理由:新旧历史哲学》一书中提出的一个观点仍然令人信服。他在书中谈到了从希罗多德到福柯的历史写作,强调了贯穿整个过程的"历史一致性的缺点问题",并得出结论说,"并没有任何简单的过去能使一个历史学家成为一个纯粹的历史学家"。[60] 这句话的意思是,如果说有任何一致性的话,它也必须是一种**由历史学家提出的**一致性——而不是由"历史实在"提供的。此外,很明显的一点是,历史学家对范式的选择很可能与他作出的关于哪一组问题里包含最丰富的可解决的难题这个决定无关,而与他在自己的生活世界中的偏好有关。鉴于这些事实,我们就要问两个强有力的问题:我们究竟要多认真地对待这种由历史学家提供的一致性?除了一致性以外,历史学家还应该提供一些什么?

---

[60] Krieger, *Time's Reasons*, 166-167.

这些问题相互关联，但我在本章只能简要提及（若要全面回答第二个问题，就需要写本专著）。但是，我基本的论点很简单：那种把历史看作一项应该坚定不移地探寻一致性的事业的观点是错误的。相反，历史研究的部分功用就是洗牌，展示过去实际上在多种意义上与自身以及我们对它的期待是不一致的，并展示对过去的研究如何依赖于相互矛盾的理解和参与模式。㉑ 当然，研究项目，甚至"范式"，都可以作为自愿的信念去接受，但那种认为评判历史学家的标准是看他们的著作在多大程度上与时下处于支配地位的范式相一致的观念是愚蠢的，并且毫不夸张地讲，是适得其反的。例如，我的专长是"高层"思想史，它的研究模式与社会史和文化史范式都不相关。我从未觉得这种不相关是一种不利因素，而且我倾向于认为，与我年龄相当的一些同事的研究生产力由于他们过度尊崇与他们的兴趣和能力并不十分相容的学科范式而受到了损害。简言之，对史学一致性的追求可以损害生产力和知识学习，但也可以助其增长。

但是，历史学家的主要任务是提供一致性吗？我不这么认为，因为历史学家已经提供并在继续提供着一致性以外的很多东西。确实，如果他们的主要产物是一致性的话，他们就根本不是历史学家，而是神话和谎言的制造者。历史学家提供或应该提供的最重要的东西之一，就是对过去、现在以及我们如何在现在利用过去的一种批判性视角。这里的批判指的是展示分歧和矛盾——在过去之中，在历史学家对过去的表述之中，在历史学家力图表述过去时

㉑ 这方面可参见 John Higham, "Beyond Consensus: The Historian as Moral Critic," *American Historical Review* 67（1962）: 609-625。海亚姆提出，历史学家应该区分"因果历史"与"道德历史"，把这两者看作"相辅相成的两种理解模式，只遵从任何一种模式、忽视另外一种的话都会有缺陷"（第 622 页）。在时下有关史学范式的欢快讨论中，我很少看到这种取向。

所做的假设之中,以及在现在占主导或非主导的关于未来、现在和过去的各种假设之中。

历史学家提供或应该提供的另外一种东西是认识论上高标准的表率。因为历史学家——至少是他们中的很多人——在研究过程中要对"没有生命的、已逝的"对象进行冷静考察,这就使他们有专门的机会展示他们在处理证据和阐述观点的过程中的一丝不苟。在这个意义上,历史学家要比那些研究时下受关注问题的学者或社会科学家在认识论层面上肩负更大的责任。只有历史学家在认识论上能负责,我们才能开始期待政治家、情报机构、记者、商人、医生、牧师、律师、法官和其他人也肩负起同样的责任。人们在向美国及世界民众说明 2003 年伊拉克战争的合理性时所采用的方法,应该令我们深思。

最后,除了作为"纯粹的"历史学家来帮助阐述一种(已被承认是随意性的)学科范式之外,历史学家也有机会成为一种"混合型"或"复合型"历史学家,为除了职业历史学家以外的其他人提供历史知识和历史观点。由于他们关注过去,而且他们坚守证据的规则以及那些经过时间检验的论证方法,所以他们依然是历史学家;但是,对于那些更关注同事们都在从事些什么的历史学家来说,他们看起来几乎是另类。

结论:反对时下的流行做法

在《拉丁与日耳曼诸民族史》(1824)的前言中,当时年轻的历史学家兰克写下了一句后来经常被引用的话:"历史指定给本书的任务是:评判过去,交代现在,以利于未来。"兰克拒绝这种崇高的任务。他宣称,他的著作"只不过是说明事情的真实情况而已"。①

那么今天的史学被指定了什么样的任务呢?在兰克的时代,只有极少数人能够给史学指定任务。而现在无数人都在做这件事,其中既有统治者又有**普通民众**,他们披着不同的外衣,高声叫嚷着自己的立场。这些人包括州议员,他们一心想要在自己州内的中学和大学中保证历史教学符合规则;包括联邦议员,他们震惊——**震惊**!——于大学生和普通民众对历史一无所知;包括慷慨的慈善家,他们要为这种或那种历史设立讲座教授的位置;包括为自己民族的遗产或宗教而骄傲的美国人,他们要确保这些荣耀被正确表述并颂扬;包括战争老兵,他们急切地要看到战争得到正确的阐释并被虔诚地纪念;也包括在所有重大灾难中失去亲人或

---

① Leopold von Ranke, "Preface to the First Edition of *Histories of the Latin and Germanic Nations*," in *The Theory and Practice of History*, by Leopold von Ranke, ed. Georg G. Iggers and Konrad von Moltke, trans. Wilma A. Iggers and Konrad von Moltke (New York, 1983), 135-138, at 137.

结论：反对时下的流行做法

仅仅受到冲击的人,这些灾难从珍珠港事件到2001年的"9·11"事件。

除了这些十分明确、积极地关注历史的个人或者团体之外,还有些人的关心是扩散式的、消费型的。我这里想到的是那些能够像欣赏一种墙纸设计或修整一新的草坪那样"欣赏"历史的人——他们去参观总统故居、拜访古战场和其他一些历史遗迹,或许在旅途中驻足阅读历史标记,而且他们一般来讲对古老的事物都很赞赏。他们的这种欣赏有时会简单地表露在这样一句断言中"我一直都喜欢历史"。

简而言之,克里奥(Clio)这位历史女神有很多朋友,也许还有一些情人。但爱情和友谊并非没有代价。这些对她着迷的人大声叫嚷着,要求历史给予除了兰克担心的评判和教导之外更多的东西。今天历史被指定的任务似乎有四类。首先也是最重要的,历史被指定了**提供认同**的任务——创造并延续不同种类的认同,并因此让"我们"有了自己的身份。对这项任务至关重要的是与之相关的一项事业,即纪念被赋予这种认同的那些群体的行为和苦难。第二,历史被指定了**福音传播**的任务——加强我们的公民宗教的任务。第三,历史被指定了**娱乐大众**的任务:克里奥!让我们发笑吧。最后,只要可能的话,历史被指定了**要实用**的任务。诚然,我们都承认,历史不会像工程学、生物医学或工商管理等学科那样实用,而且我们也普遍认为有些历史——通常是那些在时间、空间或文化上与我们相去甚远的历史——是根本不可能实用的。所以这第四项任务与前三项比起来显得不那么重要。

我认为历史被普遍指定这几项任务——特别是提供认同、传播福音、娱乐大众的任务,我的想法是错的吗?我不这样认为。让我们来看看下面这些亚马逊网站在2001年5月11日给历史爱

210

好者发送的电子邮件广告：

《珍珠港：国耻日——一部插图史》，作者：丹·范·德尔·瓦特（Dan Van Der Vat）。众所周知，罗斯福总统宣布1941年12月7日是"永远的国耻日"，这一天日本军队袭击了珍珠港，将美国卷入第二次世界大战。著名历史学家丹·范·德尔·瓦特的这本极具视觉冲击力的著作具有开拓意义。书中提供了超过250张图片，其中包括之前从未发表过的美国人从地面上拍摄的和日本人从空中拍摄的一些个人照片，还有日本突袭珍珠港整个过程中每时每刻的细节。本书也有许多个人回忆、纪念物以及汤姆·弗里曼（Tom Freeman）所绘的插图。这部著作是一项重要的成就。

《记忆拾珍：最伟大的一代人的个人历史》，作者：汤姆·布罗考（Tom Brokaw）。正如他在极受欢迎的"最伟大的一代"系列丛书中所做的一样，汤姆·布罗考在书中赞扬了经历过大萧条和二战的那一代美国人的苦难和胜利。《记忆拾珍》收集了那些经历了这个阶段的人写给汤姆·布罗考的信件，也包括一些他们的后代所写的信件。这些信件还配有许多照片和纪念物，具有十分强烈的情感冲击力。阅读这些信件不仅是感人的经历，而且也会带来亲身体验历史的机会。

《灾难！1906年旧金山大地震和火灾》，作者：丹·科兹曼（Dan Kurzman）。1906年4月18日凌晨5点刚过，一场里氏8.3级的大地震将沉睡中的旧金山撕裂，楼房坍塌，天然气输送管道爆炸，成千上万的居民被困在瓦砾、断木和钢筋水泥之下。丹·科兹曼通过缜密研究文献和亲历者的叙述，重建了20世纪最为可怕的灾难之一。这部著作比小说更引人入胜，同时它还是完全真实的。《灾难！》是一部无法忘却的历史——一部关于一个在灾难中死亡而后又令人震惊地复活的

结论：反对时下的流行做法

美国城市的精彩叙述。②

我并不是想通过批评一些没人会期望能够达到科学史学标准的著作来证明我的论点。我之所以提到上述这些推介广告，只是想指出，它们代表了一种时下在美国文化中广为流传的看待历史的特别方式。这三个广告都强烈呼吁美国认同。从这三个广告来看，这些书都在进行福音说教，传播的是一种我们可以形容为"能行"的信念，这种信念肯定了我们战胜生活中种种困难甚至包括地震的能力。在提供认同和传播福音的同时，它们还承诺娱乐大众——我们将得到一些"极具视觉冲击力""强烈的情感冲击力"和"引人入胜"的体验。

这些广告中最为有趣的因素体现在这最后的断言中——断言这几本书能够为我们提供一种特殊的体验，我们可以简单地把它称为"直接的"体验。这些广告一致提出，这些历史的读者将能够与历史事件有直接接触。请注意这些广告是如何强调个人体验的。它们告诉我们，"20世纪最为可怕的灾难之一"——1906年旧金山大地震——将会被作者"重建"。它们告诉我们，阅读"经历过大萧条和二战的那一代美国人"写给一位新闻主持人的信件"不仅是感人的经历，而且也会带来亲身体验历史的机会"。《珍珠港》中的照片包括"美国人从地面上拍摄的和日本人从空中拍摄的"，这同样似乎在承诺再现珍珠港事件。《珍珠港》一书面世的时候，一部有关珍珠港的"大制作"电影也正在上映。这种搭售是有意安排的。电影《珍珠港》并不是一部历史纪录片，而是个蹩脚的爱情故事。但它在表现偷袭珍珠港事件的过程中，也试图带

---

② Amazon.com,2001年5月11日电子邮件历史通讯。亚马逊已经不再发送此类电子邮件了，但我们仍可通过发表在一些主要书籍销售网站，特别是亚马逊上的"顾客评价"，得到一些读者对于像上文所提到的"畅销"历史书籍的反馈。

给观众一种"身临其境"的印象。③

让我们想一下另外一部娱乐片,即1997年的电影《泰坦尼克号》——它同样不是历史纪录片,而是一部制作精良的悲剧爱情片。《泰坦尼克号》的制片人想以历史真实性感染观众,他们不遗余力地仿造泰坦尼克号原船以及船上的装饰。这里,历史的现场感变成对历史的知觉认识,一种试图使观众尽可能地接近历史真实本身之中的声音和画面的努力。电影的制作者猜对了一件事——他们的直觉正确地告诉了他们,对大多数观众来说,如果历史不是指"湮没无闻,与现在毫无关联"的话,那它就是指对过去事物和经验的直接表述。④

在过去的大约一代人中,上面提到的这种假设支持者甚众。试举肯·巴恩斯(Ken Burns)与瑞克·巴恩斯(Ric Burns)在1990年制作的电视系列片《内战》为例。⑤ 两位制片人面对的巨大挑战是,如何表现在电影发明之前发生的这一历史冲突。尽管如此,通过富有创意地使用内战时期士兵、政客、游说者、城市、风景、战役以及遗址等的照片,并通过关注电视系列片中我们听到的成百上千的文本的配音特点,制片人使这部电视片有了一种人们事先无法想象的现场感和直接性。实际上,这正是两位制片人的初衷:巴恩斯明确说过想要给观众提供一种有关这场战争的"情感考古学",想要找到"美国体验的核心",并希望听到"隐含在一个充满

---

③ *Pearl Harbor*(movie),directed by Michael Bay(Burbank,CA:Touchstone Pictures,2001)。

④ 有点具有讽刺意味的是,这些努力反倒突出了《泰坦尼克号》的不真实性,因为电影中的人物——他们的服装、体貌、举止、声音、语言、阶级关系、欲望、性行为、渴求等等——都只能根据现在的观众能够理解、能产生共鸣而且认为有趣的一切来设计。**人物**与**装置**因此有了戏剧化的碰撞。见 *Titanic*(movie),directed by James Cameron(Santa Monica,CA:Lighthouse Entertainment,1997)。

⑤ *The Civil War*(PBS television series),1990,nine episodes,Ken Burns and Ric Burns,producers(Alexandria,VA:PBS Video,1989)。

了难以言喻的智慧的过去之中的那些幽灵和回声"。⑥ 我们可以将巴恩斯的手法与老一代历史纪录片——尤其是泰晤士电视台在1973年拍摄的关于第二次世界大战的系列片《战争中的世界》——的手法进行颇有教益的比较,后者对事件的讲述更不受个人情感影响、更"客观"。这部系列片以劳伦斯·奥利维尔(Laurence Olivier)颇具权威的声音做旁白,片中很少提及这场战争参与者的"感觉";纪录片制片人的目的是要讲述并展示过去**发生过**什么,他们并不认为他们还应该揭示这场战争的"情感考古学"。⑦

对现场感的宣称几乎无处不在。这种宣称并不仅限于通俗历史书,不限于电视纪录片制片人表现的历史,也不限于大众娱乐的历史层面。这种现场感也会出现在职业历史学家的著作中,以及与这些历史学家相关的人士(通常是博物馆专家)的作品当中。这一点也不令人吃惊。毕竟,**提供认同的**历史最为关心的是"我们"的认同都包括些什么;**传播福音的**历史最为关心的是"我们"的信仰都有什么内容。这也就是为什么博物馆的工作者会致力于重建殖民时代的威廉斯堡、普利茅斯的种植园以及其他类似的遗迹来重造一种从前生活的"样子"和"感觉"。我们在一些数字"档案馆"中也能看到同样的冲动,其推动力是这些"档案馆"要将有关过去某个特定时间地点的现存"所有资料"都放在一组网页上,

---

⑥ 讲到其电视片《南北战争》的时候,巴恩斯重点指出了该片"审慎地使用了档案照片、现代生动的摄像技术、音乐、叙事以及第一人称的旁白,这些手法在一起不仅仅是简单讲述了一个历史故事。它也成为了一种'情感考古学',试图挖掘美国经历的核心,同时倾听着那些隐含在一个充满了难以言喻的智慧的过去之中的那些幽灵和回声"(Ken Burns,"Why I Decided to Make *The Civil War*," at the PBS website:http://www.pbs.org/civilwar/film/)。

⑦ *The World at War* (Thames Television Series),1973, 26 episodes,directed by Ted Childs and Martin Smith VII, Produced by Jeremy Isaacs (New York: Home Box Office,2001).

目的是让浏览这些网页的公众能够进入过去某个社区的生活之中,或是进入过去某组事件发生的过程当中。

让我们先撇开证据层面上存在的种种问题——尤其是这样一种离奇的假设,即所有与解释在某个时间地点的 X 相关的证据都被限制在那个时间和地点当中(而**可能**相关的证据世界事实上是无止境的,其**实际的**边界只能通过不断的论证来确定)。更深层次的问题是,这里给出了一个永远无法实现的诺言。再想想那些日益增多的将档案馆、博物馆和纪念馆的特点融为一体的项目。毋庸置疑,站在一个大屠杀受害者的位置上(甚至拿上受害者的号码),我们就能感受到一种宣泄和反省,或许还会有对一种认同的肯定。但是这种对直接认同的假设是没有依据的,而在阐释的层面上,这种认同的利害关系也不会被明确指出,因而没有被论证过、没有被质疑过,也就没有在该术语的任何完整意义上被辩护过。最后,让我们想想一种特别的历史传记,这种传记的目的是要重建我们可以称之为"X 先生的内心世界"(X 先生可以用来指代任何历史人物)。我们根本不用在乎"眼前"对"我们"适用的**内在性**(*Innerlichkeit*)之感是否也适用于 X 先生。⑧

历史认识论督促我们远离这些号称深入过去之本质的宣称。过去是一个异域,但它是一个无法造访、无法征服的异域,它以其

---

⑧ 可怜如今那些发现自己作品中的主人公毫无**内在性**的历史传记作者。在什么都没有的情况下,我们该怎么办呢?这种进退两难的境况也许部分上能够解释埃德蒙·莫里斯(Edmund Morris)写的包含虚构成分的《里根回忆录》(*Dutch: A Memoir of Ronald Reagan*, New York, 1999)——尽管这部传记很有趣,但从史学角度看它却是个灾难。这部传记包含了一些完全虚构、根本从未存在过的人物(而且它也没有说明哪些人物的确存在过,哪些是虚构的)。但莫里斯的做法有那么令人吃惊吗?确实,当认同的问题是最重要的问题时,证据就倾向于成为"局部色彩",其作用也仅仅是使叙事更为逼真,而不是证明叙事是真实的。

结论：反对时下的流行做法

独特的方式标示出我们认识论力量的局限，就像一个难以统治的、与我们的语言和习俗都不同的异域标示着我们军事力量的局限一样。当然，历史体验**确实**存在。⑨ 但历史体验并不等于愚昧并自满自大地认为我们像过去的人一样经历了那段过去。相反，正确的理解应该是把它看成对一种裂痕、一种断裂的体验，这种裂痕或者断裂横亘在**我们现在的样子**和**他人过去的情形**之间。比如说，这可以是人们在现在的加尔各答那"拥挤的街巷"中发现一幢"宏伟的帕拉迪奥式城堡"时产生的一种认识。这是对某种在现在的情境中无法解释的事物的一种认识，对某种无法被包容进"现在的理论"当中的事物的一种认识。正是这种认识推动我们去重建存在于过去时间中的事物，而这种重建是不可靠的、推论式的。⑩

总而言之，历史体验给我们提供的是一种对距离的认识。正在日益支配我们世界的传媒和信息技术最狡黠但同时通常未被注意的特征就是，它给了我们一种幻觉，让我们认为只要技术再先进一些，我们与技术的联系再紧密一些，所有的实在就会立即展现在我们面前，或者**能够**被展现在我们面前。我们在这里得到的承诺，就是一种完全联系的语境——实际上，这就等于是一种没有任何语境的语境，因为语境之所以成为语境，是要有其他的、与其相对的语境存在。我们正面临着教育出这样一代人的危险：他们愿意相信所有的人类实在在原则上都可以受他们自己的监督和控制所支配，如果不是直接受他们支配的话，也是受指定的政治代理人的支配。正如中世纪欧洲史专家托马斯·比森（Thomas Bisson）所

---

⑨ 有关历史体验，最著名的理论家是弗兰克·安克斯密特。参见其著作 *Sublime Historical Experience* (Stanford, 2005)。

⑩ Maya Jasanoff, *Edge of Empire: Lives, Culture, and Conquest in the East, 1750-1850* (New York, 2005), 1.

言,以正确方式进行的历史研究能使我们在"现在的重压下"得到喘息之机。以正确方式进行的历史研究关心的都是别的事,而不是如何坚持"政策和发展"(也就是说现在和将来),但现在的优秀大学——进步的、面向未来的、充满创业精神的、支配世界的——却正是被这种政策和发展所主宰。相反,以正确方式进行的历史研究专注于"那些遥远的过去,后者被人类想象出来、被以丰富的想象力重建出来,单凭这一点就能让我们正确理解我们脆弱的现在"。⑪

当然,这种"遥远的过去"并不需要在时间上距离我们多遥远。"距离"是心理上的、美学上的、概念上的,而不仅仅是时间上的。针对这些"过去"的思考也不仅限于历史学科。从17世纪的莱布尼茨到当代的历史哲学家安克斯密特,有一种思考方法一直对差异和多样性抱有特别开放的情怀,正是这种思考方法为我这里所提到的史学思维提供了哲学基础。莱布尼茨著作中的两个概念对史学思维尤其有启发。其一是他基本的本体论原则,即单子(monad)。牛顿物理学传统中的各个原子都完全一样,单子则不同,每个单子都与其他单子不一样,并独立于其他单子存在,尽管同时每个单子也与所有单子的整体有一定联系。莱布尼茨的哲学体系中另外一个与历史思维相关的观点是,我们能够想象无限多个世界,每一个都与实际存在中的世界不同,每一个都可以替代它。在我们看来,真正的历史学家(也许还包括真正的人类学家)正是要探索这些其他的人类世界。这并不是说所有的历史学家都会这样看待这个问题:实际上,很多历史学家都是他们所偏爱的这种或那种社会、文化和政治秩序的宣传员,他们所写的历史也是这些秩序的历史。但在历史学科中,也存在着一种

---

⑪ Thomas H. Bisson, Letter to the editor, *Atlantic*, 17 June 2005.

结论：反对时下的流行做法

要把过去当成过去自身来理解的信念。简而言之，历史学学科中有一种对历史客观性的无法实现的渴望，这种渴望使历史思维得以从中出现。

如果说还有什么能统一历史学科的话，那就是最终残留下来的对客观性的信念。但这种客观性并不是一个**单一的**客观性，而是一组互不相同但又相互联系的客观性。其中有一种是学科客观性，它就相当于历史学家中各个小群体的共识；有一种是辩证客观性，它要求历史学家特别注意他们所描述、说明和阐释的历史客体的特性；还有一种是程序客观性，它主要是针对方法论而言的；最后，在其他客观性之上，还有绝对客观性这个无法实现的理想，它指的是一个唯一的、无所不知的上帝所见的世界。当然，正因为这位上帝的无所不知，他根本不需要历史，就能把整个人类世界包容进一个画面和一个**理论**之中。信念会夺去历史的逻辑依据：如果我们知道所有的真理，我们就不需要历史了。历史学家不是完人，他们一方面清楚自己无法获得这种绝对的视点，另一方面却依然对这种客观性的幽灵或残余抱有信念。

历史对湮没无用的事物的重视不仅给我们提供了有关我们应该如何思考并生活的不同观点，而且也经常能够帮助我们缓解这样一种迫切要求：研究人类世界的成果，一定要适用于当前的各种政治需求。2003年美国对伊拉克开战——其理由是伊拉克拥有可以立即部署的、能够对抗美国及美国利益集团的大规模杀伤性武器。实际上，那个据称为该结论提供依据的研究调查是有缺陷的，因为它受到一些希望找到令人信服的**开战理由**的人的影响，而另外一些人虽然清楚地知道这些被四处宣扬的观点站不住脚，但却犹豫不决而没有指出这些错误。⑫ 如果历史学科专注于"记忆"和对现在有用的话,那它就无法修正这样的谬误。相反,如果历史学科适当地关注历史认识论,它就能够充当对人类世界研究所需要的一个诚实和智慧的楷模。

---

⑫ 见 David Barstow, William J. Broad and Jeff Gerth, "How the White House Embraced Disputed Arms Intelligence," *New York Times*, 3 October 2004, online at http://www.nytimes.com/2004/10/03/international/middleeast/03tube.html（还有其他一些可以通过谷歌查到的网站）;另见 James Risen, *State of War: The Secret History of the C. I. A. and the Bush Administration* (New York, 2006)。

索 引
(页码为原书页码、本书边码)

abduction. *See* abductive inference
abduction, alien, 74, 75
abductive inference, xii–xiii, 129–31; as effect-to-cause inference, 135, 245n8; schematized by Peirce, 129–30. *See also* best explanation, inference to; counterfactual inference; effect-to-cause inference; explanation; speculation
absolute objectivity. *See* objectivity, absolute
action, xii, 24, 32, 35, 76, 90, 133; cognitive role of, 120; Collingwood's emphasis on, 246–47n19; defined, 94–96; and description, 97; in film, 90; Furet's focus on limits of, 202; and plot, 94. *See also* character: in narrative
action-oriented causes, 135–37
Acton, John Emerich Edward Dalberg, Lord, 163, 189
Adamson, John, 153
aesthesis of history, 33–35, 209
aesthetic force, 65, 71–72
agent, historical. *See* character: in narrative
agnosticism, epistemological, xii, 124, 127, 130, 132. *See also* certainty
Air Force Association, 219n2
Albemarle County (VA), xii–xiii, 139–50

alien abduction, 74
Allen, James Smith, 238n59
Allgemeine Geschichtswissenschaft (Chladenius), 221n20
Allison, Henry E., 240n15
alter personalities, 51
Alzheimer's disease, 43, 53
America (the United States), 32–35, 38, 39, 45, 50–51; and the memory wave, 42–46; and ritual abuse, 74–75. *See also* United States Civil War
American Historical Association, 180, 250n3
American Historical Review, 5, 11, 12, 119, 160
analogicality, as epistemological criterion, 132, 133–34
analysis, 7–9, 10–11, 78, 98, 124, 164, 191, 201; and anatomy (literary form), 94; causal, 81, 155, 185; character, 96; of culture, 201–2, 204; literary, 97, 203; vs. narrative, 89, 100–101. *See also* causal analysis; narrative
analytic philosophy, 81, 111, 181
anatomy (literary form), 94
Anatomy of Melancholy (Burton), 94
Anderson, Benedict, 47–48
angularity, as source of insight, 111–12, 129. *See also* interpretation; perspective

Ankersmit, Frank, 164, 180, 185, 214
Annales (journal), 182, 191, 197. See also *Annales* school
Annales school, xiv, 81, 92, 188–208; decline of, 190, 200–202; emphasis on description in, 155; lacked theory of change, 201; origins of, 191–92; polemical aspect of, 199–200; problem of coherence in, 182, 190–200
anthropology: and dialectical objectivity, 120–22; and history, 183–84, 203–4, 214; and relativism discussion, 117
Archaeology of Knowledge, The (Foucault), 69
archives, standards for organizing, 218n9
argument, 10, 12, 13–14, 97, 108; differs from a claim, 6–7, 11; field-dependent character of, 161. See also evidence; justification
Aristotle: on plot, 94; on *propter* vs. *post hoc*, 235n30; on universals, 86
Arming America: The Origins of a National Gun Culture (Bellesiles), 265–66n59
Arnold, Thomas, 174
art history, 118. See also connoisseurship
artists, truth claims of, 112–13
atomic bomb, dropping of, 17
audiences, 86, 87, 88, 188; effect on, of accepted explanations, 99; in natural sciences, 205–6; popular, view of history, 211–12
Augusta County (VA), 5–9, 12
Austria, Nazi crimes in, 23–24
authenticity: as criterion of truth or validity, xi, 50; memory's alleged possession of, 41, 52, 53, 58, 59
authority: cognitive, 63–77, 112–13; cultural, 32, 35, 36, 38, 67, 107
autonomy of explanation, alleged, 81, 101; denied, 103
autonomy of historiography, 162, 163, 174–78, 179, 180, 181, 183, 257–58n54; Collingwood's version of, 176–78;

Droysen's version of, 175–76; and fragmentation, 166, 169, 174–75, 259n70; questioned, 168; Ranke's insistence on, 172–73; two senses of, 177
autopsy (eyewitnessing), 58. See also evidence; testimony
auxiliary hypotheses. See hypotheses: auxiliary
Axis & Allies (game), 151
Aydelotte, William O., 234n17, 259n75
Ayers, Edward L., 5–13, 244n4

bachigai (out of place), 258–59n68
Bacon, Edmund, 132, 136, 144
Bacon, Francis, 78, 115
"bad data," problem of, xii
Bailyn, Bernard, 102, 236–37n44
balance, and objectivity, 109–12
Balkans, the, 23, 27–28, 73
Baltas, Aristides, 265n53
Bancroft Prize, 265–66n59
Bann, Stephen, 185
Barnes, J. A., 242n45, 242n46
Barstow, David, 267n12
Barthes, Roland, 71, 89, 258n62
Barzun, Jacques, 251n2, 264n42
base–superstructure metaphor, 82, 200, 202. See also verticality, metaphors of
Bass, Ellen, 223n2
Beard, Charles, 162
Becker, Carl, 162
Being and Time (Heidegger), 22, 120
belief, vs. knowledge, 48–49, 53, 117, 130, 136–37, 138, 140, 205–6
beliefs, 117
Bell, Thomas, Colonel, 146
Bellesiles, Michael A., 265–66n59
Bender, Thomas, 252n5
Benjamin, Walter, 68, 69
Benson, Lee, 80, 81, 89
Bentley, Arthur F., 242n42
Bentley, Michael, 251–52n4

Berger, John, 224n11
Bergmann, Klaus, 223n32
Berkhofer, Robert F., Jr., 168–69
Bernheim, Ernst, 202n41
Bernstein, Richard J., 87, 240n21
Berr, Henri, 191, 200
best explanation, inference to, xiii; defined, 129–32; exemplified, 125–50. *See also* abductive inference; explanation; hypotheses: auxiliary
Beyond the Cultural Turn (Bonnell and Hunt), 203, 204–5
Biernacki, Richard, 203–4
Bildung, 32, 67
Binkley-Stephenson Prize, 265–66n59
biography, 213, 267n8
Birdzell, L. E., Jr., 91
Bisson, Thomas H., 267n11
Blade Runner (movie), 43
Blanke, Horst Walter, 251n4
Bloch, Marc, 191, 194, 195, 200
blurred genres, 258n65
Bogue, Allan G., 259n75
Bonnell, Victoria, 203, 261n1
Borger, Robert, 232n6
"bottom-up" inference, 137, 146, 148, 153. *See also* cause-to-effect inference; effect-to-cause inference
boundaries: conceptual, 78; crossing of disciplinary, 181–82, 183–84; disciplinary, 118, 165–66, 169, 181, 198, 203; between fact and speculation, 149; between history and fiction, 184–86; between history and memory, 17–40, 41–59
Bourdieu, Pierre, 203
Braudel, Fernand, xiv, 87, 100–101, 121, 200, 202, 247n19; explanation, loose notion of, 236n41; on fragmentation, 199; history as master discipline, 199; *The Mediterranean*, 92–96, 100–102, 182, 192, 197; problem-oriented history, 92–94, 101; total history, xiv, 94,

182, 192–93; work after *The Mediterranean*, 182, 197–98, 200
Breisach, Ernst, 253n13
Broad, William J., 267n12
Brokaw, Tom, 210
Bromberger, Sylvain, 232n4
Brown, Stuart C., 241n25
Browning, Christopher R., 220n9, 224n5, 226n22
Burckhardt, Jacob, 31, 54, 247n19, 252n7
bureaucracy, 68, 69, 122–23
Burke, Peter, 165, 205, 261n5
Burns, Edward McNall, 237n55
Burns, Ken, 212
Burns, Ric, 212
Burton, Robert, 94
Bury, J. B.: aims at unified world history, 163, 174–74, 175, 189; Febvre's revision of, 194–95

Cabrera, Miguel A., 265n56
Caesar, Julius: crossing Rubicon, 128
Calcutta, 213
Callender, James, 126, 127, 137, 139–50
Cambridge Modern History, 189
Canada, implicit political theory in, 39
Capgras syndrome, 230n23
capitalism, and identity, 45
Carnap, Rudolf, 116, 193
Carr, E. H., 80–81, 89
Carr, Peter, 137–38, 139, 143, 145
Carr, Samuel, 138, 139, 143, 145, 146, 147
Carrard, Philippe, 185
"case study" research, 80
Castle, Terry, 74
causal analysis: counterfactuals required in, 7, 85, 124, 154–56; exemplified, 135–37; fictive character of, 185; lack of, in Braudel's *Mediterranean*, 92–94; need for, 7–9. *See also* explanation
causation, 7; invisibility of, 231–32n4; regularity view of, 154–55. *See also* explanation

Causation and Counterfactuals (Collins, Hall, and Paul), 237n57
cause, 7, 80–81, 90, 92–94, 134, 135–37; and intention, 246n14; reservations concerning term, 231–32n4; three types of, 135–36. *See also* explanation
cause-to-effect inference, 135–37, 153. *See also* effect-to-cause inference; explanation; "top-down" inference
certainty, 115–16, 124, 132; Collingwood's claim of, 55–56, 75–76; full, not possible in history, 4, 42, 56, 128, 186; Furet's wish for, 89. *See also* agnosticism, epistemological; historical epistemology
Certeau, Michel de, 38, 54, 56, 164
Chakrabarty, Dipesh, 57–58
Chambersburg (PA) tax records, 9
character: Jefferson's alleged, 139; in narrative, xi–xii, 76, 95–96, 97, 136
Chartier, Roger, 204
Chatman, Seymour, 95, 228n5, 235n32
child abuse, 42, 50–51
Chladenius, J. M., 221n20
Christianity, 31, 45, 47, 67, 162, 169–70, 173, 222n29
chronicle, 187; vs. history, 90
chronological order, xi–xii, 66, 69, 70, 94–96, 101
cinema, paratactic aspect of, 90–91
Cioffi, Frank, 232n6
circumstance-oriented causes, 135–37; alleged, with respect to Jefferson–Hemings, 145–47
Civil War. *See* United States Civil War
Civil War, The (Ken and Ric Burns television series), 212
Class Struggles in France (Marx), 101
Coates, Eyler Robert, Sr., 244n4
Cobb, Richard, 101–2
cognitive value. *See* historical knowledge; knowledge; narrative; truth; truthfulness

coherence, xiii–xiv, 64, 66, 76, 77, 167, 167–82, 175, 179, 188–208; appropriateness of, as goal, 207–8; four attitudes toward, 167–68; in historical representations, 192–93, 197–98; in the investigative process, 193–94, 202; as a problem facing historians, 180, 188–90; rooted in coordinated research, 195–96; rooted in the historian, 176–77, 207; rooted in shared method, 202; as a willed commitment, 202–3
coherence propositions, 188
Collected Memories: Holocaust History and Postwar Testimony (Browning), 220n9, 226n22
collective memory. *See* memory: collective
"collective singular," 168, 254n28, 259n73
Collège de France, 194, 200
Collingwood, R. G., 75–76, 154–56, 164, 176–78, 184–85, 186, 223n1, 264n4; excludes causes from historiography, 154; on knowability of past, 54–56, 57; on memory, 22, 220n13; re-enactment view, 178; three personae of, 257n53; on types of causes, 246–47n19
Collins, John, 237n57
Colonial Williamsburg, 212
Columbia University, 265–66n59
Combats pour l'histoire (Febvre), 195
commemoration, 30–31, 33, 35, 36, 40
commitment, and objectivity, 107–12
communities, 30–31, 38, 44, 65–66, 68, 123, 166, 184, 212–13; of the competent, 161–62; ethical, 125; imagined, 47–48; scientific, 113, 116–17, 119, 205–6
computer databases, and narrative, 68, 69
conceptual distinctions, use of in this book, 96–97, 98, 112, 117–18, 124, 166–67
conceptual presuppositions, 63, 179–80
Conflict of the Faculties (Kant), 37

conjuncture, 93
connoisseurship, 114, 241n29
consensus. *See* objectivity: disciplinary
consilience, as epistemological criterion, 132, 138
conspiracy theories, 70
Constructing Social Theories (Stinchcombe), 79
context, 32–34, 64, 84, 172, 252–53n9; culture as, in Geertz, 204; historical, as distanciation from present, 213–14
contingency (chance), 134, 151, 152; and freedom, 152
contrary-to-fact conditional. *See* counterfactual inference
Coolidge, Ellen, 144
Cornell, Saul, 265–66n59
counterfactual history, 151–56; restrained vs. exuberant, 151, 152–53
counterfactual inference, xiii, 7, 13, 85, 100, 154–56; affinity with fiction, 185. *See also* causal analysis; explanation
counterfactual worlds, 184–85
Crafts, George T., 222n24
cross-disciplinarity, 181–82, 184
cultural history, 1, 28. *See also* new cultural history
cultural memory, 39–40. *See also* memory
cultural studies, 107
culture: as epiphenomenal, 200; Geertz's definition of, 204; as a grounding reality, 203–4; historians' new interest in, 201–2

Dabney, Virginius, 144
D'Ambrosio, Ubiratan, 252n8
Darnton, Robert, 204
Darwin, Charles, 129
Darwinian biology, 81–82
Daston, Lorraine, 120, 123, 240n15, 243n53
Davis, Laura, 223n2

Davis, Natalie Z., 1–2, 4, 12, 111–12, 183, 234–35n24, 260n83
Dear, Peter, 120, 240n15, 243n53
debt, relevance to wealth calculations, 219n11
Decline and Fall of the Roman Empire (Gibbon), 118
deduction, xiii, 86, 128, 129–30, 131, 134; as uncertain, 135
defamation, 143
Demjanjuk, John, 20
Derrida, Jacques, 180–81
Descartes, René, 113, 115
description, 7, 8, 65, 79, 155, 233n13; answers "what?" question, 85; and explanation, 79–92, 96–97, 98–100, 102, 103, 136–37; often seen as unimportant, 80, 85–86, 87–88; thick, 79. *See also* explanation
desire, 54, 73, 71, 72–73, 75, 109
detachment, 108, 114
determinism, and history, 153–54, 191–92, 202
Dewey, John, 242n42
Diagnostic and Statistical Manual of Mental Disorders, 4th ed., 226n25
dialectic, unresolving. *See* unresolving dialectic
dialectical materialism, 155–56
dialectical objectivity. *See* objectivity: dialectical
Dickey, Laurence, 253n19
différance, 181
"Differences Slavery Made, The: A Close Analysis of Two American Communities" (Thomas and Ayers), 5–13
differential visibility, 82. *See also* verticality, metaphors of
"digital" history, x, 10–12
Dilthey, Wilhelm, 176
disciplinarity, 181. *See also* cross-disciplinarity; historical discipline

disciplinary objectivity. *See* objectivity: disciplinary
discipline, 107, 117–20, 181–82. *See also* historical discipline
"Disney's America," 35
dissociative identity disorder, 225n25
diversity, social, and historiography, 181–82
DNA evidence, 126–27, 132, 138, 247–48n23
Dock, Julie Bates, 231n29
Dogan, Mattei, 181
dogmatism, 38, 179, 183
Doise, Willem, 232n6
Domanska, Ewa, 228n3
"double-blind" research, 124
Douglas, Heather, 112
Douglas, Lawrence P., 220n9
Dray, W. H., 236n35, 257n48
Droysen, J. G., xii, 125, 221n20; on historical method, 175–76; on identity, 224n8, 53; on multiplicity, 175, 255n41
Durey, Michael, 142, 249n35
Durkheim, Émile, 191, 194
Dutch: A Memoir of Ronald Reagan (Morris), 267n8

Eckberg, Lee, 241–42n32
École des Hautes Études en Sciences Sociales (EHESS), 190, 197, 200, 201
École Normale Supérieure (ENS), 191, 194
École Pratique des Hautes Études, 197
economics (discipline), 191, 199, 233–34n14
economics (sphere of society), 5
Edge of Empire: Lives, Culture, and Conquest in the East, 1750–1850 (Jasanoff), 267n10
effect-to-cause inference, 134, 135–37, 153, 245n8. *See also* abductive inference; bottom-up inference; cause-to-effect inference; explanation
1860 census, 219n11, 12
Eley, Geoff, 107–8, 110
Elster, Jon, 237–38n57
Emory University, 265–66n59
empiricism. *See* logical empiricism
Encyclopédie française, 193
England, 31, 126
English Civil War, 153
Enlightenment, the, 57
Enola Gay and the Court of History (Newman), 219–20n2
entertainment, as task of history, 210, 211
epistemological responsibility, 208
epistemology, 115, 198–99, 246n15; ethical dimension of, 76; and Foucault, 13. *See also* evidence; historical epistemology
"erotics" of evidence, 54
erudition, 94; Cobb accused of, 101
essay (literary genre), 187
Essay Concerning Human Understanding (Locke), 43–44
Essay on Metaphysics, An (Collingwood), 155, 246–47n19
Eternal Sunshine of the Spotless Mind (movie), 43
ethics, 143
ethics of history, 34, 125, 266n61
ethnic conflict, 43
euthanasia, 23
evangelizing, as task of history, 210, 211, 212
Evans, Richard J., 153–54
events: vs. "existents," 95; history of, 200; vs. structures and conjunctures, 93
everyday life, history of, 28, 189
evidence, xii, 1–2, 4, 9, 10–11, 22, 25, 26, 54–56, 58, 108, 125–50, 217–18n8, 265–66n59; as changeable, 75, 76;

vs. decoration, 9–10; "erotics" of, 54; "explaining" of, 128–29, 131, 246n15; intentional (aka sources), 25–26, 29, 72, 124, 125; material, 26, 58; and narrative, 63, 71; National History Day's view of, 49–50; non-intentional (aka traces), 25–26, 29, 72; omitted from textbooks, 85; testimonial, 19–20, 25–26, 29; wrongful subordination to politics, 5, 265–66n59. *See also* argument; epistemology; historical epistemology; justification; memory; source; testimony; trace
evolution, teaching of, 110
"existents," 4, 24; distinguished from events, 95
experience, xiv, 24, 28–29, 33, 35; historical, 213–14; lived, as inherently authentic, 50, 53
experimental history, 185
explanans, three types of, 135–36
explanation, 65, 78–79, 93–94, 95, 154; alleged autonomy of, 81, 101–2; bias toward, 81–87; "bottom-up" vs. "top-down," 137; Braudel's loose use of term, 236n41; and counterfactual inference, xiii, 7, 13, 85, 100, 154–56; criteria for evaluating, 132–37; and description, 78–92, 96–97, 98–100, 102, 103; differing senses of, 79, 81, 131, 154, 245n8; of historical record, 128–29; and metaphors of verticality, 82; senses of, differing, 79, 81, 131, 154, 245n8; by three types of cause, 135–37. *See also* causation; cause; description; interpretation; justification
eyewitnessing, 58, 228n46. *See also* evidence

Fabian, Johannes, 120–22, 227n33; on objectification, 121–22

facts, historical, 24, 25, 26–27, 122, 240n15; established abductively, 129–30
fallacies, historians', ix
Fann, K. T., 245n12
Farber, David, 260n83
fate, idea of, 63
Febvre, Lucien, xiv, 95–96, 202; for coordinated research, 194–96; for overcoming past, 196–97; for synthesis, 191; for total history, 192–96. *See also* coherence
Feigl, Herbert, 193
feminism, 1–2, 111, 162
feminist history, 183
Ferguson, Niall, 151–56
fiction, 65, 76, 90–91, 167, 184–86, 211, 239n5. *See also* counterfactual inference; imaginative literature; narrative
film action, 90
Finlay, Robert, 234n24
first-attitude historiography, 169–71, 179. *See also* narrative, grand: four attitudes toward
Fischer, David Hackett, ix, 80–81
Fisher, Walter R., 228n4
Fogel, Robert W., 259n75
followability, 71
Foner, Eric, 220n4
forgetting, 44, 48; active, 52; and remembering, 73
Forster, E. M., 80
Fortunoff Video Archive for Holocaust Testimonies, 220n7
Foster, Eugene A., 126
Foucault, Michel, 13–14, 41, 69, 70, 108, 203, 207, 258n60; "death of man" thesis, 263n36; equating of knowledge and power, 265n59
Foundations of Historical Knowledge (White), 90

fourth-attitude historiography, 178–87.
    See also narrative, grand: four attitudes
    toward
Fox Television News Channel, 110
fragmentation, historiographical, xiii–xiv,
    159–64, 165–87, 188–208
France, x, xiv, 31, 39–40, 47, 169, 195, 202;
    Jefferson's sojourn in, 127, 143; revolution in, 100–101, 170–71
Franklin County (PA), 5–9, 12
Franzini, Louis R., 230n23
freedom, 67, 257n46; and contingency,
    152; vs. determinism, 191–92; as historiographical presupposition, 153–54;
    as outcome of history, 31–32. *See also*
    unresolving dialectic
French, Scot A., 244n4
French Revolution, 99, 100; of 1848, 101;
    Kant's view of, 170–71
Freud, Sigmund, 53, 86
Freudianism, 82
Friedländer, Saul, 224n5
Frye, Northrop, 94
Fukuyama, Francis, 253n13
Funkenstein, Amos, 225n13
Furet, François, 81; assessment of *Annales*
    school, 201–2; criticisms of cultural
    history, 202; dismissal of narrative, 89,
    91, 92, 101–2
future, the, 37, 97–98, 180, 232n4; deferral of grand narrative to, 168, 171–74;
    difficulty of predicting, 134, 135

Galileo, 130
Galison, Peter, 120, 123, 240n15
Gallie, W. B., 71
Gatterer, J. C., 171
Gavroglu, Kostas, 265n53
Gazette of the United States, 142, 145, 148
Geertz, Clifford, 203, 204, 231n2, 241n25,
    258n65
gender, 169, 182–83

gender reassignment, 46
generalization, 6, 80, 89, 198, 200; hypothetical, 87; two meanings of, 84–85
Genette, Gérard, 237n51
geographical determinism, 191–92
geography, 95–96, 193, 199, 200; as bedrock of history, 94; historical, 191–92
Geography and the Evolution of Mankind
    (Febvre), 191–92
German Jewry, 12
Germany: alleged deficit of memory in,
    18, 73; historical didactics in, 37; and
    the historical discipline, 31, 166; and
    the Holocaust, 43; and universal history tradition, 169
Gerth, Jeff, 267n12
Geschichte (history), 168, 259n73
Gettier, Edmund, 146
Geyer, Michael, 168, 252n5
Gibbon, Edward, 118
Gibbs, Jack P., 233n13
God, 46, 57, 97, 114; as basis of grand narrative, 167, 173
Goddard, H. H., 226n28
God's eye view, 54, 114, 124. *See also* objectivity: absolute
Goethe, J. W. von, 44
Goodman, Nelson, 231n3
"The Good War": An Oral History of
    World War Two (Terkel), 223n31
Gordon-Reed, Annette, 126, 132,
    137–39, 142, 143, 144, 145, 246n17
gossip, 76, 126, 143, 144. *See also* rumors
Goubert, Pierre, 263n34
Graff, Henry F., 251n2
grand narrative. *See* narrative: grand
Gray, Hanna H., 265–66n59
Great Cat Massacre, The (Darnton), 204
Greenblatt, Stephen, 203, 224n9
Greene, Marjorie, 242n42
Grosof, Mirian Schapiro, 232n7
Gross, Heinrich, Dr., 23, 24

Grossberg, John M. 230n23
Grundriß der Historik (Droysen), 221n20
Gunpowder Plot, 186

Hacking, Ian, 42, 203, 226n25
Halbwachs, Maurice, 45–46, 222n25
Hall, Ned, 237n57
Hankins, Thomas L., 233n11
happenings, in narrative, xii, 95, 97; defined, 49
Harding, Sandra, 258–59n68
Harlan, David, 238n68
Harman, Gilbert, 245n8
Hartman, Goeffrey, 53
Hartog, François, 217n3
Harvey, David, 232n6
Harwit, Martin, 219n2
Haskell, Thomas, 107, 110–11, 250n8
Hegel, G. W. F., 171, 172, 172–73, 257n46; on need for written records, 189
Heidegger, Martin, 87, 120; his view of history, 22
Heilbron, J. L. 233n11
Hemings, Beverly, 145
Hemings, Elizabeth (Betty), 126, 146
Hemings, Eston, 126, 132, 138
Hemings, Harriet, 133, 136
Hemings, Madison, 132–33, 135, 137–38, 144, 244n4
Hemings, Mary, 146
Hemings, Sally, xii, 125–50. *See also* Jefferson, Thomas
Hempel, Carl G., 69, 83, 84–87, 116, 154–55, 231–32n4, 232n5, 246n14; anticipates Kuhn, 87
Herder, J. G., 171, 178
Hermann, Judith Lewis, 223n2
hermeneutic circle, two senses of, 87
hermeneutic naïveté, 83, 86–88
hermeneutics, 198–99, 204, 257–58n54. *See also* interpretation

Herodotus, 18, 186, 207; attitude toward memory, 17, 18–19, 20; compared to Thucydides, 2–4, 9–10, 13, 33, 186, 238–39n69; humility of, 56, 186
Hexter, J. H., 92, 94, 237n54, 262n12
Higham, John, 266n61
Hilberg, Raul, 221n22
Hill, Lester, Jr., 241–42n32
histoire dirigée, 199
histoire historisante, 191, 199–200, 202
histoire-problème. *See* history, problem-oriented
histoire totale. *See* history, total
Historian and Historical Evidence, The (Johnson), 220n8, 225–26n21
Historians' Fallacies: Toward a Logic of Historical Thought (Fischer), ix, 80–81
historical consciousness, 65
historical discipline, 31, 36, 53–54, 56, 57, 78, 107, 108, 111, 160–64, 165–66, 167–68, 172, 173, 174–78; alleged absorptiveness of, 165, 182, 201; de-disciplining of, 180–82; four prescriptions concerning, 182–87; institutional structures of, 179–80, 197–98; and literary criticism, 203; and other disciplines, 183–84, 201; and philosophy, 177; and sociology, 194, 198, 199
historical epistemology, xii–xiii, 1–14, 22–23, 76, 125–50, 163, 167, 213–15, 221n17; and counterfactual history, 152, 153; defined, ix; and unresolving dialectic, 4. *See also* abductive inference; best explanation, inference to; epistemology; evidence
historical experience, 213–14
historical knowledge, 11, 20, 23, 26, 32, 37, 38, 102, 162, 169, 194–95, 208; compared to tradition, 36; declared irrelevant to present, 35; limits of, 56; uncertainty of, 77, 111, 128, 167, 186
historical materialism, 155–56

historicization, 103, 180
History, The (Herodotus), 2–3, 17
history (accounts of the past): affirmative, 21–22, 27, 30–31, 36–37, 39; analytic, 100–101; compared to philosophy and science, 2–3; constructivist aspect of, xii, 125; "crisis" of, 66–71; critical, 22, 23–24, 27–28, 36, 37–38, 40, 208; as detection, 55–56; as didactic, 27, 37, 38; distinctive aim of, 109; ethics of, 125; expansion of topics in, 165, 180, 189–90, 201; its failure to converge, 189–90; four tasks of, xi–xii, 78, 91, 96–103, 124, 246n14; four tasks popularly assigned to, 210; fragmentation of, xiii–xiv, 159–64, 165–87, 188–208; and freedom–determinism tension, 191–92; gender bias of, 169; literary aspect of, 185–86; offers alternative worlds, 214–15; offers incoherence, 207–8; and part–whole relations, 27; and the past, 57; and philosophy, 187; and politics, xii, 5, 24, 27, 206–7; postprofessional, 163–64; and the present, xiv, 3–4, 5, 23–24, 27–28, 32, 35, 36–40, 65, 97, 99, 101, 107, 178, 200, 208, 209, 213–15; as problem-solving, 80, 81; as propaganda, 10–11, 12–14, 18, 78, 97, 196–97, 214; as scientific, 119, 196–97, 206–7; and social science, 191, 198; and the state, 31–32, 39–40; and temporality, 24; and theory, 150, 166–67, 186–87, 257–58n54; and tradition, 33, 35–36, 40; as a unified enterprise, 194, 198, 199; universal aspect of, 41. *See also* commemoration; history (the past); memory; narrative; tradition
history (the past): attitudes toward, 32–36; coherence of, 167–69, 184–85; as collective singular, 168, 254n28, 259n73; dismissal of, 32–33; needs to be overcome, 196–97; needs to be thought, 54. *See also* history (accounts of the past); past–present breach
history, problem-oriented, 89, 92–94, 101–2, 202; Febvre's invention of, 196; and total history, 196, 200
history, total, xiv, 94, 182, 200; and Braudel's *Mediterranean*, 192–93; Febvre's promotion of, 192–96; and problem-oriented history, 196, 200; its tendency to produce incoherence, 192–93, 194–95
history, virtual. *See* virtual history
History and Memory (Le Goff), 221n19
"history from below," 28
history of *mentalités*, 180, 189, 203; alleged defects of, 202. *See also* new cultural history
Hobsbawm, Eric, 223n1
Hofstadter, Richard, 82
Hollinger, David, 119, 205, 250–51n8
Hollis, Martin, 117
Holmes, Sherlock, 26
Holocaust, the, 26, 49–50, 53; identification with victims of, 213; and memory, 19–20, 25, 28, 29, 43; sacralization of, 20
Holocaust in American Life, The (Novick), 20
Holy Land, 47
Honenberger, Phillip, 245n7
Hume, David, 86; on causation, 82, 154, 176; on personal identity, 44
Hunt, Lynn, 200–201, 202, 203, 204–5, 259n75, 261n1
Huyssen, Andreas, 224n5
hybridization, between disciplines, 183–84
hypotheses, 87, 200; auxiliary, 132–33, 135, 138, 149; and explaining the evidence, 139–50. *See also* best explanation, inference to; speculation

Idea of History, The (Collingwood), 75, 154–55, 184–85, 223n1, 264n41
identification, as task of history, 210, 211, 212
identities, competition between, 175, 181
identity, xi, 41–59, 72–73; and capitalism, 45; and collective memory, 47–48; detachment from, 109; insecurity concerning, 43–44, 46, 51, 58; Jewish, 43; as self-designation, 45–46
idiographic sciences, 83, 194
Iggers, Georg G., 222n26, 234n16, 251n4
imaginary history, 151
imaginative literature, xiii, 152. *See also* fiction
imagined community, 47–48
immediacy, historical, ix, xiv, 22, 50, 211–13
impersonality, 114, 122–24
India, 57–58
induction, 130
inference, abductive. *See* abductive inference
"inference to the best explanation." *See* best explanation, inference to
information, 68, 70, 249n34; vs. evidence, 11
Ingram, Paul, 74, 223–24n3
Institute of Law, Psychiatry, and Public Policy, 226n26
intellectual history, 207–8
intention, 136, 232n4, 246n14. *See also* "why?"
interdisciplinarity, 107, 198, 251n9. *See also* disciplinarity; historical discipline; hybridization, between disciplines
International Encyclopedia of Unified Science, 193–94
interpretation, 24, 65, 72, 81–82, 97–98, 101–2, 123, 131, 132–33, 155, 159–60, 204, 231n2; confused with explanation,

238n67, 250n6. *See also* hermeneutics; objectivity; perspective
Interpretation of Cultures, The (Geertz), 204
"Introduction to the Structural Analysis of Narratives, An" (Barthes), 71
Iraq War (2003–), 208, 215
Israeli-Palestinian conflict, 23, 27
"Ivan the Terrible," 20

James, Henry, 95
Janet, Pierre, 226n28
Japan, and World War II, 18
Japanese-Americans, 37
Jarausch, Konrad H., 168, 252n5
Jasanoff, Maya, 267n11
Jefferson, Field, 126
Jefferson, Israel, 138, 144, 148
Jefferson, Martha Wayles, 126
Jefferson, Thomas, xii, 34, 125–50; alleged relationship with Hemings, 126–50; racist views of, 135, 136–37, 140, 244n4
Jefferson and His Time (Malone), 219n11
Jews, German, 12
Johnson, Allen, 220n8, 225–26n21, 226n26
Josephson, John R., 130
Jourdain, Eleanor, 230
Journal of American History, 266n59
Judah, Tim, 224n4
judge, the, 64
Julien, Charles-André, 92, 93
justification, 85, 91, 97, 125–50, 131, 246n15; four evaluative criteria, 132–37. *See also* description; evidence; explanation; interpretation

Kafka, Franz, 68
Kagan, Donald, 4
Kammen, Michael, 252–53n9
Kansteiner, Wulf, 225n13

Kant, Immanuel, 36, 86, 115, 122, 176–77; view of history, 170–71, 172–73
Kaplan, Abraham, 232n6
Katz, Stanley, 265–66n59
Keller, Evelyn Fox, 241n29
Kelley, Donald R., 251–52n4
Kellner, Hans, 94, 185, 259n71, 262n12
Kennedy, John F., 152
Ketscham, Katherine, 223n3
Keylor, William R., 262n9
Kindi, Vassiliki, 265n53
Kinser, Samuel, 96, 236n42
Kipling, Rudyard, 189
Kipsarsky, Paul, 232n6
Klempt, Adalbert, 253n13
Kloppenberg, James, 159, 250n8
Knapp, Steven, 227n34
Knopf, 265–66n59
knowledge, 86, 115, 117, 180; vs. belief, 144–45, 146–47, 148; and narrative, 63–77; "social," 127, 139, 142, 145, 146–47, 248–49n32; unity of, 118–19, 191; wrongly equated with power, 265n59. *See also* historical knowledge
knowledge, historical. *See* historical knowledge
Kohn, Richard H., 219n2
Koselleck, Reinhart, 168, 254n28
Kousser, J. Morgan, 233–24n14
Krieger, Leonard, 162–63, 169, 174, 207, 253n18, 254n26, 259n70, 261n3
Kuhn, Thomas S., xiv, 87, 117–18, 119, 121, 184, 205–6, 250n6, 260n84, 262n16

LaCapra, Dominick, 185, 224n5, 238n59
Langlois, Charles-Victor, 264n41
Lanham, Richard A., 235n33
Lanzmann, Claude, 221n22
Lavoisier, Antoine, 129
laws (universal generalizations), 68–69, 83–84
LeBlanc, Steven A., 232n6

Leerssen, Joep, 239n1
Lefort, Claude, 93
Le Goff, Jacques, 25, 224–25n13
Leibniz, G. W., 214
Lepenies, Wolf, 233n11
Lerner, Robert E., 237n55
Le Roy Ladurie, Emmanuel, 198
Lewis, Jan Ellen, 244n4
Lieux de mémoire, Les (Nora), 225n13, 228–29n8
life-stories, 67
Lin, Maya, 18
Linnean natural history, as descriptive, 81
literary aspect of historiography, 185–86
literary criticism/scholarship/theory, 97, 101, 118, 161, 168–69, 203
literary form, 65, 167. *See also* narrative, narratives: form of
literature, 76
Lloyd, Christopher, 232n6
Locke, John, 43–44, 53
Loftus, Elizabeth, 223n3
logic, 116, 121, 128, 199; of discovery, 129; of narrative, alleged, 89–92, 94
logical empiricism, 68–69, 79, 81, 82–83, 86, 116, 121; and unity of science project, 193–94
Longino, Helen, 240n21, 241n28
Long Shadows: Truth, Lies and History (Paris), 220n6
longue durée, 198
Louis XVI, 100
Löwith, Karl, 252n8
Lukes, Steven, 117
Lyotard, Jean-François, 32, 67–68, 189, 251n12, 251n3, 258n66, 259n77

Macaulay, Thomas Babington, 187
Mack, John, 74
MacLean, Michael J., 125, 255–56n42
Maier, Charles S., 224n6
Maison des Sciences de l'Homme, 197
Malone, Dumas, 144, 219n11

"Man": as basis of unified history, 194, 199, 200; disintegration of, as unified figure, 201
Manassas National Battlefield Park, 35
Mandelbaum, Maurice, 226n23
Mandrou, Robert, 263n34
marginality, 38, 66, 180, 259n68
Marie Antoinette, 74
Martin, Wallace, 237n51
Marx, Karl, 86, 101, 109
Marxism, 82, 153, 201, 204, 222n29
Masterman, Margaret, 250n6
master narrative. *See* narrative, master
mathematization, 198
McClelland, Peter D., 232n6
McClintock, Barbara, 118
McCloskey, Donald [Deirdre] N., 233–34n14
McCullagh, C. Behan, 231n30, 247n21
McNeill, William H., 197
Meacham, Standish, 237n55
meaning, 103, 107; vs. notation, 180; as ontologically fundamental, 204
media, the, and identity, 45
Mediterranean and the Mediterranean World, The (Braudel), 87, 92–96, 100–101, 182, 200, 247n19l; compared to Febvre's *Franche-Comté*, 192; incoherence of, 192–93; as narrative history, 95–96; passionate love in, 102. *See also* Braudel, Fernand
Meehan, Eugene J., 232n6
Megill, Allan, 109, 239n5, 245n7, 258n66
Melanchthon, Philipp, 169
Memento (movie), 43
memory, 17–59, 72–73 228–29n8; as active faculty, 27; as authentic, 59; collective, 28–29, 47, 57; vs. commemoration, 30–31; conflicts of, not adjudicable, 26–27, 72; deficit of, alleged, 18, 22, 23–24, 72–73; definition of, 22, 28; and desire, 41–42; excess of, 23; Febvre's negative view of, 196–97; four attitudes toward, 29–30; and history, x–xi, 3, 17–26, 28–31, 33, 35, 36, 37, 38, 53, 56–59, 215; and identity, 41–59, 73; lacks objectivity, 26; and narrative, 28; and the nation-state, 31, 39; Nietzsche's negative view of, 52–53; vs. nostalgia, 48; "postmodern," 18–19; reliability of, 25, 58, 220n8, 220n9; Thucydides' view of, 21; and tradition, 35–36, 48–49; valued "for its own sake," 21–22, 41, 43, 52–53
Memory of Judgment, The: Making Law and History in the Trials of the Holocaust (Douglas), 220n9
Mendelsohn, Daniel, 3–4
Men in Black (movie), 43
Menippean satire, 94
mentalities, history of. *See* history of *mentalités*
Menzies, Peter, 237n57
Merleau-Ponty, Maurice, 242n42
Metahistory: The Historical Imagination in Nineteenth-Century Europe (White), 65
metanarrative, xiii–xiv; defined, 167. *See also* narrative; narrative, grand; narrative, master
metaphor, of verticality. *See* base–superstructure metaphor; verticality, metaphors of
method, 13, 26, 41, 50, 83, 113, 122, 175, 177, 179, 180; scientific, 69. *See also* objectivity: procedural
methodology, 69, 79–80, 81, 82, 108, 115, 163, 175, 179, 233n13, 257n54
Miami Vice (television series), 32–33
Michelet, Jules, 54
micro-history, 172
Miller, John, 144
Miller, Richard W., 234n21
Mink, Louis O., xi, 63, 71, 164, 169, 257n48
Mitchell, Douglas, 241n31
Moberly, Charlotte Anne, 74

modern corporation, invention of, 91
modernism, 82, 86, 118, 161; and base–superstructure metaphor, 82; historiographic, 196; and self-creation, 44
modernity, 66–67, 112–13, 174; and self-creation, 44
Momigliano, Arnaldo, 217n3
Montaigne, Michel de, 118, 179, 186–87
Monticello, 34, 126–60
morality, tests for, 12–13
Morgan, Edmund, 92
Morris, Edmund, 267n8
Müller, Johannes, 171
Mulroney, Kelly Ann, 262–63n22
multiple personality disorder (MPD), 51
multiplicity, 101, 182–84, 186, 255–56n41; *Annales* school cure for, 190–98; failure of *Annales* school cure, 198–202; and imposition of paradigms, 202–8. *See also* coherence; paradigms
muthodes, 3, 20
muthos, 20, 94
myth, xi, 3, 20, 22, 24, 76; American, 33; South Asian, 57–58

Nagel, Ernest, 83, 232n5
Nagel, Thomas, 115
Nandy, Ashis, 57
Napoleon Bonaparte, 128, 130
narrative, 2, 39, 51, 80, 81, 98–99, 101, 167; action in, 94; aesthetic dimension of, 65, 71; Braudel's *Mediterranean* as, 94–96; as causal, 89–90, 91–92; and chronological order, 66, 94–96, 101; cognitive value of, 63–77; and computer databases, 70; conceptual presuppositions in, xi, 63; "crisis" of, 66–71; defined, 66, 94–95; epistemological limits of, 71–77; as a form, 63–64; four "elements" of, 95–96, 97; heuristic use of, 73; and knowledge, xi, xii, 63–77; as legitimizer, 67–68, 69; little, 67, 75; logic of, 89–92, 94; and memory, 28; power of, 65, 71–72, 76, 77; and problem-oriented history, 89, 92–94; revival of, 88; as satisfying, 66; as sense-making device, 70–73; truth of, 63–65, 67, 72–75, 77; validity of, 88. *See also* metanarrative; narrative, grand; narrative, master
narrative, grand, xiii–xiv, 31–32, 36, 59, 67, 75, 162–64, 165–87; deferral of, 171–74; defined, 251n3; four attitudes toward, 167–68, 178–79; untellability of, 174–76; to be written in the future, 173–74, 189. *See also* metanarrative
narrative, master, 31–32, 33–34, 67, 75, 168, 183; defined, 167
Nathan, Debbie, 223n3
nation, 67
National Air and Space Museum, 219n2
National History Day, 49–50
National Socialism, 22, 23, 38
National Vietnam Veterans Memorial, 18
nation-state, 31–32, 39–40, 169, 189. *See also* state-sponsored brutality
natural history, as descriptive, 81
Neiman, Fraser D., 247n22
neopositivism, 101
Neurath, Otto, 193
neutrality. *See* objectivity: vs. neutrality
new cultural history, xiv, 1, 78–79, 103, 108, 155, 188, 202–5; and *Annales* school, 190; emergence of, 201–2; and old cultural history, 203; ontological basis of, 203–4; and social history, 188, 203. *See also* cultural history
New Cultural History, The (Hunt), 203
Newell, R. W., 240n17
new historicism, 203
Newman, Robert P., 219–20n2
New Testament, 47
Newtonian physics, 81
Nietzsche, Friedrich, 44, 69, 73, 107–9, 196, 203; and modernity, 52–53, 57;

negative view of memory, 52–53; views on objectivity, 110, 120
Nixon, Richard M., 32
Noiriel, Gérard, 199
nomothetic science, 83–84, 194, 198
Nonreactive Measures in the Social Sciences, 2nd ed. (Webb et al.), 221n21
non-Western people, history of, 189
Noonan, Harold, 224n7
Nora, Pierre, 48, 224–25n13, 228–29n8
nostalgia, xi, 48, 49; Furet's rejection of, in Cobb, 202
notation, 180
noumenon, historical, 55–56
novel, the, 261n86
Novick, Peter, xiii, 20, 159–64, 237n53, 252n6, 259n76

Oakeshott, Michael, 176, 249–50n5
objectification, as making of objects, 121–22, 185–86
objective behavior, in history, 202
objectivity, xi, xii, 29, 107–24, 159, 167, 176, 183, 203, 215; absolute, 36, 54, 108, 113, 114, 115–17, 119, 120, 121, 122, 123–24, 161; and balance, 109–12; and commitment, 107–12; defined, 112–24; dialectical, 113, 114, 118, 120–22, 241n28; disciplinary, 113, 114, 117–20, 123, 242n46; elusiveness of the notion, 108–9; and memory, 26, 41; of narrator, 87; vs. neutrality, 109, 110, 111–12; "problem" of, 124; procedural, 113, 114, 122–24; shift in meaning of term, 120; and tradition, 35–36, 48; and universal history, 174
Old Régime and the Revolution, The (Tocqueville), 102–3
Oldroyd, David, 231n3
Olivier, Laurence, as narrator, 212
On Collective Memory (Halbwachs), 222n25

ontology, 115, 179, 185–86; Kuhn's evasion of, 206; Leibnizian, 341; of unity or coherence, assumed by historians, 165, 188, 194, 203–4
Onuf, Peter S., 127
Oppenheim, Paul, 83
oral history, 49
Order of Things, The (Foucault), 70
Organization of American Historians, 265–66n59
Osiel, Mark, 228n47
other, the, 56, 57–58
Outline of the Principles of History (Droysen), 125, 221n20

Pahre, Robert, 181
paradigms, xiv, 116–17, 163, 200, 207, 241–42n32; "chosen" character of, 204–5; competition among, 190; and confusion of explanation and interpretation, 250n6; and dogmatism, 258n60; not applicable to human sciences, 205–6; notion of, analyzed, 205–7; as pragmatically justified, 206–7; and professionalism, 121, 159–61; as ungrounded, 160, 202–3, 204–5, 250n4
parataxis, 90–91
Paris, Erna, 220n6
particulars, 33–34, 64, 135, 200; and universals, 84–85, 193–94. See also universality
part–whole relations, 27, 87
past–present breach, 4, 5, 20–21, 22, 28, 33, 36–37, 38, 39, 56, 76–77, 213. See also history (accounts of the past); history (the past)
Paul, conversion of, 45–46
Paul, L. A., 237–38n57
Pearl Harbor (book), 209
Pearl Harbor (movie), 210
Peirce, Charles, 129–30, 161
Peloponnesian War, The (Thucydides), 2, 3–4

personification, in Braudel's *Mediterranean*, 95–96
perspectives, xii, xiii, 114, 120; difficulty of choosing between, 107–8; multiplicity of, xiv, 88; often unnoted, 64; produced by historians, 208; productive character of, 110, 111, 129; unavoidable, 86, 97–98. *See also* interpretation
Philip II and the Franche-Comté (Febvre), 191–92; compared to Braudel's *Mediterranean*, 191
philology, 198
philosophy, 2–3, 113, 115–17, 118, 119, 128, 161, 177, 198; and freedom from dogma, 38; German idealist, 125, 176; and history, 177, 186; of science, 79, 116, 132, 184; and universality, 86, 115
Plato, 86
Plimoth Plantation, 212
plot, 94; vs. story, 80
pluralism, 103, 181
Pocock, J. G. A., 257n54
poetry, 86
Polanyi, Michael, 242n42
polemics, 112
political correctness, 114
political science, 111, 183–84
politics, political commitment, xii, 5, 24, 27, 109; progressive, 108
Pontalis, J.-B., 224n13
Popper, Karl, 116, 242n39
Porter, Theodore M., 122–24, 229n13
Port Folio (Philadelphia), 141, 143, 147, 148
positivism, 89, 96, 101–2, 121, 122; and narrative, 68–69. *See also* logical empiricism
post hoc, ergo propter hoc fallacy, 89–91
postmodern, the, 181
Postmodern Condition: A Report on Knowledge (Lyotard), 32, 67–68, 251n12, 251n3, 258n66, 259n77
postmodernism, 251n4

practice, and science, 120
prediction, 137; of science's future, not possible, 180
present, the. *See* history (accounts of the past): and the present
"President Tom," 140, 142, 143–44, 146
Primal Fear (movie), 43
Probing the Limits of Representation: Nazism and the "Final Solution" (Friedländer), 224n5
problem-oriented history. *See* history, problem-oriented
procedural objectivity. *See* objectivity: procedural
procedure. *See* method
professional history. *See* historical discipline
professionalism, 183; as fetish, 121
progress, 33, 108, 170–71, 173–74, 176; conceptual, 42. *See also* narrative, grand
proliferation of histories. *See* multiplicity
Prussia, 31, 170, 175
Putnam, Hilary, 116

Québec: and memory, 54; separatist movement in, 39
Quellen. See source
Quine, Willard Van Orman, 231n3

Rabinow, Paul, 231n2
racism, 135, 136–37, 140, 244n4
Randall, Henry, 142, 143, 147, 148
Randolph, T. J., 132, 137–38, 144
Ranke, Leopold von, 54, 162–63, 171–73, 174, 175, 187, 209; extinguishing of self, 255n35
rationality, 116–17
Ratzel, Friedrich, 191
reader, role of, 97, 98
realism, 116
recounting, 88, 90, 91, 92, 96, 99, 100, 102. *See also* description

Redman, Charles L., 232n6
Reichenbach, Hans, 193
relativism, 116–17
religion, 30–31, 36, 44, 173. *See also* Christianity
Renan, Ernest, 225n18
representation, 30, 97, 99, 113, 115
repressed memory, 42, 74
Rescher, Nicholas, 181
Return of Martin Guerre, The (Davis), x, 1–2, 4, 183, 260n83
Revel, Jacques, 201, 202
Revue de synthèse historique, 191
rhetoric, 161, 163–64
Richmond Recorder, 126, 127, 141, 150
Ricoeur, Paul, 24, 54–55, 71, 81, 230n22
Rigney, Ann, 239n1
Rind, William, 142, 148
Risen, James, 267n12
ritual abuse, 74
Rodrigues, Raymond J., 258n67
Roman Catholic Church, 42, 49
Rorty, Richard, 110, 113, 116
Rosen, Stanley, 234n21
Rosenberg, Nathan, 91
Rosenstone, Robert A., 260n83
Rothman, Joshua D., 127, 139–50
Rüsen, Jörn, 257n46
rules: of historiography (*see* method); vs. judgment, 123
rumors; alleged, in Albemarle County, 139–40, 140–50; vs. knowledge, 146–47. *See also* gossip
Russell, Bertrand, dismissive view of cause, 231–32n4
Russian Formalism, 95

Sacks, Oliver, 53
Salinger, J. D., 235n33
Samuels, Ernest, 241n29
San Francisco Earthquake, 190, 211
Santner, Eric L., 224n5
Sardy, Hyman, 232n7

Saskatoon (SK), theft ring in, 74
Schaffer, Simon, 243n53
Scheffler, Israel, 241n24
Schiller, Friedrich, 171, 172–73
Schlosser, F. C., 171
Schlözer, A. W. von, 171, 178
science (in general), 2, 3, 83, 87, 92, 111–17, 119, 174, 180, 197; and practice, 120; unity of, 191, 193–94
science, social, 2, 9, 69, 78, 79, 81, 86, 119, 197–98, 201, 233n13; paradigms not applicable to, 205–6; relation to history, 191, 193–94, 202; theory of, 79; unity of, 193–94
sciences, human, 194, 197
sciences, natural, 129, 154, 205–6
Scruggs, Jan C., 220n3
second-attitude historiography, 171–74, 179. *See also* narrative, grand: attitudes toward
secularization, 169–70, 173
Sedgwick, Eve Kosofsky, 54
Seignobos, Charles, 264n41
self-designation, 44–46. *See also* identity
September 11, 2001, 29, 209
setting, in narrative, 95
sexual abuse, 74–75
sexuality, history of, 189
Shapin, Steven, 243n53
Shepard, Steven, 127, 245n7
Shoah. *See* Holocaust, the
Shoah (Lanzmann), 221n22
Shoah Foundation Institute, 220n7
Showalter, Elaine, 223n2
Siegel, Harvey, 241n23
simplicity, as epistemological criterion, 132–33, 138
Sixth Section (of ÉPHS), 197, 200
skepticism, 179
Skinner, Quentin, 234–35n24, 257–58n54
Sklar, Kathryn Kish, 160
slavery, 8–9, 10, 11–12, 125–50; as cause of United States Civil War, 5

Smith, Bonnie G., 259n74
"Smith, Margaret," 50–51
Smithsonian Institution, and atomic bomb exhibit, 17
Snedeker, Michael, 223n3
social history, 78, 101; and cultural history, 188, 203; ontological basis of, 204; social conditions of emergence of, 182–83
Social Science Research Council, 83
sociology, 93, 117, 191, 241–42n32; of culture, 203; and history, 194, 198, 199
Solon, 186
Sorbonne, 200
Sound of Music, The (Rodgers and Hammerstein), 221n17
source, 29, 72, 97, 124, 125; distinguished from trace, 25–26; primary vs. secondary, 49–50. *See also* evidence
South Africa Truth and Reconciliation Commission, 228n47
Soviet Union, 43
Spanos, Nicholas P., 223n2
speculation, xii–xiii, 1, 13, 125–50; in counterfactual history, 152, 153; must be justified, 149, 150. *See also* abductive inference; best explanation, inference to; counterfactual inference
Spence, Jonathan D., 260n83
Spielberg, Steven, 19, 222n24
Starachowice (Poland), 226n22
state, the. *See* nation-state
state-of-mind causes, 135–37, 138
states of mind, 133, 246n14
state-sponsored brutality, 58
statistics, misuse of, 218–19n11
Staunton (VA) tax records, 9
Stegmüller, Wolfgang, 232n5
Stinchcombe, Arthur, 79, 91–92
Stoianovich, Traian, 205
Stone, Lawrence, 88, 89, 94, 235n30
story: "the full," 160–61, 163, 183; vs. plot, 80
story–discourse distinction, 66

Storyteller, The (Benjamin), 68
storytelling, 90, 156. *See also* narrative
Strathern, Marilyn, 264n51
structure, 93
Structure of Scientific Revolutions, The (Kuhn), 117–18, 119, 121, 184, 205–6, 260n84; negated unity of science project, 262n16; sales figures of, 241n31
subaltern school, 57–58
subjectivity, 52, 54, 57; and historians' thinking, 176; and objectivity, 108, 113, 114, 115, 120, 122, 123, 174
sublime, the, 56
Sullivan, William M., 231n2
Survivors of the Shoah Visual History Foundation. *See* USC Shoah Foundation Institute for Visual History and Education
Swerdlow, Joel L., 220n3
synthesis, 159–160, 162, 163–64, 166–67, 181, 191. *See also* unification

tasks of history-writing, xi–xii, 78, 91, 96–103, 124, 246n14. *See also* history (accounts of the past)
Taylor, Charles, 44
technology, 68, 69, 70
temporality, 24, 36, 89, 93, 96, 192–93, 194, 198, 199; two directions of, in counterfactual history, 152–53
tension, unresolving. *See* unresolving dialectic
Terdiman, Richard, 224n12
Terkel, Studs, 223n31
testimony, 29–30; reliability of, 19–21, 25, 49–50, 64; videotaped, 19, 28, 51. *See also* evidence; memory
Thagard, Paul, 132–37, 245n10
That Noble Dream: The "Objectivity Question" and the American Historical Profession (Novick), xiii, 159–64, 237n53, 252n6, 259n76
theology, faculty of, 38

theory, 26, 41–42, 84, 124; in counterfactual history, 152, 153; effects of doctrinaire, 155–56; permeates description, 87; role in historiography, 150, 164, 166–67, 186–87, 200; unified, x, 2; of warfare, 3
theory–practice split, 177
therapy, 42–43, 74–75
thick description, 203. *See also* description
third-attitude historiography, 174–78, 179, 185. *See also* narrative, grand: attitudes toward
Third Reich, 12, 24, 37, 190
Thomas, William G., III, 5–13
Thomas Jefferson Foundation, 244n4, 247–48n23
Thucydides, 2, 3–4, 9–10, 13, 22, 33, 91, 186, 238–39n69; and testimony, 20–21
time. *See* temporality
Time and Narrative (Ricoeur), 71
Titanic (1997 movie), 35, 211
Tocqueville, Alexis de, 102–3
Toews, John E., 238n68
To Heal a Nation: The Vietnam Veterans Memorial (Scruggs and Swerdlow), 220n3
Tolstoy, Leo, 57
"top-down" inference, 137, 139, 144, 146, 148, 152, 153. *See also* "cause-to-effect" inference
total history. *See* history, total
totalities, 64–65, 72, 172, 173
Total Recall (movie), 43
Toulmin, Stephen, 234n19
trace, 29, 72; distinguished from source, 25–26. *See also* evidence
tradition, xi, 22, 33, 68; and memory, 35–36, 48–49; as objectively existing, 35–36, 48
traditional historians, 199–200. See also *histoire historisante*
train schedules, as evidence, 26
trauma, 19–20, 46, 50–51, 53, 55–56

Traweek, Sharon, 258–59n68
Treblinka, 20
Trial, The (Kafka), 68
Truman, Harry S., and the bomb, 17
truth, 11, 20–21, 38, 58, 77, 111, 124, 150, 242n39; ideal of, 114; identity-related vs. world-related, 72–73; and inference to the best explanation, 128–29; of narrative, 63–65
truthfulness: of narrative, 63; sometimes replaced by fairness, 123
Tucker, Aviezer, 246n15
TWA Flight 800, 70

Überreste. *See* trace
Ulrich, Laurel Thatcher, 265–66n59
uncertainty. *See* certainty; historical knowledge
unification: of disciplines, 180–81; interdisciplinary, 251n9. *See also* synthesis
unity of knowledge, 118, 191
University of Southern California. *See* USC Shoah Foundation Institute for Visual History and Education
University of Toronto, 263n34
University of Vienna, 23
University of Virginia, 34, 133
United States. *See* America (the United States)
United States Civil War, 5–13, 80, 91, 151, 190
United States Navy, 70
universal history, 169–74, 261n3. *See also* narrative, grand; world history
universality, 83–86, 122, 235n29
universals, vs. particulars, 84–85, 193–194. *See also* generalization
unknowability, 53–59, 99
unknowing, historical, 32–34, 35
unresolving dialectic, 2–4, 41, 58–59, 109, 111, 154, 193. *See also* certainty
USC Shoah Foundation Institute for Visual History and Education, 220n7, 222n24

usefulness, as goal of history, 4, 11, 210, 215

"Valley of the Shadow" Web site, 6, 9, 10
value: aesthetic, 65–66; cognitive (*see* knowledge; historical knowledge)
Van der Dussen, W. J., 257n48
Van Parijis, Philippe, 82, 232n6
veneration, 30
Versailles, 74
verticality, metaphors of, 82, 93–94, 238n64. *See also* base–superstructure metaphor
Veyne, Paul, 11, 81, 164, 259n73
videotaped testimony, 19, 28
Vienna, 23
Vietnam War, 17–18, 37
Vietnam War Memorial, 36
"view from nowhere," 86, 114, 115, 120. *See also* objectivity
Virginia Federalist, 142
Virginia slave-owners, behavior of, 134
virtual history, 134, 151–56; as subtype of counterfactual history, 152–53. *See also* counterfactual history; counterfactual inference
visibility, differential, 82. *See also* verticality, metaphors of
Visual History Foundation. *See* USC Shoah Foundation Institute for Visual History and Education

Wade, Nicholas, 244n4
Walkowitz, Daniel, 160–61
Wallerstein, Immanuel, 198, 201
Washington (U.S. state), justice in, 75, 223–24n3
Washington Federalist, 143, 147, 148, 248n29
Watson, Patti Jo, 232n6
Wayles, John, 126
Webb, Eugene T., 221n21
Weber, Max, 152, 229n13, 233n13, 234n21

Well-Regulated Militia, A: The Founding Fathers and the Origins of Gun Control in America (Cornell), 265–66n59
Wells, H. G., 256n45
Western Civilizations (Burns, Lerner, Meacham), 98–99, 100
Wetmore, S. F., 138, 144, 246n17
What Is History? (E. H. Carr), 80
White, Hayden, 54, 56–57, 65, 71, 164, 175, 185
White, Morton, 90
Who Owns History? Rethinking the Past in a Changing World (Foner), 220n4
"why?", 83, 85–86, 88, 92–93, 98–99, 136, 154, 245n8; two senses of, 232n4. *See also* explanation
Wiener, Jon, 265–66n59
Williams, Bernard, 240n19
Wilson, Bryan, 117
Windelband, Wilhelm, 83–84
Wittgenstein, Ludwig, 112
women, as historians, 259n74
women's history, 160, 183
Woodson, Thomas C., 247–48n23
World at War, The (television series), 212
world history, 190. *See also* universal history; narrative, grand
World Trade Center (New York), 18
World War I, 32, 176
World War II, 18, 20, 23, 24, 26, 37, 152, 191, 211
Wright, Lawrence, 223–24n3, 230n27
writing, as precondition for history, 189
Writing History (Veyne), 81
Writing of History, The (Certeau), 38, 56

Yad Vashem, 19
Yale University, 19
Yugoslavia, 43

Zagorin, Perez, 112
Zuider Zee, 99

译后记

　　此书在英文版出版之前，就已经有一部分原文交付了中文译者。可是，因为初译稿的原因，在编辑和出版过程中，经历了许多波折，历时长达十数年之久。如今，此书终于得以面世。这其中，主要有梅吉尔教授的耐心，当然，也是丛书主编、责任编辑与译校者共同努力的结果。

　　梅吉尔教授长期致力于史学理论与西方思想史研究。他与中国史学理论领域的学者交流很多。他的睿智与热诚，深深地影响着当代中国史学理论学者。我曾经在2011年读博期间，赴梅吉尔教授工作的弗吉尼亚大学历史学系进行访问研究一年，旁听了梅吉尔教授的几门课程，受益匪浅。在2014年我接手重译、重校此书稿之后，迄今也有四年了。现在，能够将梅吉尔教授有关历史认识的思想译介给国人，也是我们表达对他感谢的最佳途径。希望这本当代史学理论的经典之作，能够为中国史学理论学科的发展，起到更大的作用。这也是阿兰·梅吉尔，这位跨国界的思想家所期望的。作为译者之一，我要感谢梅吉尔教授，给我们带来的思想启迪，他为我们展示了一幅认知历史之真、感悟历史之善、体验历史之美的宏阔图景。

译者 黄红霞
2019年3月于美国马里兰州

历史的观念译丛

已出书目

01 德罗伊森:《历史知识理论》(胡昌智译,2006.07)
   Johann Gustav Droysen, *Historik*

02 帕拉雷丝-伯克(编):《新史学:自白与对话》(彭刚译,2006.07)
   Pallares-Burke, ed., *The New History: Confessions and Conversations*

03 李凯尔特:《李凯尔特的历史哲学》(涂纪亮译,2007.05)
   Heinrchi Rickert, *Rickert: Geschichtsphilosophie*

04 哈拉尔德·韦尔策(编):《社会记忆》(白锡堃等译,2007.05)
   Harald Welzer, hg., *Das soziale Gedaechtnis*

05 布克哈特:《世界历史沉思录》(金寿福译,2007.06)
   Jacob Burckhardt, *Weltgeschichtliche Betrachtungen*

06 布莱德雷:《批判历史学的前提假设》(何兆武译,2007.05)
   F. H. Bradley, *The Presuppositions of Critical History*

07 多曼斯卡(编):《邂逅:后现代主义之后的历史哲学》(彭刚译,2007.12)
   Ewa Domanska, *Encounters: Philosophy of History after Postmodernism*

08 沃尔什:《历史哲学导论》(何兆武、张文杰译,2008.10)
   W. H. Walsh, *An Introduction to Philosophy of History*

09 坦纳:《历史人类学导论》(白锡堃译,2008.10)
   Jakob Tanner, *Historische Anthropologie zur Einführung*

10 布罗代尔:《论历史》(刘北成、周立红译,2008.10)
   Fernand Braudel, *Ecrits sur l'histoire I*

11 柯林武德:《历史的观念》(增补版)(何兆武、张文杰、陈新译,2010.01)
   R. G. Collingwood, *The Idea of History: With Lectures 1926-1928*

12 兰克:《历史上的各个时代——兰克史学文选之一》(杨培英译,2010.01)
   Jürn Rüsen & Stefan Jordan eds., Ranke: *Selected Texts*, Vol. 1, *Über die Epochen der neueren Geschichte*

13 安克斯密特:《历史表现》(周建漳译,2011.09)
   F. R. Ankersmit, *Historical Representation*

14 曼德尔鲍姆:《历史知识问题》(涂纪亮译,2012.02)
Maurice Mandelbaum, *The Problem of Historical Knowledge*

15 约尔丹(编):《历史科学基本概念辞典》(孟钟捷译,2012.02)
Stefan Jordan, hg., *Lexikon Geschichtswissenschaft*

16 卡尔·贝克尔:《人人都是他自己的历史学家》(马万利译,2013.02)
Carl L. Becker, *Everyman His Own Historian*

17 孔多塞:《人类精神进步史表纲要》(何兆武、何冰译,2013.08)
Marquis de Condorcet, *Esquisse d'un Tableau Historique des Progrès de l'Esprit Humain*

18 卡尔·贝克尔:《18世纪哲学家的天城》(何兆武译,2013.09)
Carl L. Becker, *The Heavenly City of the Eighteenth-Century Philosophers*

19 扬·阿斯曼:《文化记忆》
Jan Assmann, *Das kulturelle Gedaechtnis*

20 洛伦茨:《跨界:历史与哲学之间》
Chris Lorenz, *Bordercrossings: Explorations between History and Philosophy*

21 阿莱达·阿斯曼:《回忆空间》
Aleida Assmann, *Erinnerungsräume*

22 利奥波德·冯·兰克:《近代史家批判》
Leopold von Ranke, *Zur Kritik neuerer Geschichtsschreiber*

23 梅吉尔:《历史知识与历史谬误:当代史学实践导论》
Allan Megill, *Historical Knowledge, Historical Error: A Contemporary Guide to Practice*

即出书目

柯林武德:《史学原理》
R. G. Collingwood, *The Principles of History: And Other Writings in Philosophy of History*

柯林武德:《柯林武德历史哲学文选》
R. G. Collingwood, *Collingwood: Selected Texts*

吕森:《吕森史学文选》
Jürn Rüsen, *Rüsen: Selected Texts*

德罗伊森:《德罗伊森史学文选》
Johann Gustav Droysen, *Droysen: Selected Texts*

科泽勒克:《科泽勒克文选》
Lucian Hoelscher, hg. , *Reinhart Koselleck: Selected Texts*

赫尔德:《赫尔德历史哲学文选》
Herder, *Herder: Selected Texts*

兰克:《世界史的理念:兰克史学文选之二》
Lanke, *Ranke: Selected Texts*

布罗代尔:《论历史(续编)》
Fernand Braudel, *Ecrits sur l'histoire II*

吕森:《历史学:叙事、解释与方向》
Jürn Rüsen, *History: Narration, Interpretation, Orientation*

罗素:《论历史》
Bertrand Russell, *Essays on History*

赫尔德:《人类历史哲学的观念》
Herder, *Ideen zur Philosophie der Geschichte der Menschheit*

特勒尔奇:《历史主义及其问题》
Ernst Troeltsch, *Der Historismus und seine Probleme*

梅尼克:《历史学的理论与哲学》
Meinecke, *Zur Theorie und Philosophie der Geschichte*

耶格尔(编):《历史学:范畴、概念、范式》
Friedrich Jäger, hg. , *Geschichte: Ideen, Konzepte, Paradigmen*

布克哈特:《历史断想》
Jacob Burckhardt, *Historische Fragmente*